G国家创新调查制度系列报告
Guojia Chuangxin Diaocha Zhidu Xilie Baogao

中国区域科技创新评价报告2023

中国科学技术发展战略研究院　　著

科学技术文献出版社
SCIENTIFIC AND TECHNICAL DOCUMENTATION PRESS
·北京·

图书在版编目（CIP）数据

中国区域科技创新评价报告. 2023 / 中国科学技术发展战略研究院著. —北京：科学技术文献出版社，2023.8

ISBN 978-7-5235-0710-0

Ⅰ．①中…　Ⅱ．①中…　Ⅲ．①技术革新—研究报告—中国—2023　Ⅳ．① F124.3

中国国家版本馆 CIP 数据核字（2023）第 164823 号

中国区域科技创新评价报告2023

策划编辑：李　蕊　刘文文　　责任编辑：王　培　　责任校对：王瑞瑞　　责任出版：张志平

出　版　者	科学技术文献出版社
地　　　址	北京市复兴路15号　邮编 100038
编　务　部	（010）58882938，58882087（传真）
发　行　部	（010）58882868，58882870（传真）
邮　购　部	（010）58882873
官 方 网 址	www.stdp.com.cn
发　行　者	科学技术文献出版社发行　全国各地新华书店经销
印　刷　者	北京时尚印佳彩色印刷有限公司
版　　　次	2023 年 8 月第 1 版　2023 年 8 月第 1 次印刷
开　　　本	889×1194　1/16
字　　　数	318千
印　　　张	16
书　　　号	ISBN 978-7-5235-0710-0
定　　　价	106.00元

2023

G国家创新调查制度系列报告
uojia Chuangxin Diaocha Zhidu Xilie Baogao

中国区域科技创新评价报告

前　言

　　党的二十大报告提出，坚持创新在我国现代化建设全局中的核心地位，加快实现高水平科技自立自强，加快建设科技强国。这是以习近平同志为核心的党中央立足新发展阶段，对科技创新做出的重要战略擘画。贯彻新发展理念、构建新发展格局、推动高质量发展比过去更需要把握新一轮科技革命和产业变革的时与势，更需要增强科技创新这个第一动力。

　　区域创新是完善国家科技创新体系的关键一环，是加快建设科技强国的重要支撑。科技部和国家统计局会同有关部门已连续多年开展系统的创新能力监测评价工作，并陆续发布了全国、区域、企业、高校、机构和国家重点园区等创新监测报告和评价报告。《中国区域科技创新评价报告》作为区域层面的评价报告，聚焦于"科技创新"、着眼于"区域发展"，通过对各地区科技创新发展特征、发展态势和影响因素进行分析研究，为区域创新政策的制定、创新工作的开展等提供重要参考和依据。

　　《中国区域科技创新评价报告》是迄今国内持续时间最长、评价体系较为稳定的评价报告之一。实践证明，其评价指标体系、评价方法和评价标准的运用十分适合我国地域辽阔、人口众多、区域发展存在明显差异的特点。由于采用了稳定的评价标准体系，各级指数值和位次均可做到不同年度、不同地区间的相对可比。在评价指标体系的设计上与区域科技管理、科技规划制订、科技发展目标密切联系，基本囊括了区域科技规划和发展目标的主要指标，这些指标的趋势和走向可以敏感地反映出各地区在科技创新主要方面的水平。

　　系统稳定和有所创新的完美结合是研究项目的生命力所在。今年的报告在遵循动态可比的情况下，进行了修订：

　　一是指标修订。今年的报告依据"十四五"规划，增设了若干评价指标，如反映高价值专利的指标，反映基础研究投入强度的指标，反映市场创新投入的指标，反映"双碳排放"的指标等。由于国家级科技奖项不再予以公布，持续使用多年的

"获国家级科技成果奖系数"指标也做了相应调整。需要指出的是，依据综合评价技术的要求，上述指标在前两年的评价中已纳入试算程序，今年则正式纳入测算，这样就能较好地保证了年度间评价结果的可比性。

二是数据衔接。为了保证评价数据在"十四五"与"十三五"之间形成较好衔接，部分指标，特别是与常住人口数、就业人员数、价格指数相联系的指标数据，采用了动态加权技术，以保证评价数据在5年规划之间平稳过渡。

三是标准调整。基于与时俱进的原则，对"十四五"规划相关指标的标准值做了相应的调整。

为了与国家创新调查制度系列报告保持一致，今年报告标题中的"2023"指的是报告发布年份，报告所用数据标注为"当年"的为2021年数据；标注为"上年"的为2020年数据。

区域评价需要社会各界的广泛关注和努力，需要各地区及有关部门的大力支持和重视。希望社会各界在本报告基础上，进行更加深入而具体的分析研究，共同为提高区域科技创新能力，加快进入创新型国家前列和建设科技强国，实现高水平科技自立自强做出贡献！

《中国区域科技创新评价报告2023》编辑委员会
2023年7月

目 录　CONTENTS

第一部分　全国及区域科技创新基本状况评价(1)

一、全国科技创新基本状况评价(1)

二、区域综合科技创新水平评价(8)

第二部分　区域科技创新各级指标评价(16)

一、区域科技创新一级指标评价(16)

二、区域科技创新二级指标评价(26)

三、区域科技创新三级指标评价(50)

第三部分　区域科技创新分析(93)

一、区域综合科技创新水平与上年及全国水平比较(93)

二、区域科技与经济社会协调发展相关性分析(218)

附录1　区域部分规模指标排序(222)

附录2　区域"十四五"时期科技发展规划主要指标实现程度(224)

附录3　区域科技创新评价简介(235)

附录4　区域科技创新评价指标解释(239)

2023

国家创新调查制度系列报告
Guojia Chuangxin Diaocha Zhidu Xilie Baogao

中国区域科技创新评价报告

第一部分
全国及区域科技创新基本状况评价

一、全国科技创新基本状况评价

党的二十大报告指出，坚持创新在我国现代化建设全局中的核心地位，把教育、科技、人才作为全面建设社会主义现代化国家的基础性、战略性支撑。全国科技界深入学习贯彻党的二十大精神和决策部署，面对新冠感染疫情带来经济下行的压力，攻坚克难、奋力拼搏，各行各业协力攻关，东中西部合作创新，深化改革与创新发展统筹推进，汇聚形成全国上下勠力同心、锐意创新的磅礴力量，为进入创新型国家前列、建成科技强国奠定了坚实基础。

（一）研发投入强度持续提升

2021年，全国共投入研究与试验发展（R&D）经费27956.3亿元，比上年增加3563.2亿元，增长14.6%（图1-1），增速比上年加快4.4个百分点；研究与试验发展（R&D）经费投入强度（与国内生产总值之比）为2.43%，比上年提高0.03个百分点。按研究与试验发展（R&D）人员全时工作量计算的人均经费为48.9万元，比上年增加2.3万元。

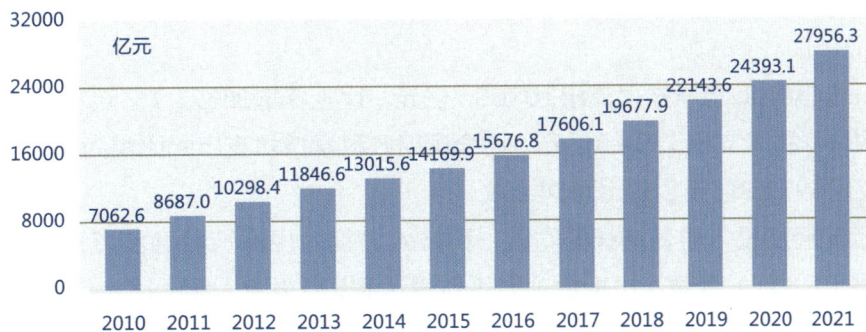

图1-1 全国研究与试验发展（R&D）经费内部支出

分活动类型看，全国基础研究经费1817.0亿元，比上年增长23.9%；应用研究经费3145.4亿元，比上年增长14.1%；试验发展经费22995.9亿元，比上年增长14.0%。基础研究经费所占比重为6.5%，比上年大幅提升0.49个百分点；应用研究和试验发展经费所占比重分别为11.3%和82.3%（图1-2）。

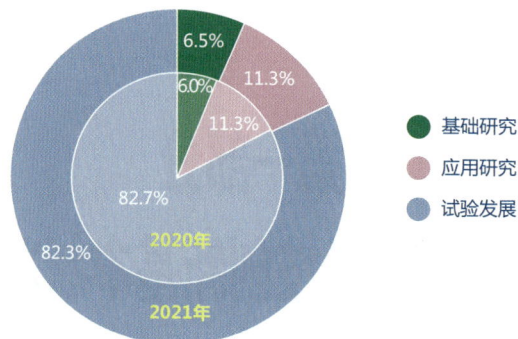

图1-2 2020年和2021年研究与试验发展（R&D）经费的活动类型分布

分活动主体看，各类企业研究与试验发展（R&D）经费21504.1亿元，比上年增长15.2%；政府属研究机构经费3717.9亿元，增长9.1%；高等学校经费2180.5亿元，增长15.8%。企业、政府属研究机构、高等学校经费所占比重分别为76.9%、13.3%和7.8%（图1-3）。

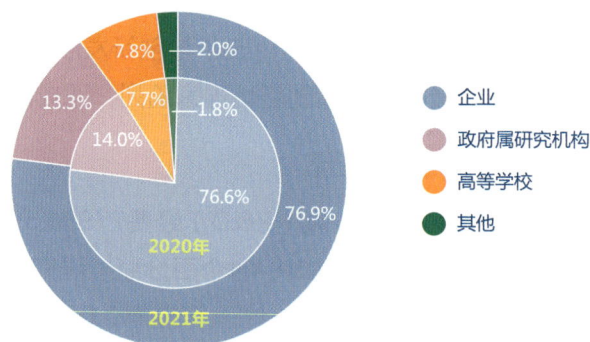

图1-3 2020年和2021年研究与试验发展（R&D）经费的活动主体分布

2021年，国家财政科学技术支出10766.7亿元，比上年增加671.7亿元，增长6.7%。其中，中央财政科学技术支出3794.9亿元，占全国财政科学技术支出的比重为35.2%；地方财政科学技术支出6971.8亿元，占比为64.8%。

在科技活动经费投入显著增长的同时，科技人力投入也保持着稳步增长。据统计，研究与试验发展（R&D）活动人员折合全时工作量达到571.6万人年，比上年增长9.2%（图1-4）。其中，研究人员240.6万人年，占42.1%。按活动类型分，基础研究人员全时当量47.2万人年，占8.3%；应用研究人员69.1万人年，占12.1%；试验发展人员455.3万人年，占79.7%。企业研究与试验发展（R&D）研究人员占全社会研究与试验发展（R&D）研究人员比重为57.9%。

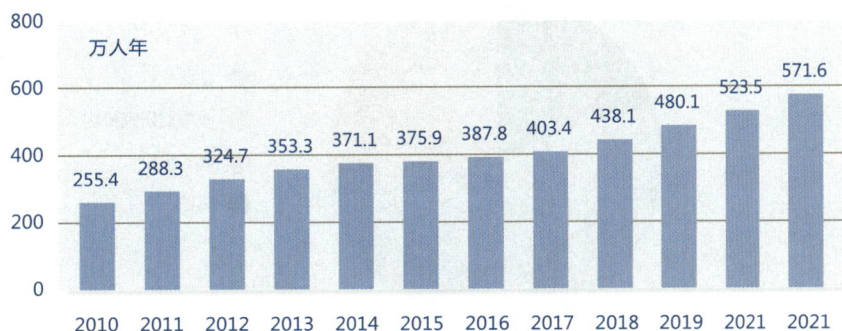

图1-4 全国研究与试验发展（R&D）人员全时当量

（二）各项创新产出进一步扩大

专利战略的实施促进了专利活动规模的持续扩大。专利申请数达到524.4万件，比上年增长1.0%；专利授权数达到460.1万件，比上年增长26.4%；专利拥有量达到1542.1万件，比上年增长26.5%。其中，发明专利授权数69.6万件，比上年增长31.3%；发明专利拥有量359.7万件，比上年增长17.6%。

SCI收录中国科技论文61.2万篇，占世界科技论文总数的24.5%，比上年提升了0.8个百分点，超过美国，上升至世界第1位（图1-5）；EI收录中国科技论文36.8万篇，占世界科技论文总数的35.4%，数量比上年增长了0.8%，仍排在世界第1位；CPCI-S收录中国作者科技论文3.1万篇，占世界科技论文总数的16.8%，仍排在世界第2位。

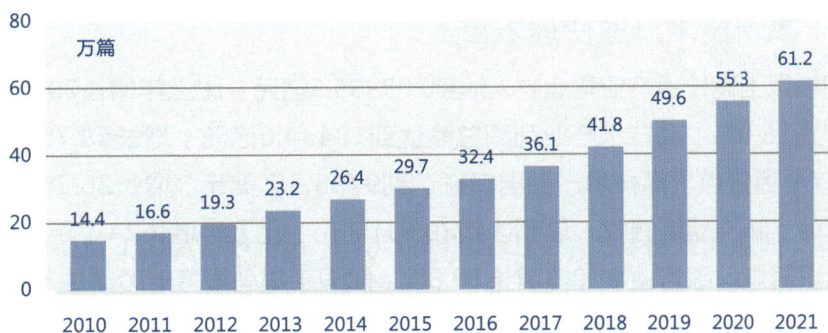

图1-5 国外主要检索工具SCI收录我国科技论文总数

全国共登记重大科技成果78655项，比上年增长2.8%。从完成单位的类型看，企业完成42266项，占53.7%，是主要的重大科技成果完成单位（图1-6）。从应用技术成果的行业看，前3位的排名与上年保持一致，制造业仍排在第1位，占32.7%；农林牧渔业仍排第2位，占12.4%；卫生和社会工作仍排第3位，占10.0%。

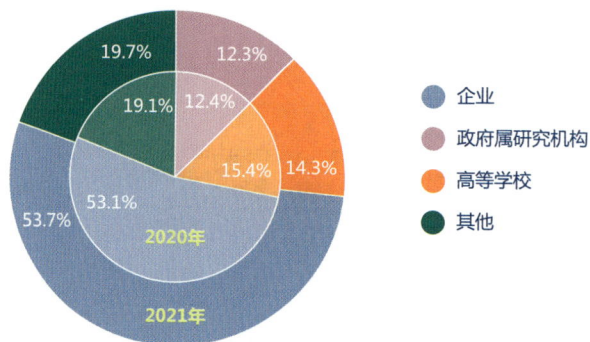

图1-6 2020年和2021年重大科技成果按完成单位类型分布

全国各省（自治区、直辖市）技术市场共签订技术合同67.1万项，比上年增长22.1%。合同成交金额37294.3亿元，比上年增长近1/3（32.0%），平均每份技术合同成交金额增长迅速，达到556.2万元，比上年增长8.2%。

（三）创新环境优化明显

创新人力资源保持增长态势，万人高等学校在校学生数由上年的312.6人提高到337.0人；高等学校（机构）博士毕业生数达到7.2万人，比上年增长8.8%。全国科技企业孵化器数由上年的5843个增加到6227个，增长6.6%，科技企业孵化器累计毕业企业数21.6万个，比上年增长14.4%。科学研究和技术服务业人均工资已达到15.2万元，比上年增长8.5%。有R&D活动的企业数达到16.9万个，比上年增长15.4%。

（四）高新技术产业快速发展

我国规模以上高技术产业营业收入达到209895.5亿元，比上年增长20.2%，占工业营业收入比重达到16.0%；高技术产业利润总额达到18434.6亿元，增长48.7%，高技术产业利润率提高1.7个百分点；高技术产品出口额达到9795.3亿美元，增长26.2%，占到商品出口总额的29.1%；新产品销售收入总额达到29.6万亿元，比上年增长24.1%，占到营业收入的22.5%；知识密集型服务业增加值增长10.8%，知识密集型服务业劳动生产率由上年的55.8万元/人提高到68.6万元/人（按不变价计算）。

（五）经济发展质量不断提升

劳动效率进一步提高。全社会劳动生产率达到13.0万元/人，比上年提高2.9万元/人（按不变价计算）。能源利用效率进一步改善。综合能耗产出率为18.8元/千克标准煤，比上年提高0.6元/千克标准煤。

社会生活信息化水平不断提高。移动互联网用户数14.2亿户，万人移动互联网用户数比上年增加175户；电子商务销售额达到227611.3亿元，比上年增长20.2%，与GDP比值提高0.01亿元/亿元。

在取得以上进步的同时，科技创新评价也反映出一些值得重视的问题。

一是有23个地区企业研发投入强度低于上年，包括上海、江苏、浙江、山东等。

二是有13个地区新产品销售收入占营业收入比重低于上年，包括江苏、上海、广东等。

三是有16个地区研发仪器和设备支出低于上年，每名R&D人员仪器和设备支出低于上年的地区有20个，包括广东、江苏、天津、山东等。

四是有18个地区企业引进技术经费支出下降；有14个地区企业消化吸收经费支出下降；有11个地区企业购买国内技术经费支出下降，有18个地区企业技术获取和技术改造经费支出占营业收入比重低于上年。

五是科学研究和技术服务业就业人员待遇在区域间差距明显。有25个地区低于全国平均水平，有23个地区科学研究和技术服务业平均工资比较系数出现下降，包括北京、天津、上海、广东、浙江等。

附表1 全国科技创新评价主要指标比较

指 标	2021年	2020年
万人研究与试验发展（R&D）人员数（人年）	41.31	39.04
万人大专以上学历人数（人）	1885.90	1651.46
万人R&D研究人员数（人年）	17.39	17.01
企业R&D研究人员占比重（%）	45.43	46.04[①]
R&D经费支出与GDP比值（%）	2.43	2.41
国家财政科技支出占国家财政支出比重（%）	4.38	4.11
地方财政科技支出占地方财政支出比重（%）	3.07	2.76
企业R&D经费支出占营业收入比重（%）	1.33	1.41
科学研究和技术服务业固定资产占比重（%）	1.40	1.32
万人科技论文数（篇）	3.82	3.67
万人有效注册商标数（件）	255.29	205.21
万名就业人员专利申请数（件）	66.78	65.64
万名就业人员发明专利授权数（件）	7.65	5.70
万人发明专利拥有量（件）	19.54	16.50
万人输出技术成交额（万元）	2313.80	1597.29
万元GDP技术国际收入（美元）	7.36	6.36
高技术产业营业收入占工业营业收入比重（%）[②]	15.97	16.11
知识密集型服务业增加值占GDP比重（%）	17.26	17.54
高技术产品出口额占商品出口额比重（%）	29.13	29.97
新产品销售收入占营业收入比重（%）	22.48	21.97
高技术产业劳动生产率（万元/人）	122.84	95.47
高技术产业利润率（%）	8.78	7.10
知识密集型服务业劳动生产率（万元/人）	68.64	55.79
劳动生产率（万元/人）	13.01	10.12
资本生产率（万元/万元）	0.32	0.30
综合能耗产出率（元/千克标准煤）	18.83	18.20
生活垃圾无害化处理率（%）	99.88	99.75
固体废物综合利用率（%）	57.09	55.45
废水中氨氮排放量（万吨）	86.75	98.40
废水中化学需氧量排放量（万吨）	2530.98	2564.76
废气中二氧化硫排放量（万吨）	87.83	85.60
万人移动互联网用户数（户）	10231.37	10056.75
信息传输、软件和信息技术服务业增加值占GDP比重（%）	3.84	3.74

注：① 企业R&D研究人员数来源于《中国科技统计年鉴》，2020年数据年度变化极端，报告采用2019年数据（下同）。

② 高技术产业营业收入和工业营业收入均为"规模以上"数据。

附表2 区域科技创新评价指标体系和评价标准

一级指标	二级指标	三级指标	标准
科技创新环境	科技人力资源	万人研究与试验发展（R&D）人员数（人年）	40.0
		十万人博士毕业生数（人）	5.0
		万人大专以上学历人数（人）	2000.0
		万人高等学校在校学生数（人）	350.0
		十万人创新中介从业人员数（人）	3.0
	科研物质条件	每名R&D人员仪器和设备支出（万元）	6.0
		科学研究和技术服务业固定资产占比重（%）	3.0
		十万人累计孵化企业数（个）	10.0
	科技意识	万名就业人员专利申请数（件）	100.0
		科学研究和技术服务业平均工资比较系数（%）	200.0
		万人吸纳技术成交额（万元）	1600.0
		有R&D活动的企业占比重（%）	100.0
科技活动投入	科技活动人力投入	万人R&D研究人员数（人年）	13.0
		基础研究人员投入强度指数（%）	1.0
		企业R&D研究人员占比重（%）	70.0
	科技活动财力投入	R&D经费支出与GDP比值（%）	2.6
		基础研究经费投入强度指数（%）	1.0
		地方财政科技支出占地方财政支出比重（%）	5.0
		企业R&D经费支出占营业收入比重（%）	2.5
		企业技术获取和技术改造经费支出占企业营业收入比重（%）	2.5
		上市公司R&D经费投入强度指数（%）	1.0
科技活动产出	科技活动产出水平	万人科技论文数（篇）	10.0
		万人有效注册商标数（件）	150.0
		万人发明专利拥有量（件）	12.0
		每万人口高价值发明专利拥有量（件）	12.0
	技术成果市场化	万人输出技术成交额（万元）	1200.0
		万元GDP技术国际收入（美元）	10.0
高新技术产业化	高新技术产业化水平	高技术产业营业收入占工业营业收入比重（%）	30.0
		知识密集型服务业增加值占GDP比重（%）	30.0
		高技术产品出口额占商品出口额比重（%）	40.0
		新产品销售收入占营业收入比重（%）	40.0
	高新技术产业化效益	高技术产业劳动生产率（万元／人）	130.0
		高技术产业利润率（%）	15.0
		知识密集型服务业劳动生产率（万元／人）	70.0
科技促进经济社会发展	经济发展方式转变	劳动生产率（万元／人）	13.0
		资本生产率（万元／万元）	1.0
		综合能耗产出率（元／千克标准煤）	42.0
		装备制造业区位熵（%）	200.0
	环境改善	环境质量指数（%）	100.0
		环境污染治理指数（%）	100.0
	社会生活信息化	万人移动互联网用户数（户）	10000.0
		信息传输、软件和信息技术服务业增加值占GDP比重（%）	3.5
		电子商务销售额与GDP比值（亿元／亿元）	0.3

二、区域综合科技创新水平评价

在经济增速下行背景下，全国综合科技创新水平指数仍有所提升，比上年提高1.71个百分点，达到77.13%。从各地区科技创新水平看，可将全国31个地区划分为三类（图1-7、图1-8）：

第一类是综合科技创新水平指数值高于全国平均水平（77.13%）的地区，包括上海、北京、广东、天津、江苏和浙江，均属于我国沿海发达地区。

第二类是综合科技创新水平指数值低于全国平均水平（77.13%），但指数值高于50%的地区，包括湖北、重庆、安徽、陕西、山东、四川、湖南、福建、辽宁、江西、河南、吉林、宁夏、黑龙江和河北。

第三类是综合科技创新水平指数值在50%以下的地区，包括广西、甘肃、贵州、海南、山西、内蒙古、云南、青海、新疆和西藏。

从指数值的变化看，地区间差异拉大，强者恒强，多数发达地区仍保持一定程度的增长，而部分中西部地区呈现一定程度的下降。与上年比较，有11个地区高于上年水平，其中，广东、北京、江苏、湖北等7个地区高于全国平均增幅（1.71个百分点）（图1-9）。

从位次变化看，仍延续着近年来南升北降的格局，南方上升的地区居多，北方下降的地区居多，不过，地处东北的吉林、黑龙江止跌回升。位次上升较快的地区是广西，比上年上升2位；吉林、黑龙江、安徽、福建、湖北、广东、海南、贵州和云南均比上年上升1位。位次下降较快的地区是山西，比上年下降4位；天津、河北、辽宁、重庆、陕西、青海和宁夏均比上年下降1位。

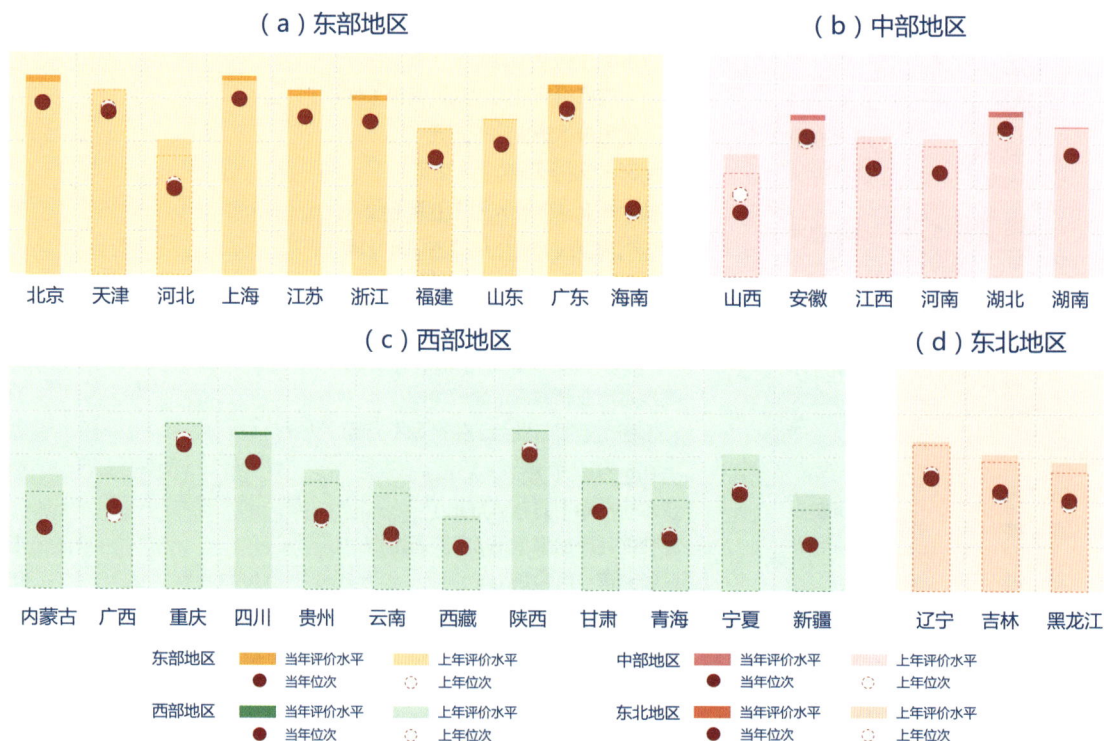

（a）东部地区 （b）中部地区

（c）西部地区 （d）东北地区

图1-7 综合科技创新水平区域分类

当年综合科技创新水平指数

排名	地区	指数
1	上 海	89.40
2	北 京	89.33
3	广 东	86.01
4	天 津	83.29
5	江 苏	83.14
6	浙 江	80.93
7	湖 北	74.63
8	重 庆	74.08
9	安 徽	72.91
10	陕 西	71.72
11	山 东	70.47
12	四 川	70.45
13	湖 南	67.62
14	福 建	66.07
15	辽 宁	65.59
16	江 西	60.27
17	河 南	58.70
18	吉 林	58.18
19	宁 夏	54.53
20	黑龙江	53.44
21	河 北	53.36
22	广 西	49.29
23	甘 肃	48.83
24	贵 州	47.96
25	海 南	47.90
26	山 西	46.44
27	内蒙古	43.44
28	云 南	43.39
29	青 海	40.70
30	新 疆	36.53
31	西 藏	31.80

全国综合科技创新水平指数77.13%

上年综合科技创新水平指数

排名	地区	指数
1	上 海	87.14
2	北 京	86.22
3	天 津	83.50
4	广 东	82.12
5	江 苏	80.36
6	浙 江	78.48
7	重 庆	74.72
8	湖 北	72.15
9	陕 西	71.60
10	安 徽	70.44
11	山 东	70.14
12	四 川	69.19
13	湖 南	67.23
14	辽 宁	67.22
15	福 建	66.54
16	江 西	63.36
17	河 南	62.31
18	宁 夏	61.40
19	吉 林	61.34
20	河 北	60.97
21	黑龙江	57.91
22	山 西	55.15
23	甘 肃	54.92
24	广 西	54.82
25	贵 州	53.82
26	海 南	53.36
27	内蒙古	51.10
28	青 海	49.09
29	云 南	48.84
30	新 疆	43.66
31	西 藏	33.44

全国综合科技创新水平指数75.42%

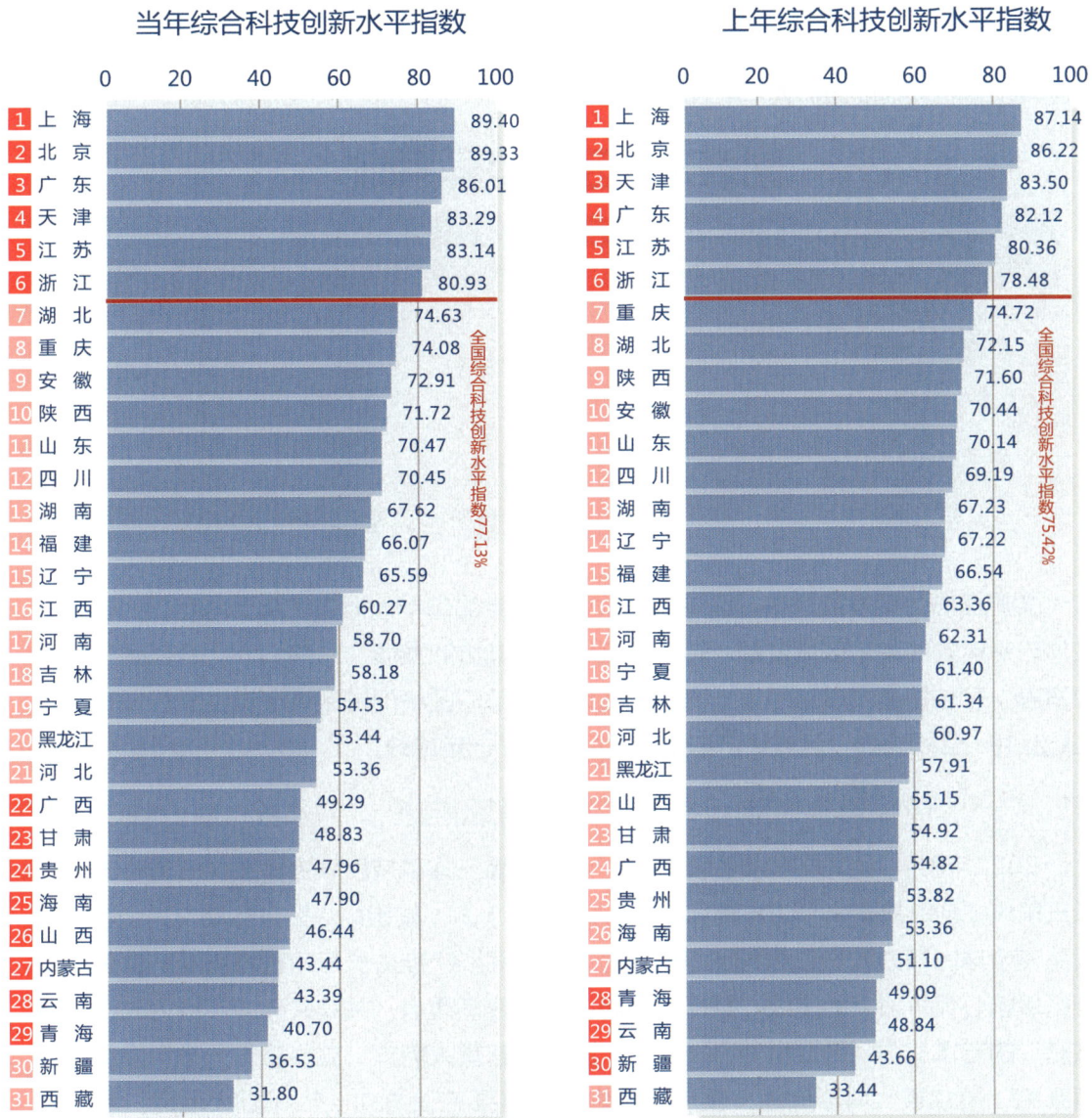

图1-8 区域综合科技创新水平指数排序

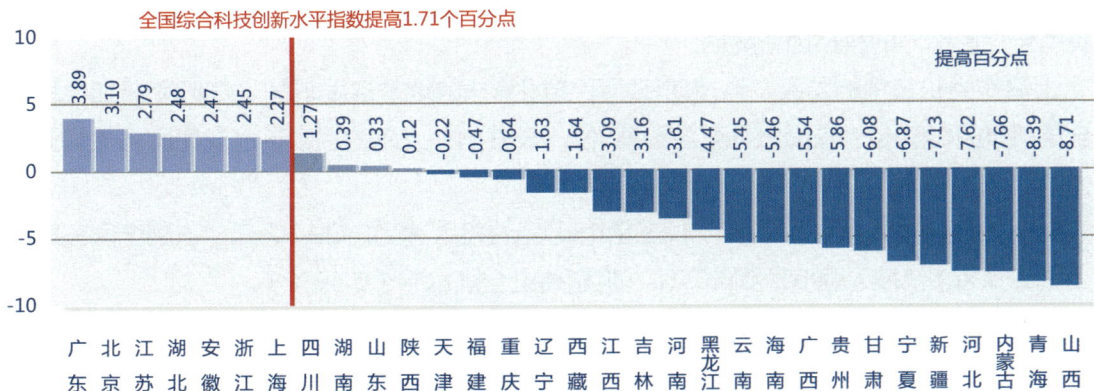

全国综合科技创新水平指数提高1.71个百分点

提高百分点

地区	提高百分点
广东	3.89
北京	3.10
江苏	2.79
湖北	2.48
安徽	2.47
浙江	2.45
上海	2.27
四川	1.27
湖南	0.39
山东	0.33
陕西	0.12
天津	-0.22
福建	-0.47
重庆	-0.64
辽宁	-1.63
西藏	-1.64
江西	-3.09
吉林	-3.16
河南	-3.61
黑龙江	-4.47
云南	-5.45
海南	-5.46
广西	-5.54
贵州	-5.86
甘肃	-6.08
宁夏	-6.87
新疆	-7.13
河北	-7.62
内蒙古	-7.66
青海	-8.39
山西	-8.71

图1-9 区域综合科技创新水平指数提高百分点排序

从区域综合科技创新水平的发展变化看，各地区之间的差距较上年有所扩大。经测算，各地区之间的差异系数为28.63%，较上年提高6.13个百分点。东、西、东北地区内部差异均有不同程度的扩大（附表3）。

附表3　区域差异系数

地区	差异系数（%）	
	当年	上年
各地区间	28.63	22.50
东部内	18.89	14.61
中部内	15.15	8.70
西部内	26.33	20.70
东北内	8.46	6.19
区域间	11.23	10.75

实施区域协调发展战略、区域重大战略，是党的二十大报告的重要内容。我国区域发展已从过去的单个区域发展，转向多区域跨区域协调发展，从南到北、从西到东全方位覆盖，区域协调发展路径逐渐清晰。各地区各部门围绕促进区域协调发展区域互助、区域互补、区域合作，区域经济和创新发展取得了一定成效。

（一）长三角科技创新共同体建设有序推进

2022年8月，上海市科委和江苏、浙江、安徽三省科技厅联合印发《三省一市共建长三角科技创新共同体行动方案（2022—2025年）》，提出以"五大行动"为引领，建设具有全球影响力的长三角科技创新共同体。方案以"推进长三角科技创新一体化，提升区域核心竞争力"为主线，秉持"战略协同、聚焦重点、共商共建、市场为先、开放共赢"的基本原则，瞄准世界科技前沿、围绕国家重大需求，立足三省一市科技创新资源禀赋，聚焦重大科学问题、重点技术领域、重要产业方向，依托重大项目、重大平台，集中力量持续突破，到2025年，长三角科技创新共同体创新策源能力全面提升，若干优势产业加快迈向世界级产业集群，区域一体化协同创新体制机制基本形成，初步建成具有全球影响力的科技创新高地。

上海作为长三角的龙头，科技创新水平全国第一的地位愈发巩固，江苏和浙江也稳居全国第5位和第6位，安徽上升至全国第9位。长三角在上海的引领下已成为国内最具竞争力的区域共同体。

从研发经费投入看，2021年，长三角R&D经费投入达到8422.1亿元，占到全国三成以上（30.1%），投入强度达到3.05%，明显高出全国水平（2.43%）。

从创新人才资源看，长三角R&D人员达到180.2万人年，占到全国近1/3（31.5%），其中，研究人员达到66.7万人年，占到全国的27.7%。每万人R&D研究人员达到29人年，高于珠三角（26人年）。

从企业创新看，长三角有R&D活动的企业数占到全国的37.9%，占全部企业比重的46.1%，比全国平均水平（38.3%）高出7.8个百分点。企业R&D经费内部支出达到5745.7亿元，占到全国近1/3（32.8%），投入强度（占企业营业收入比重）达到了1.66%，也明显高出全国水平（1.33%）。企业技术引进经费支出、消化吸收经费支出、技术改造经费支出、购买国内技术经费支出合计达到1473.5亿元，占到全国的30.1%。

从创新产出看，长三角发明专利拥有量达到89.3万件，占全国的32.2%，每万人发明专利拥有量达到39件，接近全国平均水平（20件）的2倍。

随着长三角一体化战略的不断深化，技术国际竞争力进一步增强。长三角技术国际收入达到383.4亿美元，接近全国的一半（45.5%），每万元GDP技术国际收入达到13.9美元，接近全国水平（7.4美元）2倍。高技术产品出口额达到3294.9亿美元，占到全国的1/3（33.6%）。

（二）粤港澳大湾区建设成效明显

近年来，粤港澳大湾区建设取得了明显成效，国际科创中心建设稳步推进。以广深港、广珠澳科创走廊和河套、横琴创新极点为主体的"两廊两点"架构体系不断完善，综合性国家科学中心先行启动区深圳光明科学城、东莞松山湖科学城加快建设，东莞散裂中子源等重大科技基础设施陆续建成运营，鹏城国家实验室、广州国家实验室、粤港澳联合实验室及珠海澳大科技研究院等科创平台支撑作用不断增强。

广东把粤港澳大湾区建设作为广东深化改革开放的大机遇，摆在重中之重，以珠三角为主阵地，使粤港澳大湾区成为新发展格局的战略支点。在今年的区域科技创新评价中，广东综合科技创新水平指数达到86.01%，重回全国三甲行列，是全国提升幅度最大的地区。其中，科技活动投入指数和科技促进经济社会发展指数仍保持全国首位。

广东是国内研发经费规模最大的省份。2021年，R&D经费内部支出达到了4002.2亿元，一省即占全国的1/7。R&D经费支出与GDP比值达到3.22%，高出全国水平（2.43%）0.79个百分点。

广东企业创新显示出超强的实力。有超过四成的（40.2%)企业有R&D活动，企业R&D经费内部支出占到全国的16.6%，企业R&D经费支出占营业收入比重达1.67%，比全国水平高出0.34个百分点。广东企业技术引进经费高达167.3亿元，占到全国近1/3（32.9%）。

广东是创新人才集聚最多的省份。广东的R&D人员达到88.5万人年，排全国第1位，占到全国近15.5%。企业R&D研究人员占全国份额高达17.7%。每万人R&D人员达到75人年，是全国平均水平（41人年）的1.8倍。

从技术国际竞争力看，广东2021年技术国际收入达到186.9亿美元，占到全国的22.2%，万元GDP技术国际收入达到15.0美元，比全国平均水平（7.4美元）高出1倍多。

（三）京津冀协同创新共同体建设持续加强

习近平总书记在河北考察并主持召开深入推进京津冀协同发展座谈会时强调，要以更加奋发有为的精神状态推进各项工作，推动京津冀协同发展不断迈上新台阶。

"京津研发、河北转化"在协同创新中加快推进。北京和天津是科技成果的研发高地，河北吸纳北京技术合同成交额占到全部技术合同成交额的1/5（20.8%），比上年增长了24.7%，河北吸纳天津技术合同成交额提高到上年的6.9倍，河北技术成果市场化位次比上年上升6位。

京津冀国家技术创新中心加快建设，围绕新能源汽车、光电显示等8个产业领域开展研发攻关，"微型化双光子显微镜""活细胞超分辨显微镜"等11项技术成果达到世界先进水平。截至2022年底，京津冀专精特新"小巨人"企业共计1117家，培育带动省级专精特新中小企业9000余家。

（四）长江经济带创新效能进一步显现

成渝地区双城经济圈、武汉都市圈、长株潭都市圈、南昌都市圈等，在区域协调发展的大棋局下，长江经济带都市圈加快创新链、产业链、人才链有机互融，不断开辟新赛道、塑造新优势。2023年2月，武汉、长沙、合肥、南昌四市协同黄石、岳阳、安庆等12个观察员城市签署《长江中游城市群省会城市合作行动计划（2023—2025年）》，力争促进科技创新、基础设施、资源配置、公共服务等领域的协同发展取得实质性进展。目前，共建成国家自主创新示范区10个，沿线11个省市的产业结构进一步优化，科研物质条件不断改善，技术成果市场化成效明显。

科研物质条件不断改善。四川每名R&D人员仪器和设备支出比上年上升13位，浙江上升10位，安徽上升9位，湖北上升7位，云南上升5位，贵州上升3位。江西、湖北、四川、贵州的科学研究和技术服务业固定资产占比均比上年上升2位。

高新技术产业化水平进一步提升。安徽高技术产业营业收入占工业营业收入比重比上年上升2位。江西和湖北的知识密集型服务业增加值占GDP比重均比上年上升2位。湖北和云南的高技术产品出口额占商品出口额比重均比上年上升2位。湖南新产品销售收入占营业收入比重比上年上升4位。

高新技术产业化效益大幅上涨。湖北高技术产业劳动生产率位次比上年上升5位，安徽和重庆均上升4位。安徽的高技术产业利润率位次上升5位，湖北上升4位，贵州上升2位。贵州知识密集型服务业劳动生产率位次比上年上升10位，云南上升8位，重庆上升6位，湖北上升3位，湖南上升2位。

技术成果市场化成效明显。安徽万人输出技术成交额位次比上年上升8位，湖北上升3位。

（五）"一带一路"高质量发展继续推进

2023年是习近平总书记提出共建"一带一路"倡议十周年。十年来，中国已与151个国家和32个国际组织签署200余份共建"一带一路"合作文件。

福建积极参与实施国家《推进"一带一路"建设科技创新合作专项规划》和"一带一路"科技创新行动计划，制定了《福建省开展21世纪海上丝绸之路核心区创新驱动发展试验实施方案》，大力推动21世纪海上丝绸之路核心区创新驱动发展试验，鼓励对外科技项目联合攻关、科技创新平台建设、科技成果转移转化等，科技活动产出水平大幅上涨，位次比上年上升9位。

随着海南自贸港建设蓬勃展开及《区域全面经济伙伴关系协定》（RCEP）的施行，海南与"一带一路"沿线国家和地区的合作愈发密切，吸引了大批的科技人才，科技人力投入指数位次比上年上升5位；科技意识指数和社会生活信息化指数位次均比上年上升3位。

广西发挥"一湾相挽十一国，良性互动东中西"区位优势，不断深化中国—东盟科技合作，技术市场吸纳技术成交额比上年增长了164.6%，万人吸纳技术成交额位次上升了8位，技术市场输出技术成交额增长了9.3倍，万人输出技术成交额位次上升了14位，技术成果市场化指数位次上升了13位。科技意识指数位次上升了7位。

新疆充分发挥区位优势，积极融入国家向西开放总体布局，以"一港、两区、五大中心、口岸经济带"建设为抓手，推进丝绸之路经济带核心区加快建设，企业R&D研究人员占比位次比上年上升了3位，科技人力资源指数位次上升了3位。

贵州积极参与"一带一路"建设，畅通对内对外开放通道，加强与其他地区和国家资金、技术、人才、信息、货物互联互通，推动形成全方位、多层次、宽领域的全面开放新格局。在"引进消化、吸收再创新"和"走出去"两个方面取得长足进展，企业引进技术经费支出比上年增长了493.14%，企业技术改造经费支出增长了131.40%，企业技术获取和技术改造经费支出占企业营业收入比重位次比上年上升8位。

西部地区作为我国"一带一路"的源头，西南的重庆和四川、西北的陕西已成为国家重要区域科技创新高地。重庆对共建"一带一路"国家（地区）进出口额达2214亿元，占进出口总额的近30%，高技术产品出口额占商品出口额比重保持全国第1位。四川与220多个国家和地区建立经贸关系，落户的世界500强企业达377家，全省约1/3的对外贸易、4/5的对外承包工程、2/5的对外投资布局在"一带一路"沿线国家，科技活动投入指数位次上升了4位，科技创新环境指数位次上升了2位。陕西先后与40多个国家和地区、400多家机构建立全方位合作关系，建立24个国家级、124个省级国际科技交流合作基地，政府对科技投入大幅增长，地方财政科技支出比上年增长了64.74%，占地方财政支出比重位次上升了4位，每名R&D人员仪器和设备支出位次上升了3位。

（六）国家自主创新示范区在区域科技创新发展中发挥着重要作用

国家自主创新示范区是由国务院批准，在推进自主创新和高技术产业发展方面先行先试、探索经验、做出示范的区域。

自2009年3月北京中关村国家自主创新示范区成为第一个国家自主创新示范区以来，至2022年5月9日，国务院发文同意哈尔滨、大庆、齐齐哈尔3个高新技术产业开发区建设国家自主创新示范区，全国已建成23个国家自主创新示范区。

建设国家自主创新示范区对于进一步完善科技创新的体制机制，加快发展战略性新兴产业，推进创新驱动发展，加快转变经济发展方式将发挥重要的引领、辐射、带动作用。

国家自主创新示范区已成为我国创新发展、转型升级的重要引擎。形成了系统布局、多点辐射、全面带动、引领发展的良好态势，已经成为支撑引领区域发展的创新高地，培育壮大新产业新动能的重要引擎，汇聚高端创新资源和要素的重要载体，开展国际科技竞争与创新合作的前沿阵地（附表4）。

附表4　国家自主创新示范区名单

序号	批复时间	国家自主创新示范区名称	涉及的国家高新区	涉及高新区个数/个	区域
1	2009年3月13日	中关村国家自主创新示范区	中关村科技园区	1	北京
2	2009年12月8日	武汉东湖国家自主创新示范区	武汉东湖高新区	1	湖北
3	2014年1月19日	上海张江国家自主创新示范区	上海张江高新区	1	上海
4	2014年5月13日	深圳国家自主创新示范区	首个以城市为基本单元的，涵盖了全市10个行政区和新区的产业用地	1	广东
5	2015年9月29日	珠三角国家自主创新示范区	广州、中山、东莞松山湖、佛山、惠州、珠海、肇庆、江门高新区	8	
6	2014年10月20日	江苏苏南国家自主创新示范区	南京、苏州、无锡、常州、昆山、江阴、武进、镇江高新区 苏州工业园区	9	江苏
7	2014年12月11日	天津国家自主创新示范区	天津滨海高新区	1	天津
8	2014年12月11日	湖南长株潭国家自主创新示范区	长沙、株洲、湘潭高新区	3	湖南
9	2015年6月11日	成都国家自主创新示范区	成都高新区	1	四川
10	2015年8月25日	西安国家自主创新示范区	西安高新区	1	陕西
11	2015年8月25日	杭州国家自主创新高新区	杭州高新区、萧山临江高新区	2	浙江
12	2018年2月1日	宁波、温州国家自主创新示范区	宁波、温州高新区	2	
13	2016年4月5日	山东半岛国家自主创新示范区	济南、青岛、淄博、潍坊、烟台、威海高新区	6	山东
14	2016年4月5日	沈大国家自主创新示范区	沈阳、大连高新区	2	辽宁
15	2016年4月5日	郑洛新国家自主创新示范区	郑州、洛阳、新乡高新区	3	河南
16	2016年6月16日	福厦泉国家自主创新示范区	福州、厦门、泉州高新区	3	福建
17	2016年6月16日	合芜蚌国家自主创新示范区	合肥、芜湖、蚌埠高新区	3	安徽
18	2016年7月19日	重庆国家自主创新示范区	重庆高新区	1	重庆
19	2018年2月11日	兰白国家自主创新示范区	兰州、白银高新区	2	甘肃
20	2018年11月28日	乌昌石国家自主创新示范区	乌鲁木齐、昌吉市、石河子高新区	3	新疆
21	2019年8月29日	鄱阳湖国家自主创新示范区	南昌、新余、景德镇、鹰潭、抚州、吉安、赣州高新区	7	江西
22	2022年4月7日	长春国家自主创新示范区	长春、长春净月高新区	2	吉林
23	2022年5月9日	哈大齐国家自主创新示范区	哈尔滨、大庆、齐齐哈尔高新区	3	黑龙江

注：资料截至2023年7月。

第二部分
区域科技创新各级指标评价

一、区域科技创新一级指标评价

（一）科技创新环境评价

从科技创新环境指数看，北京、天津、上海、江苏、浙江排在前5位，同时也是高于全国平均水平（全国科技创新环境指数为77.99%）的地区（图2-1、图2-2）。

与上年比较，全国科技创新环境指数提高了2.44个百分点，上海、湖北、安徽、湖南等8个地区高于这一增幅，辽宁、山西、甘肃、福建等16个地区低于上年水平（图2-3）。

位次上升最快的地区是内蒙古，比上年上升3位，主要因为科研物质条件和科技意识位次快速提升；山西、安徽、湖南、重庆和四川均比上年上升2位；福建比上年下降4位，主要因为科技人力资源位次下降；黑龙江和广西均比上年下降3位；河北比上年下降2位。

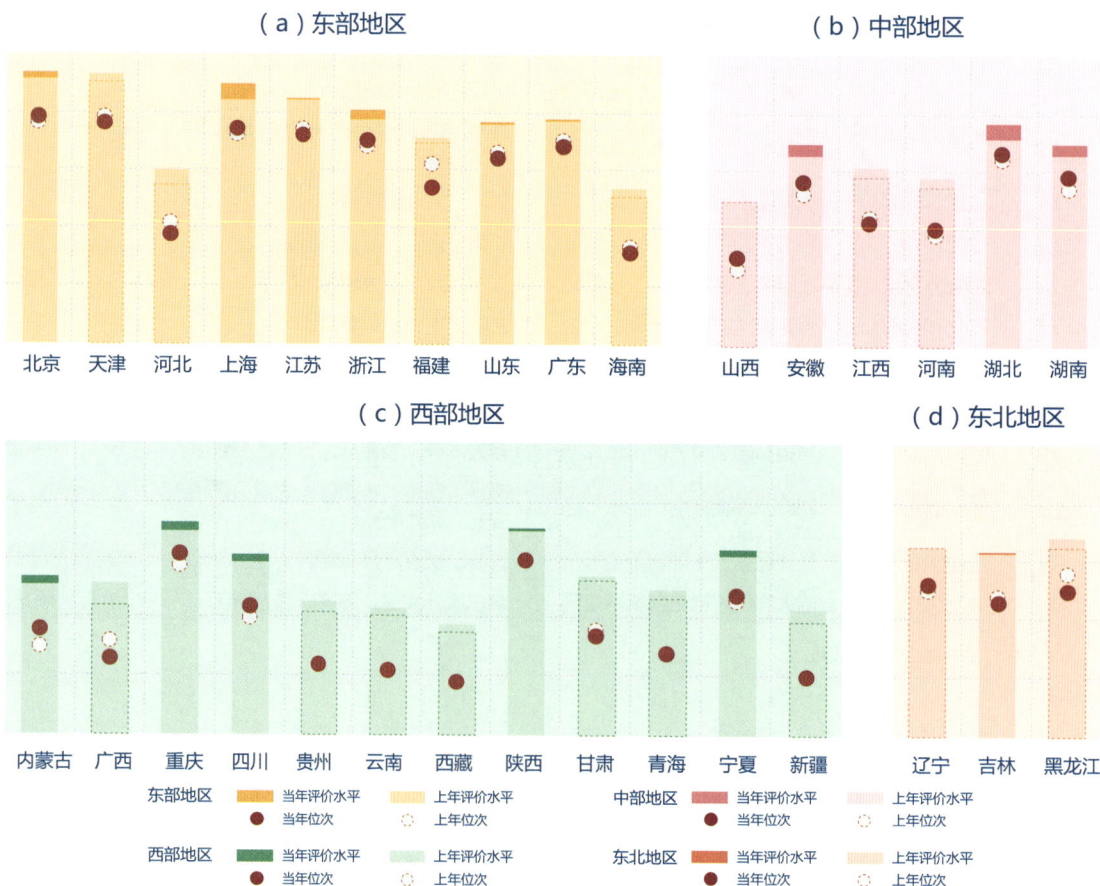

（a）东部地区　　（b）中部地区　　（c）西部地区　　（d）东北地区

图2-1　科技创新环境区域分类

当年科技创新环境指数	上年科技创新环境指数

0   20   40   60   80   100   0   20   40   60   80   100

1 北 京　93.21
2 天 津　90.01
3 上 海　89.43
4 江 苏　84.52
5 浙 江　80.52
6 广 东　77.58
7 湖 北　76.81
8 山 东　76.54
9 重 庆　72.99
10 陕 西　71.19
11 湖 南　69.69
12 安 徽　69.49
13 福 建　69.22
14 辽 宁　65.27
15 黑龙江　64.99
16 宁 夏　63.97
17 吉 林　63.50
18 四 川　61.88
19 江 西　58.01
20 河 南　54.61
21 河 北　54.60
22 内蒙古　54.16
23 甘 肃　53.19
24 海 南　50.84
25 山 西　49.70
26 青 海　46.97
27 广 西　44.43
28 贵 州　42.22
29 云 南　41.10
30 新 疆　39.06
31 西 藏　35.38

全国科技创新环境指数77.99%

1 天 津　92.63
2 北 京　91.01
3 江 苏　83.99
4 上 海　83.95
5 广 东　77.44
6 浙 江　77.31
7 山 东　75.69
8 湖 北　71.58
9 福 建　70.96
10 陕 西　70.26
11 重 庆　70.03
12 黑龙江　68.48
13 湖 南　66.05
14 安 徽　65.63
15 辽 宁　65.35
16 吉 林　63.36
17 宁 夏　61.72
18 江 西　61.67
19 河 北　59.84
20 四 川　59.30
21 河 南　58.13
22 甘 肃　54.76
23 海 南　53.66
24 广 西　51.88
25 内蒙古　51.45
26 青 海　50.17
27 山 西　50.08
28 贵 州　45.85
29 云 南　43.60
30 新 疆　43.41
31 西 藏　38.10

全国科技创新环境指数75.55%

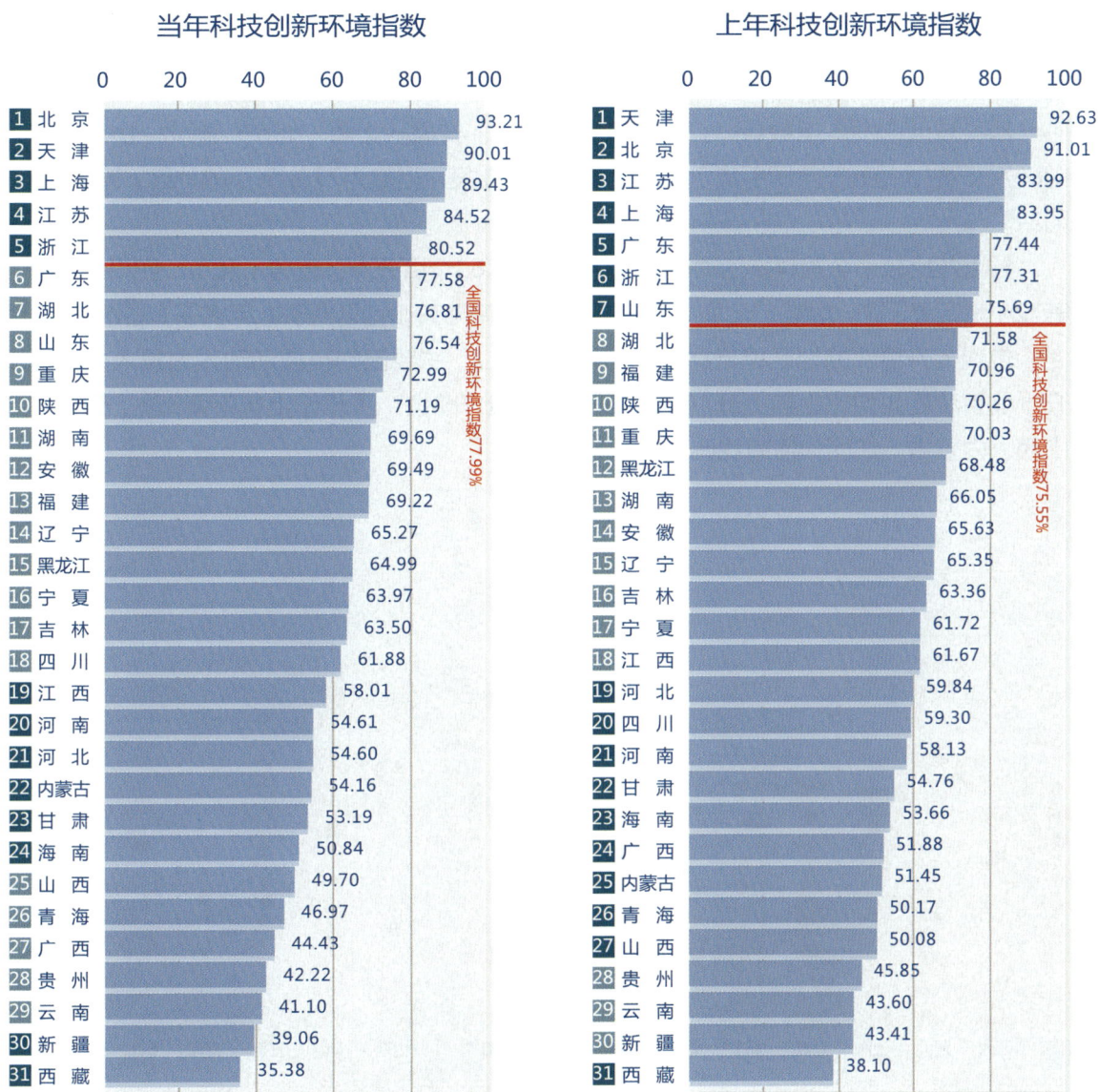

图2-2 区域科技创新环境指数排序

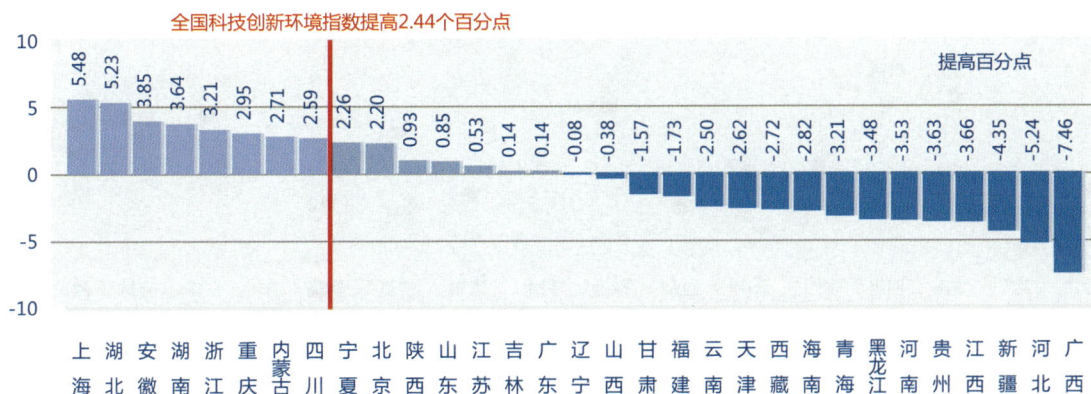

全国科技创新环境指数提高2.44个百分点

提高百分点

5.48 5.23 3.85 3.64 3.21 2.95 2.71 2.59 2.26 2.20 0.93 0.85 0.53 0.14 0.14 -0.08 -0.38 -1.57 -1.73 -2.50 -2.62 -2.72 -2.82 -3.21 -3.48 -3.53 -3.63 -3.66 -4.35 -5.24 -7.46

上 湖 安 湖 浙 重 内 四 宁 北 陕 山 江 吉 广 辽 山 甘 福 云 天 西 海 青 黑 河 贵 江 新 河 广
海 北 徽 南 江 庆 蒙 川 夏 京 西 东 苏 林 东 宁 西 肃 建 南 津 藏 南 海 龙 南 州 西 疆 北 西
　　　　　　古　　　　　　　　　　　　　　　　　　　　　　江

图2-3 区域科技创新环境指数提高百分点排序

（二）科技活动投入评价

从科技活动投入指数看，广东、江苏、浙江、安徽、上海、北京、湖北、山东排在前8位，同时也是高于全国平均水平（全国科技活动投入指数为77.14%）的地区（图2-4、图2-5）。

与上年比较，全国科技活动投入指数提高了0.63个百分点，吉林、北京、四川、上海等11个地区高于这一增幅，天津、辽宁、重庆、海南等19个地区低于上年水平（图2-6）。

位次上升最快的地区是吉林，比上年上升5位，主要因为科技活动人力投入大幅提升；北京和四川均比上年上升4位；海南比上年上升2位；贵州比上年下降3位；天津、山西、内蒙古、江西和河南均比上年下降2位。

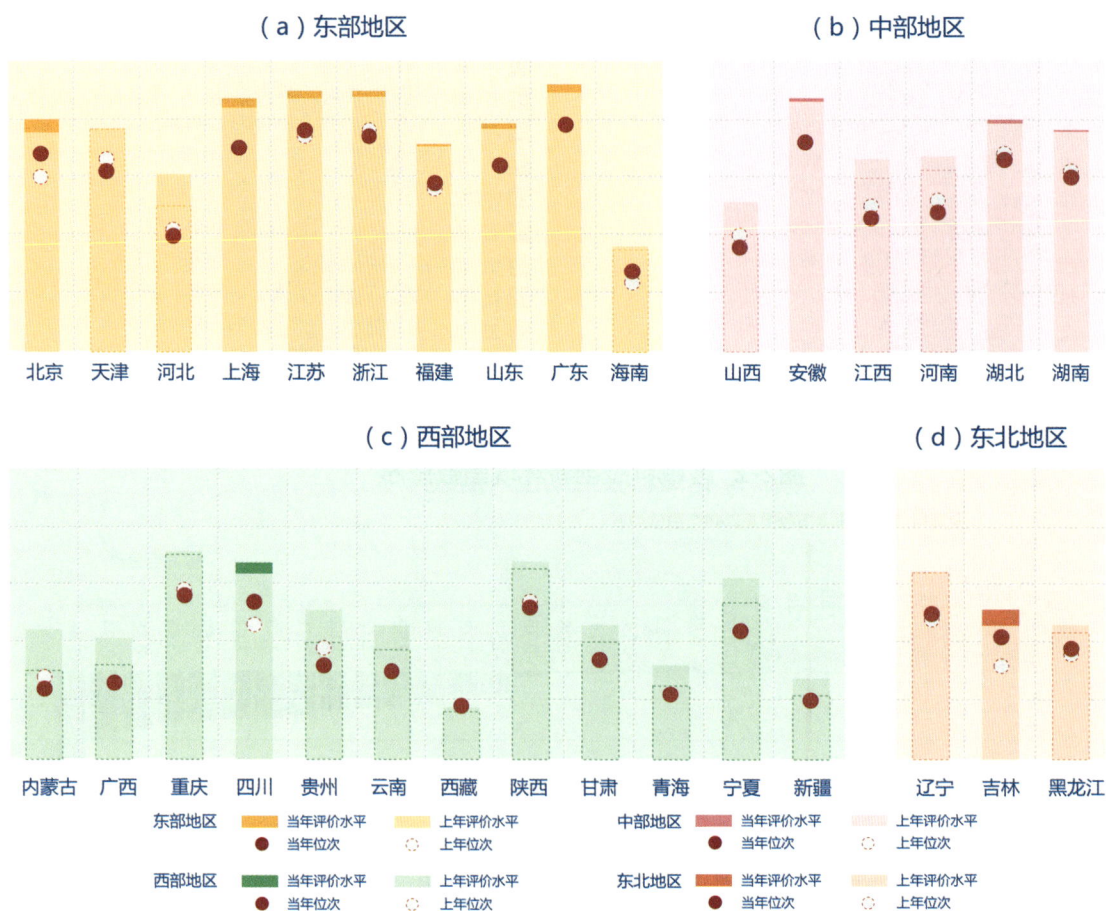

图2-4　科技活动投入区域分类

当年科技活动投入指数

排名	地区	指数
1	广　东	92.09
2	江　苏	89.76
3	浙　江	89.75
4	安　徽	87.40
5	上　海	87.22
6	北　京	80.05
7	湖　北	80.04
8	山　东	78.71
9	天　津	76.61
10	湖　南	76.39
11	福　建	71.44
12	重　庆	70.50
13	四　川	67.59
14	陕　西	65.50
15	辽　宁	64.20
16	河　南	62.60
17	江　西	59.84
18	宁　夏	53.98
19	吉　林	51.54
20	河　北	50.19
21	黑龙江	43.62
22	山　西	40.59
23	甘　肃	40.48
24	贵　州	40.16
25	云　南	37.70
26	海　南	35.24
27	广　西	32.47
28	内蒙古	30.58
29	青　海	25.40
30	新　疆	21.99
31	西　藏	16.35

全国科技活动投入指数77.14%

上年科技活动投入指数

排名	地区	指数
1	广　东	89.26
2	浙　江	87.77
3	江　苏	87.15
4	安　徽	86.28
5	上　海	84.00
6	湖　北	78.74
7	天　津	76.90
8	山　东	76.82
9	湖　南	76.20
10	北　京	75.54
11	重　庆	71.55
12	福　建	70.64
13	陕　西	67.95
14	河　南	67.38
15	江　西	66.43
16	辽　宁	64.70
17	四　川	63.82
18	宁　夏	62.35
19	河　北	61.05
20	山　西	51.70
21	贵　州	51.26
22	黑龙江	46.29
23	甘　肃	46.16
24	吉　林	46.01
25	云　南	46.00
26	内蒙古	44.68
27	广　西	41.60
28	海　南	36.43
29	青　海	32.39
30	新　疆	27.93
31	西　藏	17.78

全国科技活动投入指数76.50%

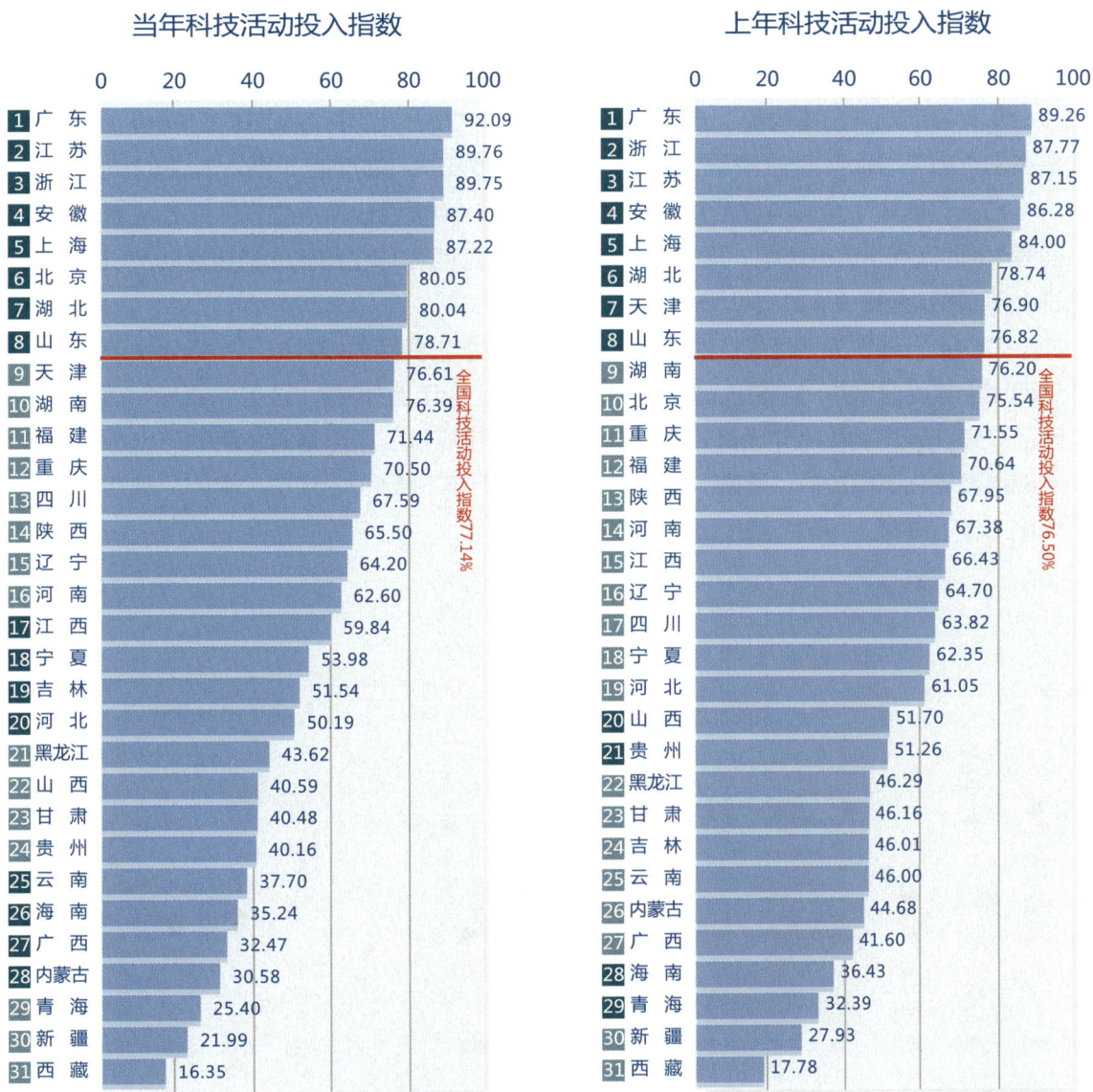

图2-5 区域科技活动投入指数排序

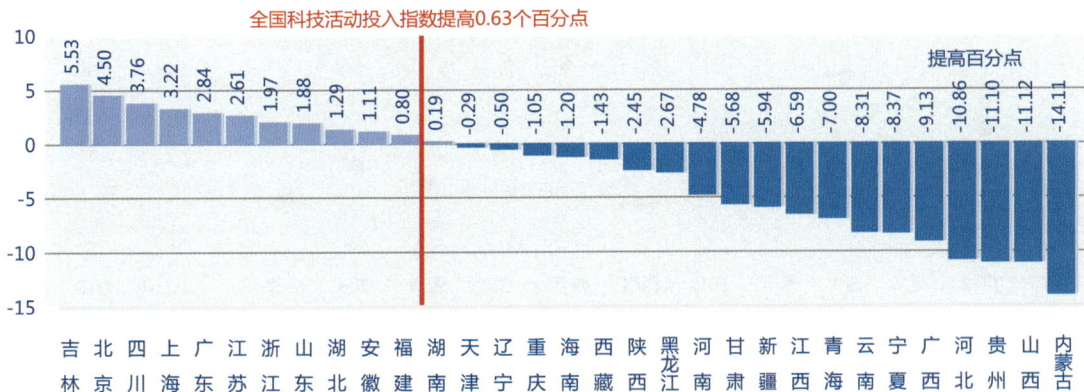

全国科技活动投入指数提高0.63个百分点

提高百分点

地区	数值
吉林	5.53
北京	4.50
四川	3.76
上海	3.22
广东	2.84
江苏	2.61
浙江	1.97
山东	1.88
湖北	1.29
安徽	1.11
福建	0.80
湖南	0.19
天津	-0.29
辽宁	-0.50
重庆	-1.05
海南	-1.20
西藏	-1.43
陕西	-2.45
黑龙江	-2.67
河南	-4.78
甘肃	-5.68
新疆	-5.94
江西	-6.59
青海	-7.00
云南	-8.31
宁夏	-8.37
广西	-9.13
河北	-10.86
贵州	-11.10
山西	-11.12
内蒙古	-14.11

图2-6 区域科技活动投入指数提高百分点排序

（三）科技活动产出评价

从科技活动产出指数看，北京、上海、天津、广东、江苏、浙江排在前6位，同时也是高于全国平均水平（全国科技活动产出指数为80.63%）的地区（图2-7、图2-8）。

与上年比较，全国科技活动产出指数提高了3.10个百分点，广东、江苏、浙江和安徽等4个地区高于这一增幅。辽宁、福建、广西、江西等18个地区的科技活动产出指数低于上年水平（图2-9）。

位次上升最快的地区是广西，比上年上升8位，主要因为技术成果市场化快速提升；江西比上年上升7位；安徽比上年上升4位；山东比上年上升3位；江苏、浙江、福建、湖南、广东和云南均比上年上升2位；吉林比上年下降7位，原因是科技活动产出水平和技术成果市场化下降较快；海南、重庆和宁夏均比上年下降4位；辽宁、贵州、陕西和青海均比上年下降3位；黑龙江比上年下降2位。

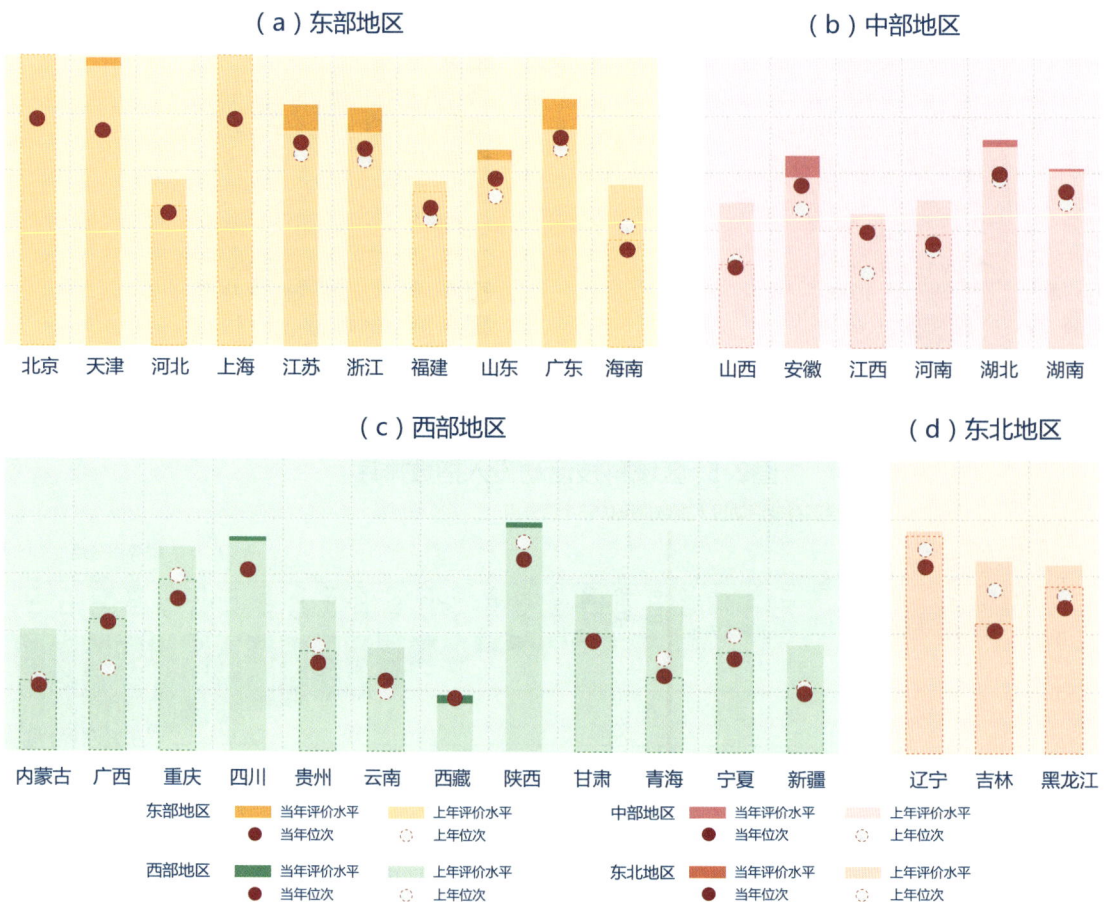

图2-7 科技活动产出区域分类

当年科技活动产出指数

排名	地区	指数
1	北 京	100.00
1	上 海	100.00
3	天 津	98.85
4	广 东	85.22
5	江 苏	82.92
6	浙 江	81.95
7	陕 西	78.92
8	辽 宁	74.68
9	四 川	73.69
10	湖 北	71.62
11	山 东	67.57
12	安 徽	65.98
13	湖 南	61.69
14	重 庆	58.71
15	黑龙江	57.25
16	福 建	53.12
17	河 北	47.92
18	广 西	45.10
19	吉 林	44.56
20	江 西	42.14
21	甘 肃	40.74
22	河 南	38.96
23	海 南	36.84
24	宁 夏	34.42
25	贵 州	34.41
26	山 西	28.57
27	青 海	25.77
28	云 南	24.89
29	内蒙古	24.15
30	新 疆	22.26
31	西 藏	19.31

全国科技活动产出指数80.63%

上年科技活动产出指数

排名	地区	指数
1	北 京	100.00
1	上 海	100.00
3	天 津	96.34
4	陕 西	77.11
5	辽 宁	76.32
6	广 东	75.13
7	江 苏	74.33
8	浙 江	73.89
9	四 川	72.19
10	重 庆	70.17
11	湖 北	69.56
12	吉 林	65.97
13	黑龙江	64.66
14	山 东	64.48
15	湖 南	61.18
16	安 徽	58.96
17	河 北	57.36
18	福 建	57.16
19	海 南	56.05
20	宁 夏	54.69
21	甘 肃	54.19
22	贵 州	51.81
23	河 南	51.20
24	青 海	50.27
25	山 西	50.16
26	广 西	49.30
27	江 西	46.56
28	内蒙古	41.74
29	新 疆	37.09
30	云 南	35.70
31	西 藏	16.53

全国科技活动产出指数77.53%

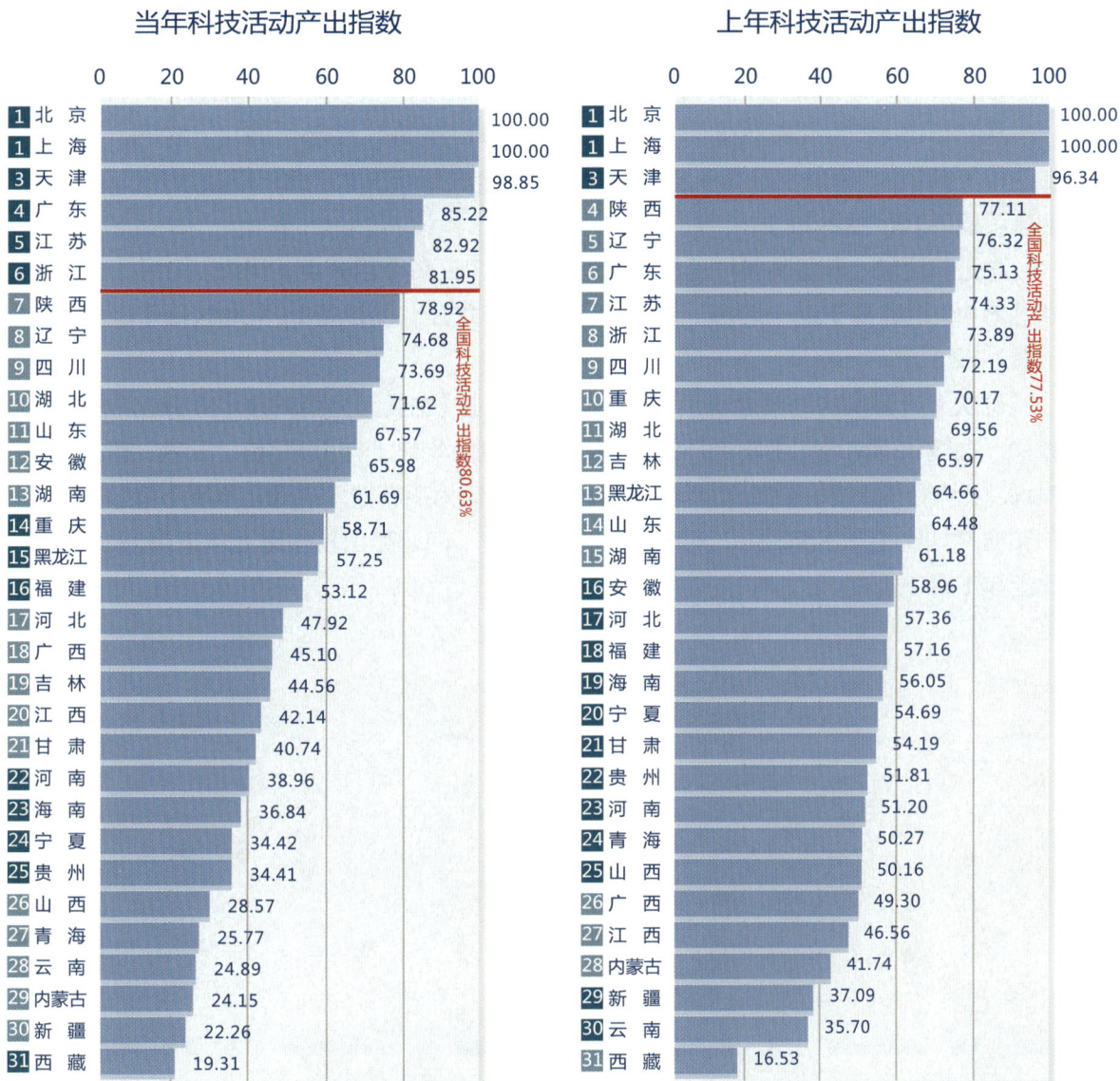

图2-8 区域科技活动产出指数排序

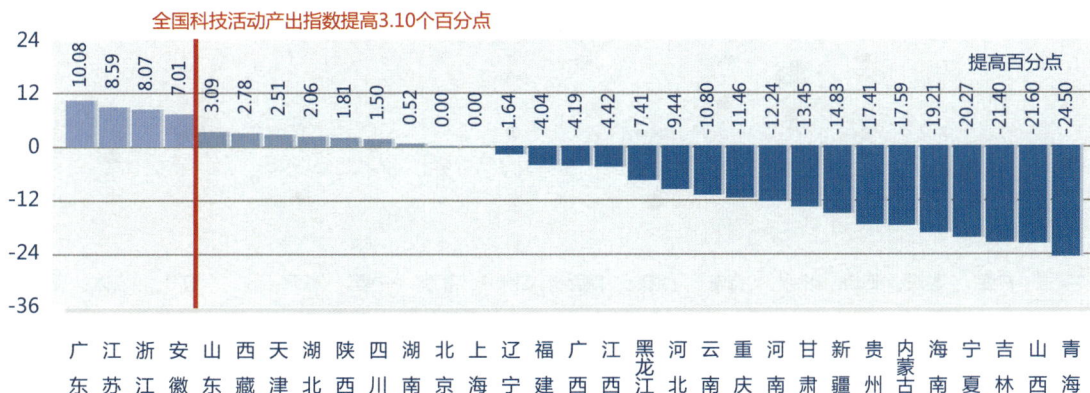

全国科技活动产出指数提高3.10个百分点

提高百分点

地区	提高百分点
广东	10.08
江苏	8.59
浙江	8.07
安徽	7.01
山东	3.09
西藏	2.78
天津	2.51
湖北	2.06
陕西	1.81
四川	1.50
湖南	0.52
北京	0.00
上海	0.00
辽宁	-1.64
福建	-4.04
广西	-4.19
江西	-4.42
黑龙江	-7.41
河北	-9.44
云南	-10.80
重庆	-11.46
河南	-12.24
甘肃	-13.45
新疆	-14.83
贵州	-17.41
内蒙古	-17.59
海南	-19.21
宁夏	-20.27
吉林	-21.40
山西	-21.60
青海	-24.50

图2-9 区域科技活动产出指数提高百分点排序

（四）高新技术产业化评价

从高新技术产业化指数看，北京、重庆、上海、广东、江苏、四川、陕西、河南、江西排在前9位，同时也是高于全国平均水平（全国高新技术产业化指数为75.26%）的地区（图2-10、图2-11）。

与上年比较，全国高新技术产业化指数提高了5.39个百分点，河南、北京、贵州、湖北等4个地区高于这一增幅。湖南、上海、黑龙江、浙江等11个地区低于上年水平（图2-12）。

位次上升最快的地区是贵州，比上年上升7位，主要因为高新技术产业化效益提升较快；福建和河南均比上年上升5位；内蒙古和湖北均比上年上升3位；云南、陕西和甘肃均比上年上升2位；浙江比上年下降7位，主要因为高新技术产业化水平下降较快；辽宁和吉林均比上年下降5位；天津比上年下降4位；河北和山东均比上年下降3位；广西比上年下降2位。

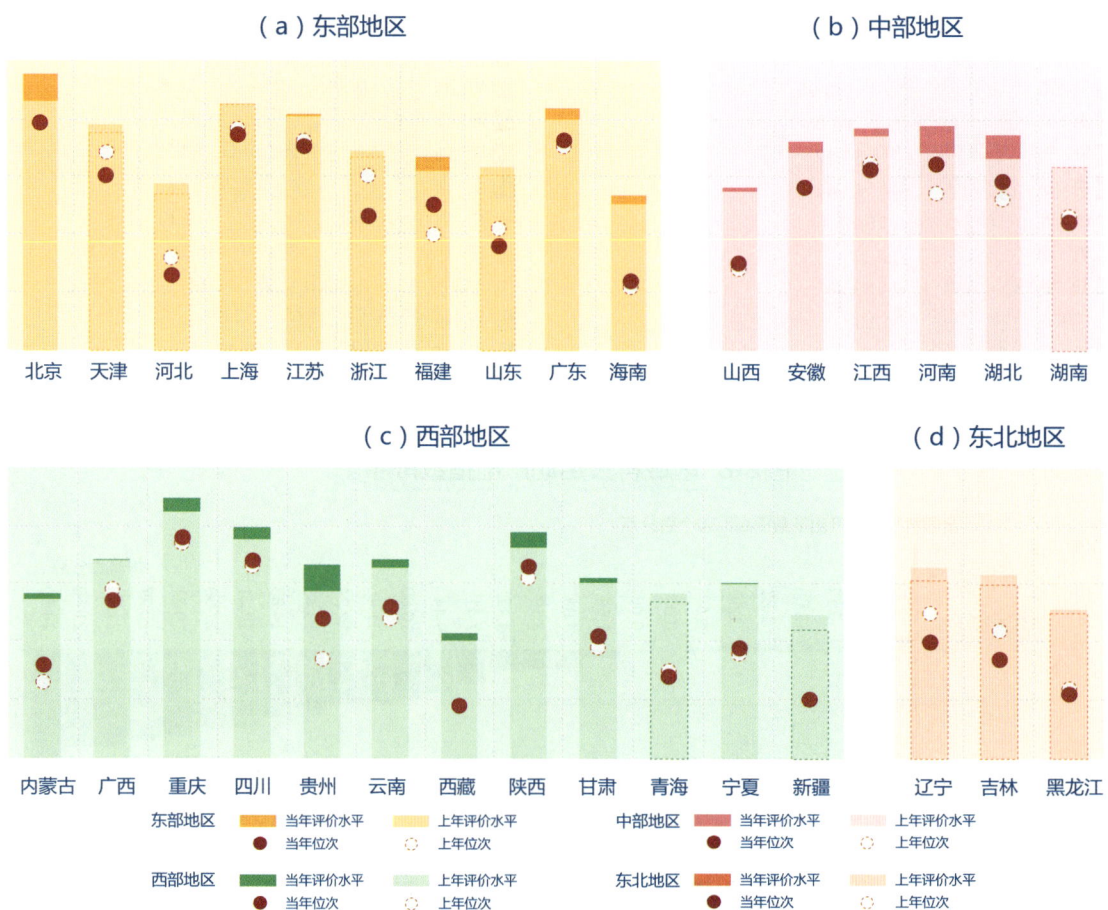

图2-10 高新技术产业化区域分类

当年高新技术产业化指数

排名	地区	指数
1	北 京	95.18
2	重 庆	89.53
3	上 海	84.59
4	广 东	83.42
5	江 苏	81.43
6	四 川	79.53
7	陕 西	77.95
8	河 南	77.53
9	江 西	76.67
10	天 津	74.97
11	湖 北	74.37
12	安 徽	72.07
13	广 西	68.60
14	云 南	68.55
15	福 建	66.61
16	贵 州	66.57
17	浙 江	66.50
18	湖 南	63.22
19	甘 肃	62.13
20	辽 宁	61.25
21	宁 夏	60.54
22	山 东	60.36
23	吉 林	59.82
24	内蒙古	56.69
25	山 西	56.23
26	青 海	54.03
27	河 北	53.79
28	海 南	53.46
29	黑龙江	50.07
30	新 疆	44.40
31	西 藏	43.13

全国高新技术产业化指数75.26%

上年高新技术产业化指数

排名	地区	指数
1	北 京	85.91
2	上 海	85.06
3	重 庆	84.87
4	江 苏	80.69
5	广 东	79.60
6	天 津	77.75
7	四 川	75.41
8	江 西	73.97
9	陕 西	72.64
10	浙 江	68.65
11	广 西	68.51
12	安 徽	68.19
13	河 南	68.09
14	湖 北	66.18
15	辽 宁	65.81
16	云 南	65.60
17	湖 南	63.39
18	吉 林	63.36
19	山 东	63.17
20	福 建	61.82
21	甘 肃	60.50
22	宁 夏	60.24
23	贵 州	57.51
24	河 北	57.47
25	青 海	56.91
26	山 西	54.82
27	内蒙古	54.75
28	黑龙江	51.38
29	海 南	50.49
30	新 疆	49.54
31	西 藏	40.62

全国高新技术产业化指数69.87%

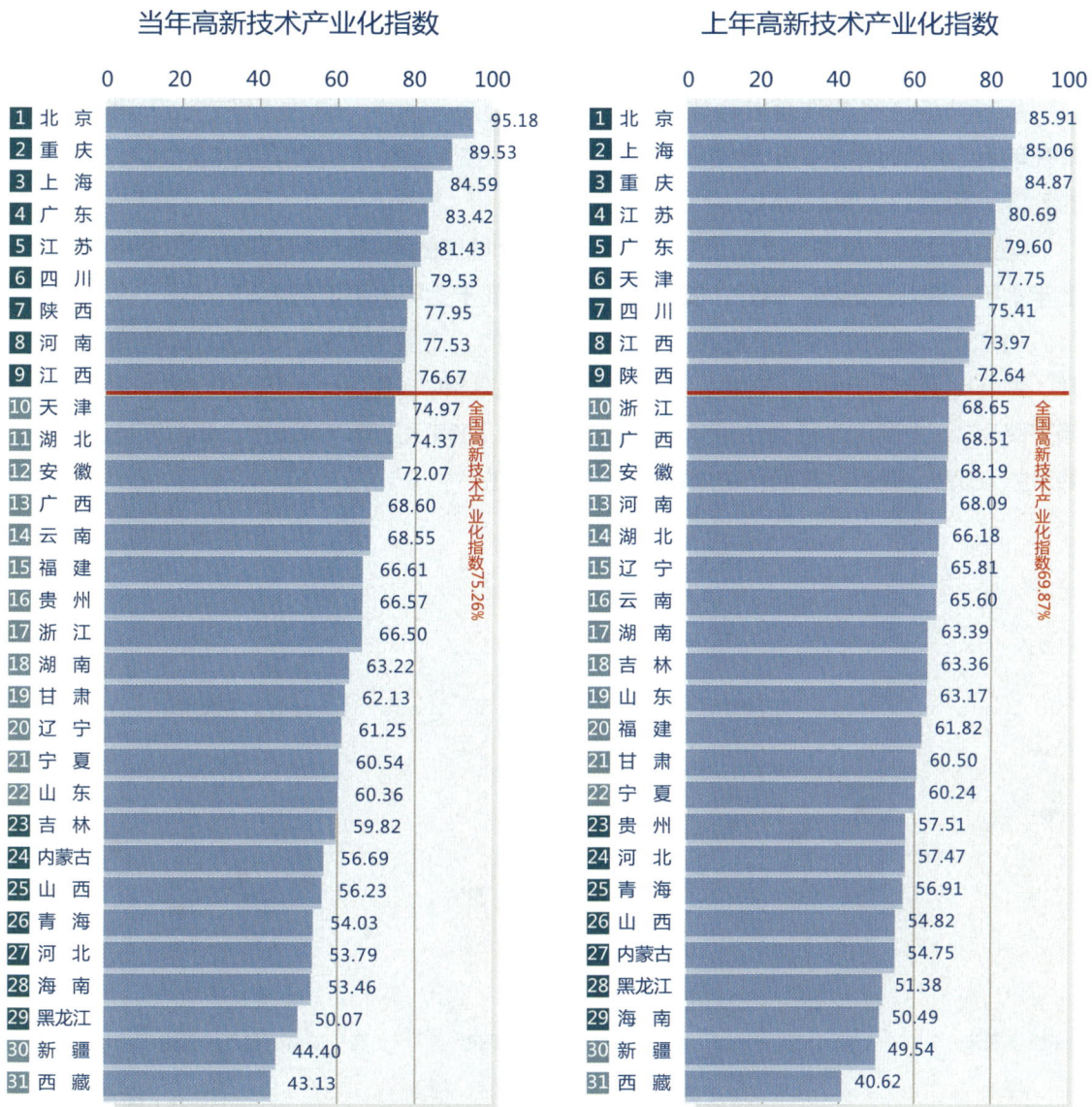

图2-11 区域高新技术产业化指数排序

全国高新技术产业化指数提高5.39个百分点

提高百分点: 9.44 9.27 9.06 8.19 5.30 4.79 4.65 4.12 3.87 3.82 2.97 2.96 2.70 2.51 1.94 1.63 1.42 0.74 0.31 0.09 -0.16 -0.47 -1.31 -2.15 -2.78 -2.81 -2.89 -3.53 -3.68 -4.56 -5.14

河南 北京 贵州 湖南 陕西 福建 重庆 四川 安徽 广东 海南 云南 江南 西藏 内蒙古 甘肃 山西 江苏 宁夏 广西 湖南 上海 黑龙江 浙江 天津 山东 青海 吉林 河北 辽宁 新疆

图2-12 区域高新技术产业化指数提高百分点排序

（五）科技促进经济社会发展评价

从科技促进经济社会发展指数看，广东、上海、北京、重庆、浙江、天津、江苏排在前7位，同时也是高于全国平均水平（全国科技促进经济社会发展指数为74.93%）的地区（图2-13、图2-14）。

与上年比较，重庆、上海、广东、北京等8个地区的科技促进经济社会发展指数高于上年水平，湖北、湖南、福建、安徽等23个地区低于上年水平（图2-15）。

位次上升最快的地区是贵州，比上年上升5位，主要因为经济发展方式转变位次提升；湖南比上年上升4位；吉林、河南均比上年上升3位；青海比上年上升2位；河北比上年下降5位，主要因为社会生活信息化表现较差；海南比上年下降4位；黑龙江比上年下降3位；山西、四川、陕西、甘肃均比上年下降2位。

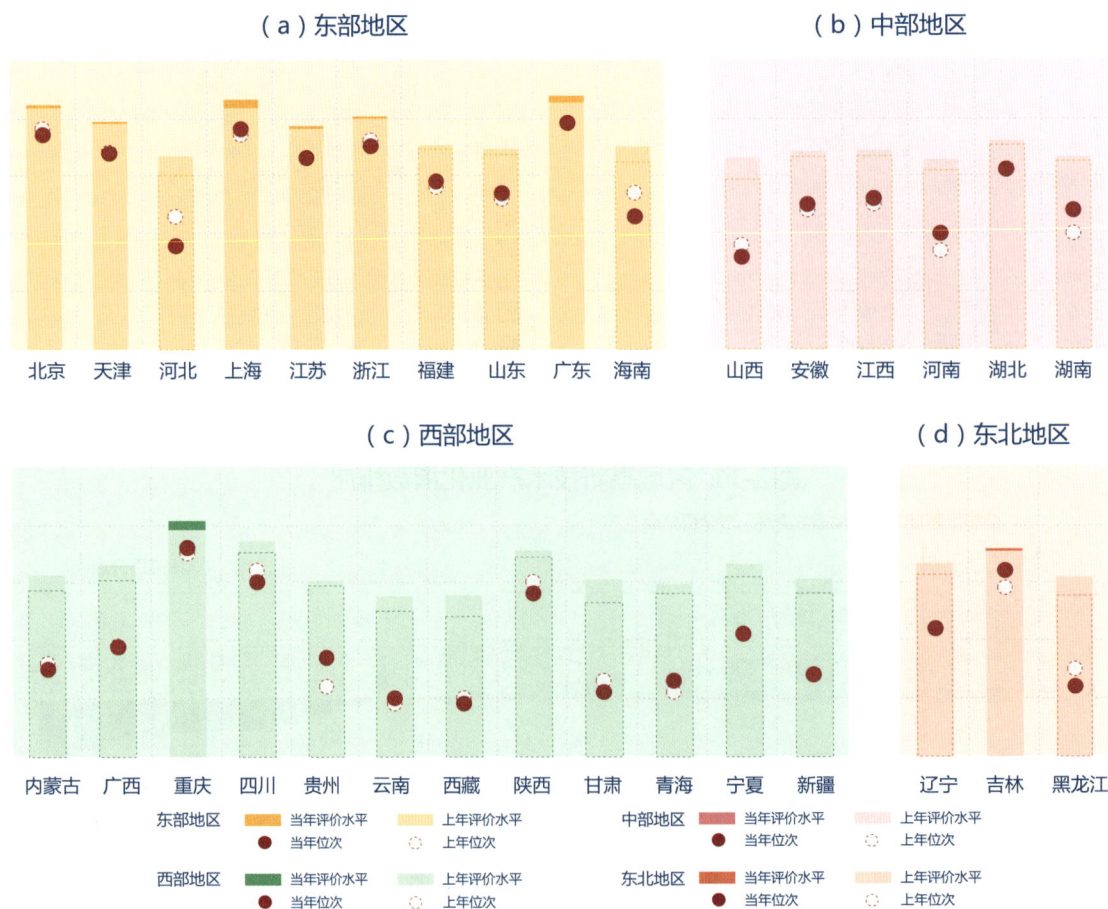

图2-13 科技促进经济社会发展区域分类

当年科技促进经济社会发展指数

排名	地区	指数
1	广 东	87.20
2	上 海	85.99
3	北 京	84.22
4	重 庆	81.34
5	浙 江	80.20
6	天 津	78.47
7	江 苏	76.89
8	吉 林	71.54
9	湖 北	70.50
10	四 川	70.43
11	福 建	68.86
12	陕 西	68.76
13	江 西	66.71
14	安 徽	66.52
15	山 东	66.97
16	湖 南	64.97
17	海 南	64.31
18	辽 宁	62.52
19	宁 夏	61.90
20	河 南	61.77
21	广 西	60.78
22	河 北	59.86
23	贵 州	58.86
24	山 西	58.76
25	内蒙古	57.36
26	新 疆	56.25
27	青 海	56.18
28	黑龙江	55.31
29	甘 肃	53.06
30	云 南	50.17
31	西 藏	48.31

全国科技促进经济社会发展指数74.93%

上年科技促进经济社会发展指数

排名	地区	指数
1	广 东	84.89
2	北 京	83.19
3	上 海	83.13
4	浙 江	79.44
5	重 庆	78.26
6	天 津	77.81
7	江 苏	75.99
8	四 川	74.36
9	湖 北	71.57
10	陕 西	71.01
11	吉 林	70.54
12	福 建	70.15
13	海 南	69.68
14	山 东	68.82
15	江 西	68.36
16	安 徽	68.01
17	河 北	66.56
18	辽 宁	66.36
19	宁 夏	66.35
20	湖 南	66.11
21	广 西	66.02
22	山 西	65.84
23	河 南	65.17
24	内蒙古	62.60
25	黑龙江	61.70
26	新 疆	61.27
27	甘 肃	60.99
28	贵 州	60.55
29	青 海	59.48
30	西 藏	55.53
31	云 南	55.28

全国科技促进经济社会发展指数75.90%

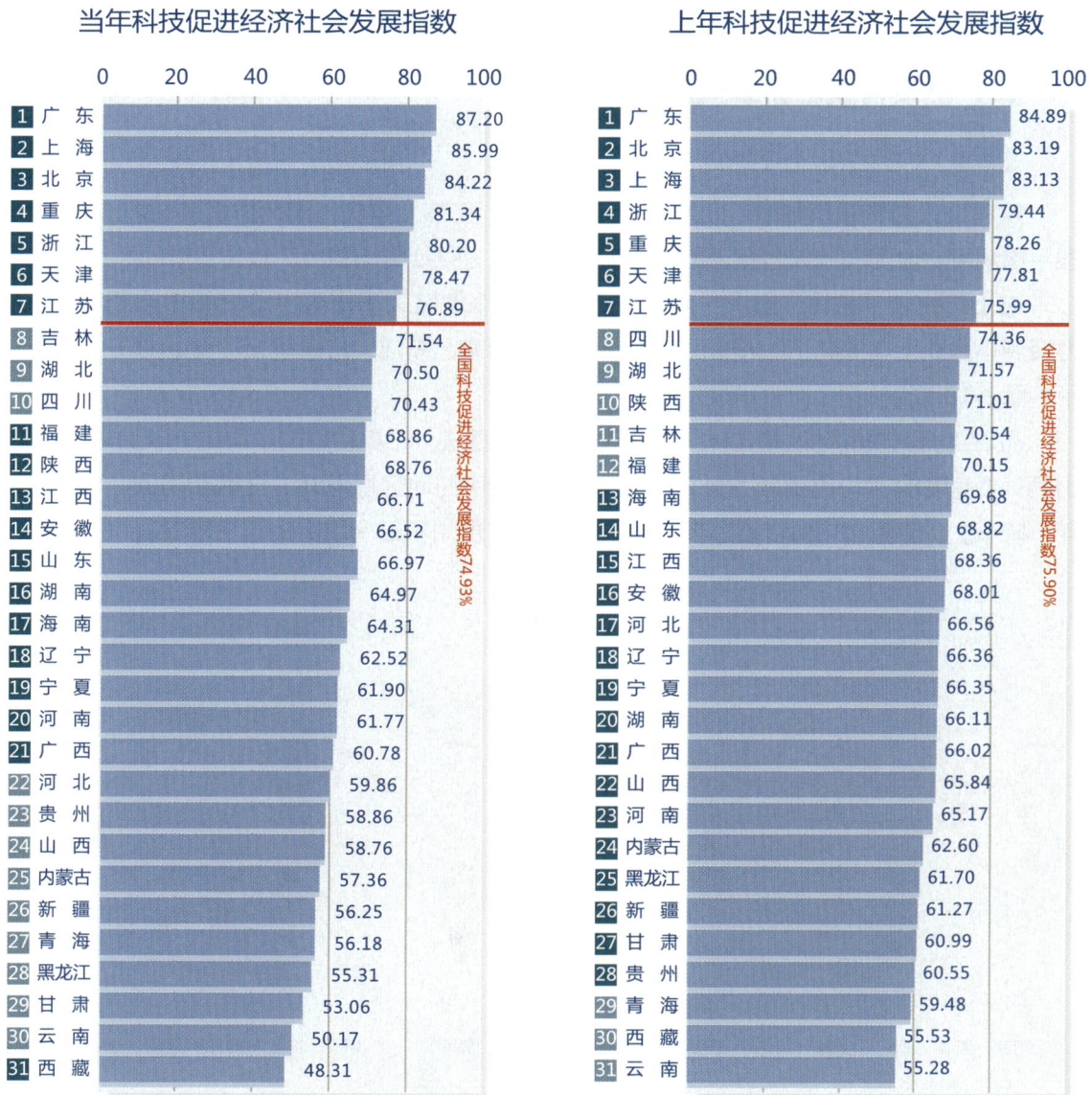

图2-14 区域科技促进经济社会发展指数排序

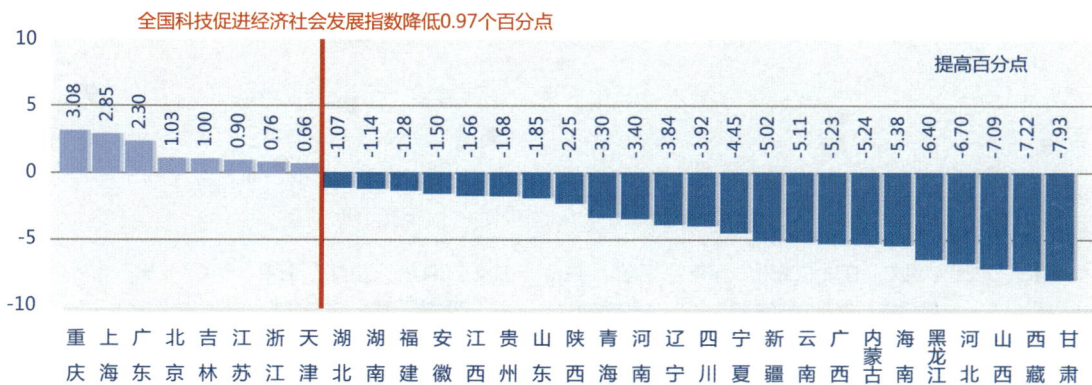

全国科技促进经济社会发展指数降低0.97个百分点

提高百分点

地区	提高百分点
重庆	3.08
上海	2.85
广东	2.30
北京	1.03
吉林	1.00
江苏	0.90
浙江	0.76
天津	0.66
湖北	-1.07
湖南	-1.14
福建	-1.28
安徽	-1.50
江西	-1.66
贵州	-1.68
山西	-1.85
陕西	-2.25
青海	-3.30
河东	-3.40
辽宁	-3.84
四川	-3.92
宁夏	-4.45
新疆	-5.02
云南	-5.11
广南	-5.23
内蒙古	-5.24
海南	-5.38
黑龙江	-6.40
河北	-6.70
山西	-7.09
西藏	-7.22
甘肃	-7.93

图2-15 区域科技促进经济社会发展指数提高百分点排序

二、区域科技创新二级指标评价

（一）科技人力资源评价

从科技人力资源指数看，北京、天津、上海、江苏、重庆、湖北排在前6位，高于全国平均水平（全国科技人力资源指数为97.62%）（图2-16、图2-17）。

与上年比较，吉林、重庆、湖北、山西等12个地区高于全国平均增幅（全国科技人力资源指数比上年提高了0.16个百分点），新疆、海南、浙江、广东等15个地区低于上年水平（图2-18）。

位次上升最快的地区是吉林、黑龙江、湖北、重庆、宁夏和新疆，均比上年上升3位；山西、海南和甘肃均比上年上升2位；位次下降最快的地区是河北、江西和河南，均比上年下降4位；福建和广东均比上年下降3位；四川、贵州和云南均比上年下降2位。

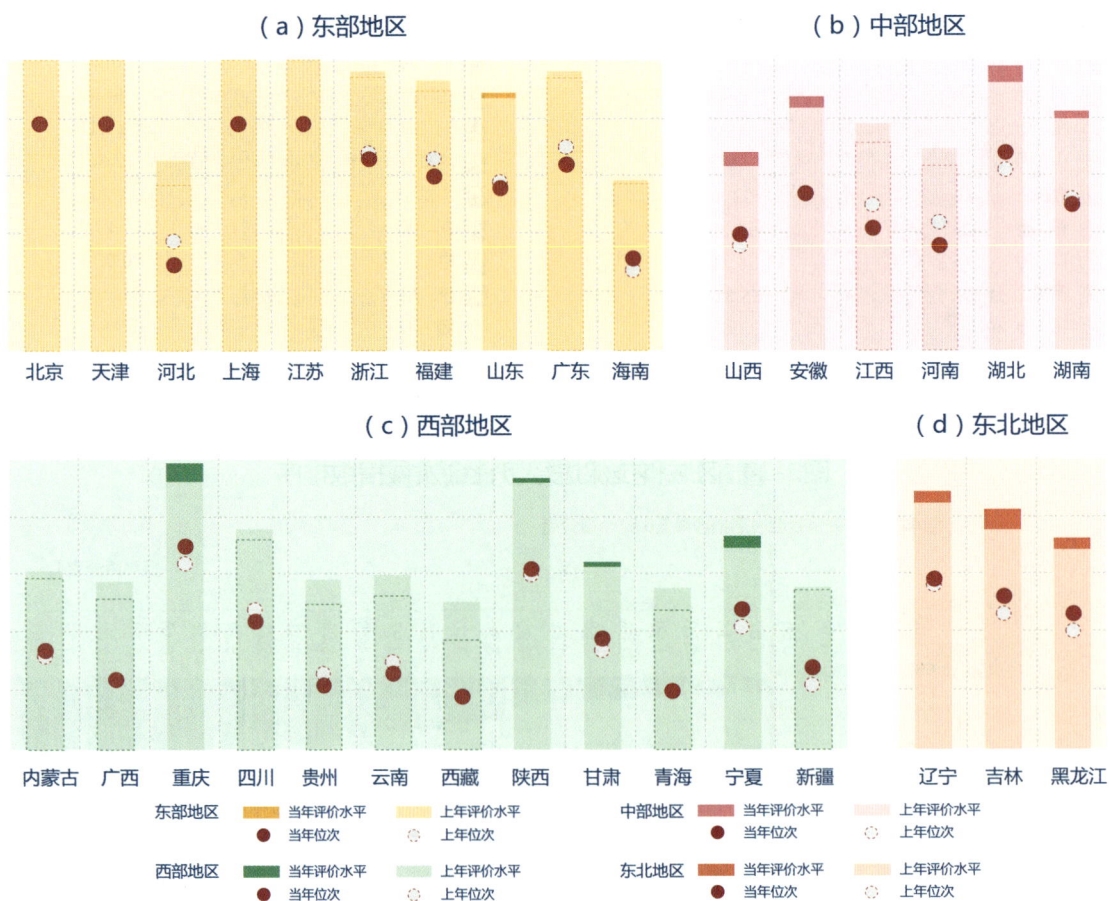

（a）东部地区　　　　　（b）中部地区

（c）西部地区　　　　　（d）东北地区

东部地区	■ 当年评价水平	■ 上年评价水平	中部地区	■ 当年评价水平	■ 上年评价水平
● 当年位次	○ 上年位次		● 当年位次	○ 上年位次	
西部地区	■ 当年评价水平	■ 上年评价水平	东北地区	■ 当年评价水平	■ 上年评价水平
● 当年位次	○ 上年位次		● 当年位次	○ 上年位次	

图2-16 科技人力资源区域分类

当年科技人力资源指数

排名	地区	指数
1	北 京	100.00
1	天 津	100.00
1	上 海	100.00
1	江 苏	100.00
5	重 庆	98.59
6	湖 北	97.80
7	浙 江	94.01
8	广 东	93.76
9	陕 西	93.35
10	福 建	89.26
11	辽 宁	88.69
12	山 东	88.61
13	安 徽	87.41
14	吉 林	82.52
15	湖 南	82.21
16	宁 夏	73.48
17	黑龙江	72.61
18	四 川	72.35
19	江 西	71.48
20	山 西	68.31
21	甘 肃	64.59
22	河 南	63.43
23	内蒙古	58.99
24	海 南	57.30
25	河 北	56.94
26	新 疆	54.84
27	云 南	52.87
28	广 西	51.91
29	贵 州	50.05
30	青 海	47.89
31	西 藏	37.72

上年科技人力资源指数

排名	地区	指数
1	北 京	100.00
1	天 津	100.00
1	上 海	100.00
1	江 苏	100.00
5	广 东	96.04
6	浙 江	96.03
7	福 建	92.89
8	重 庆	92.24
9	湖 北	92.11
10	陕 西	91.81
11	山 东	86.82
12	辽 宁	84.69
13	安 徽	83.52
14	湖 南	79.66
15	江 西	78.10
16	四 川	75.96
17	吉 林	75.54
18	河 南	69.50
19	宁 夏	69.37
20	黑龙江	68.71
21	河 北	65.35
22	山 西	63.40
23	甘 肃	62.90
24	内蒙古	61.46
25	云 南	60.06
26	海 南	58.50
27	贵 州	58.50
28	广 西	57.84
29	新 疆	55.74
30	青 海	55.56
31	西 藏	50.81

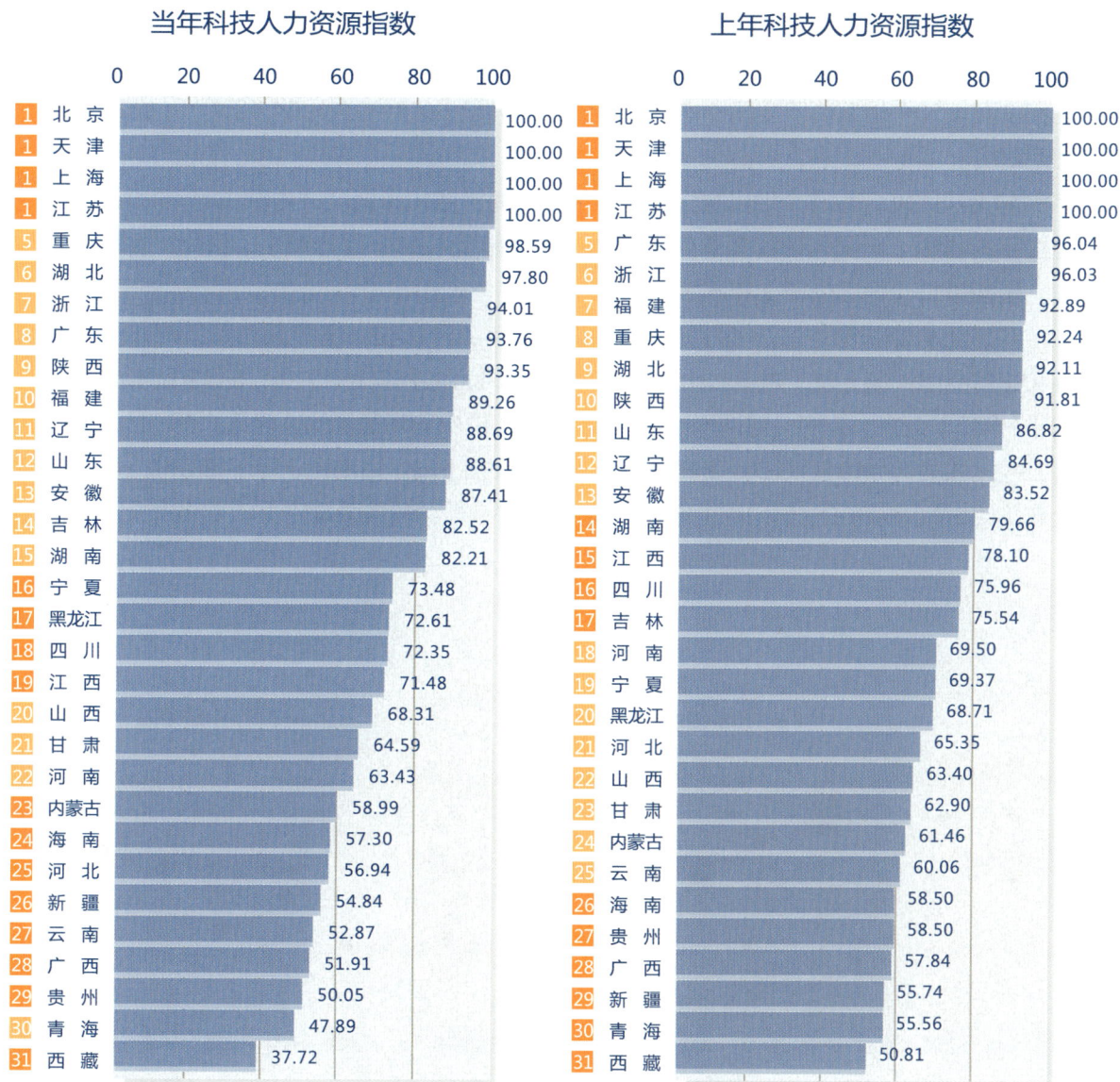

图2-17 区域科技人力资源指数排序

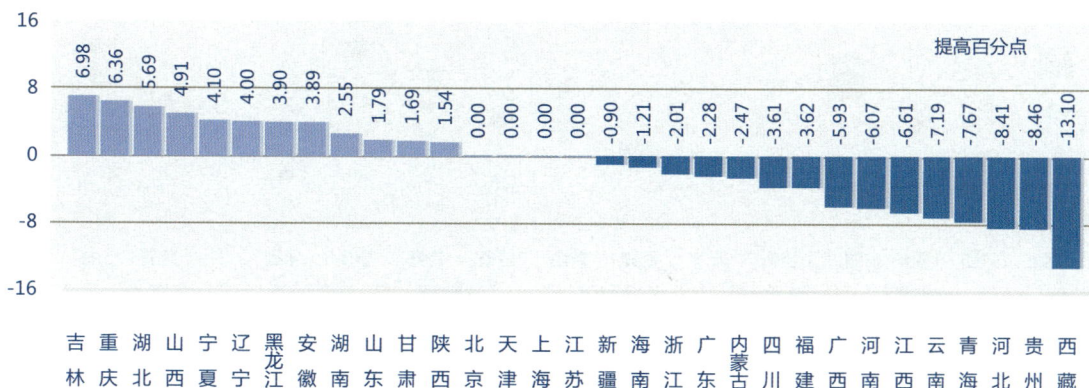

提高百分点

地区	提高百分点
吉 林	6.98
重 庆	6.36
湖 北	5.69
山 西	4.91
宁 夏	4.10
辽 宁	4.00
黑龙江	3.90
安 徽	3.89
湖 南	2.55
山 东	1.79
甘 肃	1.69
陕 西	1.54
北 京	0.00
天 津	0.00
上 海	0.00
江 苏	0.00
新 疆	-0.90
海 南	-1.21
浙 江	-2.01
广 东	-2.28
内蒙古	-2.47
四 川	-3.61
福 建	-3.62
广 西	-5.93
河 南	-6.07
江 西	-6.61
云 南	-7.19
青 海	-7.67
河 北	-8.41
贵 州	-8.46
西 藏	-13.10

图2-18 区域科技人力资源指数提高百分点排序

（二）科研物质条件评价

从科研物质条件指数看，北京、天津、黑龙江、上海、山东、湖南、江苏、吉林、湖北和宁夏等10个地区高于全国平均水平（全国科研物质条件指数为64.43%）（图2-19、图2-20）。

与上年比较，有18个地区高于上年水平，上海、四川、浙江、内蒙古等8个地区高于全国平均增幅（全国科研物质条件指数比上年提高了7.24个百分点），贵州、重庆、辽宁、山西等13个地区低于上年水平（图2-21）。

位次上升最快的地区是浙江和四川，均比上年上升10位，主要因为每名R&D人员仪器和设备支出快速上升；内蒙古比上年上升8位；湖北比上年上升7位；安徽和湖南均比上年上升4位；北京、上海、河南均比上年上升2位；位次下降最快的地区是广西，比上年下降15位，主要因为每名R&D人员仪器和设备支出大幅下降；海南比上年下降12位；河北比上年下降6位；陕西和甘肃均比上年下降4位；辽宁、吉林和新疆均比上年下降3位。

（a）东部地区

（b）中部地区

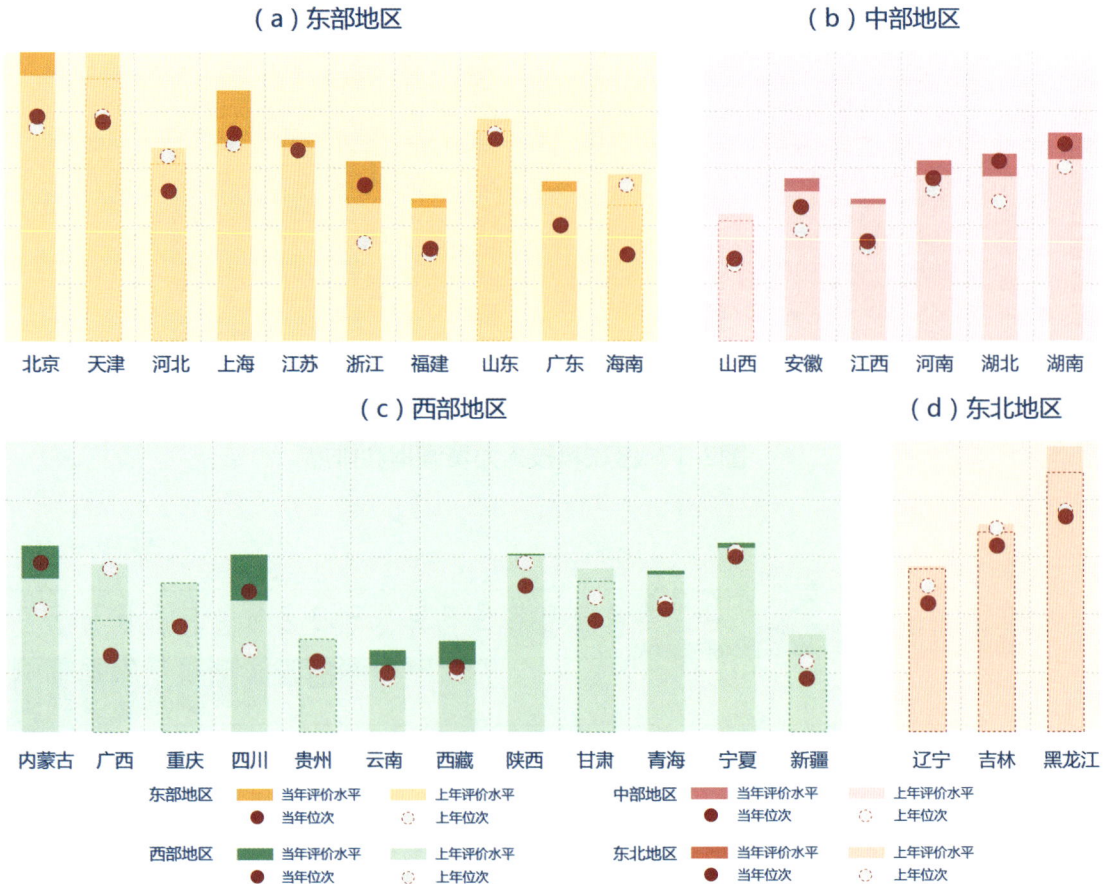

（c）西部地区

（d）东北地区

图2-19　科研物质条件区域分类

当年科研物质条件指数

排名	地区	指数
1	北 京	100.00
2	天 津	91.39
3	黑龙江	89.15
4	上 海	87.23
5	山 东	73.08
6	湖 南	72.63
7	江 苏	69.91
8	吉 林	68.69
9	湖 北	65.16
10	宁 夏	65.05
11	内蒙古	64.24
12	河 南	62.88
13	浙 江	62.37
14	河 北	61.55
15	陕 西	61.37
16	四 川	61.00
17	安 徽	56.63
18	辽 宁	55.99
19	青 海	55.42
20	广 东	55.38
21	甘 肃	51.84
22	重 庆	51.30
23	江 西	49.49
24	福 建	49.42
25	海 南	47.05
26	山 西	41.83
27	广 西	38.57
28	贵 州	32.01
29	西 藏	31.34
30	云 南	28.18
31	新 疆	27.85

上年科研物质条件指数

排名	地区	指数
1	天 津	100.00
2	黑龙江	98.01
3	北 京	92.54
4	山 东	76.91
5	吉 林	71.45
6	上 海	68.60
7	江 苏	67.28
8	河 北	66.84
9	宁 夏	63.41
10	湖 南	62.76
11	陕 西	60.88
12	广 西	57.78
13	海 南	57.70
14	河 南	57.31
15	辽 宁	56.96
16	湖 北	56.86
17	甘 肃	56.23
18	青 海	54.21
19	内蒙古	52.91
20	广 东	51.85
21	安 徽	51.67
22	重 庆	51.48
23	浙 江	47.73
24	江 西	47.25
25	福 建	46.20
26	四 川	45.28
27	山 西	44.03
28	新 疆	33.56
29	贵 州	32.04
30	西 藏	23.33
31	云 南	22.98

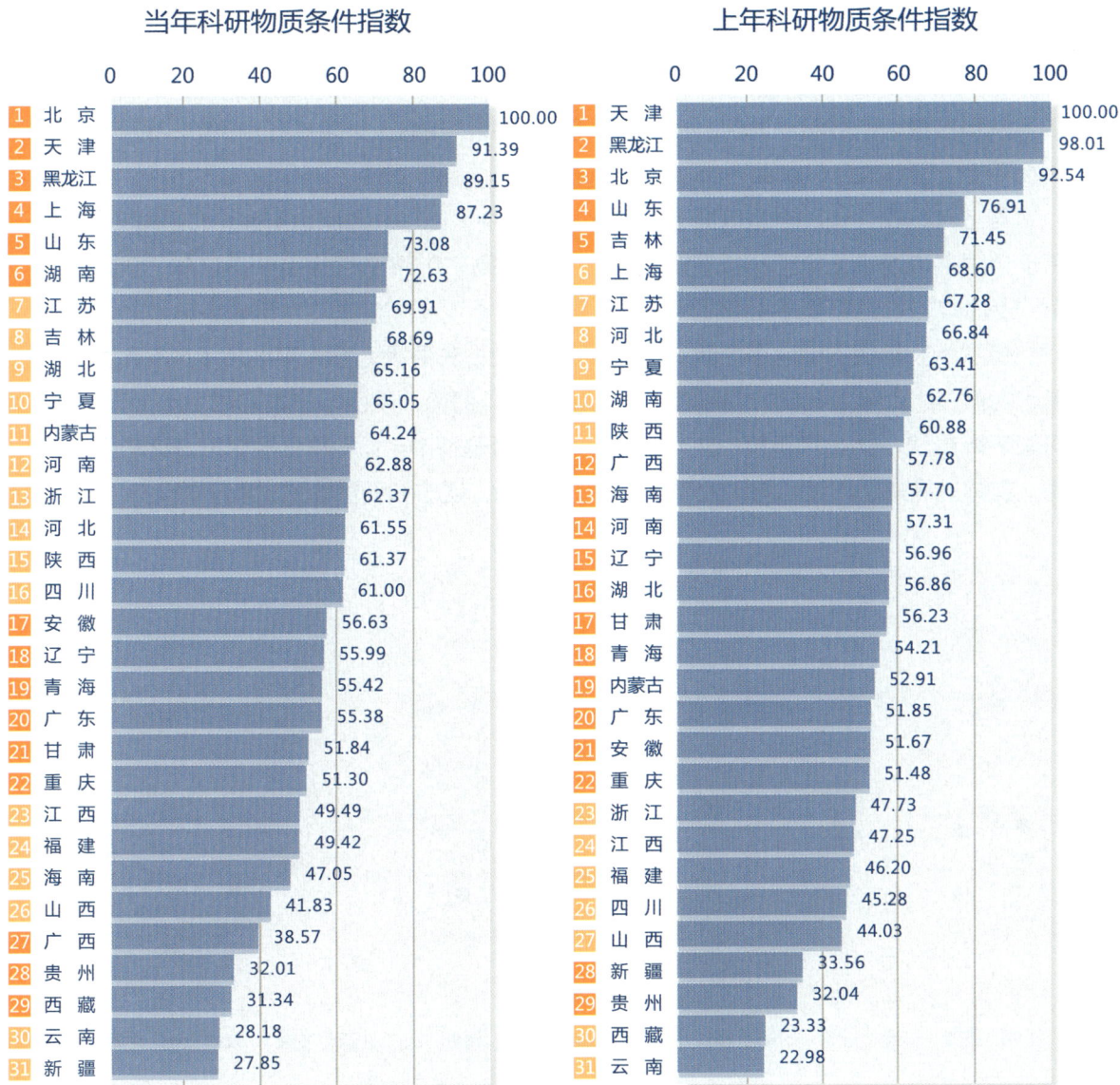

图2-20 区域科研物质条件指数排序

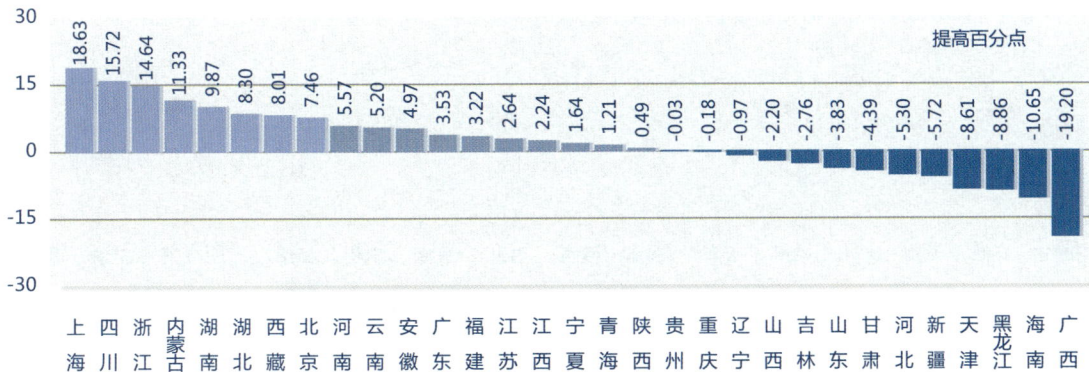

提高百分点

上海 18.63, 四川 15.72, 浙江 14.64, 内蒙古 11.33, 湖南 9.87, 湖北 8.30, 西藏 8.01, 北京 7.46, 河南 5.57, 云南 5.20, 安徽 4.97, 广东 3.53, 福建 3.22, 江苏 2.64, 江西 2.24, 宁夏 1.64, 青海 1.21, 陕西 0.49, 贵州 -0.03, 重庆 -0.18, 辽宁 -0.97, 山西 -2.20, 吉林 -2.76, 山东 -3.83, 甘肃 -4.39, 河北 -5.30, 新疆 -5.72, 天津 -8.61, 黑龙江 -8.86, 海南 -10.65, 广西 -19.20

图2-21 区域科研物质条件指数提高百分点排序

（三）科技意识评价

从科技意识指数看，浙江、江苏、广东、上海、北京、天津排在前6位，高于全国平均水平（全国科技意识指数为65.38%）（图2-22、图2-23）。

与上年比较，有10个地区高于上年水平，其中，山东、海南、安徽、广西等7个地区高于全国平均增幅（全国科技意识指数比上年提高了0.68个百分点）。广东、天津、北京、上海等21个地区低于上年水平（图2-24）。

位次上升最快的地区是广西，比上年上升7位，主要因为万人吸纳技术成交额大幅提升；内蒙古比上年上升6位；西藏比上年上升5位；海南、陕西和宁夏均比上年上升3位；河南下降最快，比上年下降8位，主要因为科学研究和技术服务业平均工资比较系数下降；吉林、黑龙江和江西均比上年下降4位；山西、辽宁和新疆均比上年下降2位。

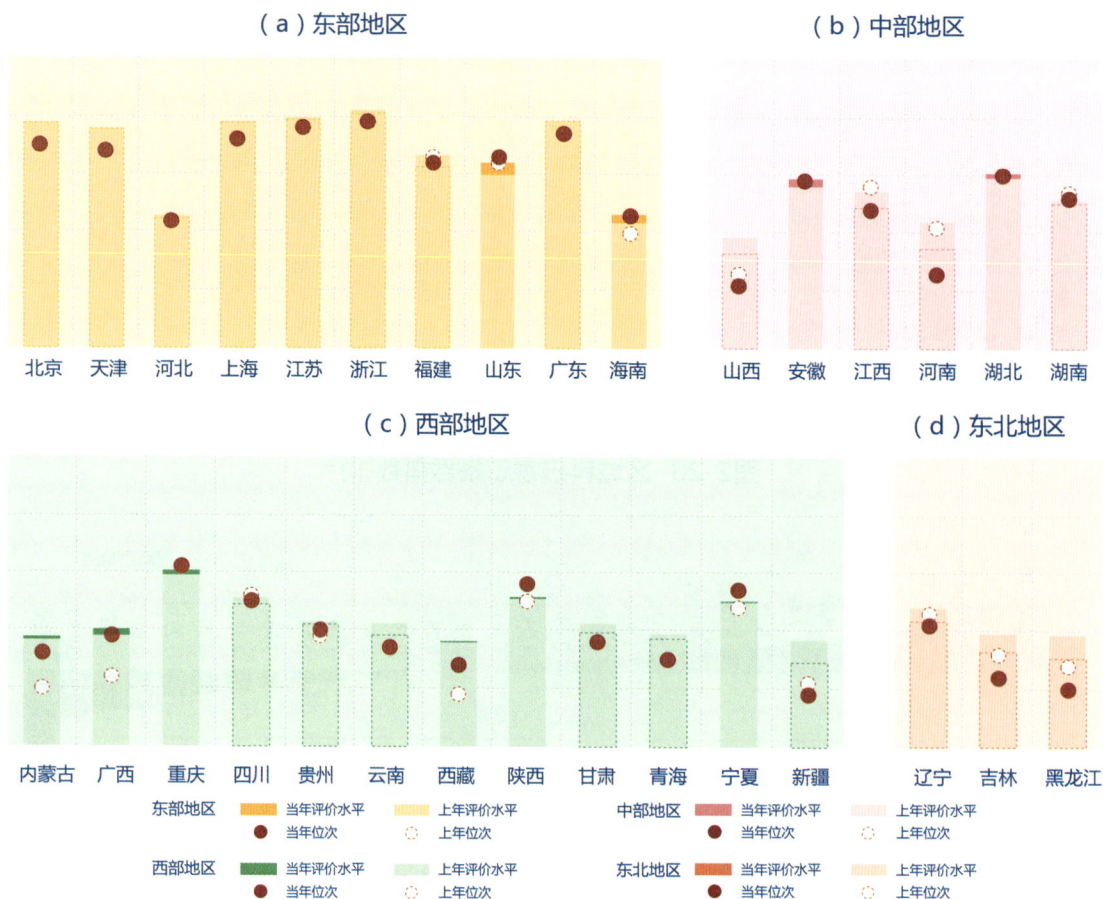

（a）东部地区　（b）中部地区　（c）西部地区　（d）东北地区

图2-22　科技意识区域分类

当年科技意识指数

排名	地区	指数
1	浙 江	80.68
2	江 苏	78.49
3	广 东	78.20
4	上 海	77.53
5	北 京	77.36
6	天 津	75.31
7	山 东	63.91
8	福 建	62.30
9	重 庆	60.54
10	湖 北	60.47
11	安 徽	58.45
12	陕 西	51.47
13	宁 夏	50.23
14	湖 南	50.07
15	四 川	48.80
16	江 西	48.57
17	海 南	46.03
18	河 北	44.54
19	辽 宁	43.31
20	贵 州	42.01
21	广 西	40.30
22	甘 肃	39.35
23	云 南	38.32
24	内蒙古	37.65
25	青 海	37.28
26	西 藏	36.30
27	河 南	34.57
28	吉 林	32.95
29	山 西	32.75
30	黑龙江	30.68
31	新 疆	29.24

上年科技意识指数

排名	地区	指数
1	浙 江	81.95
2	江 苏	79.35
3	广 东	78.23
4	上 海	77.91
5	北 京	77.51
6	天 津	75.42
7	福 建	66.47
8	山 东	59.63
9	重 庆	58.99
10	湖 北	58.93
11	安 徽	55.76
12	江 西	54.19
13	湖 南	51.19
14	四 川	51.09
15	陕 西	50.92
16	宁 夏	49.81
17	辽 宁	47.95
18	河 北	45.49
19	河 南	43.80
20	海 南	43.17
21	贵 州	42.81
22	甘 肃	42.44
23	云 南	42.26
24	吉 林	39.03
25	青 海	38.94
26	黑龙江	38.63
27	山 西	38.35
28	广 西	38.05
29	新 疆	36.82
30	内蒙古	36.66
31	西 藏	35.91

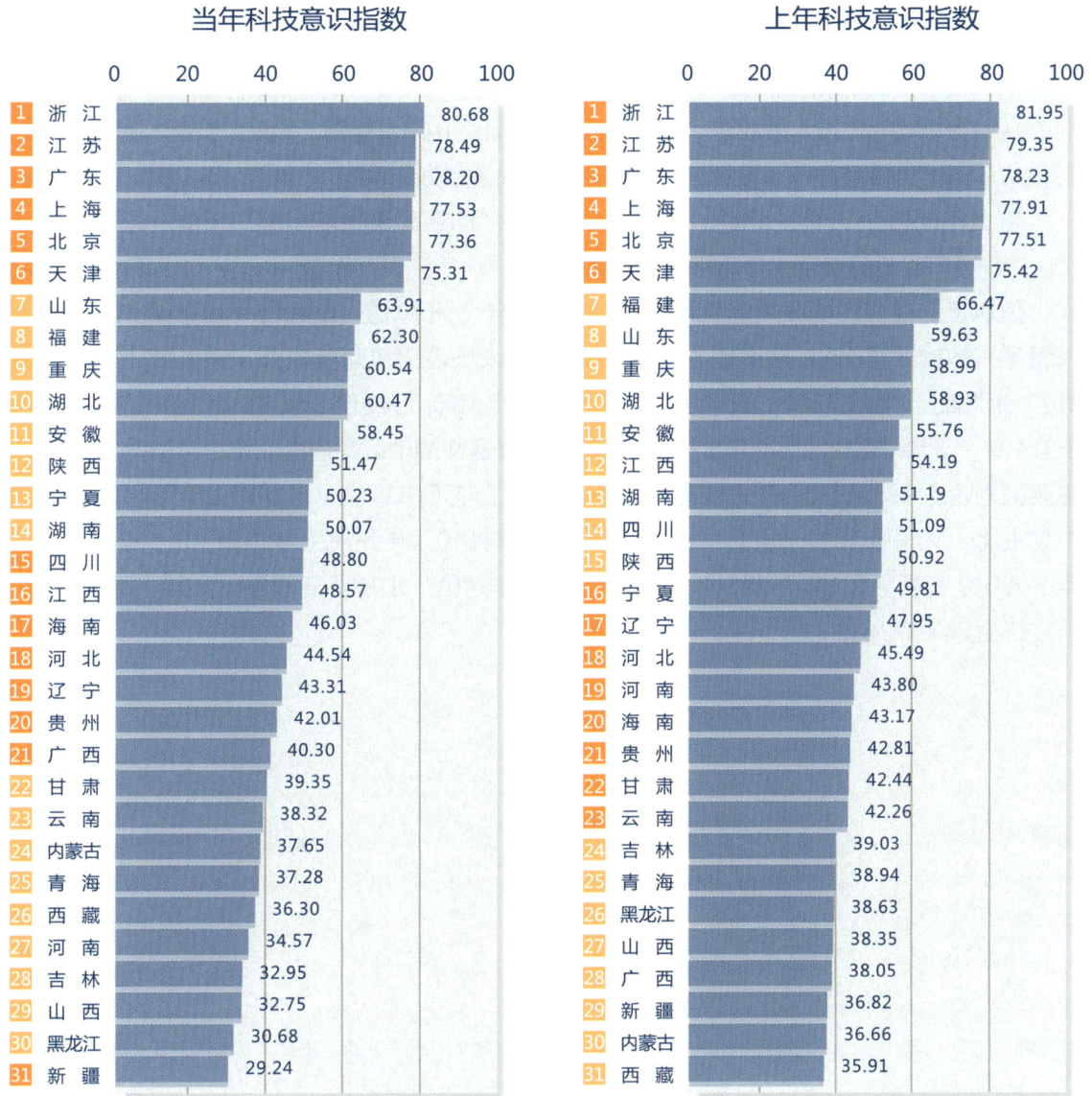

图2-23 区域科技意识指数排序

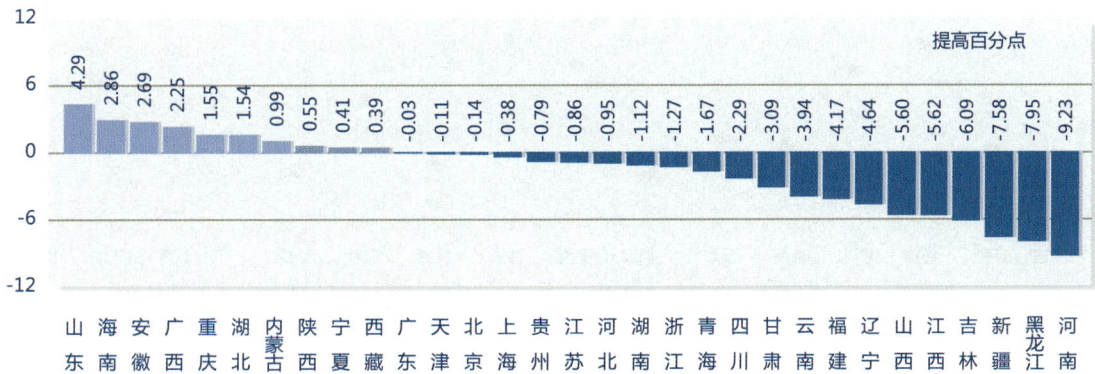

提高百分点

地区	提高百分点
山东	4.29
海南	2.86
安徽	2.69
广西	2.25
重庆	1.55
湖北	1.54
内蒙古	0.99
陕西	0.55
宁夏	0.41
西藏	0.39
广东	-0.03
天津	-0.11
北京	-0.14
上海	-0.38
贵州	-0.79
江苏	-0.86
河北	-0.95
湖南	-1.12
浙江	-1.27
青海	-1.67
四川	-2.29
甘肃	-3.09
云南	-3.94
福建	-4.17
辽宁	-4.64
山西	-5.60
江西	-5.62
吉林	-6.09
新疆	-7.58
黑龙江	-7.95
河南	-9.23

图2-24 区域科技意识指数提高百分点排序

（四）科技活动人力投入评价

从科技活动人力投入指数看，广东、江苏、浙江、山东、福建、湖南、安徽、重庆排在前8位，高于全国平均水平（全国科技活动人力投入指数为92.60%）（图2-25、图2-26）。

与上年比较，吉林、北京、陕西、上海等4个地区高于上年水平，天津、辽宁、四川、广东等27个地区低于上年水平（图2-27）。

位次上升最快的地区是北京和吉林，均比上年上升11位，前者因为基础研究人员投入强度指数排在第1位，后者因为企业R&D研究人员占比重有所提升；陕西比上年上升8位；上海比上年上升6位；天津、辽宁和海南均比上年上升5位；黑龙江和四川均比上年上升4位；湖北和重庆均比上年上升3位；位次下降最快的地区是河南，比上年下降18位，主要因为企业R&D研究人员占比重下降；宁夏比上年下降17位；江西比上年下降16位；内蒙古比上年下降10位；河北、山西均比上年下降8位；贵州比上年下降7位；安徽比上年下降6位；湖南比上年下降5位；福建比上年下降4位；山东、云南均比上年下降3位；浙江比上年下降2位。

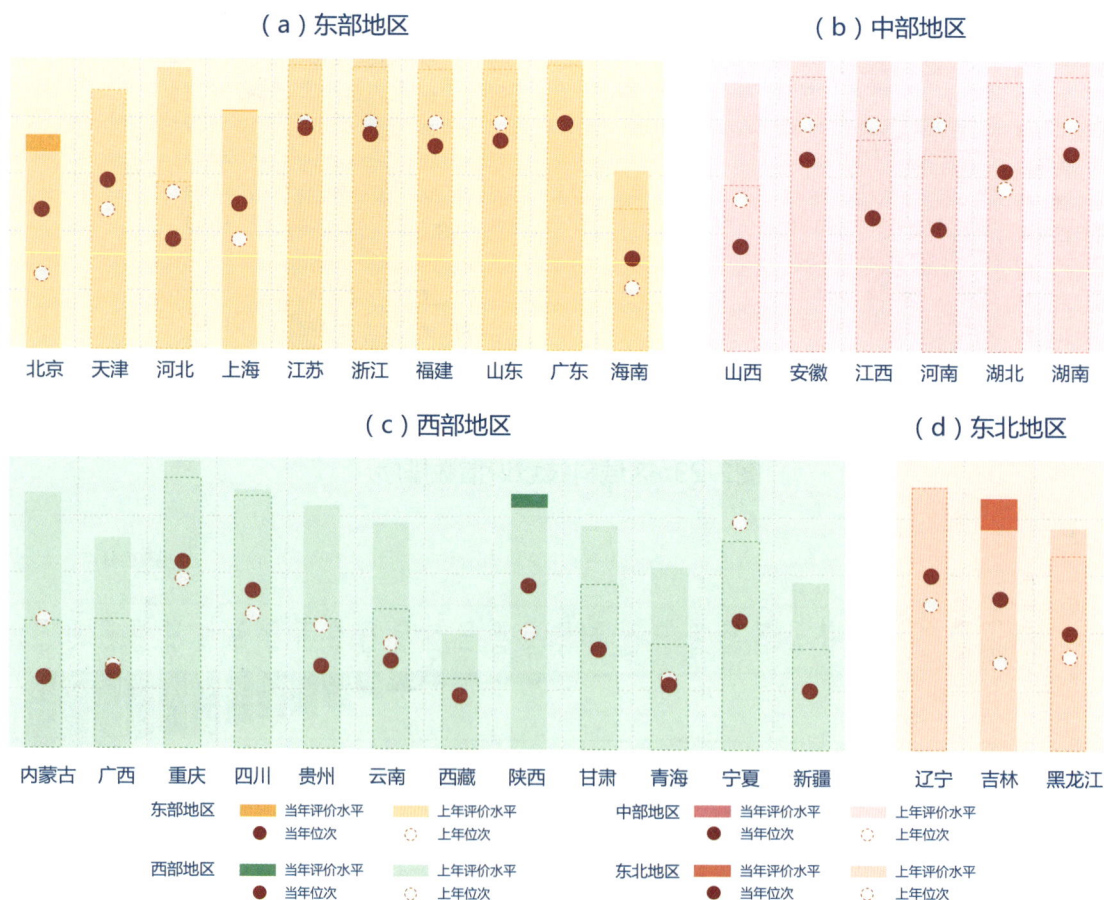

（a）东部地区

（b）中部地区

（c）西部地区

（d）东北地区

图2-25 科技活动人力投入区域分类

当年科技活动人力投入指数

排名	地区	指数
1	广 东	97.88
2	江 苏	97.56
3	浙 江	97.00
4	山 东	96.39
5	福 建	96.18
6	湖 南	94.43
7	安 徽	94.24
8	重 庆	92.86
9	湖 北	92.48
10	辽 宁	90.27
11	天 津	88.83
12	陕 西	87.71
13	四 川	86.85
14	吉 林	86.70
15	上 海	82.06
16	北 京	73.45
17	江 西	72.69
18	宁 夏	71.83
19	河 南	67.22
20	黑龙江	66.96
21	河 北	57.25
22	山 西	56.90
23	甘 肃	56.75
24	海 南	48.65
25	云 南	48.01
26	贵 州	44.55
27	广 西	44.38
28	内蒙古	43.66
29	青 海	36.39
30	新 疆	34.84
31	西 藏	24.25

上年科技活动人力投入指数

排名	地区	指数
1	广 东	100.00
1	浙 江	100.00
1	江 苏	100.00
1	江 西	100.00
1	河 南	100.00
1	福 建	100.00
1	山 东	100.00
1	湖 南	100.00
1	安 徽	100.00
1	宁 夏	100.00
11	重 庆	98.72
12	湖 北	98.34
13	河 北	96.80
14	山 西	92.31
15	辽 宁	90.64
16	天 津	88.95
17	四 川	88.88
18	内蒙古	87.81
19	贵 州	83.61
20	陕 西	83.09
21	上 海	81.92
22	云 南	77.79
23	甘 肃	76.93
24	黑龙江	76.49
25	吉 林	76.01
26	广 西	72.36
27	北 京	67.58
28	青 海	62.82
29	海 南	61.92
30	新 疆	57.67
31	西 藏	39.66

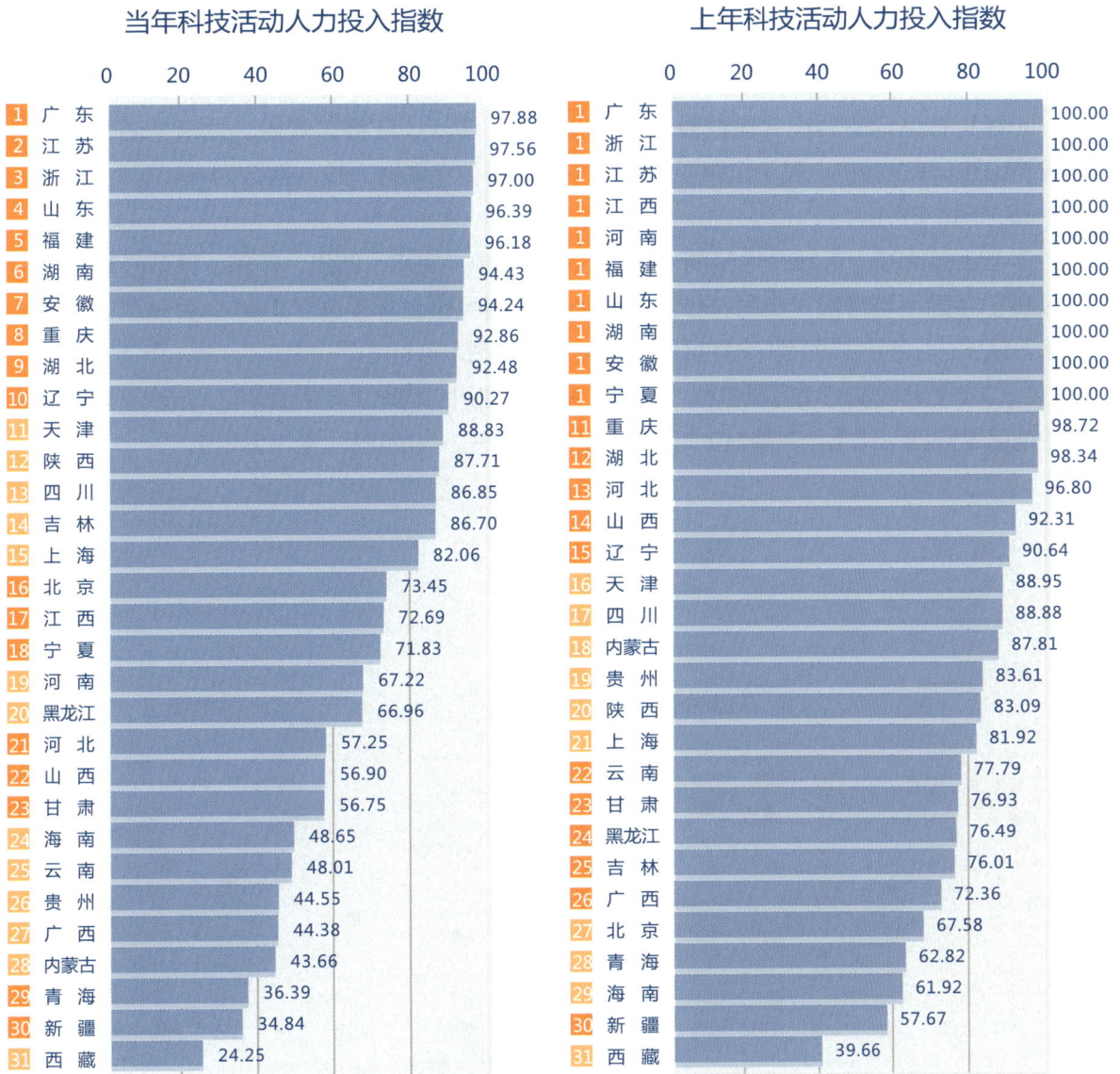

图2-26 区域科技活动人力投入指数排序

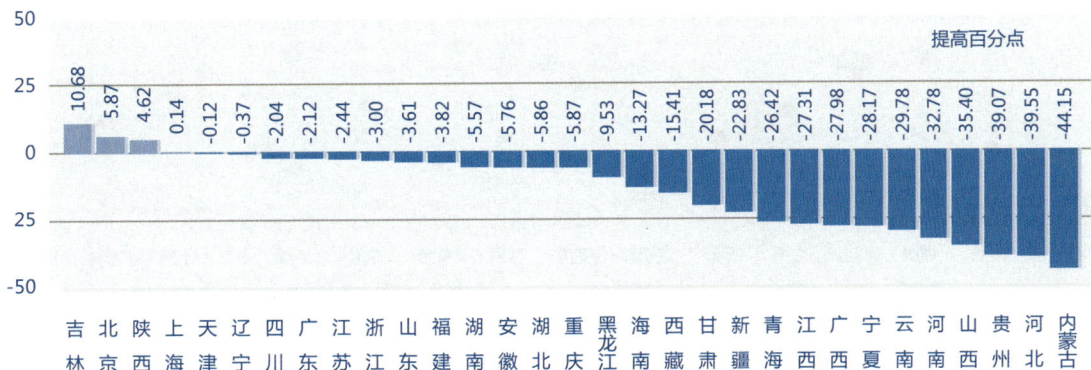

图2-27 区域科技活动人力投入指数提高百分点排序

提高百分点

地区	提高百分点
吉林	10.68
北京	5.87
陕西	4.62
上海	0.14
天津	-0.12
辽宁	-0.37
四川	-2.04
广东	-2.12
江苏	-2.44
浙江	-3.00
山东	-3.61
福建	-3.82
湖南	-5.57
安徽	-5.76
湖北	-5.86
重庆	-5.87
黑龙江	-9.53
海南	-13.27
西藏	-15.41
甘肃	-20.18
新疆	-22.83
青海	-26.42
江西	-27.31
广西	-27.98
宁夏	-28.17
云南	-29.78
河南	-32.78
山西	-35.40
贵州	-39.07
河北	-39.55
内蒙古	-44.15

（五）科技活动财力投入评价

从科技活动财力投入指数看，广东、上海、浙江、江苏、安徽、北京、湖北、天津、山东排在前9位，高于全国平均水平（全国科技活动财力投入指数为70.51%）（图2-28、图2-29）。

与上年比较，有25个地区高于上年水平，其中，河南、四川、广东、江苏等15个地区高于全国平均增幅（全国科技活动财力投入指数比上年提高了2.44个百分点）。天津、辽宁、山西、广西等6个地区低于上年水平（图2-30）。

位次上升较快的地区是吉林、河南、海南和四川，均比上年上升2位；位次下降较快的地区是陕西，比上年下降4位；辽宁比上年下降3位；山西比上年下降2位。

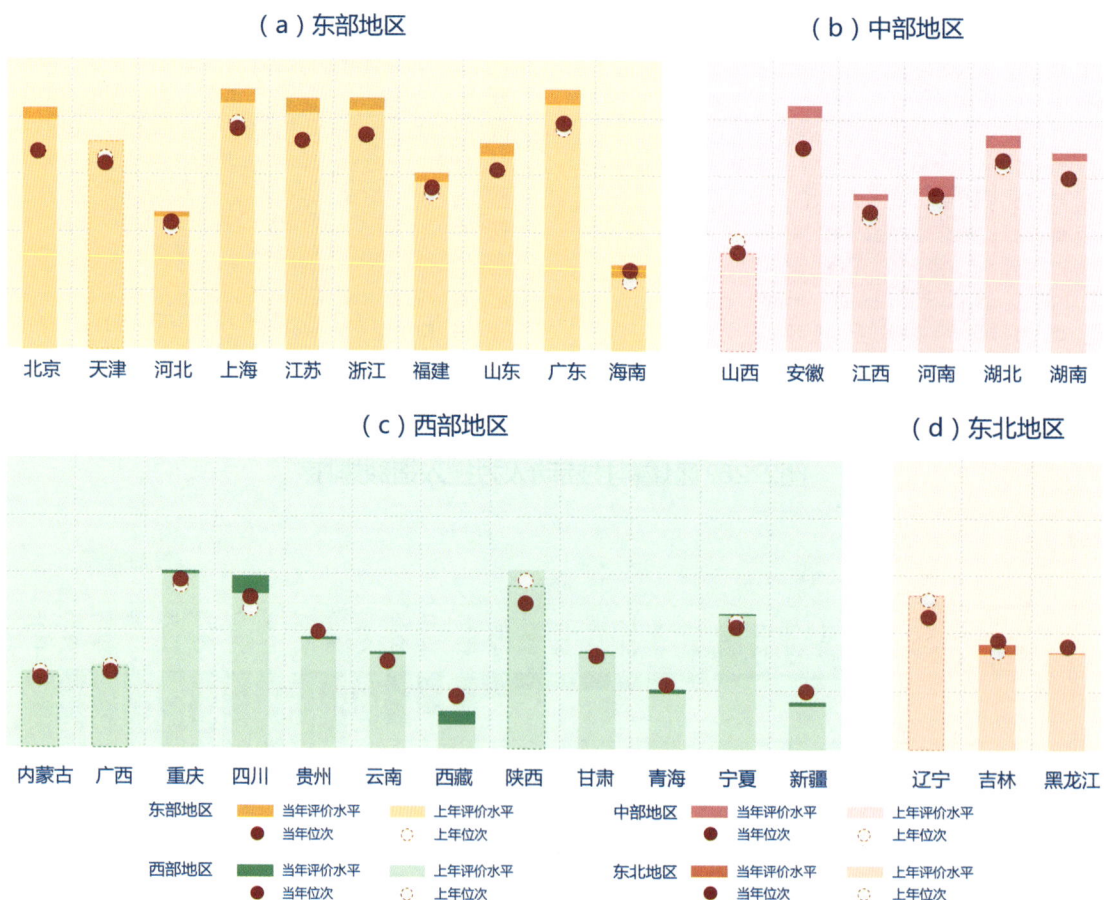

图2-28 科技活动财力投入区域分类

当年科技活动财力投入指数

排名	地区	指数
1	广东	89.61
2	上海	89.43
3	浙江	86.64
4	江苏	86.42
5	安徽	84.46
6	北京	82.87
7	湖北	74.70
8	天津	71.37
9	山东	71.13
10	湖南	68.66
11	重庆	60.92
12	福建	60.83
13	河南	60.62
14	四川	59.33
15	陕西	55.99
16	江西	54.33
17	辽宁	53.02
18	河北	47.16
19	宁夏	46.33
20	贵州	38.28
21	吉林	36.47
22	黑龙江	33.62
23	山西	33.59
24	甘肃	33.51
25	云南	33.28
26	海南	29.49
27	广西	27.37
28	内蒙古	24.97
29	青海	20.68
30	新疆	16.49
31	西藏	12.96

上年科技活动财力投入指数

排名	地区	指数
1	上海	84.89
2	广东	84.65
3	浙江	82.53
4	江苏	81.65
5	安徽	80.41
6	北京	78.96
7	天津	71.74
8	湖北	70.34
9	山东	66.89
10	湖南	66.00
11	陕西	61.47
12	重庆	59.90
13	福建	58.05
14	辽宁	53.58
15	河南	53.40
16	四川	53.08
17	江西	52.04
18	宁夏	46.21
19	河北	45.73
20	贵州	37.40
21	山西	34.30
22	黑龙江	33.35
23	吉林	33.15
24	甘肃	32.98
25	云南	32.38
26	广西	28.42
27	内蒙古	26.20
28	海南	25.51
29	青海	19.36
30	新疆	15.19
31	西藏	8.40

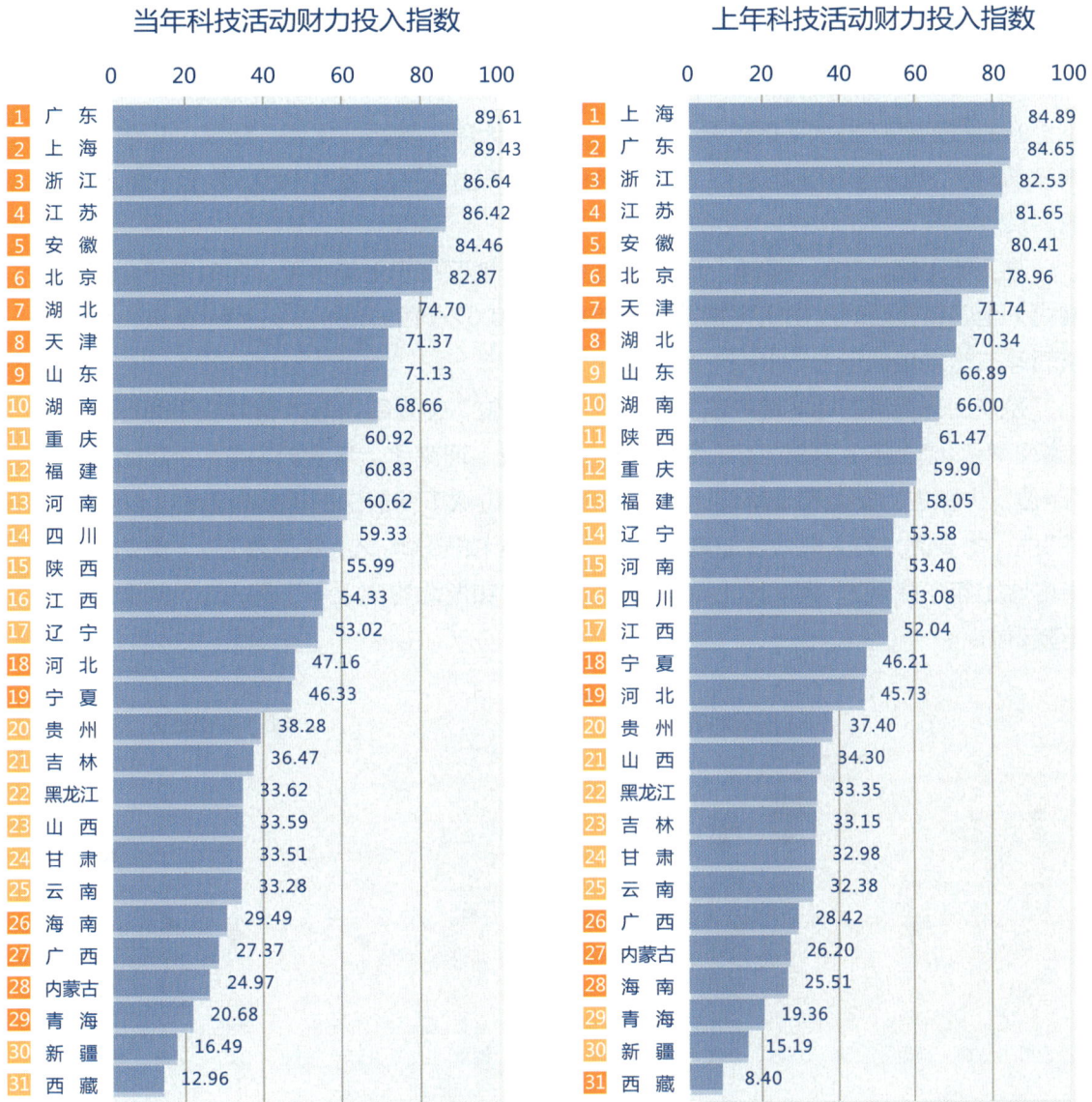

图2-29 区域科技活动财力投入指数排序

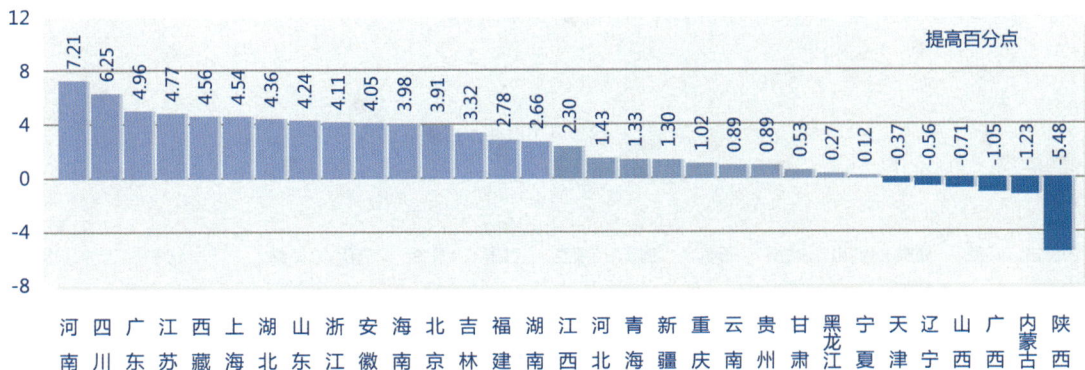

提高百分点

地区	提高百分点
河南	7.21
四川	6.25
广东	4.96
江苏	4.77
西藏	4.56
上海	4.54
湖北	4.36
山东	4.24
浙江	4.11
安徽	4.05
海南	3.98
北京	3.91
吉林	3.32
福建	2.78
湖南	2.66
江西	2.30
河北	1.43
青海	1.33
新疆	1.30
重庆	1.02
云南	0.89
贵州	0.89
甘肃	0.53
黑龙江	0.27
宁夏	0.12
天津	-0.37
辽宁	-0.56
山西	-0.71
广西	-1.05
内蒙古	-1.23
陕西	-5.48

图2-30 区域科技活动财力投入指数提高百分点排序

（六）科技活动产出水平评价

从科技活动产出水平指数看，北京、上海、天津、陕西、江苏、浙江、广东、湖北排在前8位，高于全国平均水平（全国科技活动产出水平指数为74.75%）（图2-31、图2-32）。

与上年比较，广东、福建、江苏、西藏等4个地区高于上年水平，同时高于全国平均增幅（全国科技活动产出水平指数比上年提高了0.07个百分点），江西、重庆、山东、陕西等22个地区低于上年水平（图2-33）。

位次上升最快的地区是广东，比上年上升12位，主要因为万人有效注册商标数提升较快；福建比上年上升9位；江西比上年上升7位；河南比上年上升5位；浙江比上年上升4位；内蒙古、安徽和云南均比上年上升2位；位次下降最快的地区是吉林，比上年下降8位，主要因为万人有效注册商标数下降；山西和贵州均比上年下降7位；黑龙江和甘肃均比上年下降5位；河北比上年下降4位；辽宁和湖北均比上年下降3位；新疆比上年下降2位。

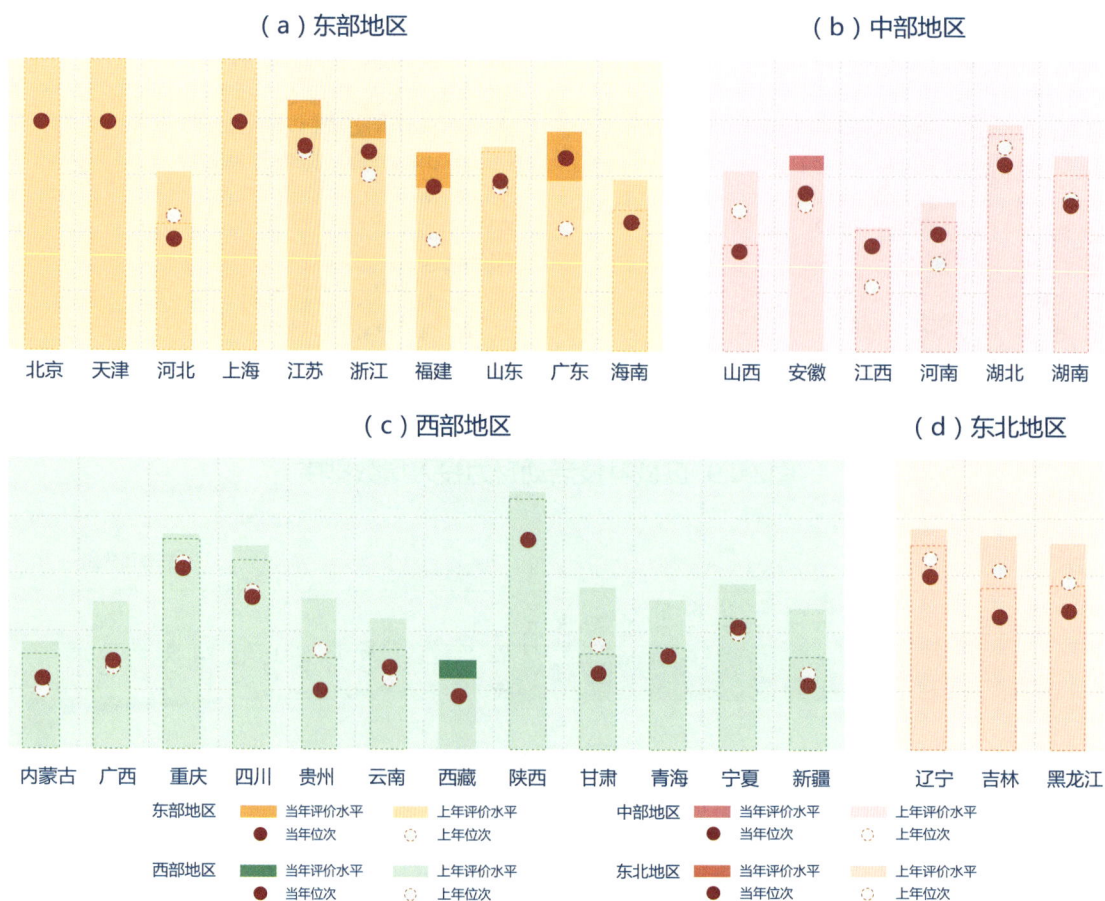

（a）东部地区　　　　　　　　　　　（b）中部地区

（c）西部地区　　　　　　　　　　　（d）东北地区

图2-31　科技活动产出水平区域分类

当年科技活动产出水平指数

排名	地区	指数
1	北 京	100.00
1	上 海	100.00
1	天 津	100.00
4	陕 西	86.10
5	江 苏	85.91
6	浙 江	78.92
7	广 东	75.36
8	湖 北	74.90
9	重 庆	72.11
10	辽 宁	70.62
11	山 东	68.37
12	福 建	68.13
13	安 徽	67.40
14	四 川	64.97
15	湖 南	60.84
16	黑龙江	56.90
17	吉 林	56.02
18	海 南	48.43
19	宁 夏	45.32
20	河 南	44.59
21	河 北	43.38
22	江 西	41.71
23	山 西	36.51
24	青 海	35.12
25	广 西	34.57
26	云 南	34.17
27	甘 肃	32.98
28	内蒙古	32.56
29	新 疆	32.10
30	贵 州	31.38
31	西 藏	30.71

上年科技活动产出水平指数

排名	地区	指数
1	北 京	100.00
1	上 海	100.00
1	天 津	100.00
4	陕 西	88.68
5	湖 北	78.11
6	江 苏	76.47
7	辽 宁	76.17
8	重 庆	73.93
9	吉 林	73.93
10	浙 江	73.05
11	黑龙江	71.25
12	山 东	70.23
13	四 川	69.93
14	湖 南	67.57
15	安 徽	62.38
16	山 西	62.23
17	河 北	61.29
18	海 南	58.88
19	广 东	58.56
20	宁 夏	57.18
21	福 建	56.01
22	甘 肃	55.85
23	贵 州	51.77
24	青 海	51.62
25	河 南	51.36
26	广 西	50.55
27	新 疆	48.58
28	云 南	44.95
29	江 西	42.60
30	内蒙古	36.73
31	西 藏	24.47

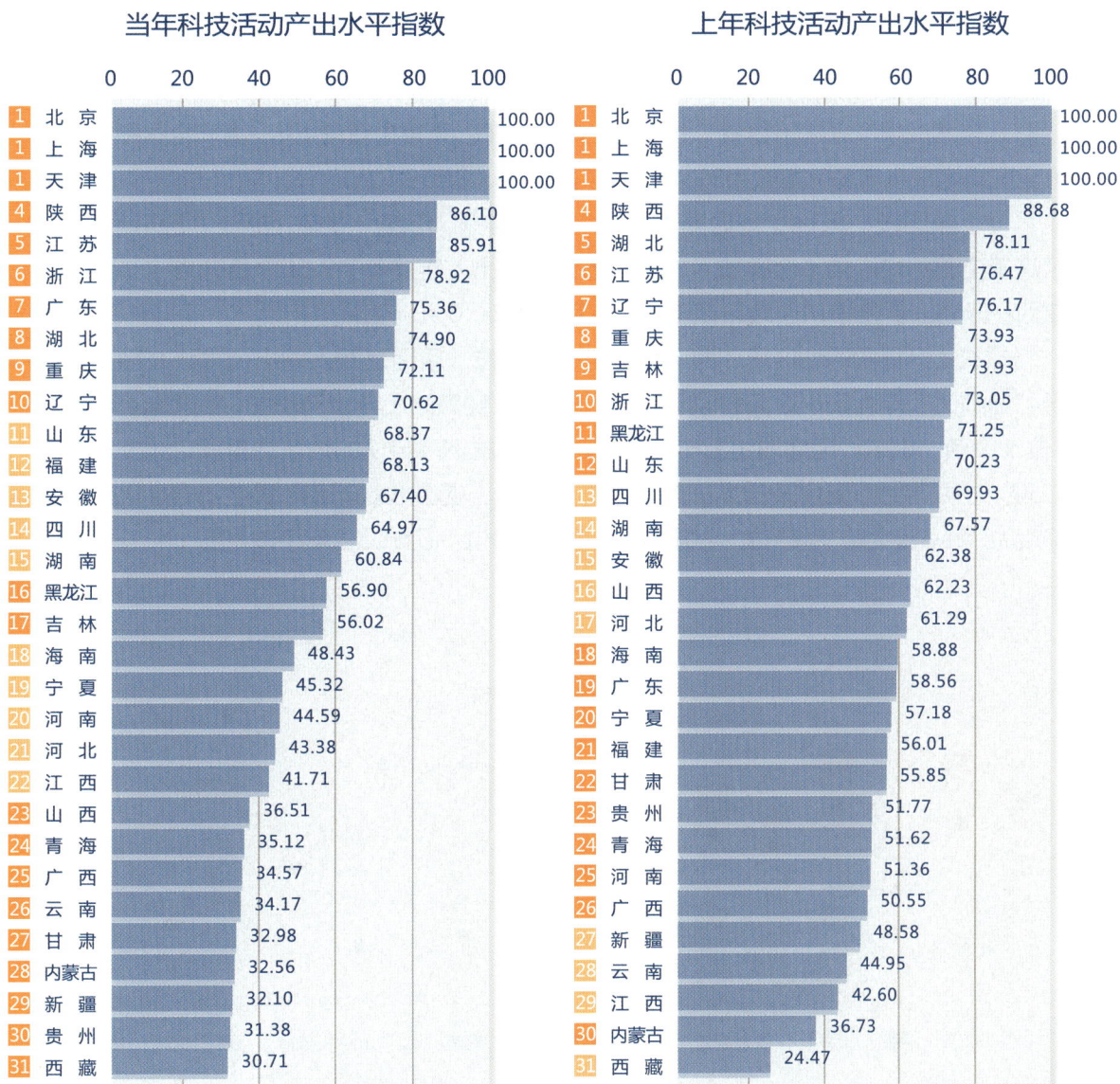

图2-32 区域科技活动产出水平指数排序

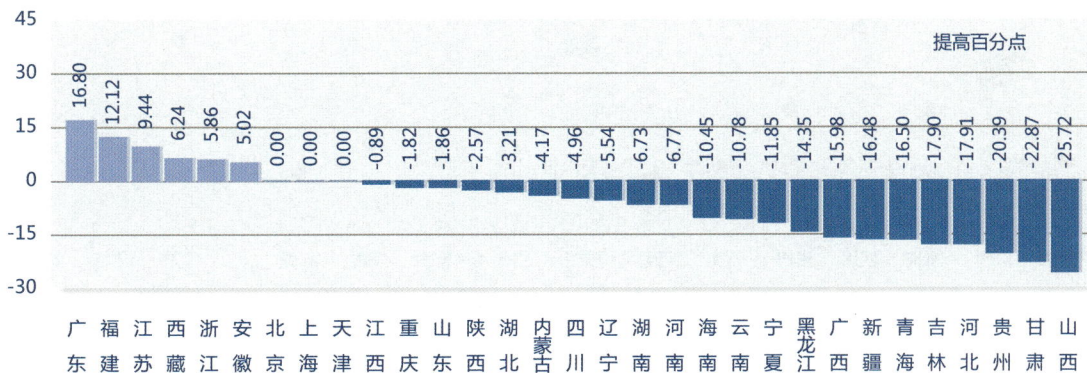

提高百分点

地区	数值
广东	16.80
福建	12.12
江苏	9.44
西藏	6.24
浙江	5.86
安徽	5.02
北京	0.00
上海	0.00
天津	0.00
江西	-0.89
重庆	-1.82
山东	-1.86
陕西	-2.57
湖北	-3.21
内蒙古	-4.17
四川	-4.96
辽宁	-5.54
湖南	-6.73
河南	-6.77
海南	-10.45
云南	-10.78
宁夏	-11.85
黑龙江	-14.35
广西	-15.98
新疆	-16.48
青海	-16.50
吉林	-17.90
河北	-17.91
贵州	-20.39
甘肃	-22.87
山西	-25.72

图2-33 区域科技活动产出水平指数提高百分点排序

（七）技术成果市场化评价

从技术成果市场化指数看，北京、上海、广东、天津排在前4位，高于全国平均水平（全国技术成果市场化指数为89.45%）（图2-34、图2-35）。

与上年比较，有14个地区高于上年水平，其中，广西、湖南、浙江、四川等8个地区高于全国平均增幅（全国技术成果市场化指数比上年提高了7.65个百分点），西藏、江西、云南、新疆等14个地区低于上年水平（图2-36）。

位次上升最快的地区是广西，比上年上升13位，原因是万人输出技术成交额快速提升；湖南比上年上升8位；河北比上年上升6位；安徽比上年上升4位；甘肃比上年上升3位；山西、山东、湖北均比上年上升了2位；位次下降最快的地区是重庆，比上年下降11位，主要因为万元GDP技术国际收入增长缓慢；福建比上年下降10位；吉林比上年下降8位；海南比上年下降5位；内蒙古比上年下降3位；辽宁比上年下降2位。

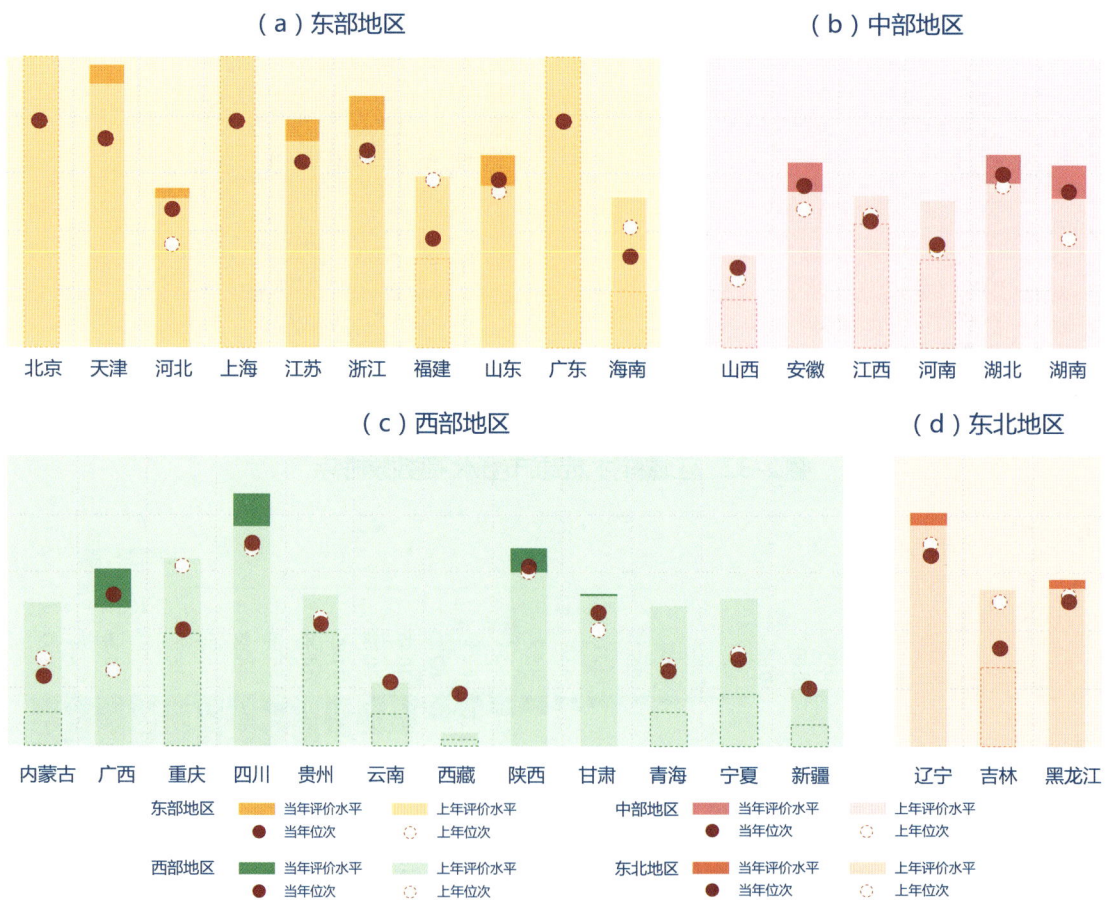

（a）东部地区　　（b）中部地区

（c）西部地区　　（d）东北地区

图2-34 技术成果市场化区域分类

当年技术成果市场化指数

排名	地区	指数
1	北京	100.00
1	上海	100.00
1	广东	100.00
4	天津	97.12
5	四川	86.78
6	浙江	86.51
7	辽宁	80.77
8	江苏	78.45
9	陕西	68.14
10	湖北	66.70
11	山东	66.35
12	安徽	63.84
13	湖南	62.98
14	广西	60.90
15	黑龙江	57.77
16	河北	54.74
17	甘肃	52.38
18	江西	42.79
19	贵州	38.95
20	重庆	38.62
21	福建	30.60
22	河南	30.51
23	吉林	27.37
24	海南	19.45
25	宁夏	18.07
26	山西	16.66
27	青海	11.76
28	内蒙古	11.53
29	云南	10.98
30	新疆	7.50
31	西藏	2.21

上年技术成果市场化指数

排名	地区	指数
1	北京	100.00
1	上海	100.00
1	广东	100.00
4	天津	90.85
5	辽宁	76.56
6	四川	75.58
7	浙江	75.13
8	江苏	71.13
9	重庆	64.53
10	陕西	59.75
11	福建	58.88
12	湖北	56.73
13	山东	55.85
14	黑龙江	54.77
15	吉林	54.03
16	安徽	53.84
17	江西	52.50
18	贵州	51.88
19	海南	51.81
20	甘肃	51.72
21	湖南	51.58
22	河北	51.47
23	河南	50.96
24	宁夏	50.96
25	内蒙古	49.26
26	青海	48.26
27	广西	47.42
28	山西	32.07
29	云南	21.82
30	新疆	19.85
31	西藏	4.63

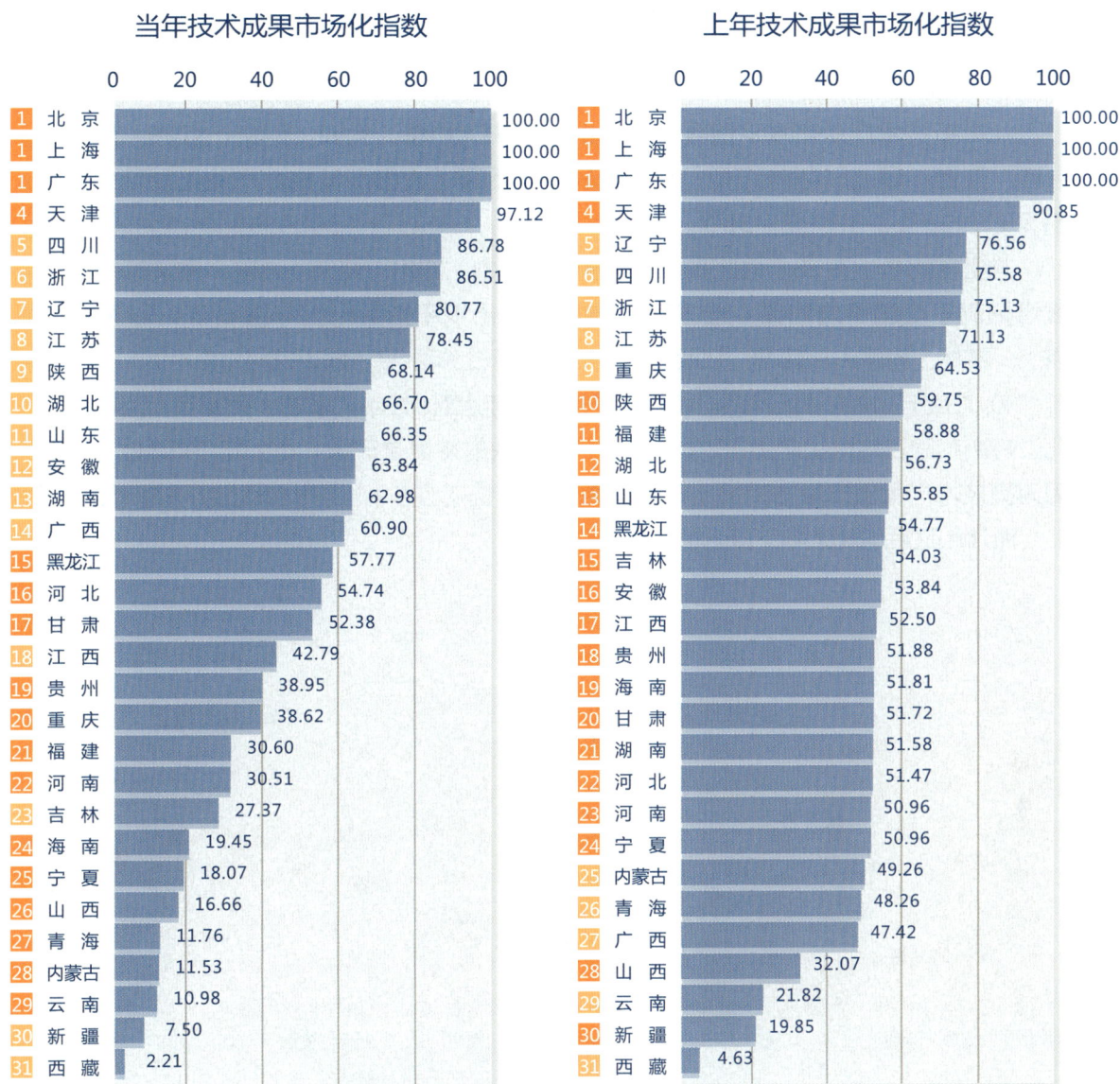

图2-35 区域技术成果市场化指数排序

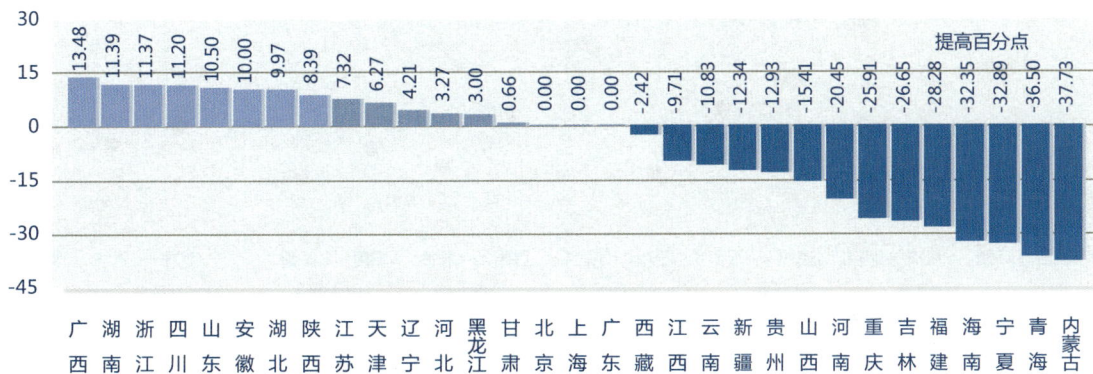

图2-36 区域技术成果市场化指数提高百分点排序

（八）高新技术产业化水平评价

从高新技术产业化水平指数看，北京、重庆、广东、上海、四川、江苏、河南、陕西、江西、湖北排在前10位，高于全国平均水平（全国高新技术产业化水平指数为61.79%）（图2-37、图2-38）。

与上年比较，有18个地区高于上年水平，其中，四川、河南、北京、重庆等17个地区增幅高于全国平均增幅（全国高新技术产业化水平指数比上年提高了0.52个百分点）。吉林、内蒙古、江苏、江西等13个地区低于上年水平（图2-39）。

位次上升较快的地区是四川和云南，均比上年上升3位；内蒙古、黑龙江、河南、湖北、海南和陕西均比上年上升2位；位次下降较快的地区是天津，比上年下降5位，主要因为高技术产品出口额占商品出口额比重下降较快；辽宁和山东均比上年下降3位；河北、浙江和江西均比上年下降2位。

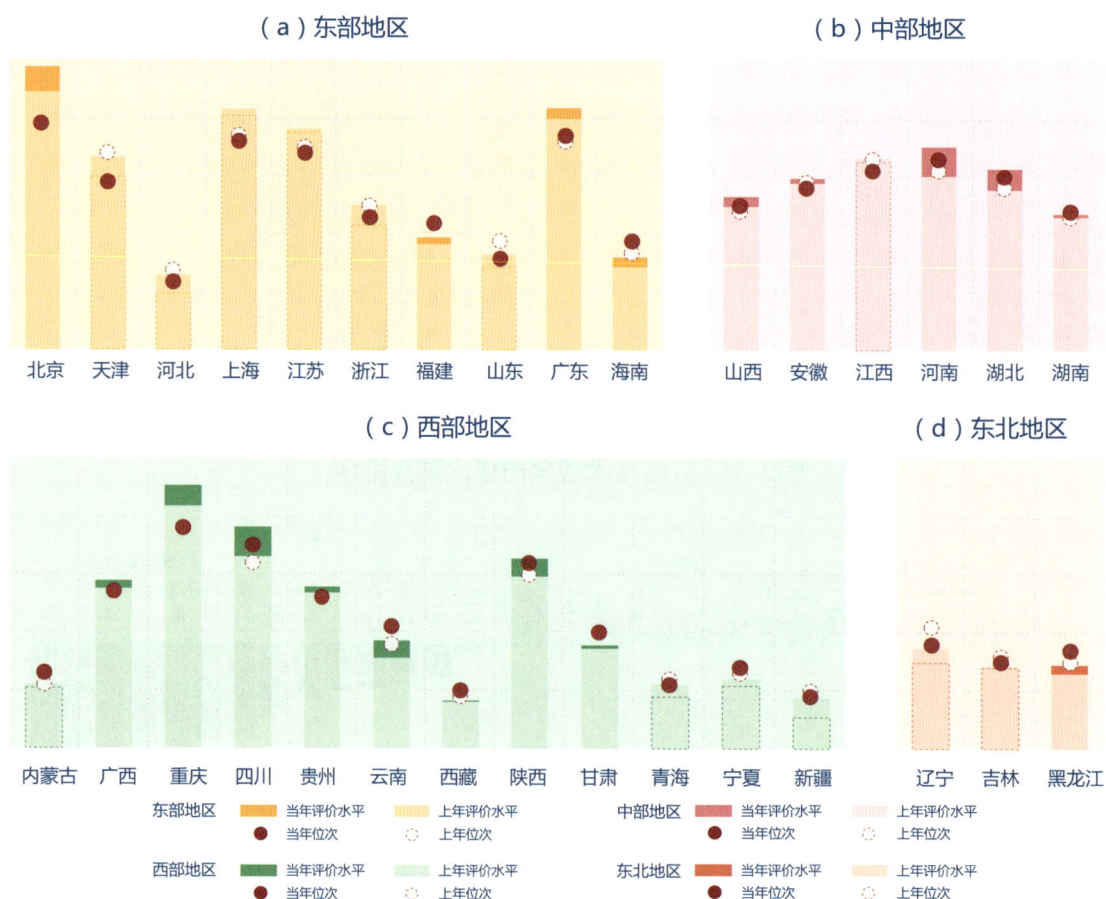

图2-37 高新技术产业化水平区域分类

当年高新技术产业化水平指数

排名	地区	指数
1	北京	97.18
2	重庆	90.40
3	广东	83.19
4	上海	80.52
5	四川	76.16
6	江苏	74.74
7	河南	69.99
8	陕西	65.41
9	江西	64.81
10	湖北	62.44
11	天津	59.38
12	安徽	59.04
13	广西	57.61
14	贵州	55.49
15	山西	52.77
16	湖南	46.84
17	浙江	42.74
18	福建	38.64
19	云南	37.11
20	甘肃	35.58
21	海南	31.88
22	辽宁	29.66
23	黑龙江	28.95
24	山东	28.33
25	吉林	27.93
26	宁夏	21.68
27	内蒙古	20.85
28	河北	19.30
29	青海	17.96
30	西藏	16.42
31	新疆	10.96

上年高新技术产业化水平指数

排名	地区	指数
1	北京	88.77
2	重庆	83.35
3	上海	82.87
4	广东	79.63
5	江苏	76.15
6	天津	66.40
7	江西	66.28
8	四川	66.04
9	河南	60.13
10	陕西	59.28
11	安徽	57.69
12	湖北	55.42
13	广西	54.94
14	贵州	53.53
15	浙江	49.83
16	山西	49.67
17	湖南	46.08
18	福建	36.47
19	辽宁	34.58
20	甘肃	34.48
21	山东	32.87
22	云南	31.19
23	海南	28.74
24	吉林	28.38
25	黑龙江	25.92
26	河北	25.75
27	宁夏	24.13
28	青海	22.22
29	内蒙古	21.86
30	新疆	17.43
31	西藏	16.18

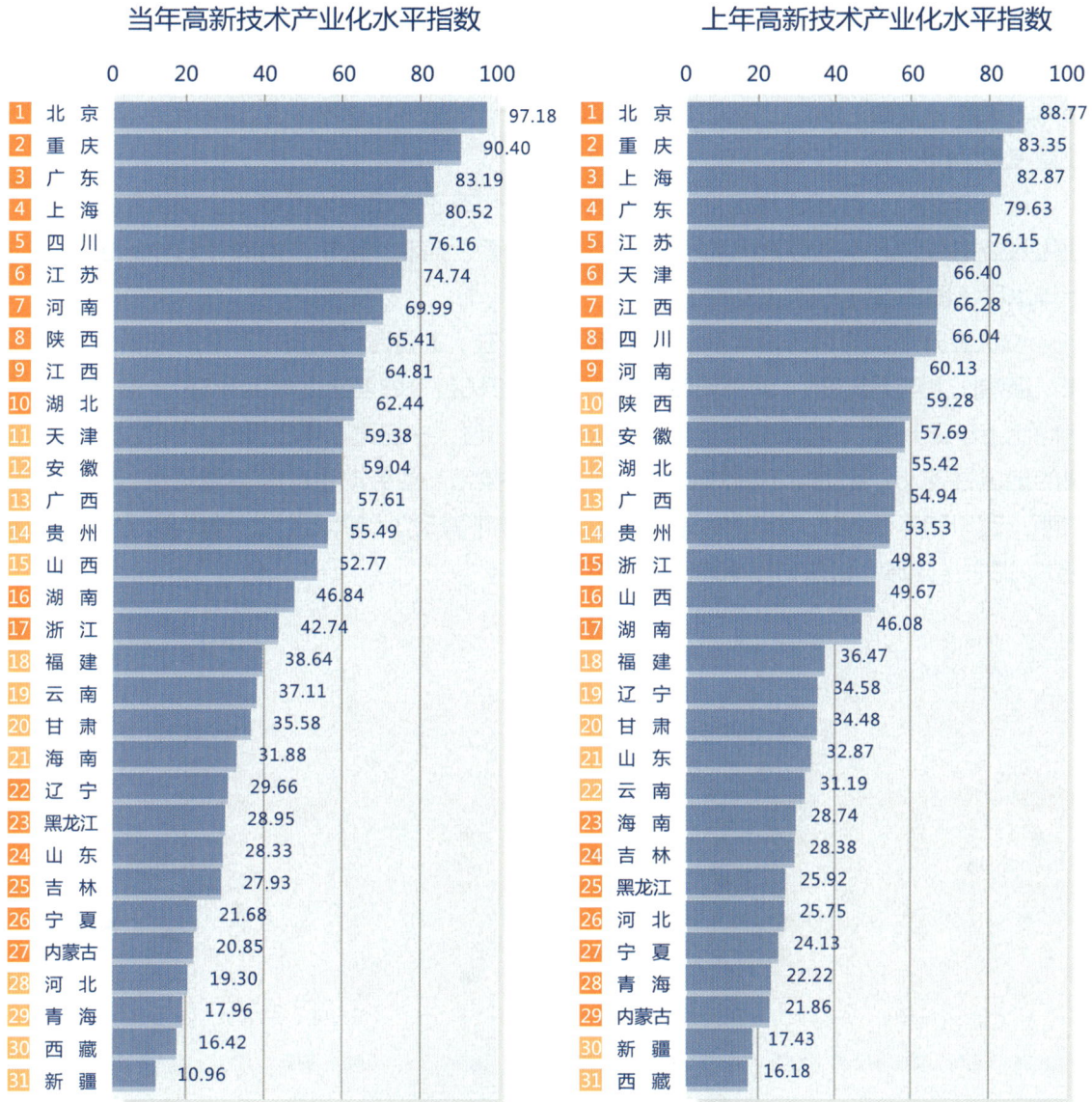

图2-38 区域高新技术产业化水平指数排序

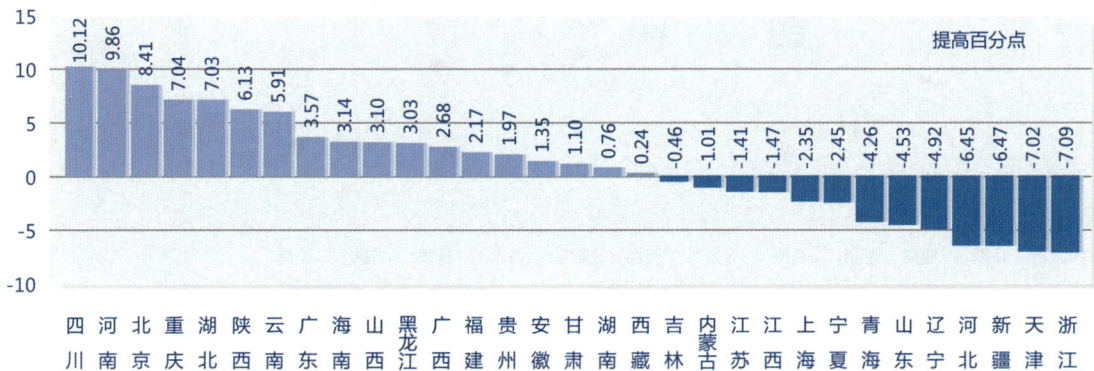

提高百分点

地区	提高百分点
四川	10.12
河南	9.86
北京	8.41
重庆	7.04
湖北	7.03
陕西	6.13
云南	5.91
广东	3.57
海南	3.14
山西	3.10
黑龙江	3.03
广西	2.68
福建	2.17
贵州	1.97
安徽	1.35
甘肃	1.10
湖南	0.76
西藏	0.24
吉林	-0.46
内蒙古	-1.01
江苏	-1.41
江西	-1.47
上海	-2.35
宁夏	-2.45
青海	-4.26
山东	-4.53
辽宁	-4.92
河北	-6.45
新疆	-6.47
天津	-7.02
浙江	-7.09

图2-39 区域高新技术产业化水平指数提高百分点排序

（九）高新技术产业化效益评价

从高新技术产业化效益指数看，云南、宁夏、福建、北京、辽宁、内蒙古、山东、吉林、天津、陕西、浙江、青海排在前12位，高于全国平均水平（全国高新技术产业化效益指数为88.73%）（图2-40、图2-41）。

与上年比较，有19个地区高于上年水平，贵州高于全国平均增幅（全国高新技术产业化效益指数比上年提高了10.25个百分点），山西、河北、山东、湖南等11个地区低于上年水平（图2-42）。

位次上升最快的地区是北京，比上年上升14位，主要因为高技术产业利润率大幅上涨；福建比上年上升9位；河南和湖北均比上年上升6位；陕西比上年上升5位；安徽和江西均比上年上升4位；内蒙古和贵州均比上年上升3位；宁夏比上年上升2位；位次下降最快的地区是河北，比上年下降10位，主要因为高技术产业劳动生产率下降较快；吉林、广西、四川和青海均比上年下降6位；新疆比上年下降5位；黑龙江和上海均比上年下降3位；辽宁、江苏、山东和湖南均比上年下降2位。

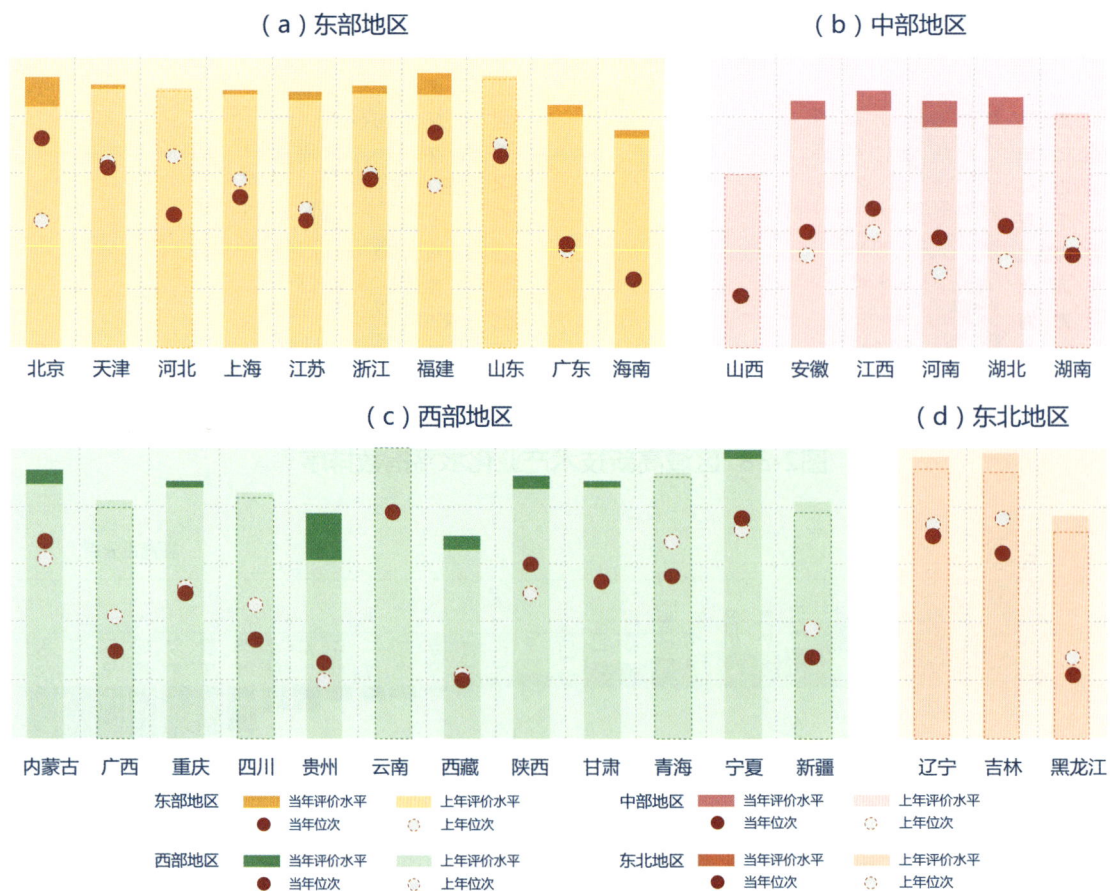

（a）东部地区　　　（b）中部地区

（c）西部地区　　　（d）东北地区

图2-40　高新技术产业化效益区域分类

当年高新技术产业化效益指数

排名	地区	指数
1	云 南	100.00
2	宁 夏	99.41
3	福 建	94.58
4	北 京	93.17
5	辽 宁	92.84
6	内蒙古	92.52
7	山 东	92.40
8	吉 林	91.72
9	天 津	90.56
10	陕 西	90.48
11	浙 江	90.26
12	青 海	90.09
13	甘 肃	88.69
14	上 海	88.66
15	重 庆	88.66
16	江 西	88.54
17	河 北	88.27
18	江 苏	88.12
19	湖 北	86.29
20	安 徽	85.09
21	河 南	85.07
22	广 东	83.64
23	四 川	82.89
24	湖 南	79.60
25	广 西	79.59
26	新 疆	77.85
27	贵 州	77.64
28	海 南	75.04
29	黑龙江	71.19
30	西 藏	69.83
31	山 西	59.69

上年高新技术产业化效益指数

排名	地区	指数
1	云 南	100.00
2	吉 林	98.33
3	辽 宁	97.04
4	宁 夏	96.35
5	山 东	93.47
6	青 海	91.61
7	河 北	89.19
8	天 津	89.10
9	内蒙古	87.64
10	浙 江	87.47
11	上 海	87.25
12	福 建	87.17
13	甘 肃	86.52
14	重 庆	86.39
15	陕 西	86.01
16	江 苏	85.24
17	四 川	84.77
18	北 京	83.05
19	广 西	82.09
20	江 西	81.66
21	新 疆	81.65
22	湖 南	80.70
23	广 东	79.57
24	安 徽	78.69
25	湖 北	76.93
26	黑龙江	76.85
27	河 南	76.06
28	海 南	72.24
29	西 藏	65.06
30	贵 州	61.49
31	山 西	59.96

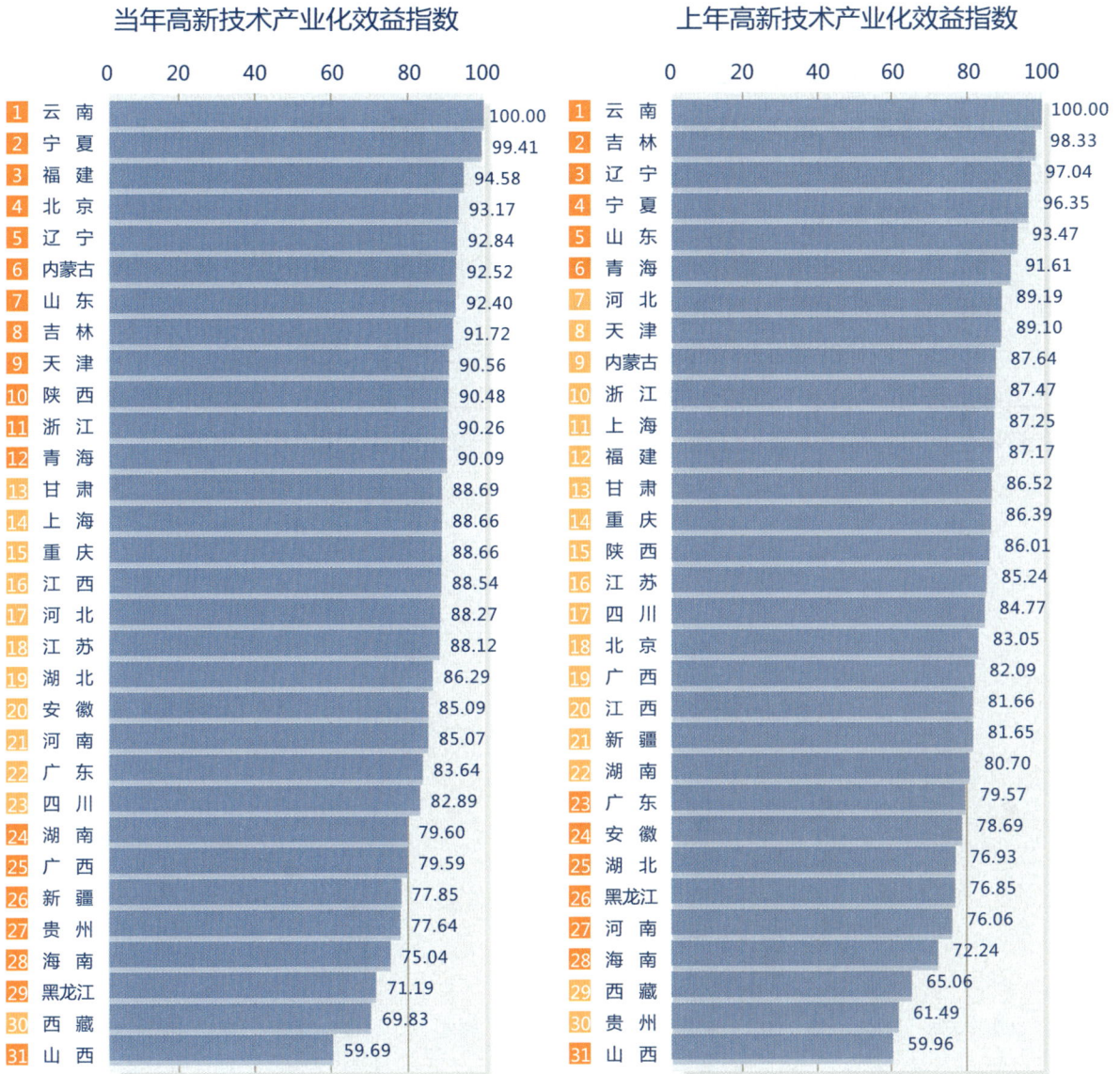

图2-41 区域高新技术产业化效益指数排序

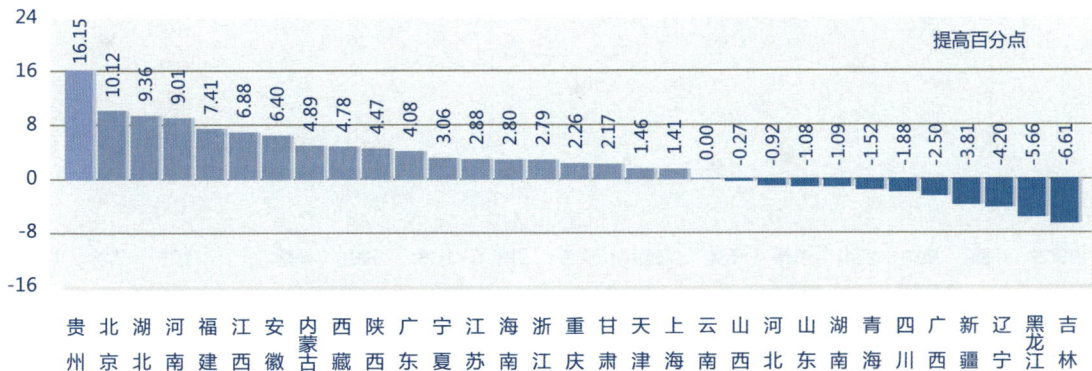

提高百分点

贵州 16.15, 北京 10.12, 湖北 9.36, 河南 9.01, 福建 7.41, 江西 6.88, 安徽 6.40, 内蒙古 4.89, 西藏 4.78, 陕西 4.47, 广东 4.08, 宁夏 3.06, 江苏 2.88, 海南 2.80, 浙江 2.79, 重庆 2.26, 甘肃 2.17, 天津 1.46, 上海 1.41, 云南 0.00, 山西 -0.27, 河北 -0.92, 山东 -1.08, 湖南 -1.09, 青海 -1.52, 四川 -1.88, 广海 -2.50, 新疆 -3.81, 辽宁 -4.20, 黑龙江 -5.66, 吉林 -6.61

图2-42 区域高新技术产业化效益指数提高百分点排序

（十）经济发展方式转变评价

从经济发展方式转变指数看，广东、上海、北京、重庆、江苏、浙江、吉林、天津排在前8位，同时也是高于全国平均水平（全国经济发展方式转变指数为58.94%）的地区（图2-43、图2-44）。

与上年比较，上海、重庆、广东、江苏等8个地区高于上年水平，湖北、陕西、贵州、福建等23个地区低于上年水平（图2-45）。

位次上升较快的地区是湖北和贵州，均比上年上升4位；天津、吉林、重庆和陕西均比上年上升2位；位次下降较快的地区是四川，比上年下降了5位，主要因为劳动生产率和资本生产率均有所下降；江西、湖南、西藏、甘肃和青海均比上年下降2位。

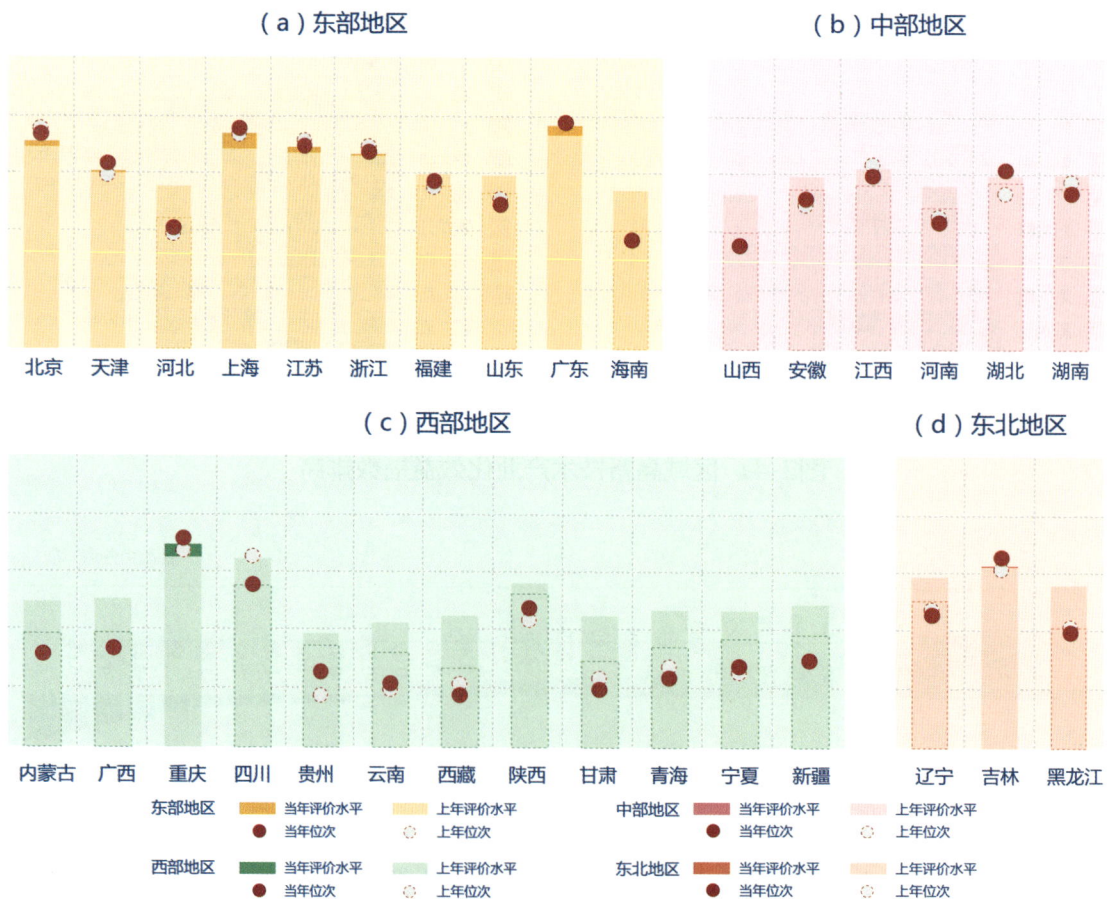

（a）东部地区　　（b）中部地区

（c）西部地区　　（d）东北地区

图2-43　经济发展方式转变区域分类

当年经济发展方式转变指数

排名	地区	指数
1	广 东	76.88
2	上 海	74.12
3	北 京	71.27
4	重 庆	69.80
5	江 苏	69.43
6	浙 江	67.01
7	吉 林	62.82
8	天 津	61.02
9	湖 北	57.38
10	江 西	56.54
11	福 建	55.93
12	四 川	55.66
13	湖 南	55.58
14	安 徽	55.07
15	山 东	53.59
16	陕 西	52.87
17	辽 宁	50.63
18	河 南	48.81
19	河 北	44.84
20	黑龙江	41.50
21	海 南	40.76
22	山 西	40.29
23	广 西	39.41
24	内蒙古	39.12
25	新 疆	38.83
26	宁 夏	37.48
27	贵 州	35.08
28	青 海	34.70
29	云 南	32.70
30	甘 肃	29.91
31	西 藏	27.36

上年经济发展方式转变指数

排名	地区	指数
1	广 东	73.88
2	北 京	69.65
3	上 海	69.10
4	江 苏	67.75
5	浙 江	66.79
6	重 庆	65.46
7	四 川	65.00
8	江 西	62.71
9	吉 林	62.49
10	天 津	60.68
11	湖 南	60.30
12	福 建	60.24
13	湖 北	59.81
14	山 东	59.79
15	安 徽	59.70
16	辽 宁	58.95
17	河 南	56.60
18	陕 西	56.54
19	黑龙江	56.14
20	河 北	56.00
21	海 南	54.64
22	山 西	53.46
23	广 西	51.07
24	内蒙古	50.01
25	新 疆	49.23
26	青 海	47.32
27	宁 夏	47.13
28	甘 肃	45.30
29	西 藏	45.29
30	云 南	42.95
31	贵 州	39.17

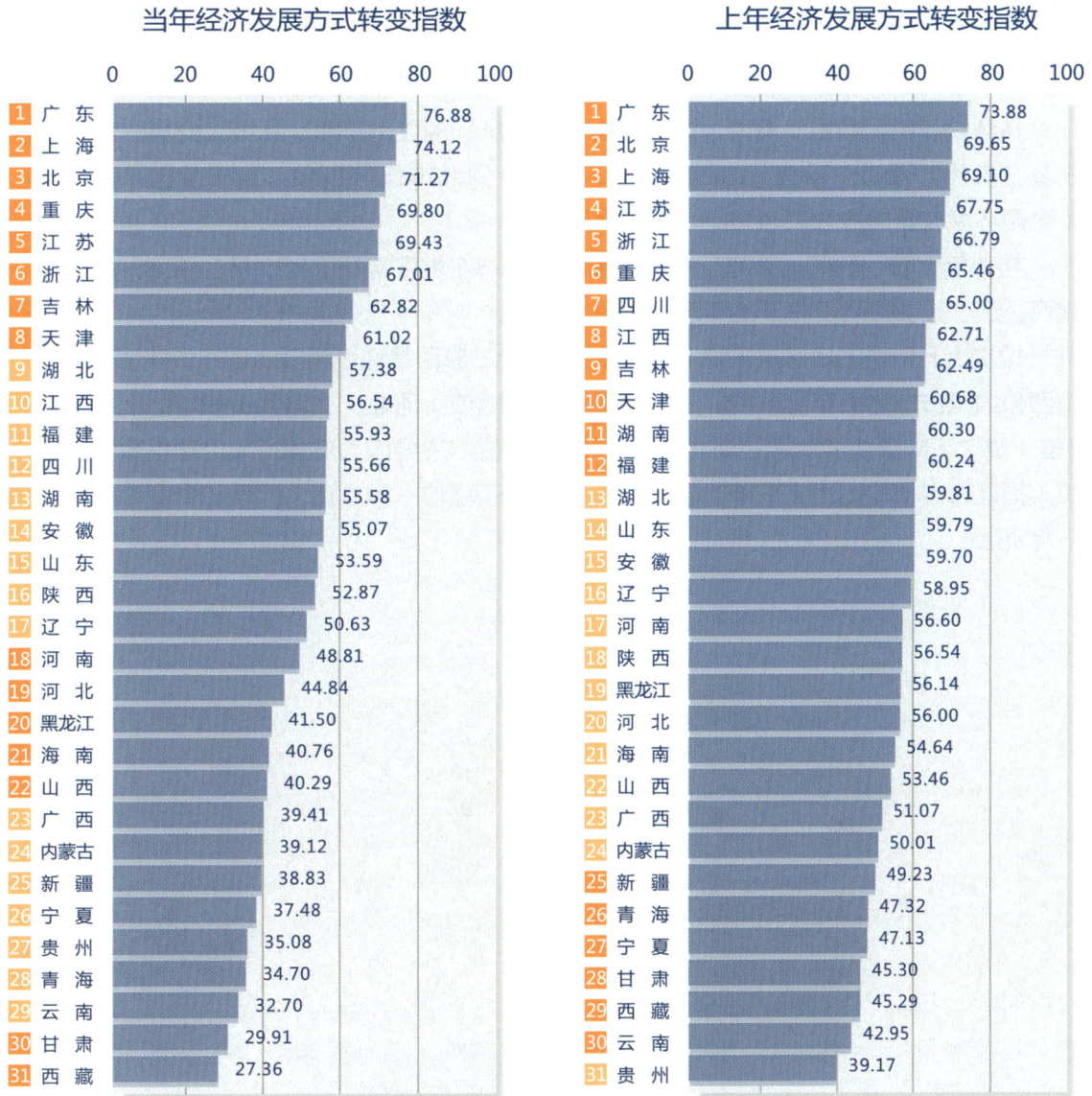

图2-44 区域经济发展方式转变指数排序

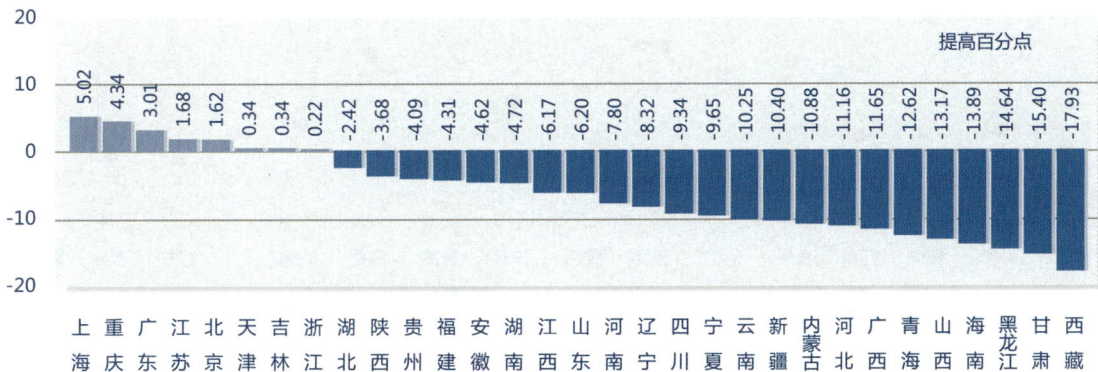

图2-45 区域经济发展方式转变指数提高百分点排序

提高百分点：

地区	提高百分点
上海	5.02
重庆	4.34
广东	3.01
江苏	1.68
北京	1.62
天津	0.34
吉林	0.34
浙江	0.22
湖北	-2.42
陕西	-3.68
贵州	-4.09
福建	-4.31
安徽	-4.62
湖南	-4.72
江西	-6.17
山东	-6.20
河南	-7.80
辽宁	-8.32
四川	-9.34
宁夏	-9.65
云南	-10.25
新疆	-10.40
内蒙古	-10.88
河北	-11.16
广西	-11.65
青海	-12.62
山西	-13.17
海南	-13.89
黑龙江	-14.64
甘肃	-15.40
西藏	-17.93

（十一）环境改善评价

从环境改善指数看，海南、浙江、上海、重庆、福建、广东、江苏、安徽、北京、宁夏、贵州、湖南、云南、山西、天津、陕西、河北排在前17位，高于全国平均水平（全国环境改善指数为85.46%）（图2-46、图2-47）。

与上年比较，西藏、天津、内蒙古和山东等18个地区高于上年水平，湖南、四川、陕西、辽宁等13个地区低于上年水平（图2-48）。

位次上升最快的地区是天津，比上年上升5位，原因是环境污染治理指数快速提升；山西和内蒙古均比上年上升4位；云南比上年上升3位；河北、上海和山东均比上年上升2位；位次下降最快的地区是湖北，比上年下降7位，主要因为环境污染治理指数下降较快；福建和甘肃均比上年下降4位；河南比上年下降3位；黑龙江、广西和青海均比上年下降2位。

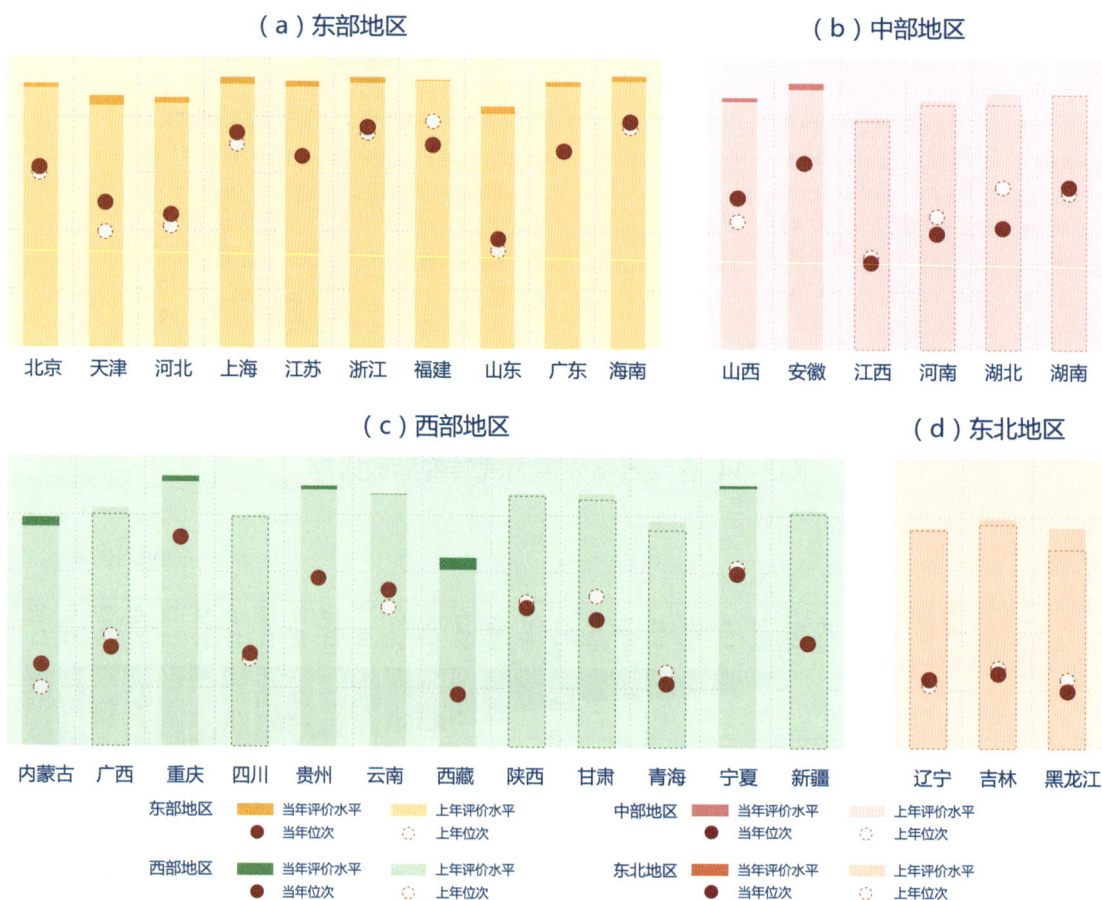

（a）东部地区

北京　天津　河北　上海　江苏　浙江　福建　山东　广东　海南

（b）中部地区

山西　安徽　江西　河南　湖北　湖南

（c）西部地区

内蒙古　广西　重庆　四川　贵州　云南　西藏　陕西　甘肃　青海　宁夏　新疆

（d）东北地区

辽宁　吉林　黑龙江

东部地区	当年评价水平	上年评价水平	中部地区	当年评价水平	上年评价水平
	当年位次	上年位次		当年位次	上年位次
西部地区	当年评价水平	上年评价水平	东北地区	当年评价水平	上年评价水平
	当年位次	上年位次		当年位次	上年位次

图2-46　环境改善区域分类

当年环境改善指数

排名	地区	指数
1	海南	93.69
2	浙江	93.06
3	上海	92.85
4	重庆	92.80
5	福建	92.20
6	广东	91.70
7	江苏	91.63
8	安徽	91.55
9	北京	90.60
10	宁夏	90.15
11	贵州	89.56
12	湖南	87.79
13	云南	86.89
14	山西	86.48
15	天津	86.43
16	陕西	86.33
17	河北	85.88
18	甘肃	85.05
19	湖北	84.34
20	河南	84.23
21	山东	83.17
22	新疆	80.34
23	广西	79.68
24	四川	78.90
25	江西	78.66
26	内蒙古	78.59
27	吉林	77.03
28	辽宁	75.05
29	青海	74.63
30	黑龙江	68.45
31	西藏	65.10

上年环境改善指数

排名	地区	指数
1	福建	91.86
2	海南	91.85
3	浙江	91.14
4	重庆	90.87
5	上海	90.57
6	广东	90.15
7	江苏	89.64
8	安徽	89.40
9	宁夏	89.19
10	北京	89.11
11	贵州	88.33
12	湖北	88.20
13	湖南	87.88
14	甘肃	87.09
15	陕西	87.04
16	云南	86.75
17	河南	85.82
18	山西	85.16
19	河北	83.96
20	天津	83.14
21	广西	81.95
22	新疆	81.41
23	山东	80.71
24	江西	79.90
25	四川	79.56
26	吉林	78.93
27	青海	77.74
28	黑龙江	75.95
29	辽宁	75.80
30	内蒙古	75.46
31	西藏	60.99

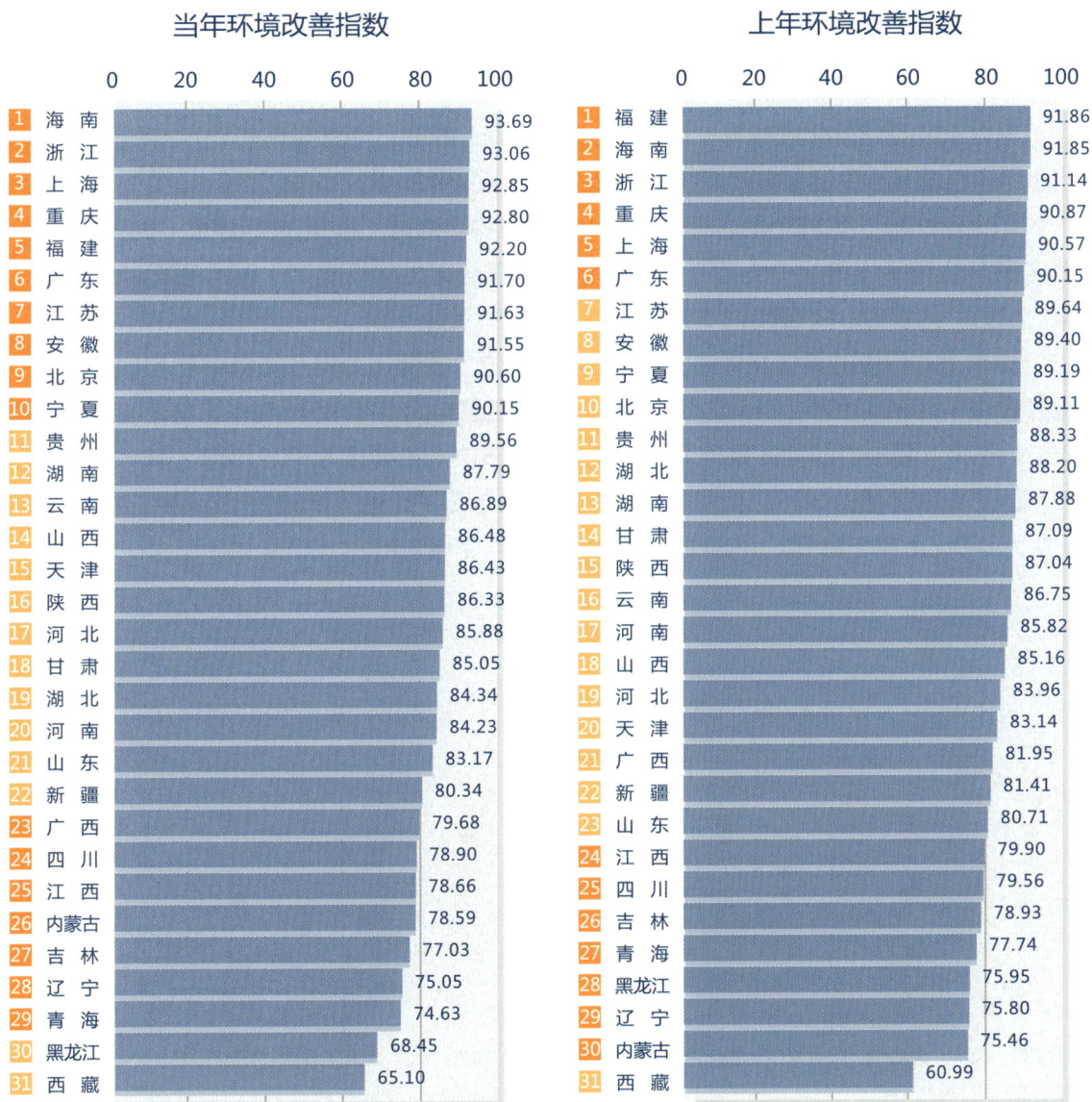

图2-47 区域环境改善指数排序

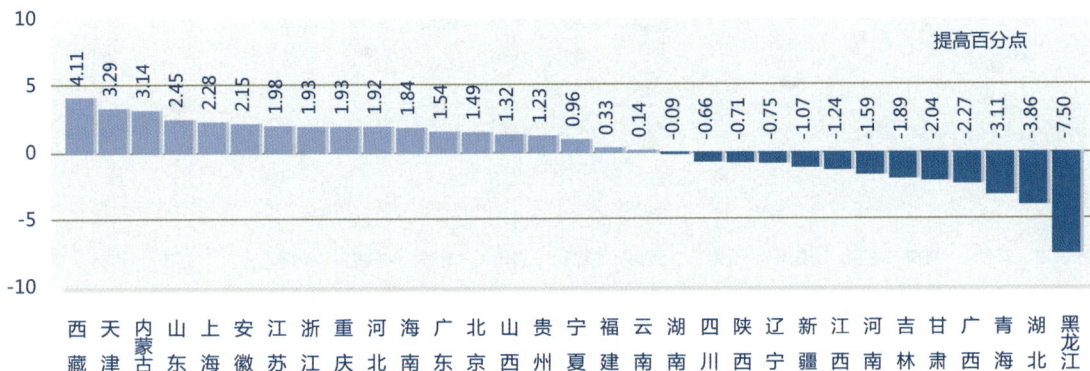

提高百分点

地区	提高百分点
西藏	4.11
天津	3.29
内蒙古	3.14
山东	2.45
上海	2.28
安徽	2.15
江苏	1.98
浙江	1.93
重庆	1.93
河北	1.92
海南	1.84
广东	1.54
北京	1.49
山西	1.32
贵州	1.23
宁夏	0.96
福建	0.33
云南	0.14
湖南	-0.09
四川	-0.66
陕西	-0.71
辽宁	-0.75
新疆	-1.07
江西	-1.24
河南	-1.59
吉林	-1.89
甘肃	-2.04
广西	-2.27
青海	-3.11
湖北	-3.86
黑龙江	-7.50

图2-48 区域环境改善指数提高百分点排序

（十二）社会生活信息化评价

从社会生活信息化指数看，北京、上海、天津、广东、浙江排在前5位，高于全国平均水平（全国社会生活信息化指数为93.27%）（图2-49、图2-50）。

与上年比较，有22个地区高于上年水平，其中，青海、黑龙江、江西、海南等19个地区高于全国平均增幅（全国社会生活信息化指数比上年提高了0.84个百分点），云南、江苏、内蒙古、陕西等6个地区低于上年水平（图2-51）。

位次上升最快的地区是青海，比上年上升9位，主要因为电子商务销售与GDP比值提升较快；江西比上年上升4位；广东、海南和西藏均比上年上升3位；吉林比上年上升2位；位次下降最快的地区是河北，比上年下降8位，主要因为信息传输、软件和信息技术服务业增加值占GDP比重和电子商务销售额与GDP比值下降较快；山西比上年下降5位；江苏比上年下降4位；内蒙古和陕西均比上年下降2位。

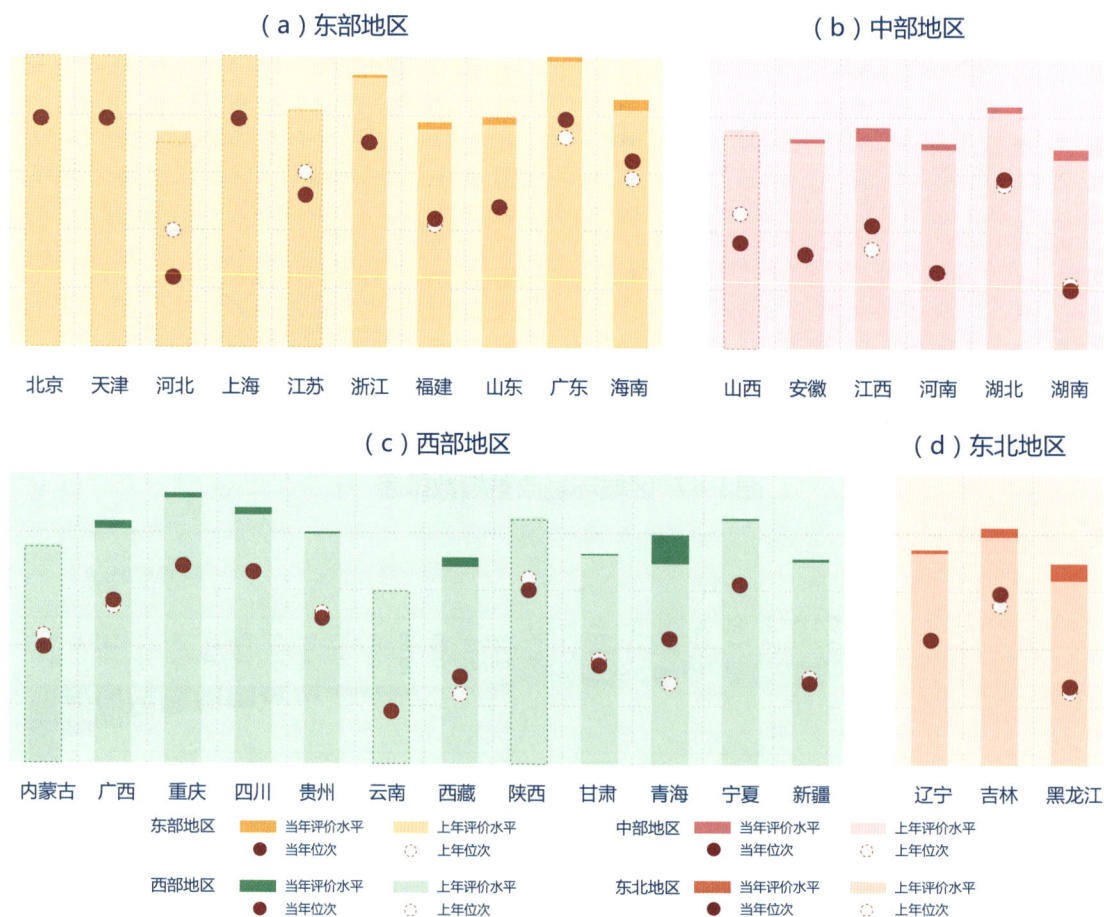

图2-49 社会生活信息化区域分类

当年社会生活信息化指数

排名	地区	指数
1	北 京	100.00
1	上 海	100.00
1	天 津	100.00
1	广 东	100.00
5	浙 江	93.52
6	重 庆	92.91
7	四 川	87.91
8	海 南	85.36
9	宁 夏	84.68
10	陕 西	83.95
11	湖 北	83.31
12	广 西	83.21
13	吉 林	81.64
14	江 苏	81.24
15	贵 州	79.67
16	山 东	79.15
17	青 海	78.97
18	福 建	77.34
19	江 西	76.10
20	内蒙古	74.32
21	辽 宁	74.13
22	山 西	73.26
23	甘 肃	72.42
24	安 徽	72.14
25	西 藏	71.04
26	新 疆	70.80
27	河 南	70.66
28	河 北	70.16
29	黑龙江	69.40
30	湖 南	68.60
31	云 南	59.40

上年社会生活信息化指数

排名	地区	指数
1	北 京	100.00
1	上 海	100.00
1	天 津	100.00
4	广 东	98.38
5	浙 江	92.51
6	重 庆	91.13
7	四 川	85.49
8	陕 西	84.82
9	宁 夏	84.01
10	江 苏	81.92
11	海 南	81.67
12	湖 北	81.24
13	广 西	80.54
14	贵 州	79.17
15	吉 林	78.46
16	山 东	76.62
17	山 西	75.26
18	内蒙古	75.08
19	福 建	74.99
20	河 北	74.19
21	辽 宁	72.90
22	甘 肃	72.22
23	江 西	71.49
24	安 徽	70.73
25	新 疆	69.85
26	青 海	69.03
27	河 南	68.55
28	西 藏	67.81
29	湖 南	65.08
30	黑龙江	63.55
31	云 南	59.42

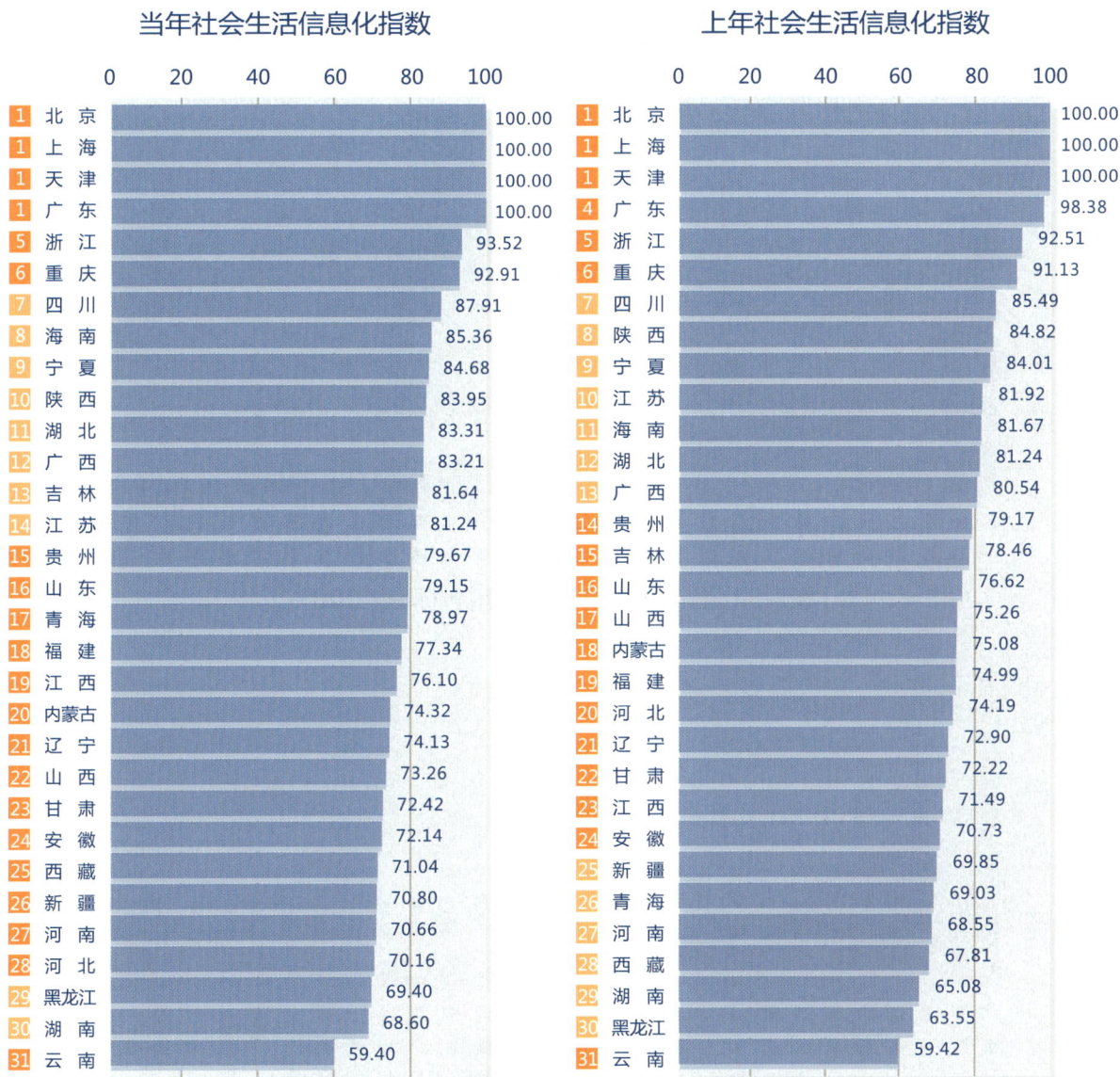

图2-50 区域社会生活信息化指数排序

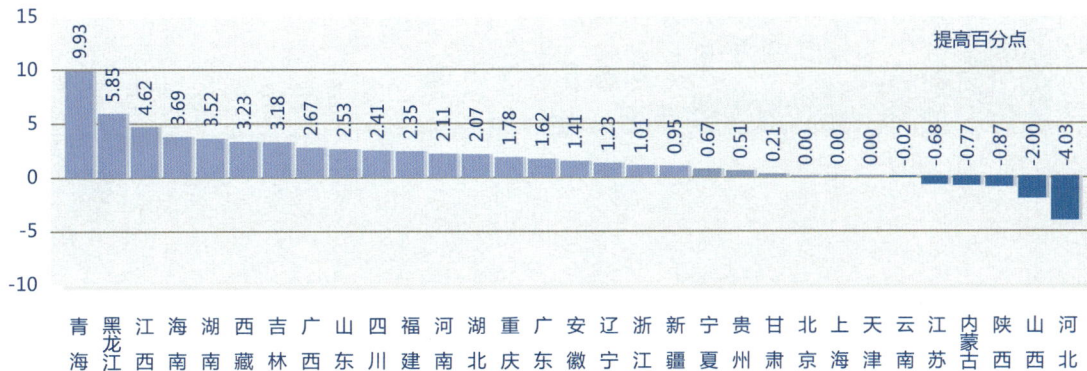

图2-51 区域社会生活信息化指数提高百分点排序

提高百分点数据：青海 9.93、黑龙江 5.85、江西 4.62、海南 3.69、湖南 3.52、西藏 3.23、吉林 3.18、广东 2.67、山东 2.53、四川 2.41、福建 2.35、河南 2.11、湖北 2.07、重庆 1.78、广东 1.62、安徽 1.41、辽宁 1.23、浙江 1.01、新疆 0.95、宁夏 0.67、贵州 0.51、甘肃 0.21、北京 0.00、上海 0.00、天津 0.00、云南 -0.02、江苏 -0.68、内蒙古 -0.77、陕西 -0.87、山西 -2.00、河北 -4.03

三、区域科技创新三级指标评价

（一）万人研究与试验发展（R&D）人员数

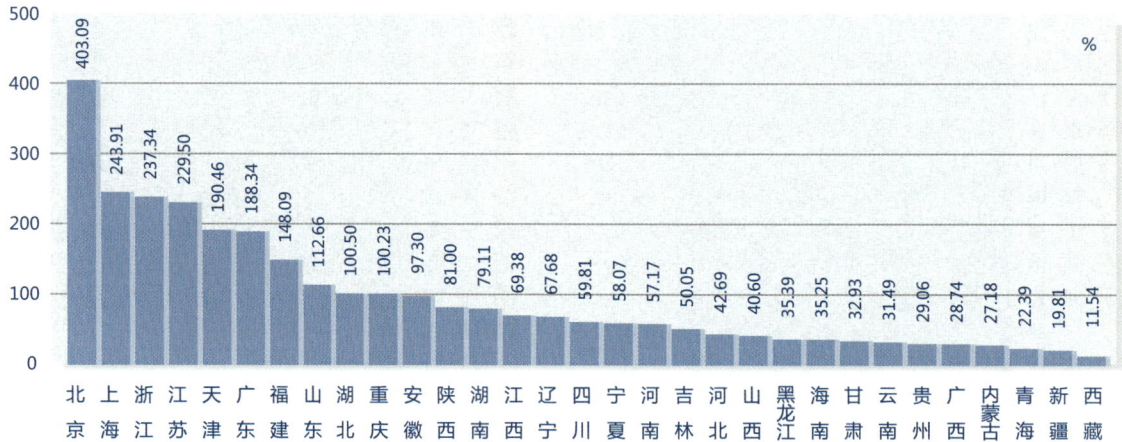

图2-52 当年评价值（三级指标/标准×100%）

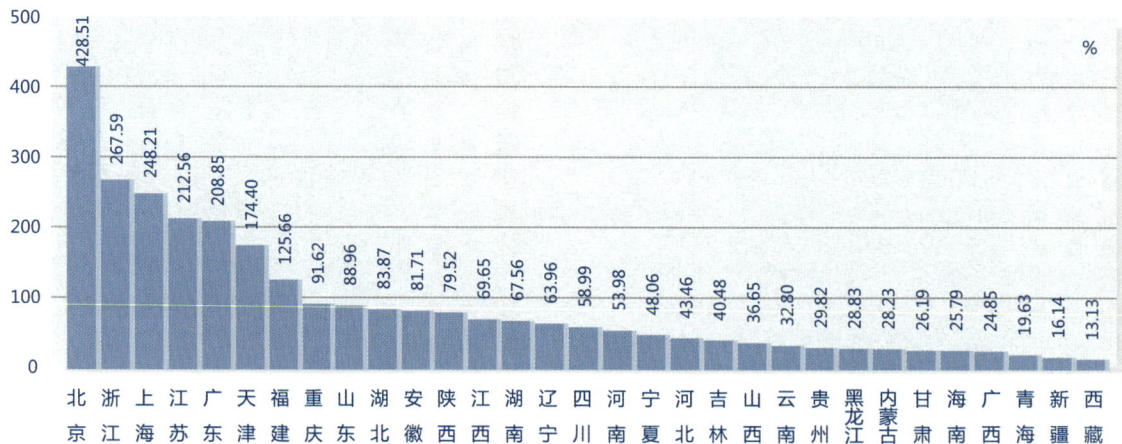

图2-53 上年评价值（三级指标/标准×100%）

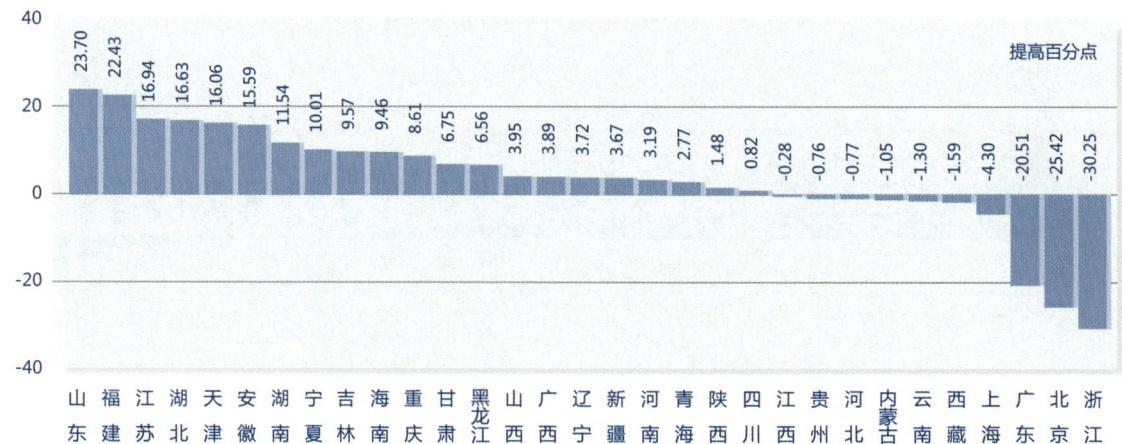

图2-54 当年评价值比上年评价值提高百分点

（二）十万人博士毕业生数

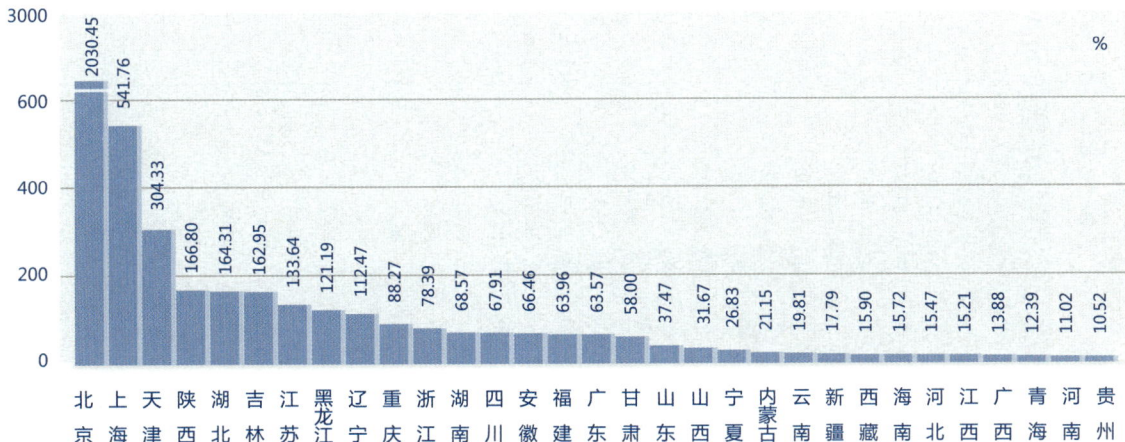

图2-55 当年评价值（三级指标/标准×100%）

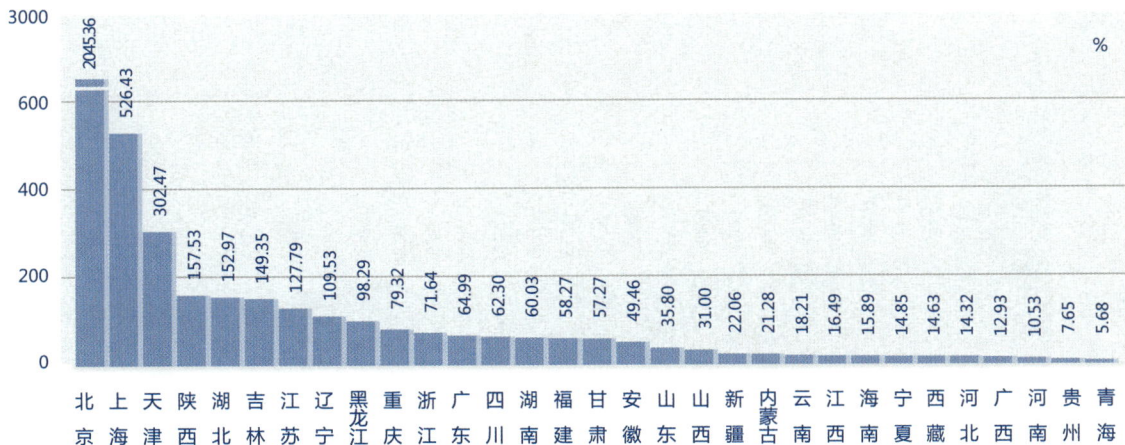

图2-56 上年评价值（三级指标/标准×100%）

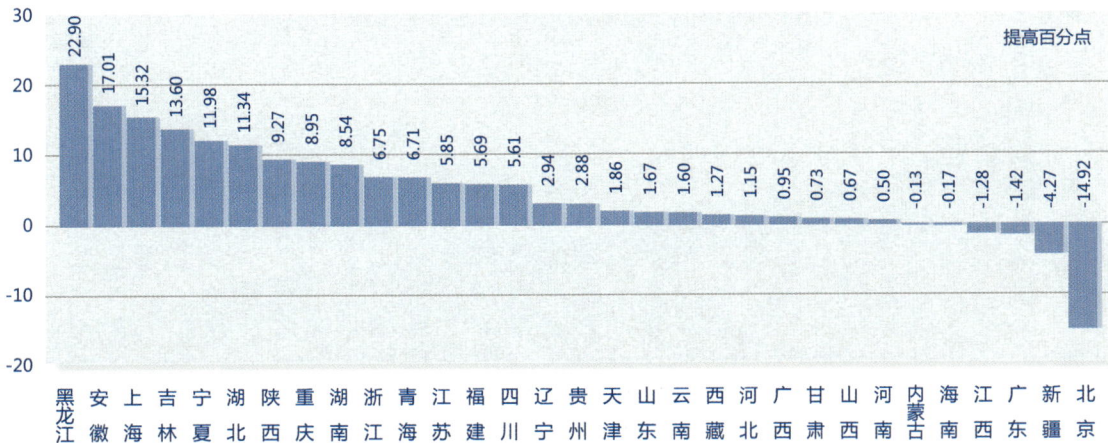

图2-57 当年评价值比上年评价值提高百分点

（三）万人大专以上学历人数

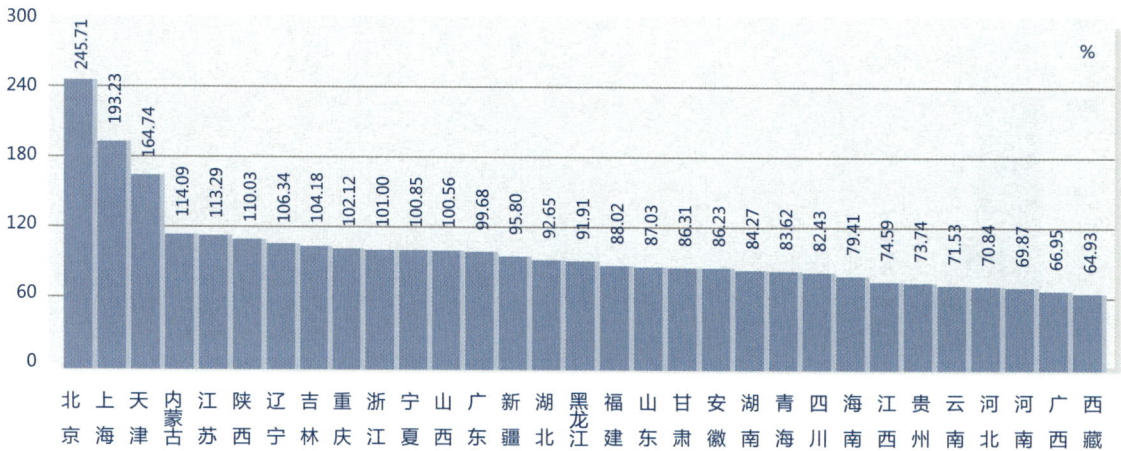

图2-58　当年评价值（三级指标/标准×100%）

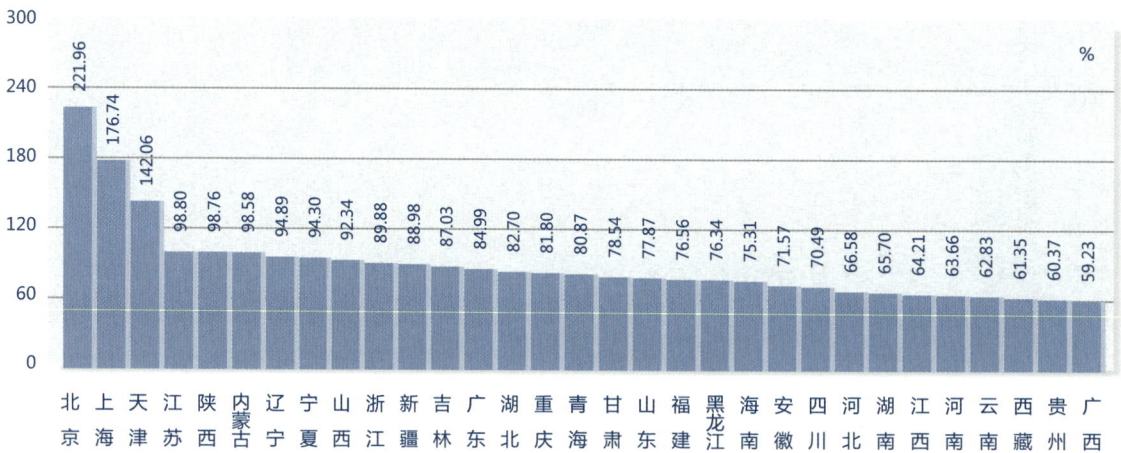

图2-59　上年评价值（三级指标/标准×100%）

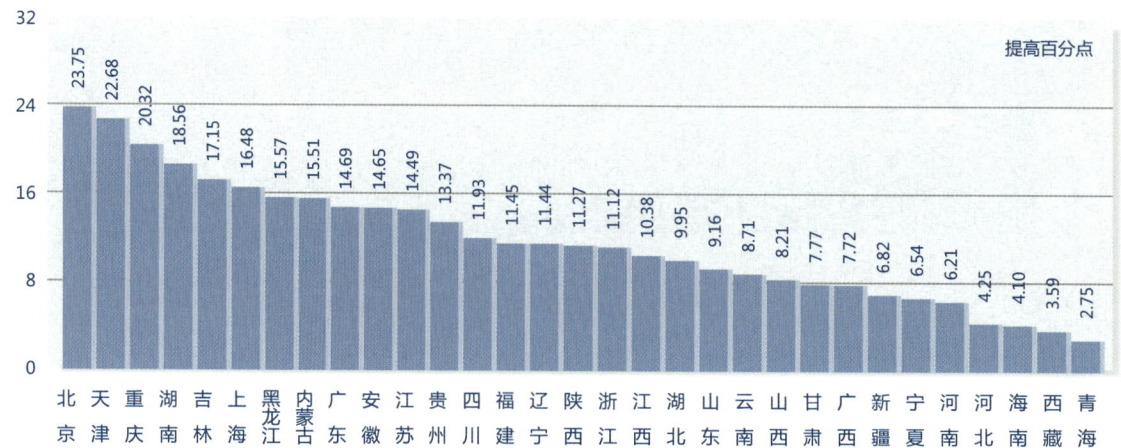

图2-60　当年评价值比上年评价值提高百分点

（四）万人高等学校在校学生数

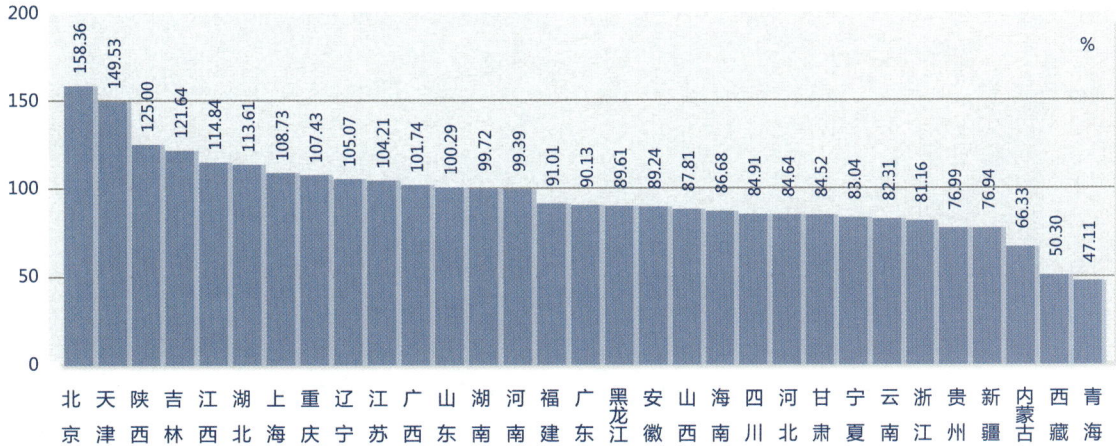

图2-61 当年评价值（三级指标/标准×100%）

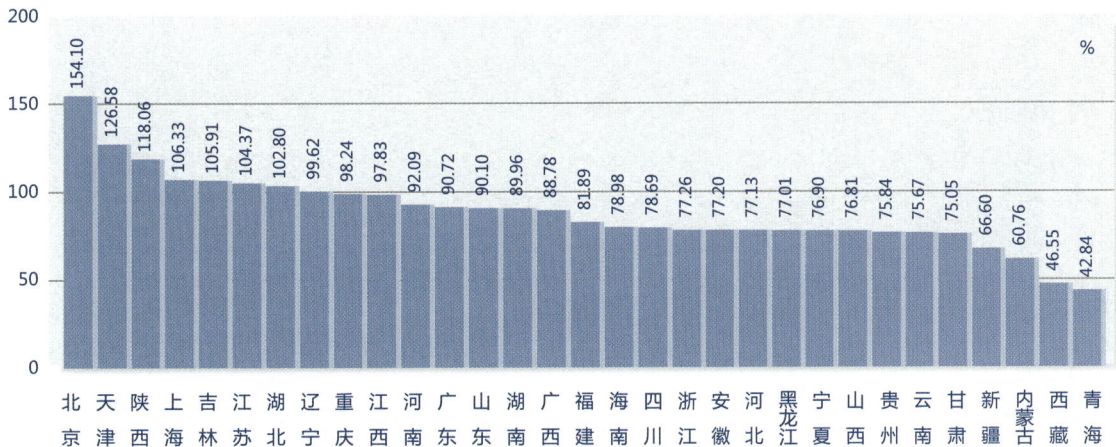

图2-62 上年评价值（三级指标/标准×100%）

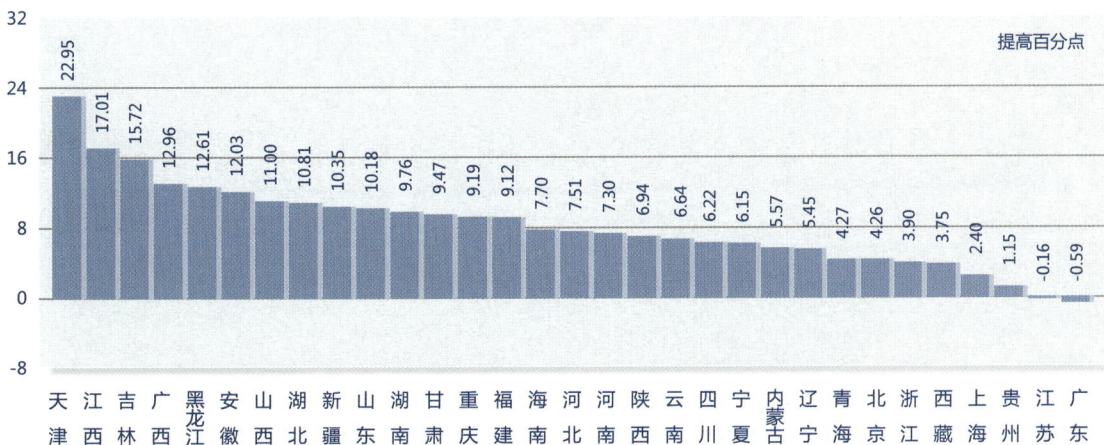

图2-63 当年评价值比上年评价值提高百分点

（五）十万人创新中介从业人员数

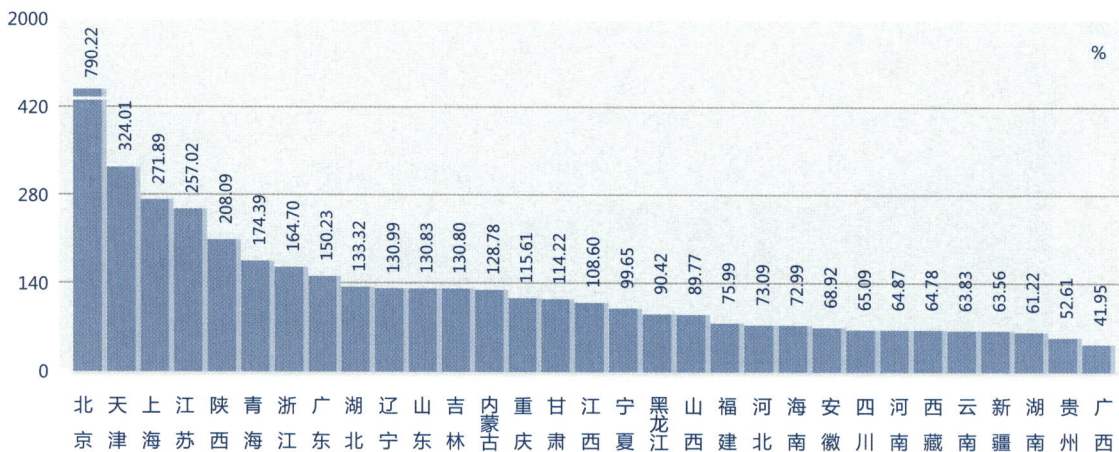

图2-64 当年评价值（三级指标/标准×100%）

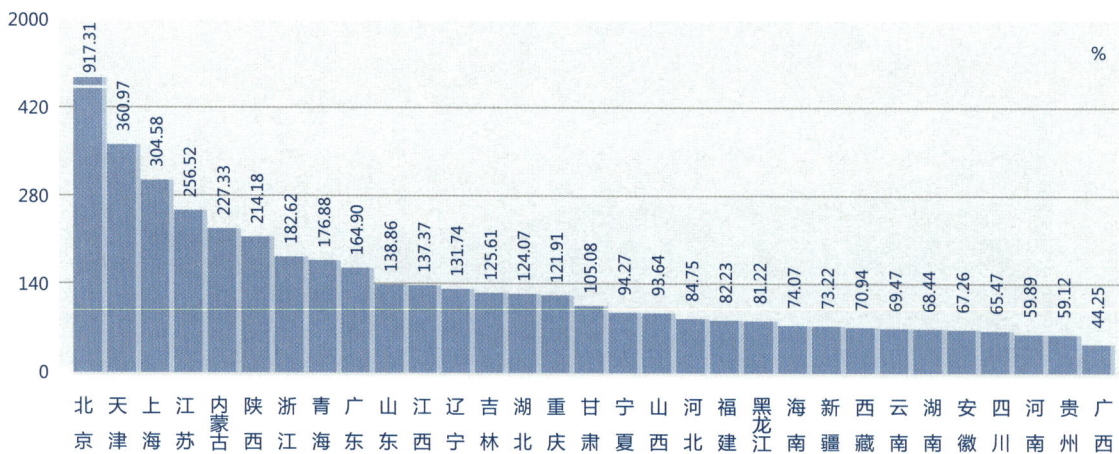

图2-65 上年评价值（三级指标/标准×100%）

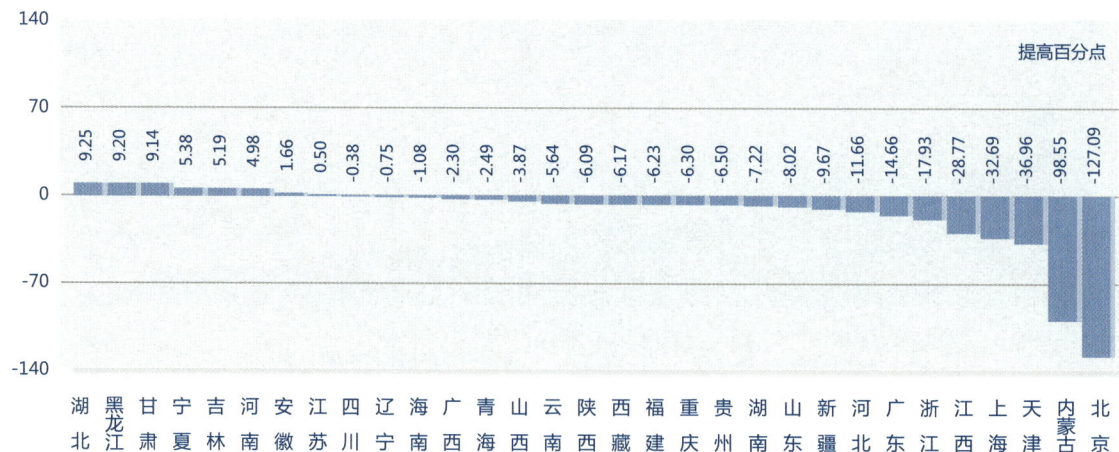

图2-66 当年评价值比上年评价值提高百分点

（六）每名R&D人员仪器和设备支出

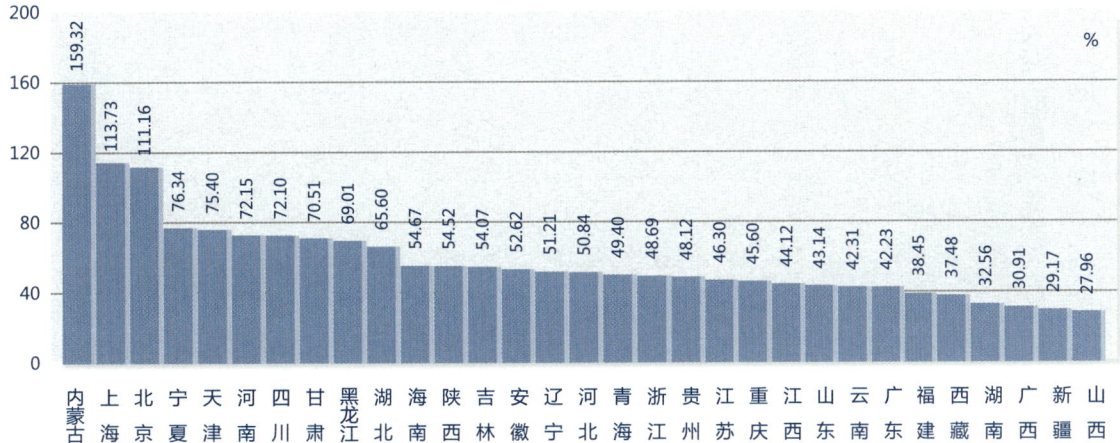

图2-67 当年评价值（三级指标/标准×100%）

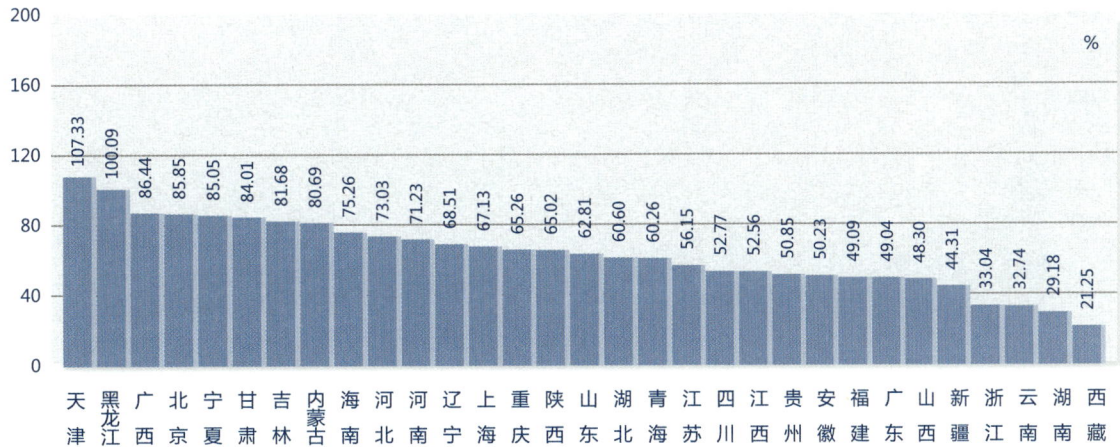

图2-68 上年评价值（三级指标/标准×100%）

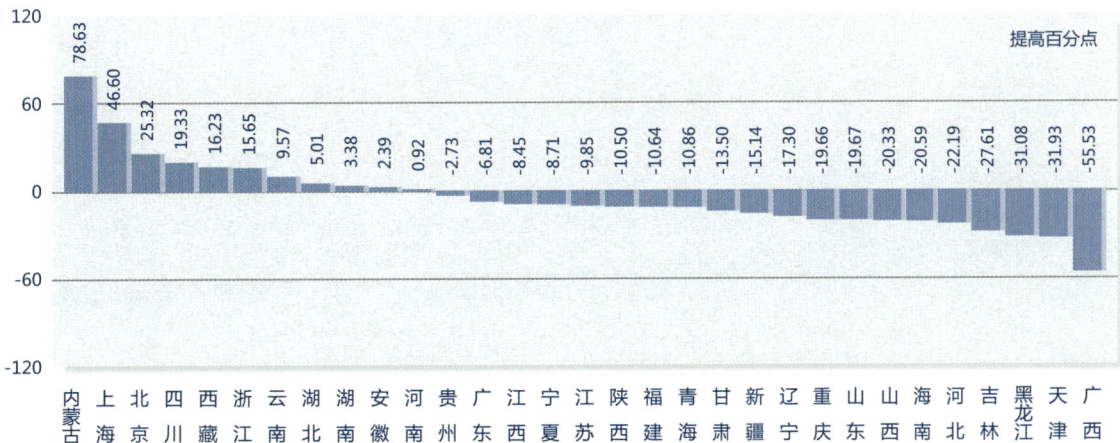

图2-69 当年评价值比上年评价值提高百分点

（七）科学研究和技术服务业固定资产占比重

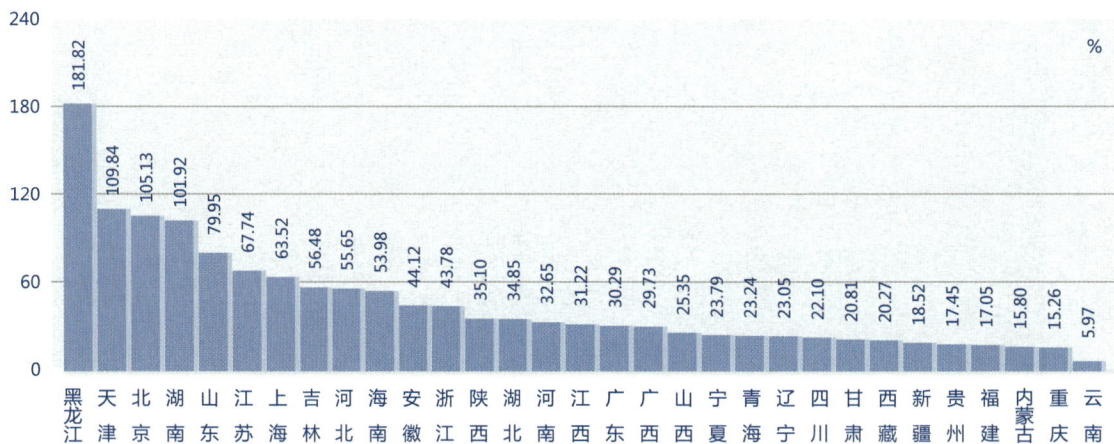

图2-70 当年评价值（三级指标/标准×100%）

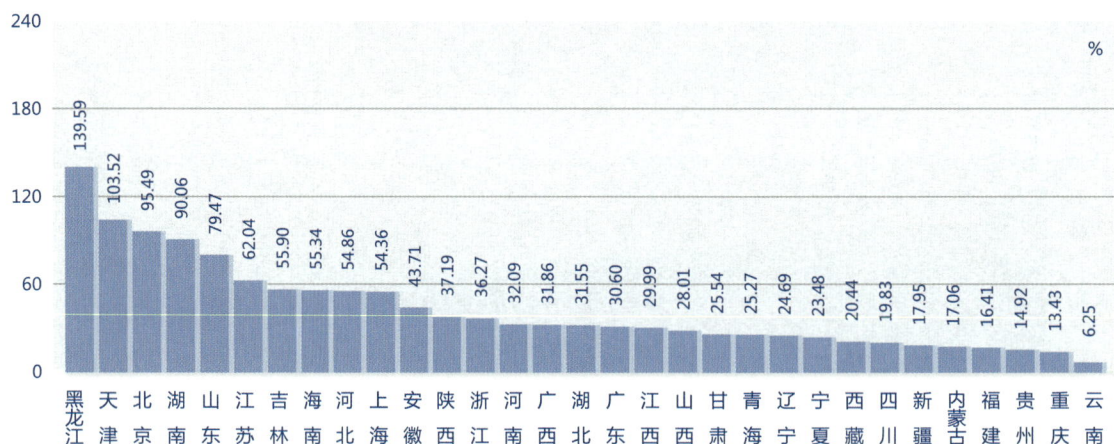

图2-71 上年评价值（三级指标/标准×100%）

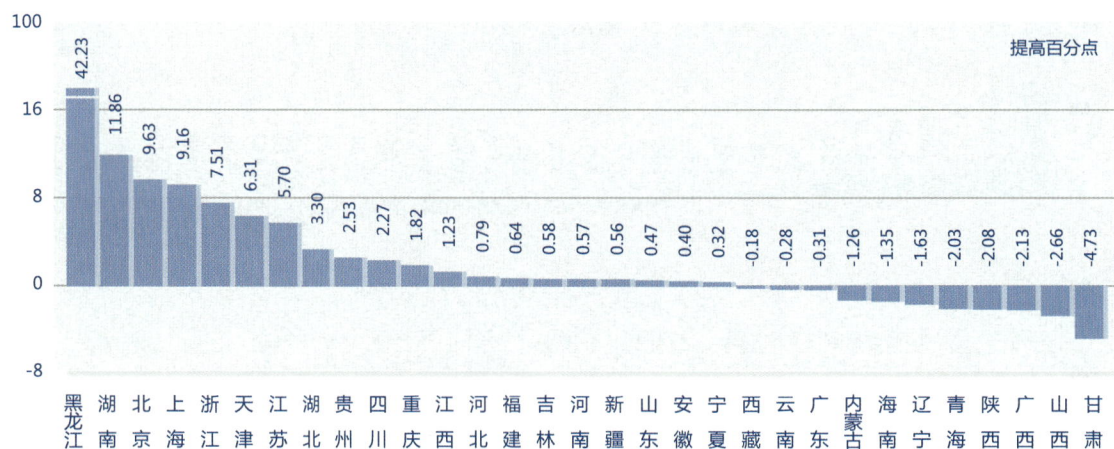

图2-72 当年评价值比上年评价值提高百分点

（八）十万人累计孵化企业数

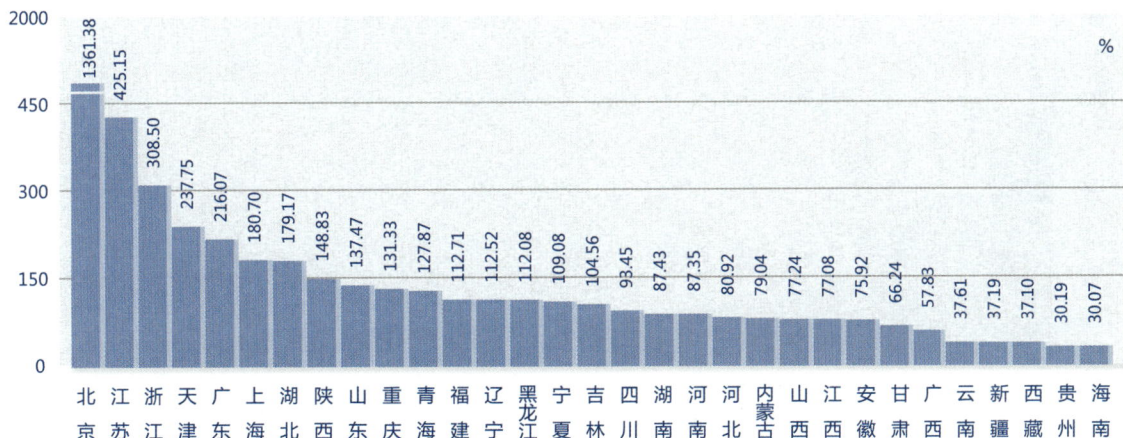

图2-73 当年评价值（三级指标/标准×100%）

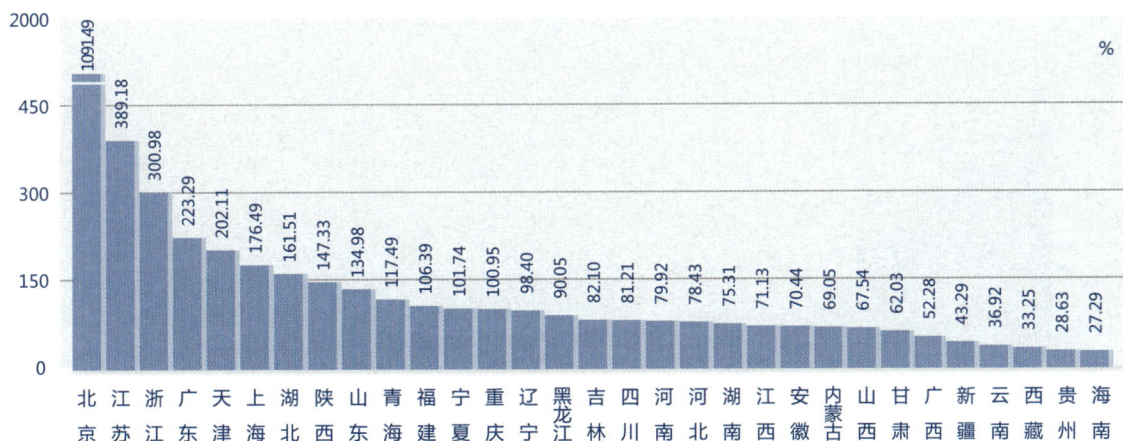

图2-74 上年评价值（三级指标/标准×100%）

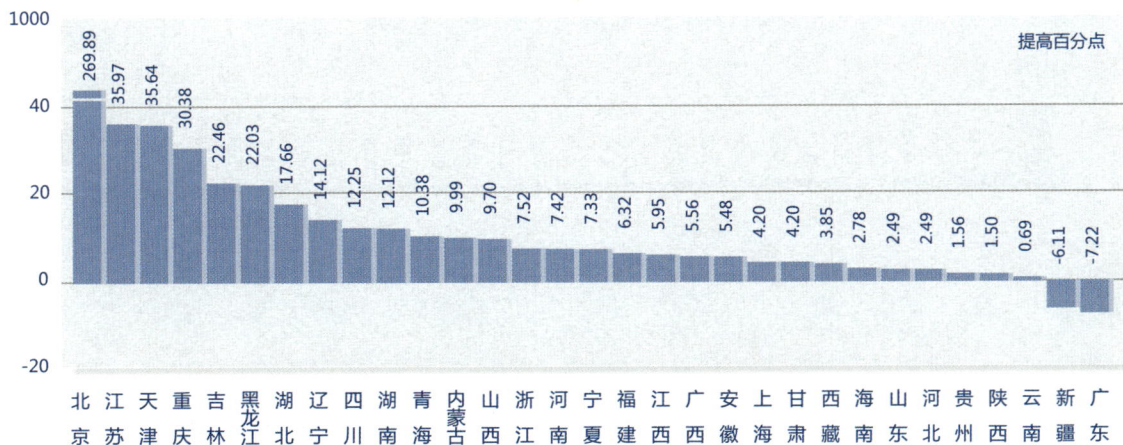

图2-75 当年评价值比上年评价值提高百分点

（九）万名就业人员专利申请数

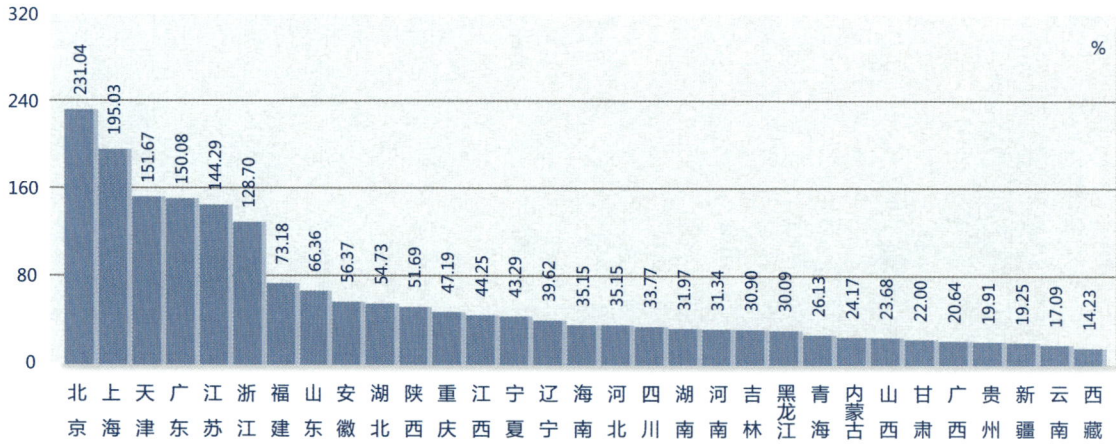

图2-76 当年评价值（三级指标/标准×100%）

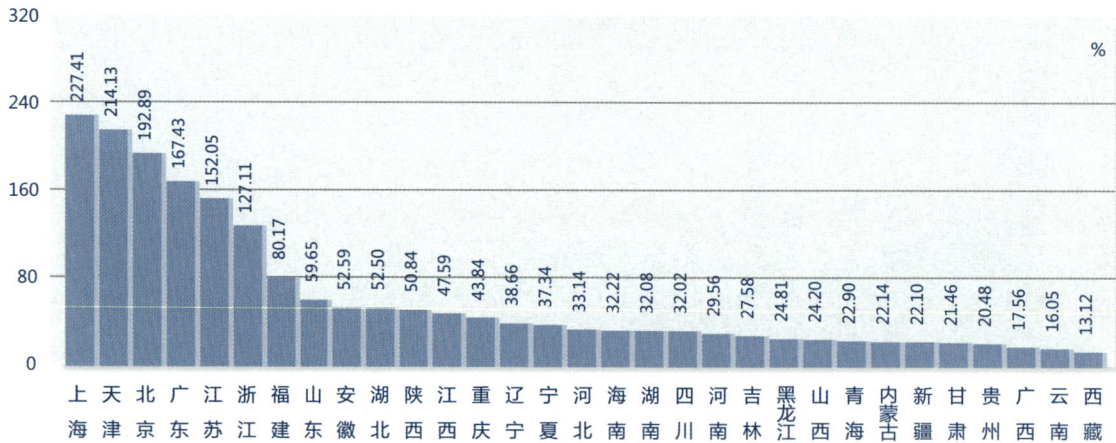

北京 231.04　上海 195.03　天津 151.67　广东 150.08　江苏 144.29　浙江 128.70　福建 73.18　山东 66.36　安徽 56.37　湖北 54.73　陕西 51.69　重庆 47.19　江西 44.25　宁夏 43.29　辽宁 39.62　海南 35.15　河北 35.15　四川 33.77　湖南 31.97　河南 31.34　吉林 30.90　黑龙江 30.09　青海 26.13　内蒙古 24.17　山西 23.68　甘肃 22.00　广西 20.64　贵州 19.91　新疆 19.25　云南 17.09　西藏 14.23

图2-77 上年评价值（三级指标/标准×100%）

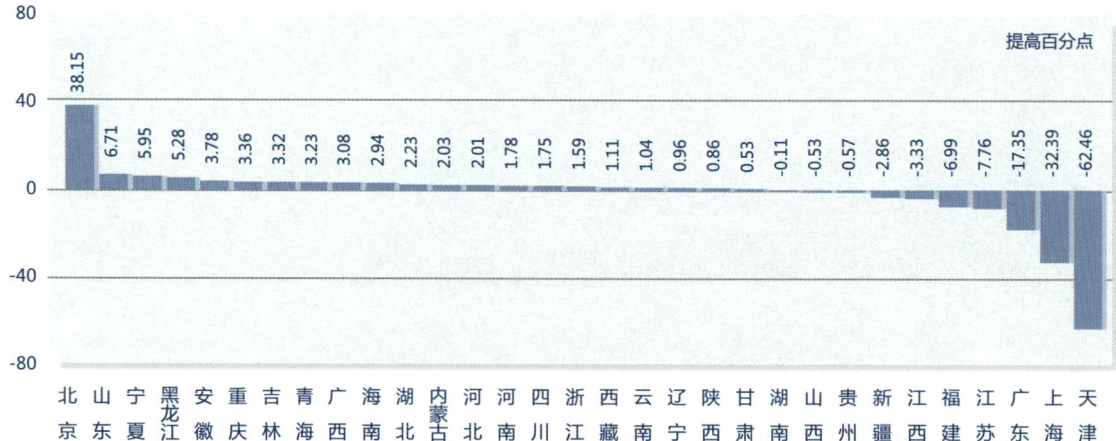

上海 227.41　天津 214.13　北京 192.89　广东 167.43　江苏 152.05　浙江 127.11　福建 80.17　山东 59.65　安徽 52.59　湖北 52.50　陕西 50.84　江西 47.59　重庆 43.84　辽宁 38.66　宁夏 37.34　河北 33.14　海南 32.22　湖南 32.08　四川 32.02　河南 29.56　吉林 27.58　黑龙江 24.81　山西 24.20　青海 22.90　内蒙古 22.14　新疆 22.10　甘肃 21.46　贵州 20.48　广西 17.56　云南 16.05　西藏 13.12

图2-78 当年评价值比上年评价值提高百分点

北京 38.15　山东 6.71　宁夏 5.95　黑龙江 5.28　安徽 3.78　重庆 3.36　吉林 3.32　青海 3.23　广西 3.08　海南 2.94　湖南 2.23　内蒙古 2.03　河北 2.01　河南 1.78　四川 1.75　浙江 1.59　西藏 1.11　云南 1.04　辽宁 0.96　陕西 0.86　甘肃 0.53　湖南 -0.11　山西 -0.53　贵州 -0.57　新疆 -2.86　江西 -3.33　福建 -6.99　江苏 -7.76　广东 -17.35　上海 -32.39　天津 -62.46

（十）科学研究和技术服务业平均工资比较系数

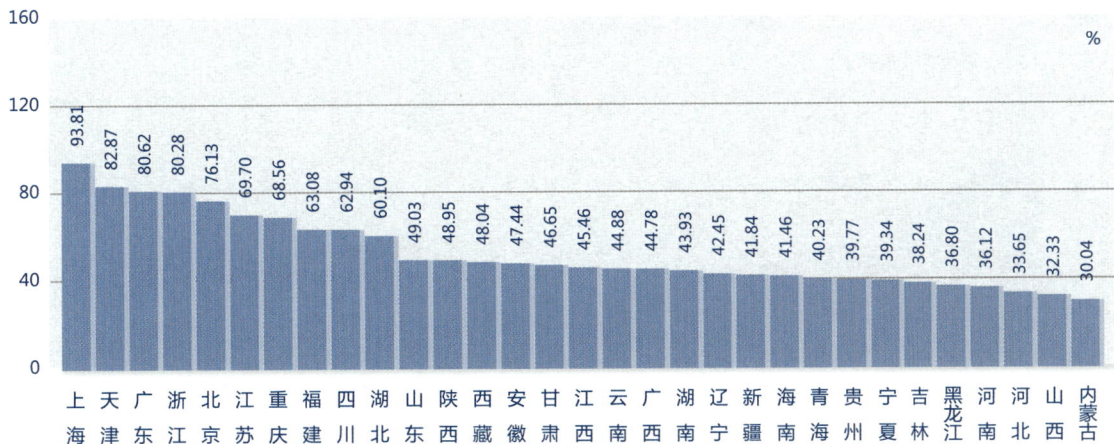

图2-79 当年评价值（三级指标/标准×100%）

上海 93.81 天津 82.87 广东 80.62 浙江 80.28 北京 76.13 江苏 69.70 重庆 68.56 福建 63.08 四川 62.94 湖北 60.10 山东 49.03 陕西 48.95 西藏 48.04 安徽 47.44 甘肃 46.65 江西 45.46 云南 44.88 广西 44.78 湖南 43.93 辽宁 42.45 新疆 41.84 海南 41.46 青海 40.23 贵州 39.77 宁夏 39.34 吉林 38.24 黑龙江 36.80 河南 36.12 河北 33.65 山西 32.33 内蒙古 30.04

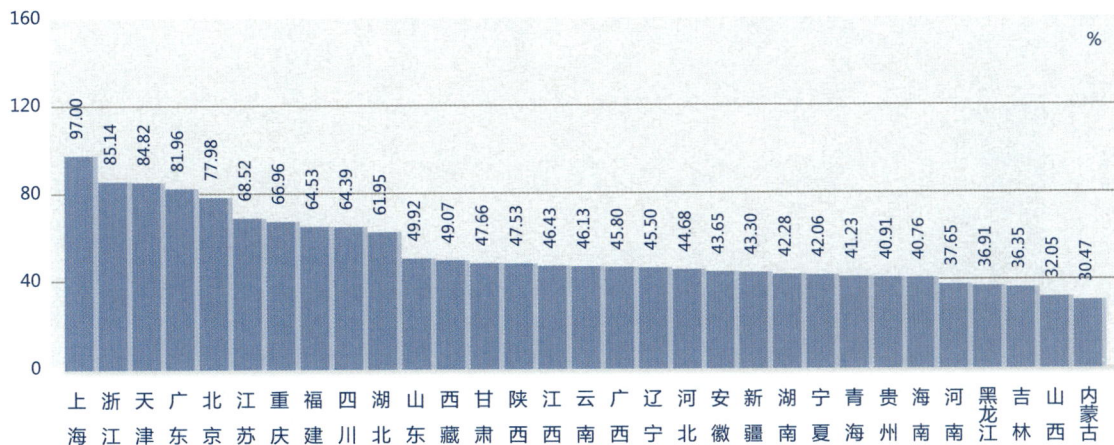

图2-80 上年评价值（三级指标/标准×100%）

上海 97.00 浙江 85.14 天津 84.82 广东 81.96 北京 77.98 江苏 68.52 重庆 66.96 福建 64.53 四川 64.39 湖北 61.95 山东 49.92 西藏 49.07 甘肃 47.66 陕西 47.53 江西 46.43 云南 46.13 广西 45.80 辽宁 45.50 河南 44.68 安徽 43.65 新疆 43.30 湖南 42.28 宁夏 42.06 青海 41.23 贵州 40.91 海南 40.76 河南 37.65 黑龙江 36.91 吉林 36.35 山西 32.05 内蒙古 30.47

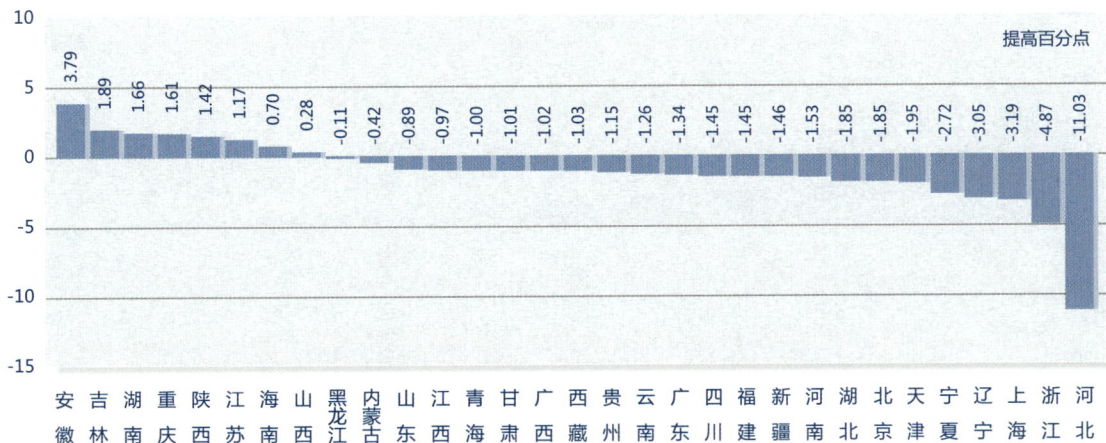

图2-81 当年评价值比上年评价值提高百分点

安徽 3.79 吉林 1.89 湖南 1.66 重庆 1.61 陕西 1.42 江苏 1.17 海南 0.70 山西 0.28 黑龙江 -0.11 内蒙古 -0.42 山东 -0.89 江西 -0.97 青海 -1.00 甘肃 -1.01 广西 -1.02 西藏 -1.03 贵州 -1.15 云南 -1.26 广东 -1.34 四川 -1.45 福建 -1.45 新疆 -1.46 河南 -1.53 湖北 -1.85 北京 -1.85 天津 -1.95 宁夏 -2.72 辽宁 -3.05 上海 -3.19 浙江 -4.87 河北 -11.03

（十一）万人吸纳技术成交额

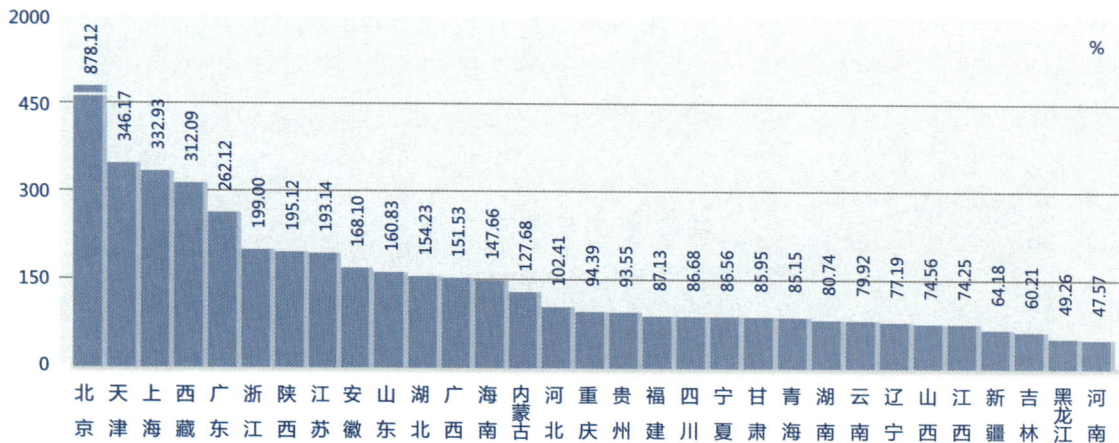

图2-82 当年评价值（三级指标/标准×100%）

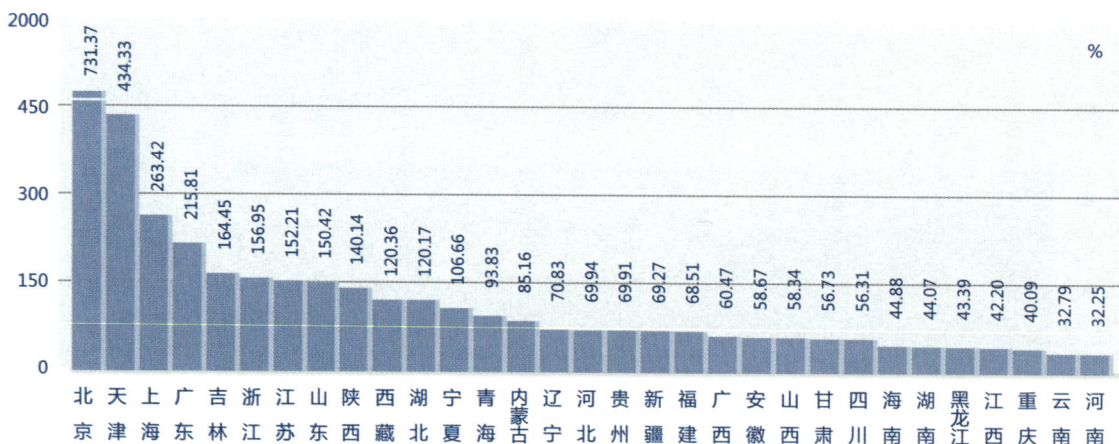

图2-83 上年评价值（三级指标/标准×100%）

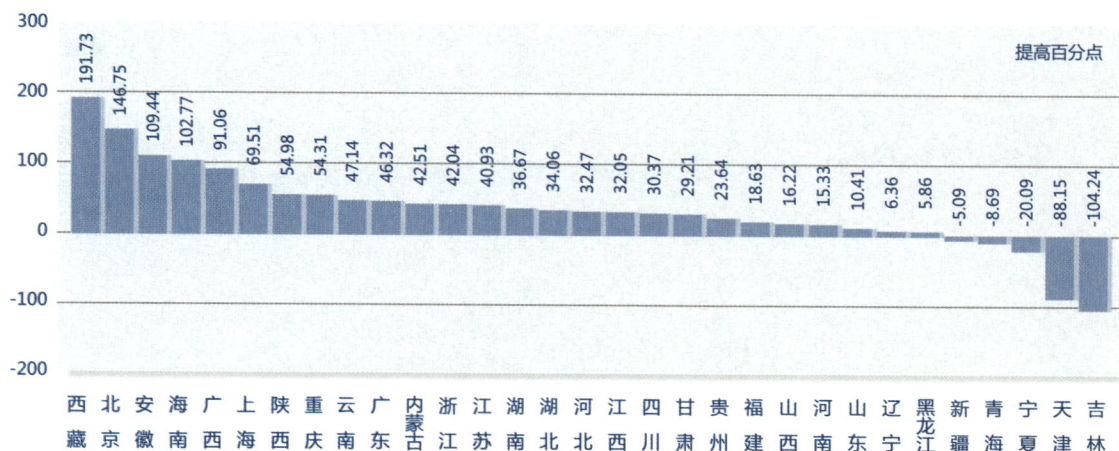

图2-84 当年评价值比上年评价值提高百分点

（十二）有R&D活动的企业占比重

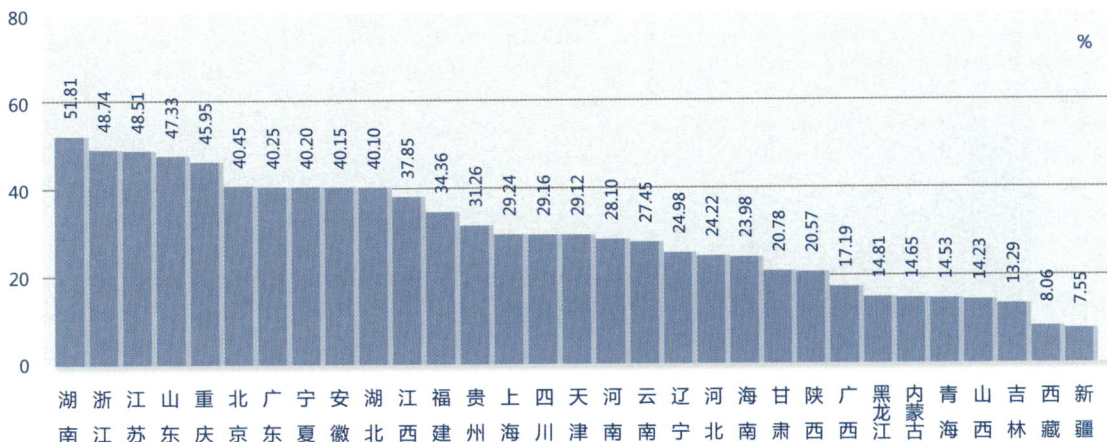

图2-85 当年评价值（三级指标/标准×100%）

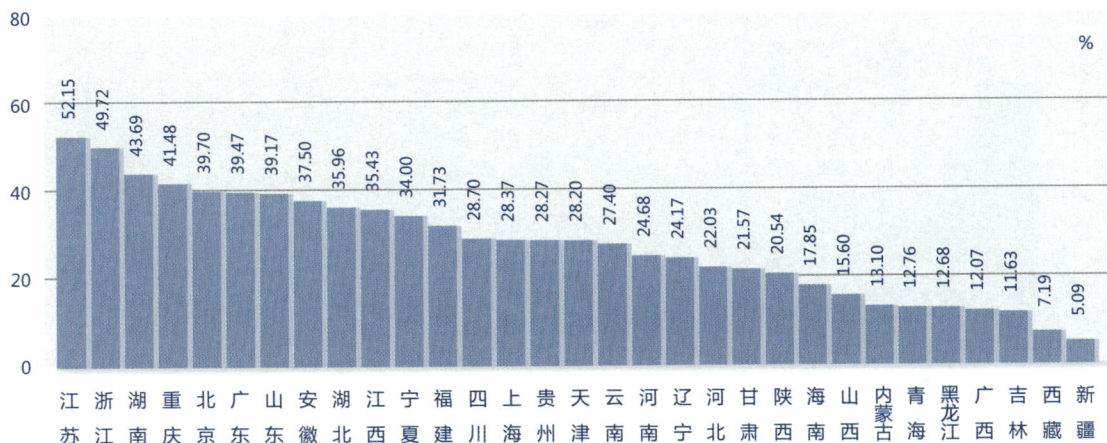

图2-86 上年评价值（三级指标/标准×100%）

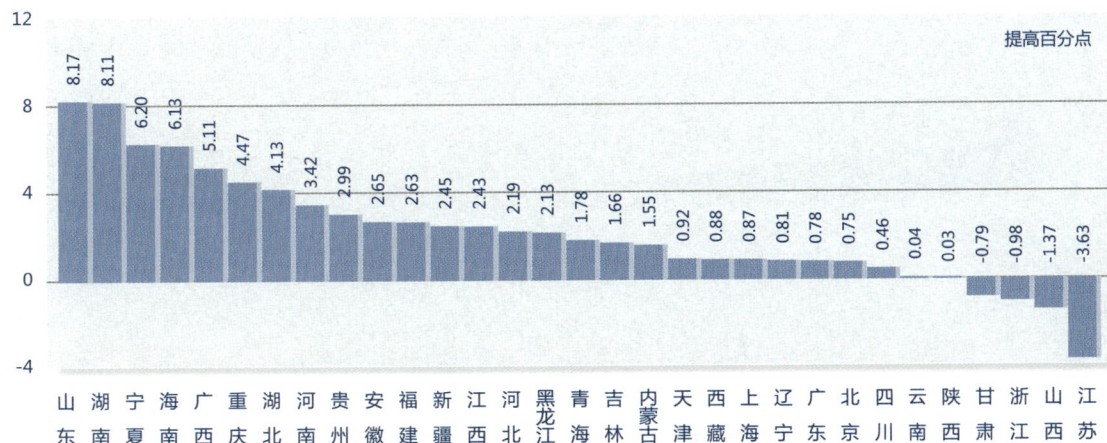

图2-87 当年评价值比上年评价值提高百分点

（十三）万人R&D研究人员数

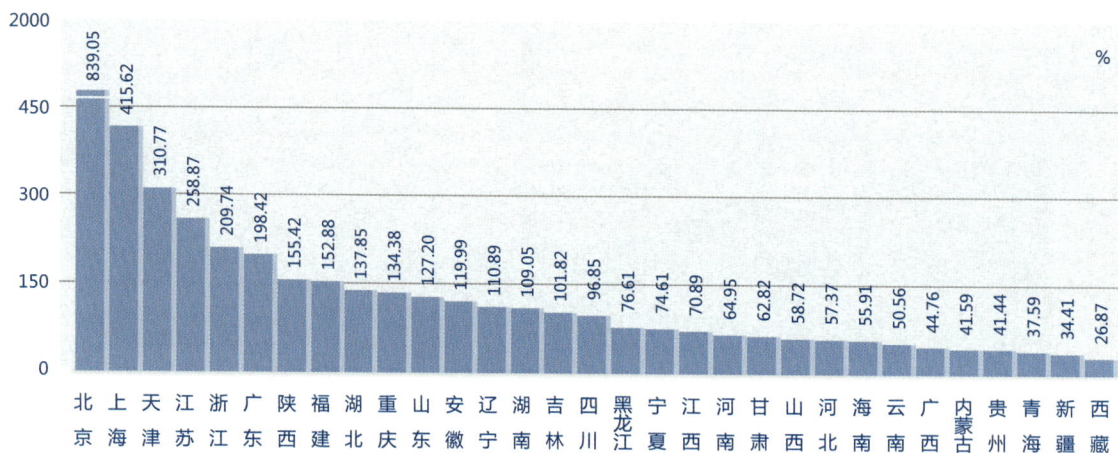

图2-88　当年评价值（三级指标/标准×100%）

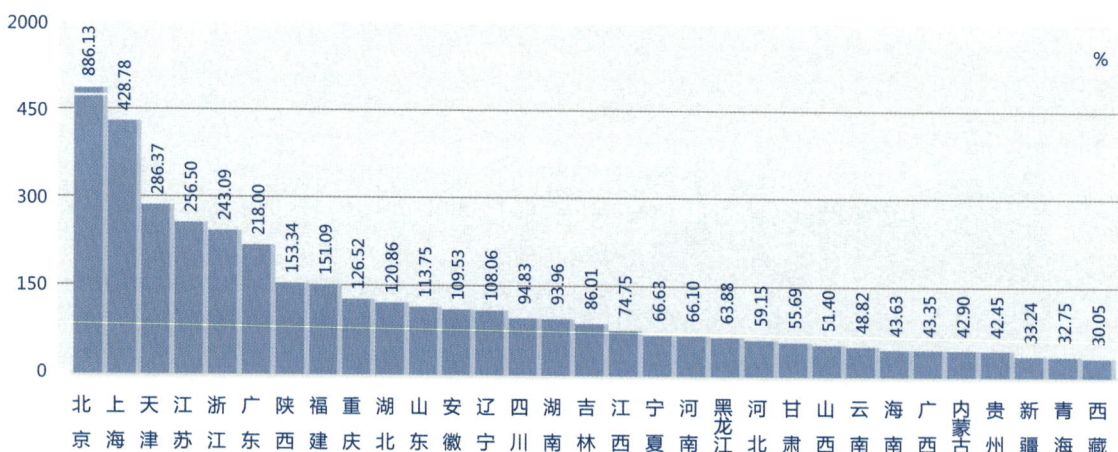

图2-89　上年评价值（三级指标/标准×100%）

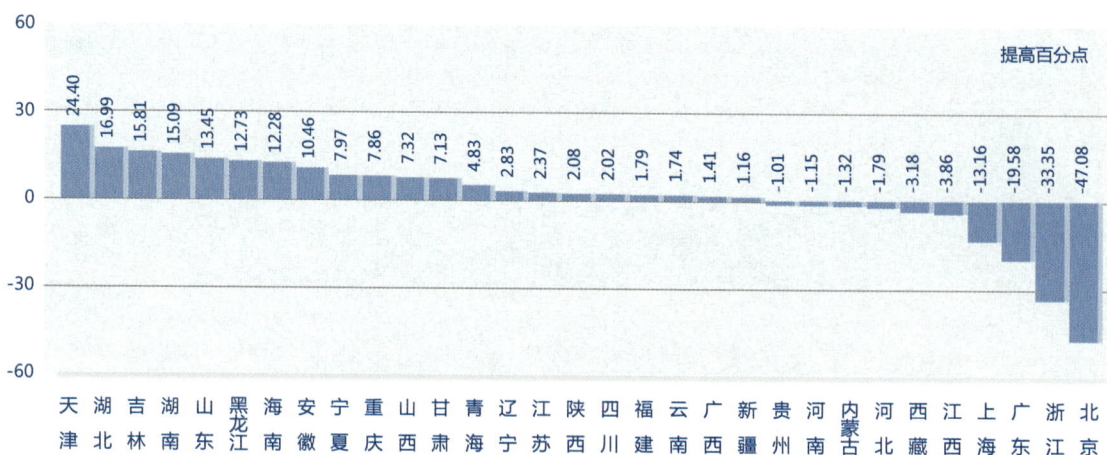

图2-90　当年评价值比上年评价值提高百分点

（十四）基础研究人员投入强度指数

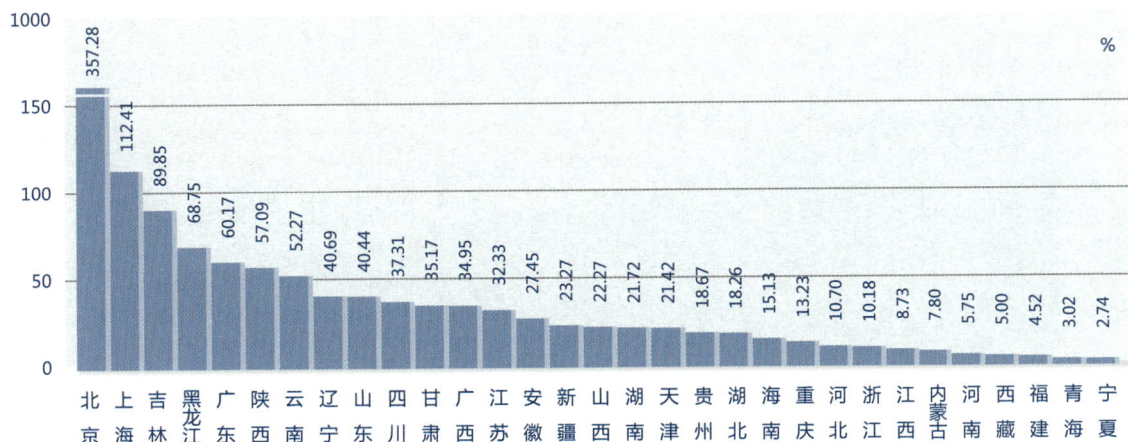

图2-91 当年评价值（三级指标/标准×100%）

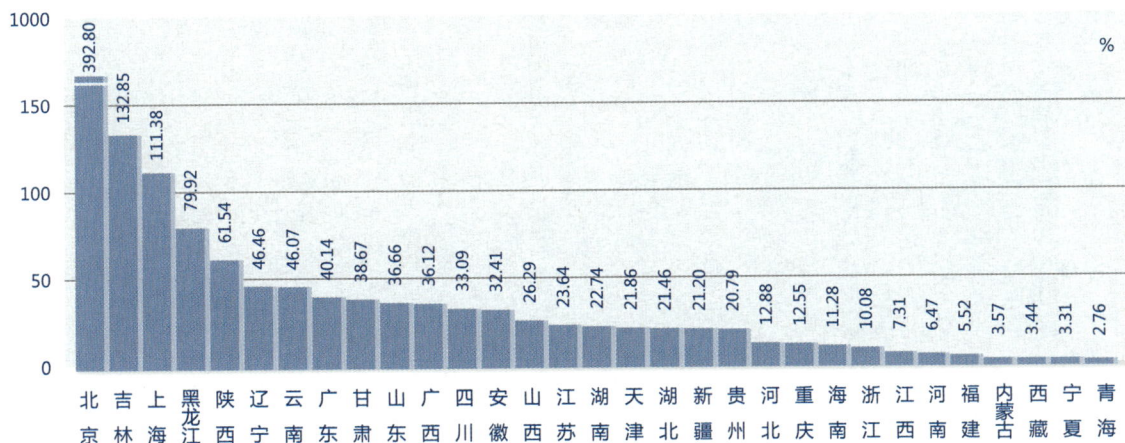

图2-92 上年评价值（三级指标/标准×100%）

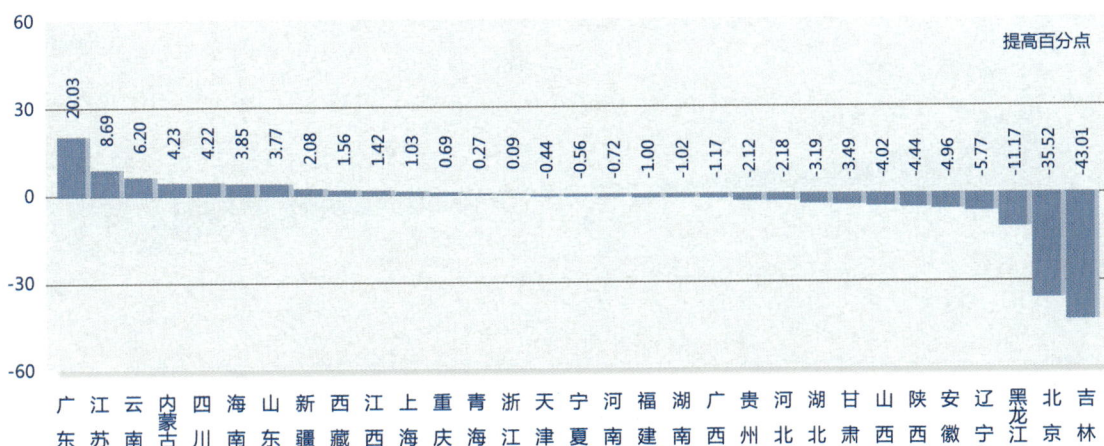

图2-93 当年评价值比上年评价值提高百分点

（十五）企业R&D研究人员占比重

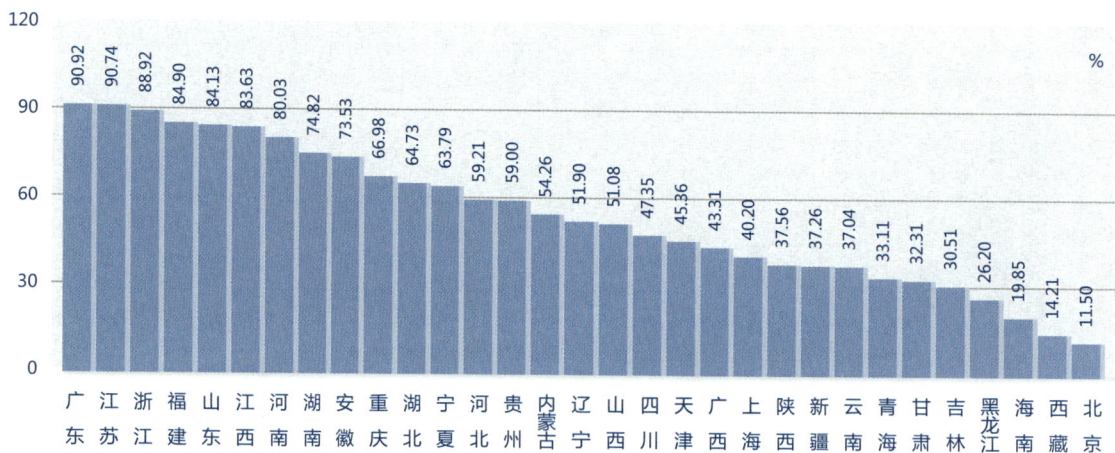

图2-94 当年评价值（三级指标/标准×100%）

横轴：广东 江苏 浙江 福建 山东 江西 河南 湖南 安徽 重庆 湖北 宁夏 河北 贵州 内蒙古 辽宁 山西 四川 天津 广西 上海 陕西 新疆 云南 青海 甘肃 吉林 黑龙江 海南 西藏 北京

数值：90.92 90.74 88.92 84.90 84.13 83.63 80.03 74.82 73.53 66.98 64.73 63.79 59.21 59.00 54.26 51.90 51.08 47.35 45.36 43.31 40.20 37.56 37.26 37.04 33.11 32.31 30.51 26.20 19.85 14.21 11.50

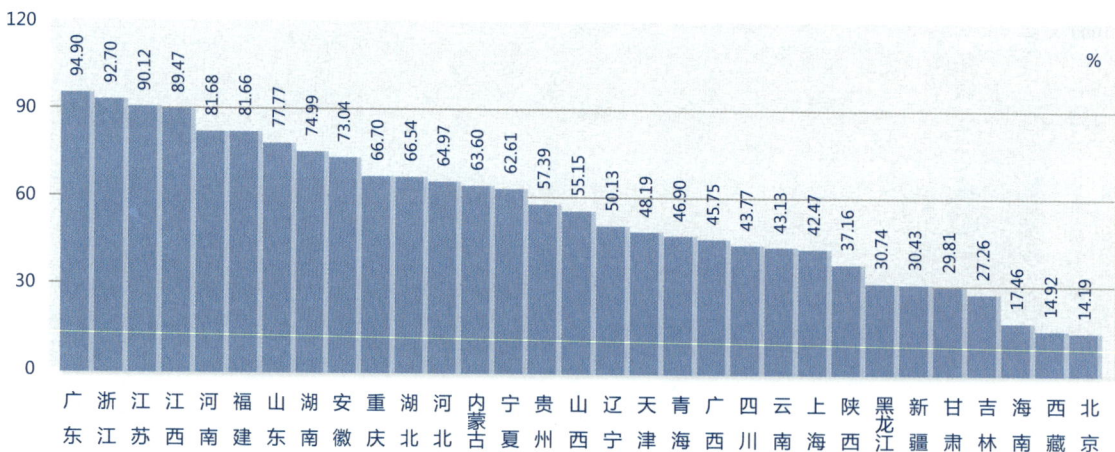

图2-95 上年评价值（三级指标/标准×100%）

横轴：广东 浙江 江苏 江西 河南 福建 山东 湖南 安徽 重庆 湖北 河北 内蒙古 宁夏 贵州 山西 辽宁 天津 青海 广西 四川 云南 上海 陕西 黑龙江 新疆 甘肃 吉林 海南 西藏 北京

数值：94.90 92.70 90.12 89.47 81.68 81.66 77.77 74.99 73.04 66.70 66.54 64.97 63.60 62.61 57.39 55.15 50.13 48.19 46.90 45.75 43.77 43.13 42.47 37.16 30.74 30.43 29.81 27.26 17.46 14.92 14.19

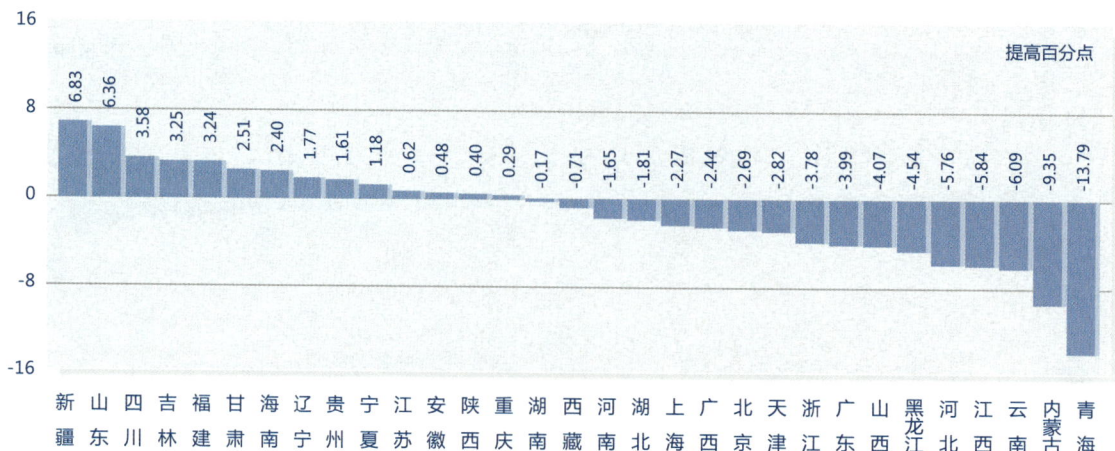

图2-96 当年评价值比上年评价值提高百分点

横轴：新疆 山东 四川 吉林 福建 甘肃 海南 辽宁 贵州 宁夏 江苏 安徽 陕西 重庆 湖南 西藏 河南 湖北 上海 广西 北京 天津 浙江 广东 山西 黑龙江 河北 江西 云南 内蒙古 青海

数值：6.83 6.36 3.58 3.25 3.24 2.51 2.40 1.77 1.61 1.18 0.62 0.48 0.40 0.29 -0.17 -0.71 -1.65 -1.81 -2.27 -2.44 -2.69 -2.82 -3.78 -3.99 -4.07 -4.54 -5.76 -5.84 -6.09 -9.35 -13.79

（十六）R&D经费支出与GDP比值

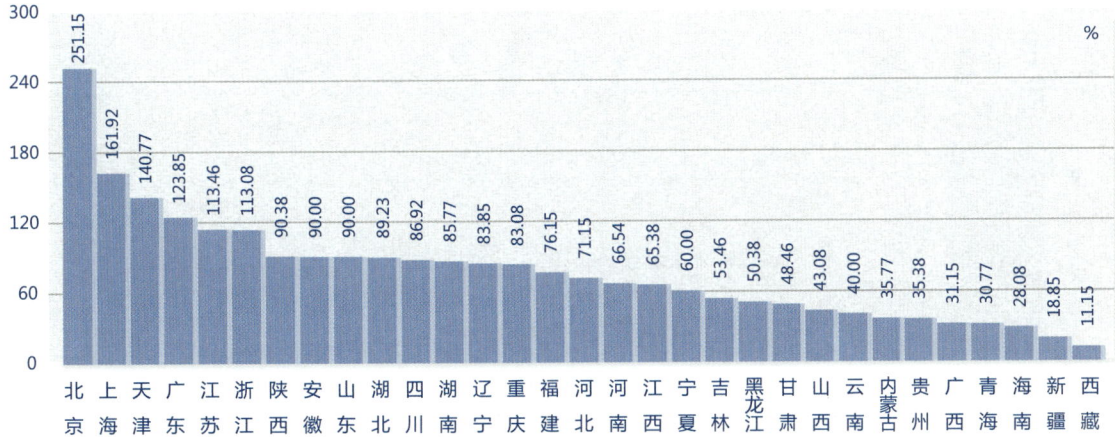

图2-97 当年评价值（三级指标/标准×100%）

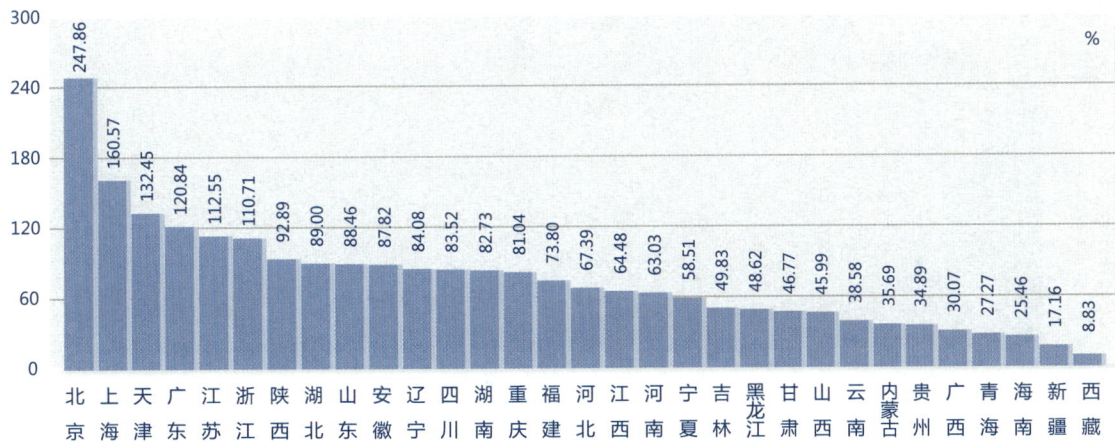

图2-98 上年评价值（三级指标/标准×100%）

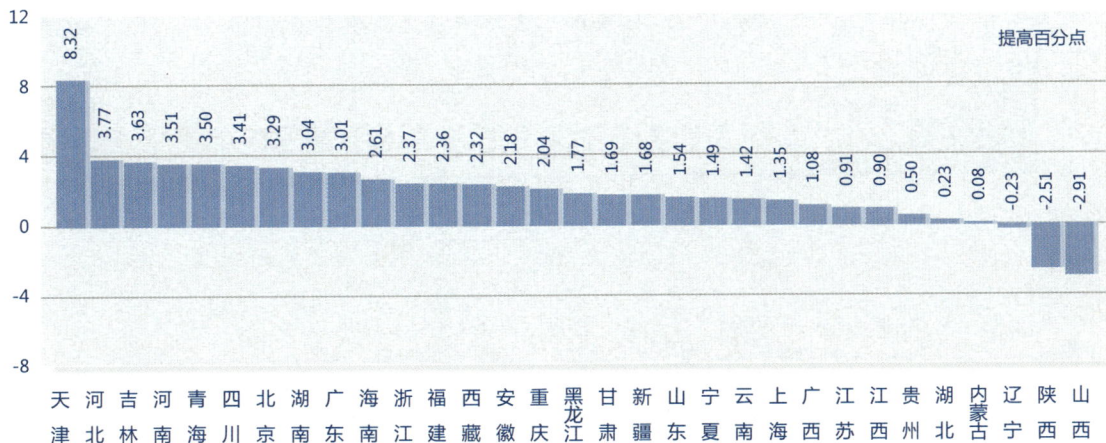

图2-99 当年评价值比上年评价值提高百分点

（十七）基础研究经费投入强度指数

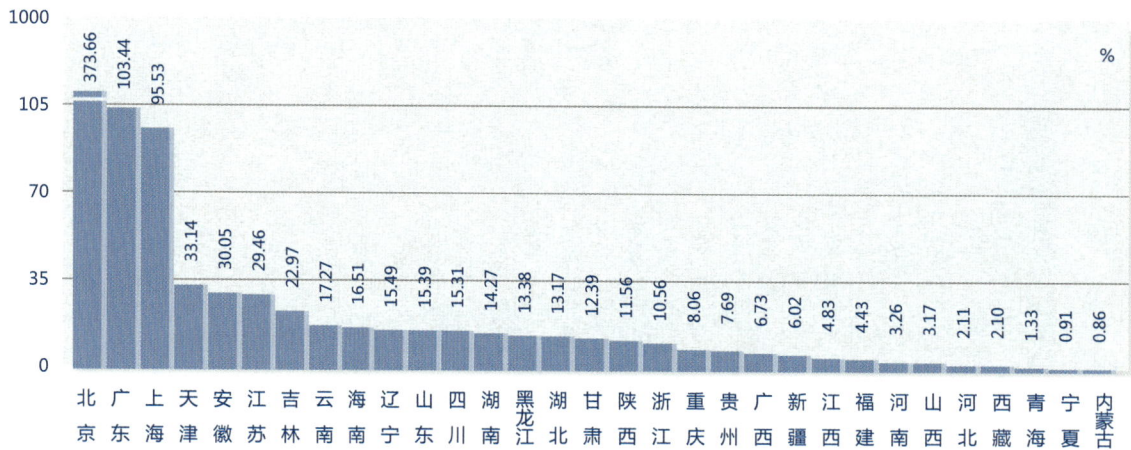

图2-100 当年评价值（三级指标/标准×100%）

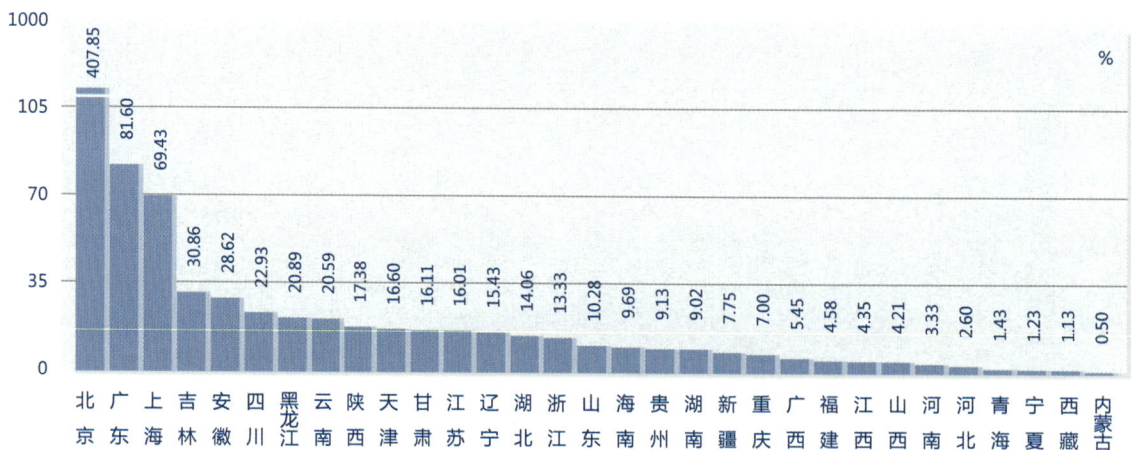

图2-101 上年评价值（三级指标/标准×100%）

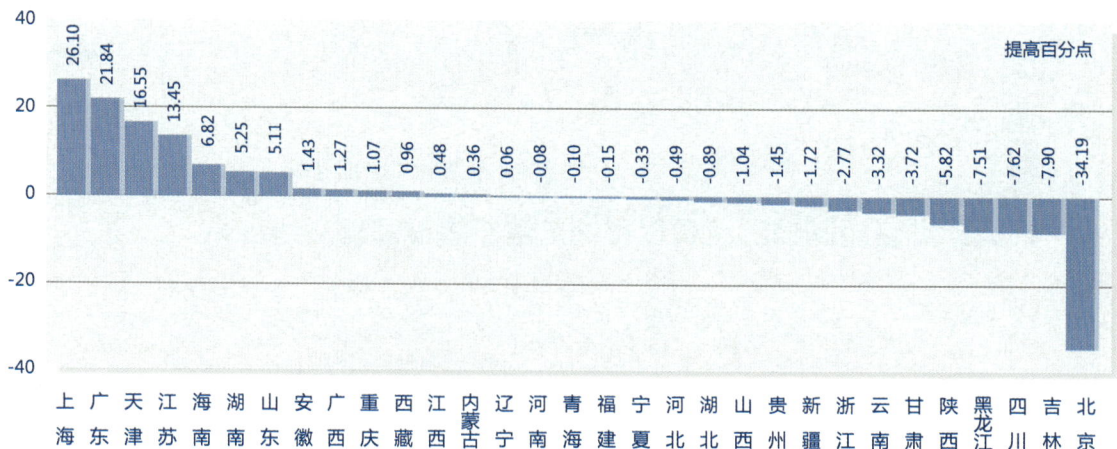

图2-102 当年评价值比上年评价值提高百分点

（十八）地方财政科技支出占地方财政支出比重

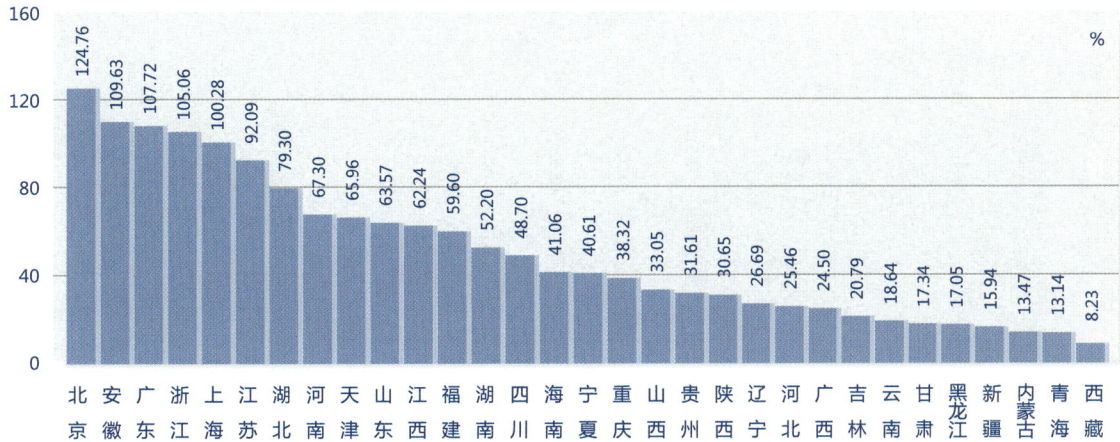

图2-103 当年评价值（三级指标/标准×100%）

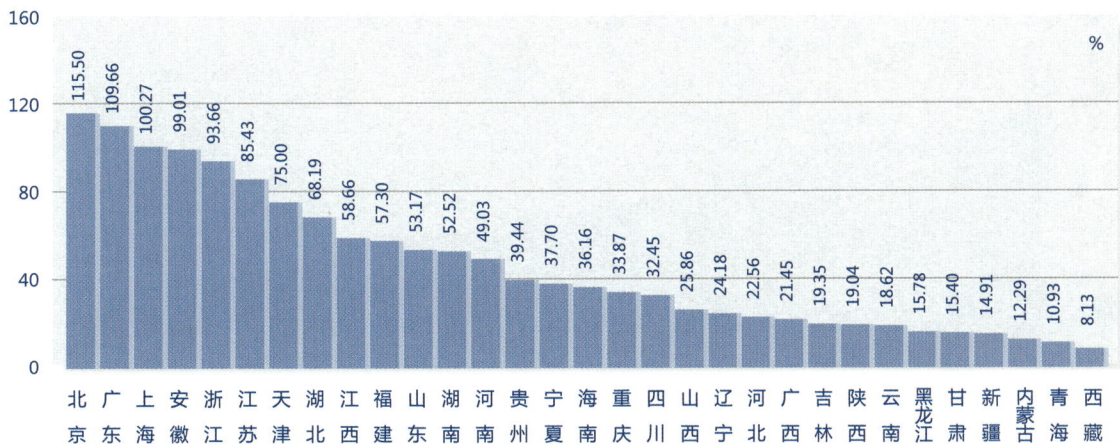

图2-104 上年评价值（三级指标/标准×100%）

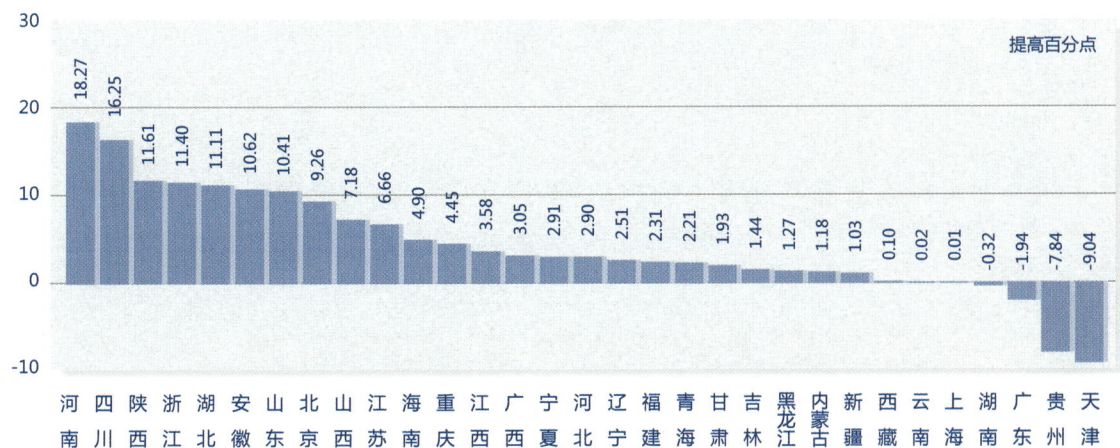

图2-105 当年评价值比上年评价值提高百分点

（十九）企业R&D经费支出占营业收入比重

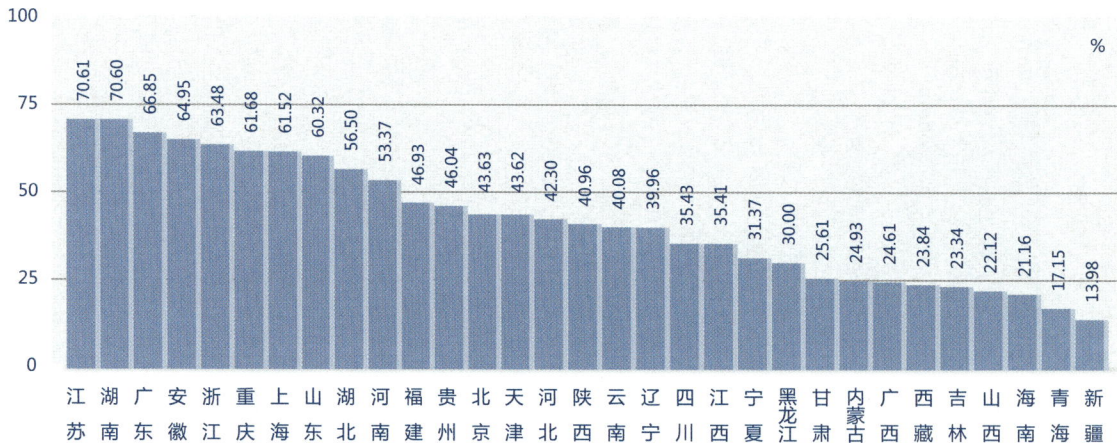

图2-106 当年评价值（三级指标/标准×100%）

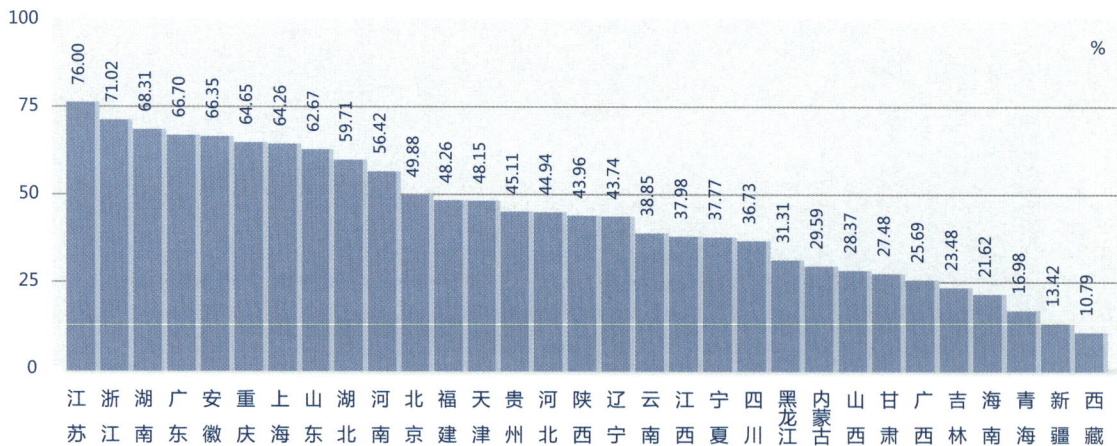

图2-107 上年评价值（三级指标/标准×100%）

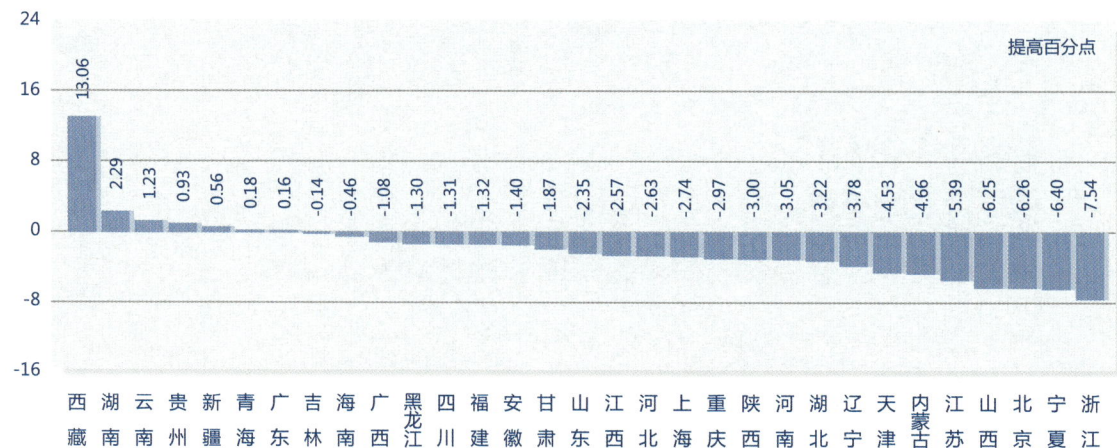

图2-108 当年评价值比上年评价值提高百分点

（二十）企业技术获取和技术改造经费支出占企业营业收入比重

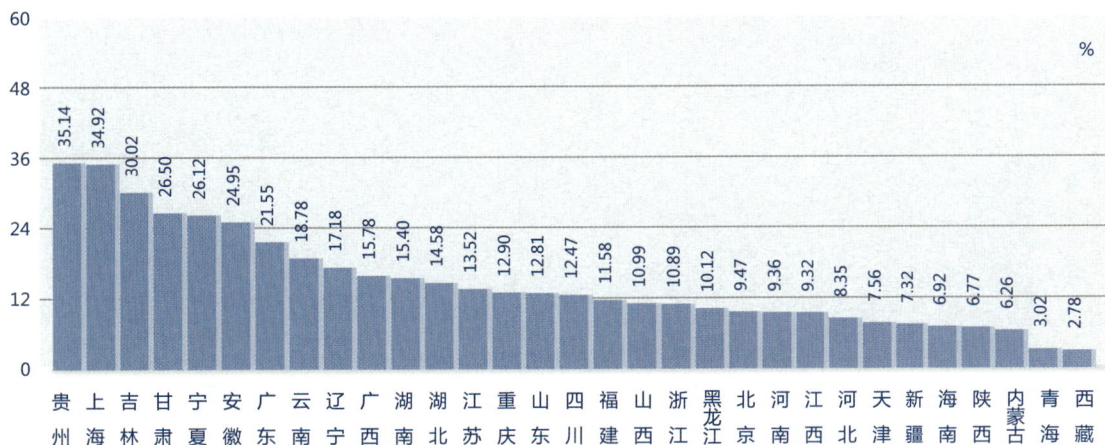

图2-109 当年评价值（三级指标/标准×100%）

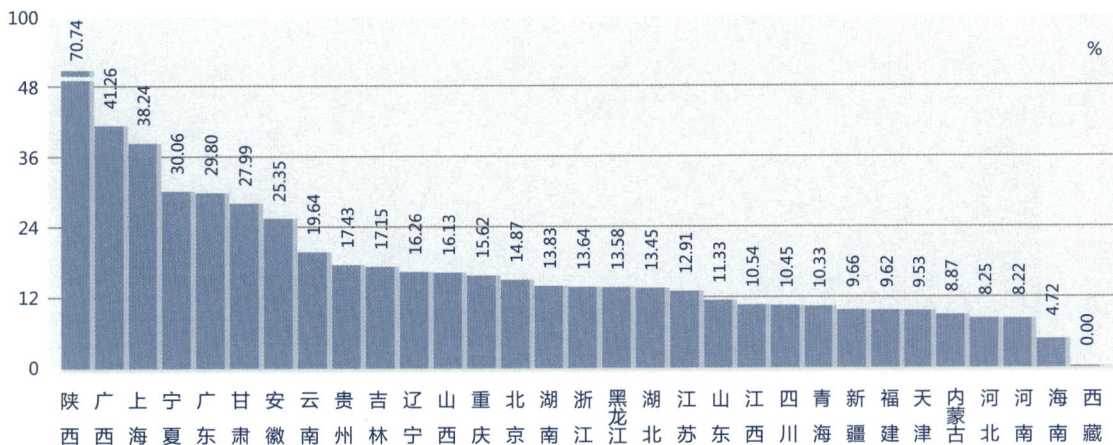

图2-110 上年评价值（三级指标/标准×100%）

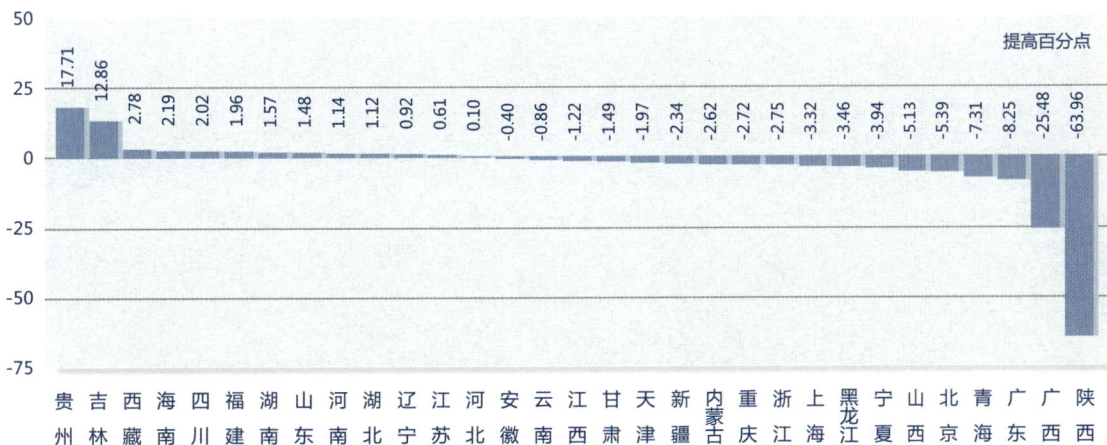

图2-111 当年评价值比上年评价值提高百分点

（二十一）上市公司R&D经费投入强度指数

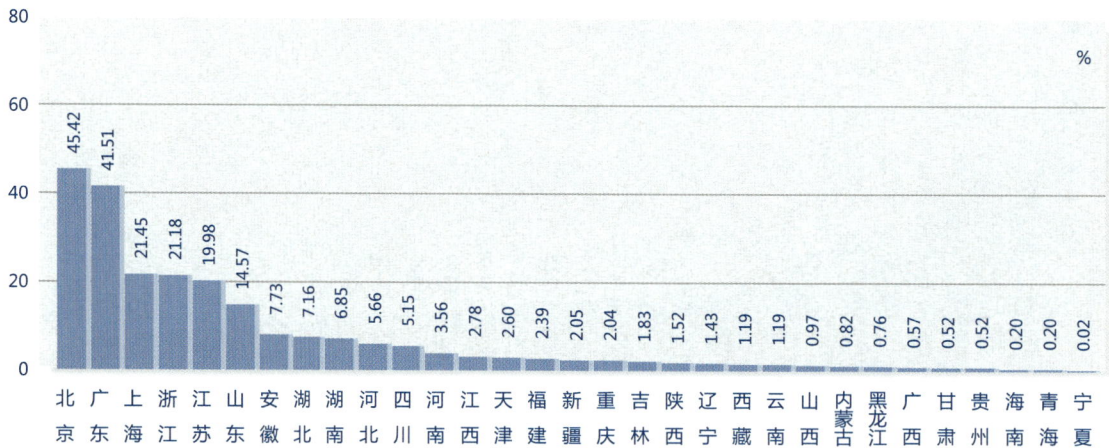

图2-112 当年评价值（三级指标/标准×100%）

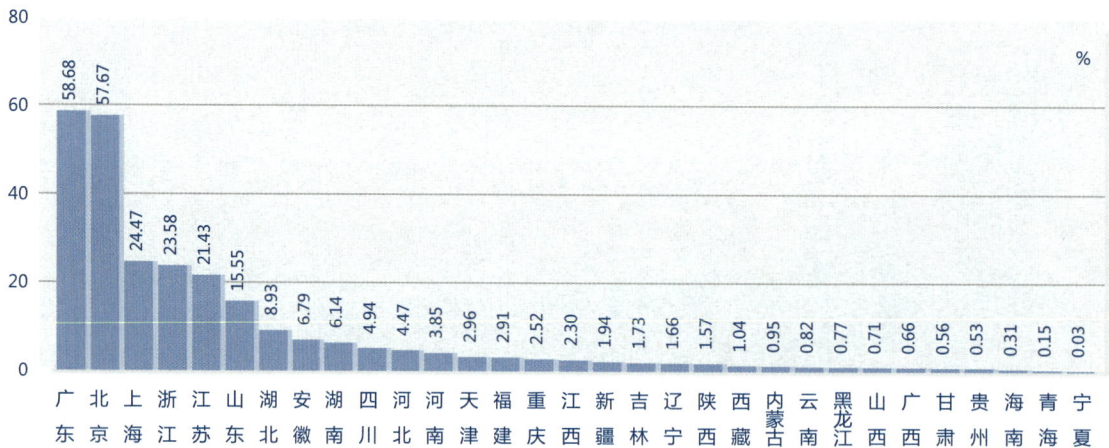

图2-113 上年评价值（三级指标/标准×100%）

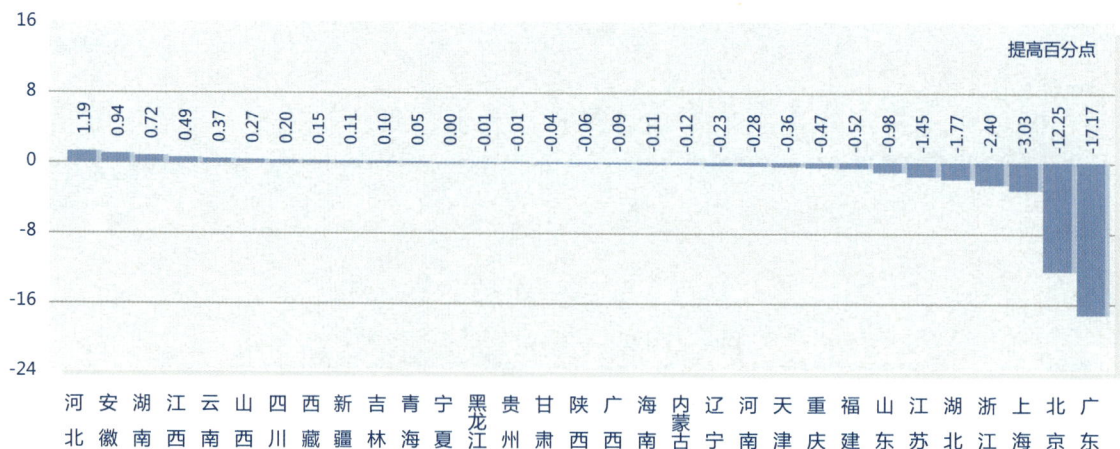

图2-114 当年评价值比上年评价值提高百分点

（二十二）万人科技论文数

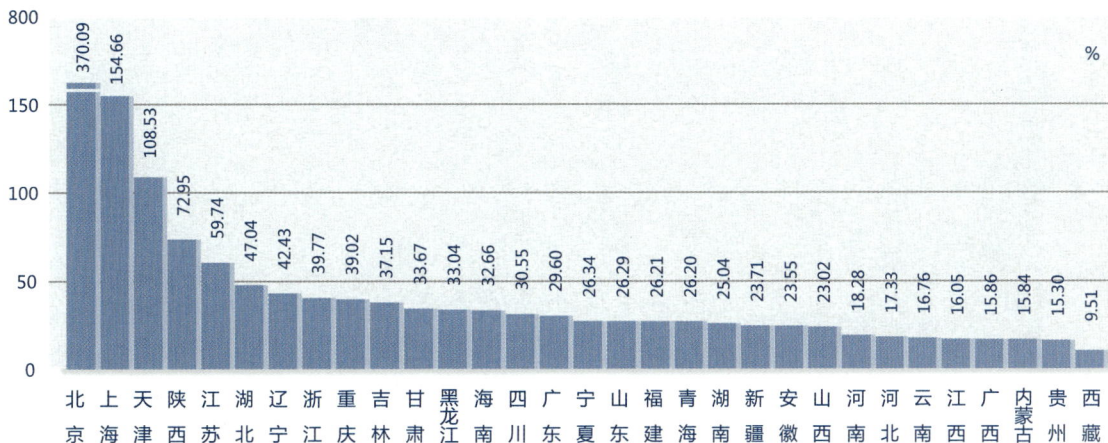

图2-115 当年评价值（三级指标/标准×100%）

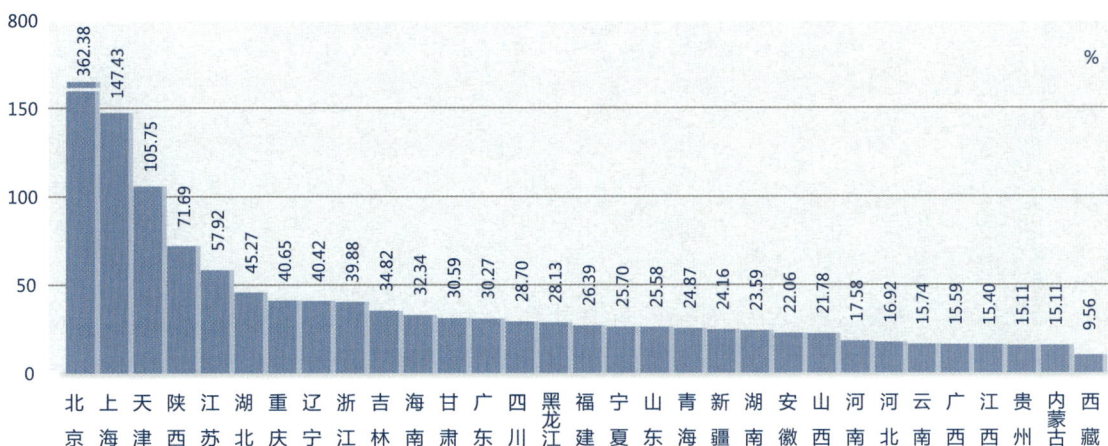

图2-116 上年评价值（三级指标/标准×100%）

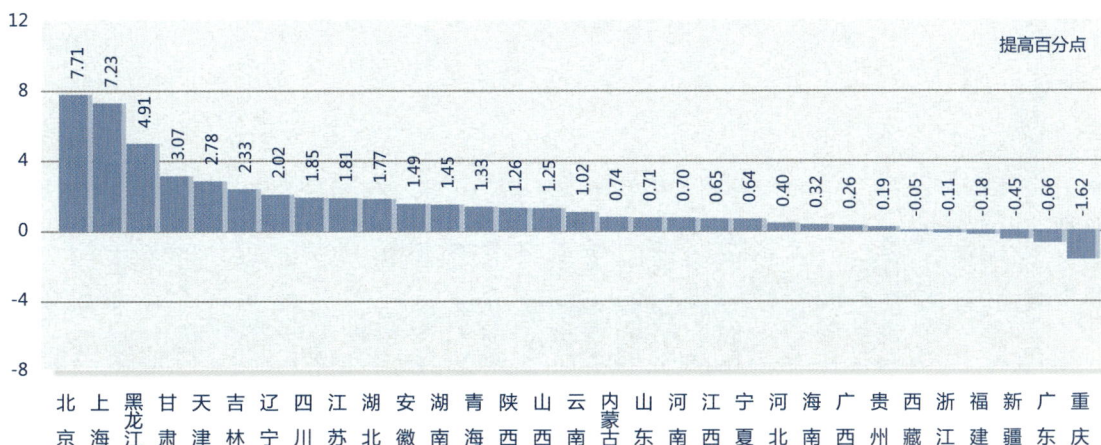

图2-117 当年评价值比上年评价值提高百分点

（二十三）万人有效注册商标数

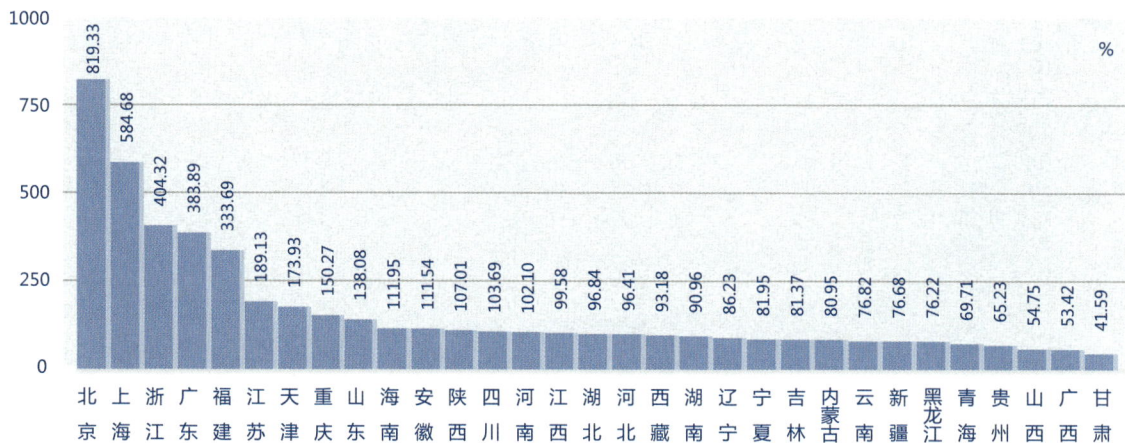

图2-118 当年评价值（三级指标/标准×100%）

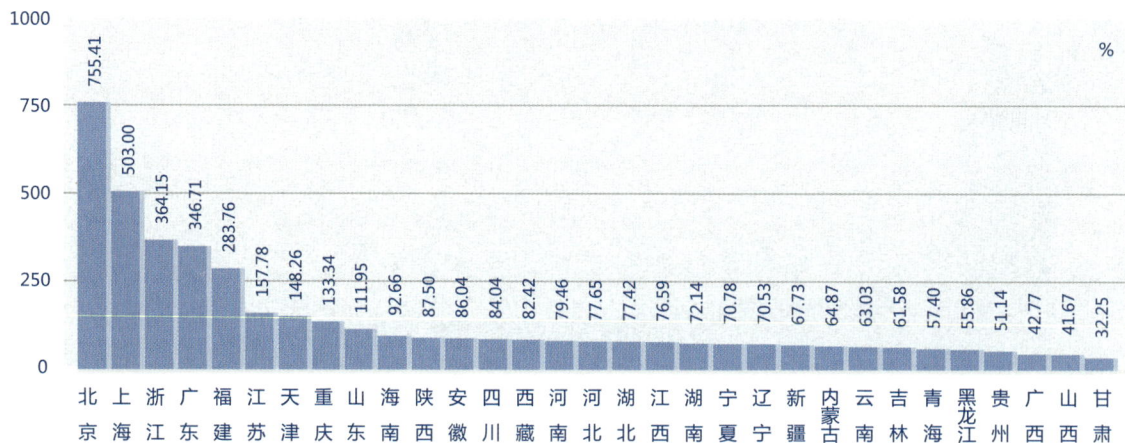

图2-119 上年评价值（三级指标/标准×100%）

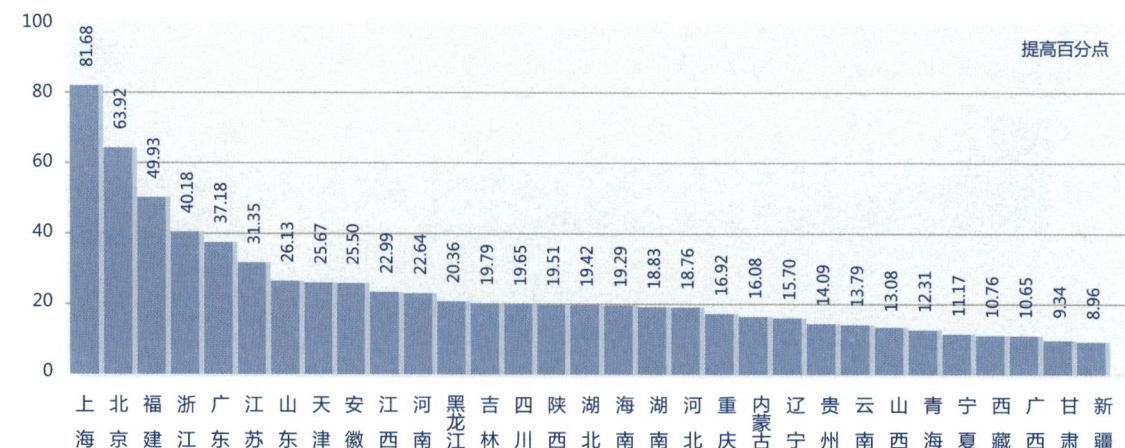

图2-120 当年评价值比上年评价值提高百分点

（二十四）万人发明专利拥有量

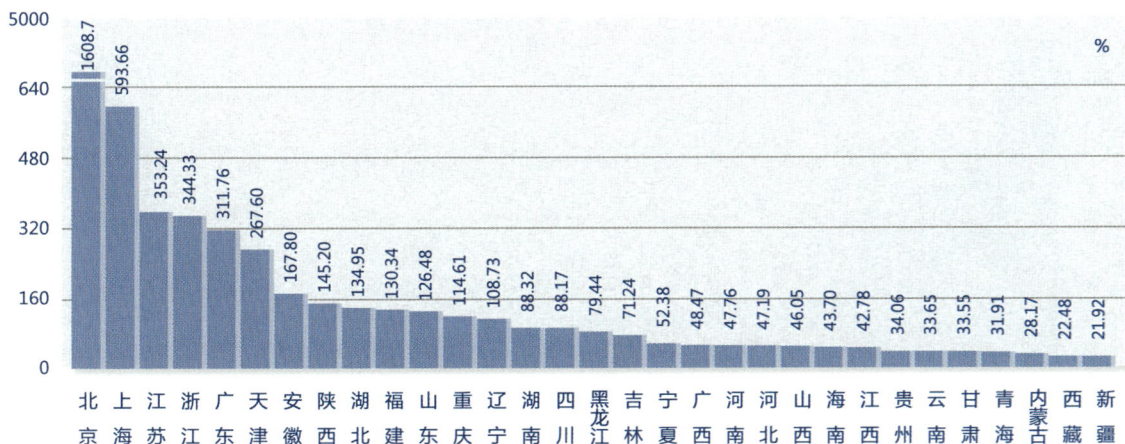

图2-121　当年评价值（三级指标/标准×100%）

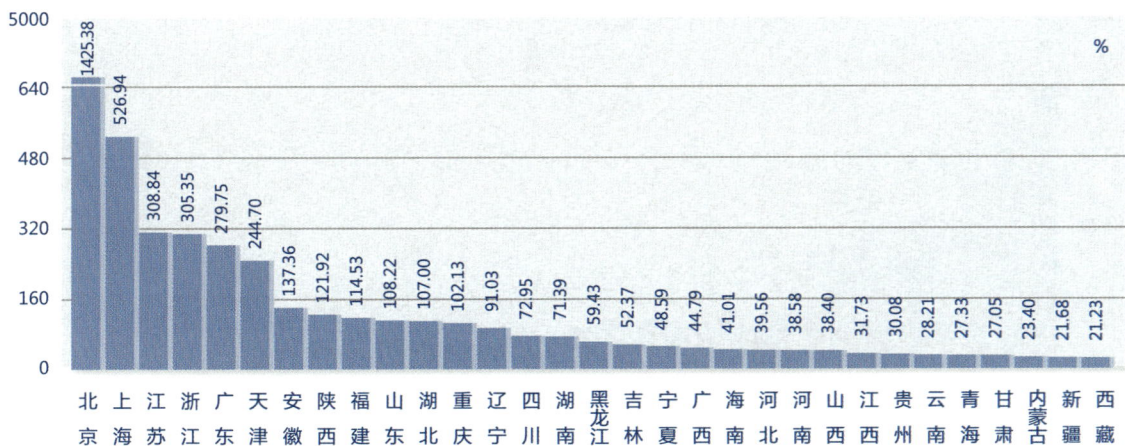

图2-122　上年评价值（三级指标/标准×100%）

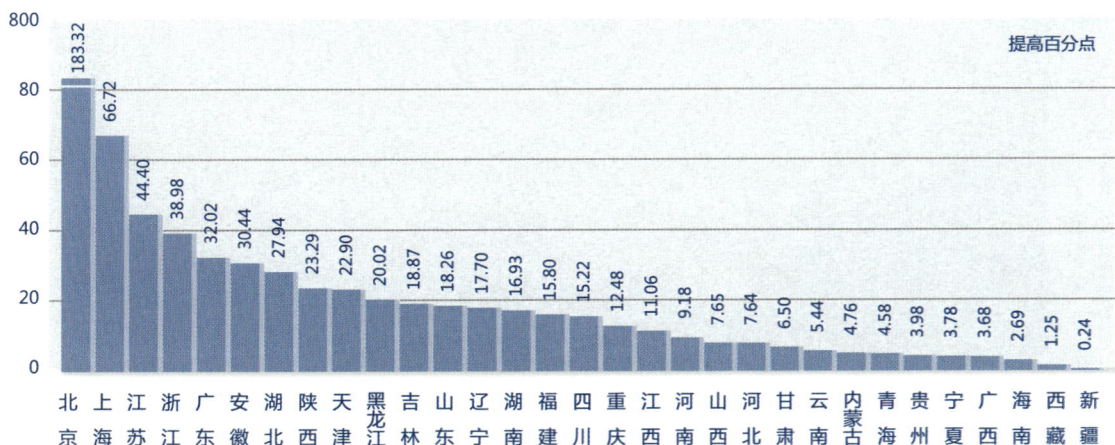

图2-123　当年评价值比上年评价值提高百分点

（二十五）每万人口高价值发明专利拥有量

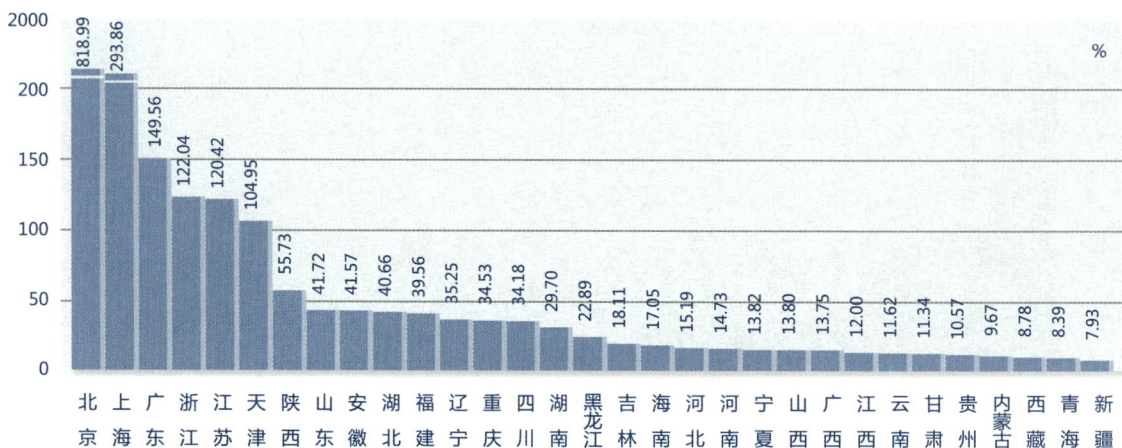

图2-124 当年评价值（三级指标/标准×100%）

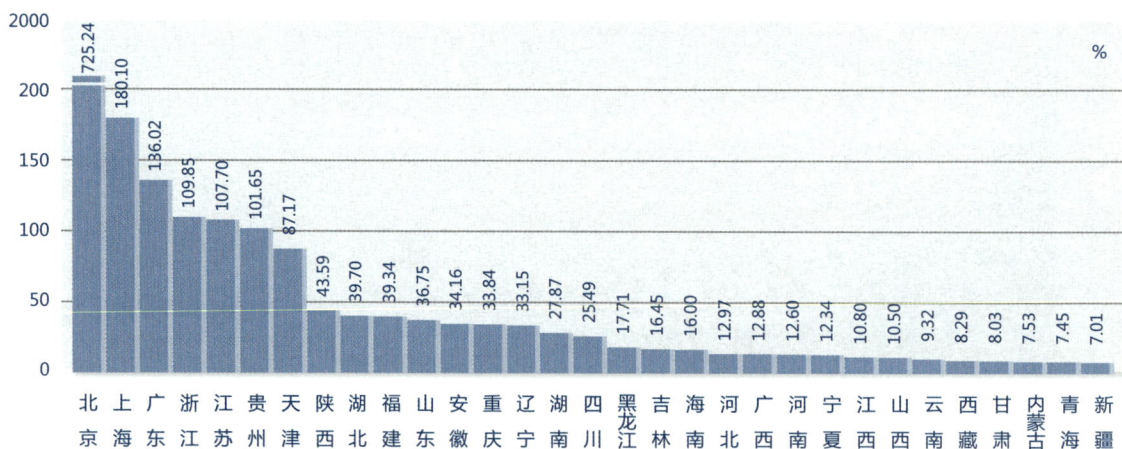

图2-125 上年评价值（三级指标/标准×100%）

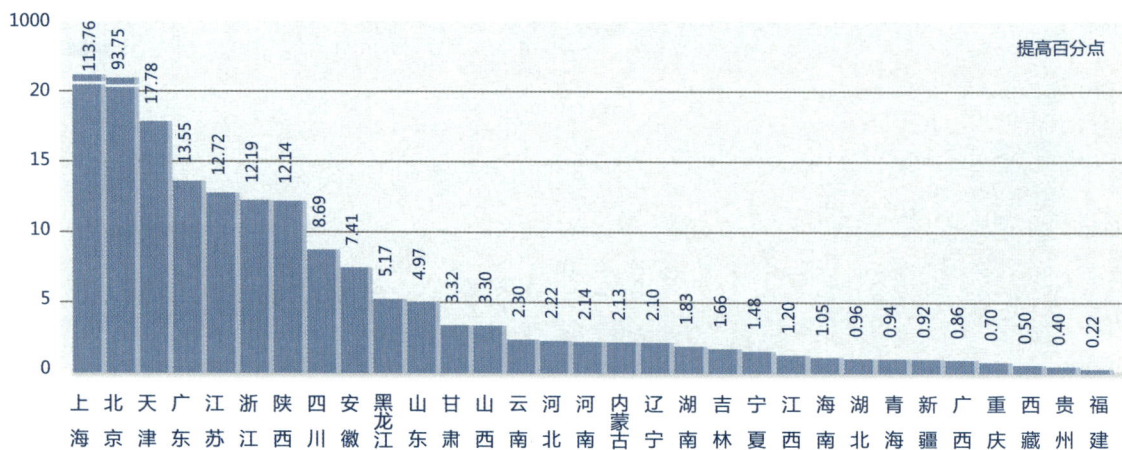

图2-126 当年评价值比上年评价值提高百分点

（二十六）万人输出技术成交额

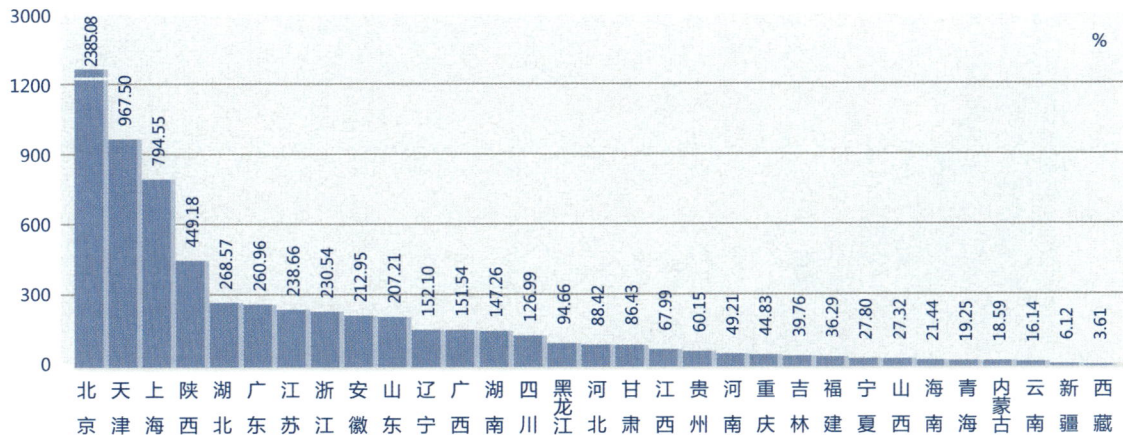

图2-127 当年评价值（三级指标/标准×100%）

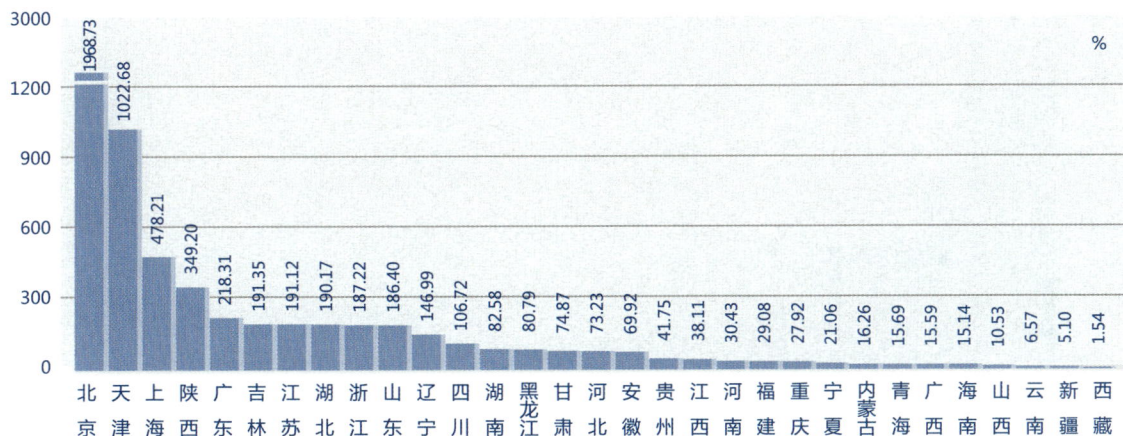

图2-128 上年评价值（三级指标/标准×100%）

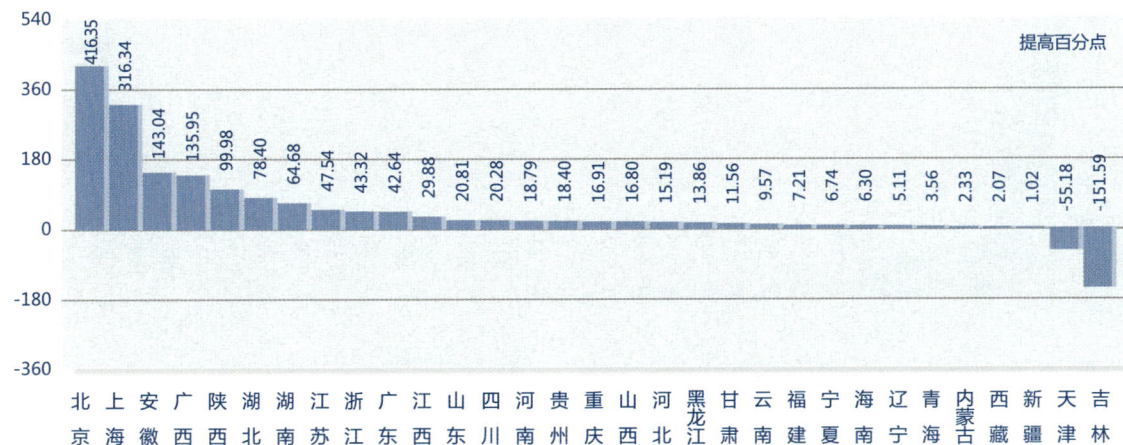

图2-129 当年评价值比上年评价值提高百分点

（二十七）万元GDP技术国际收入

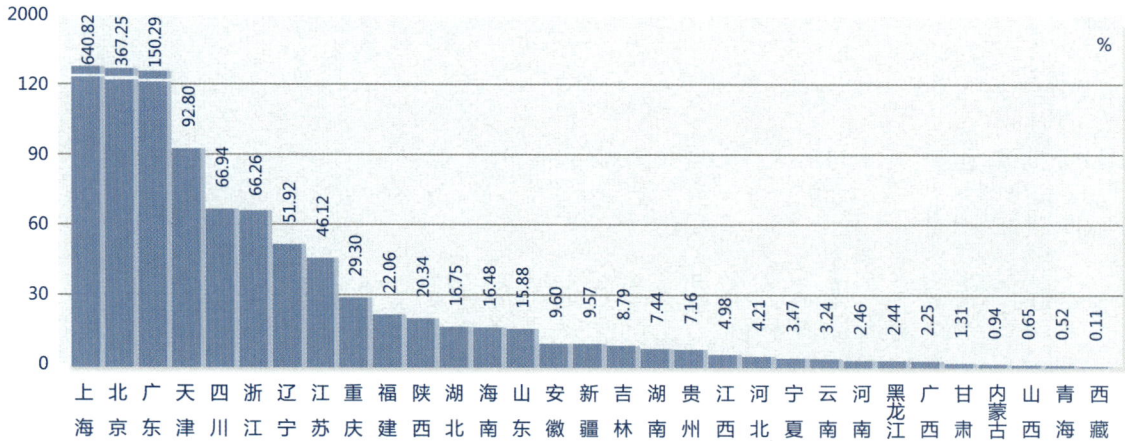

图2-130 当年评价值（三级指标/标准×100%）

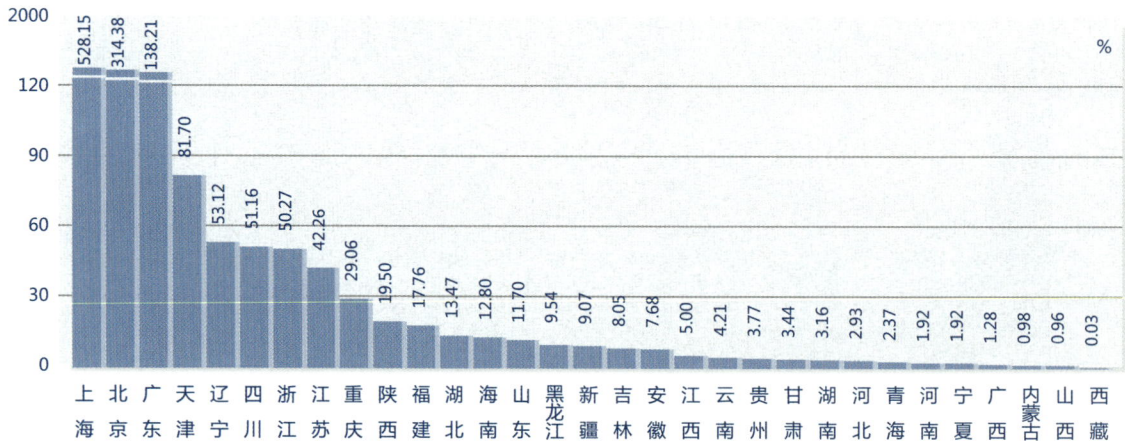

图2-131 上年评价值（三级指标/标准×100%）

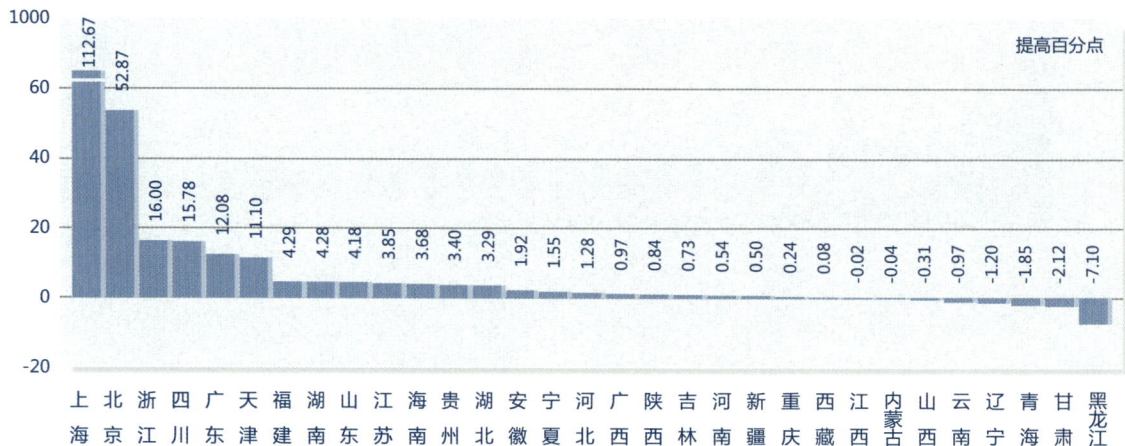

图2-132 当年评价值比上年评价值提高百分点

（二十八）高技术产业营业收入占工业营业收入比重

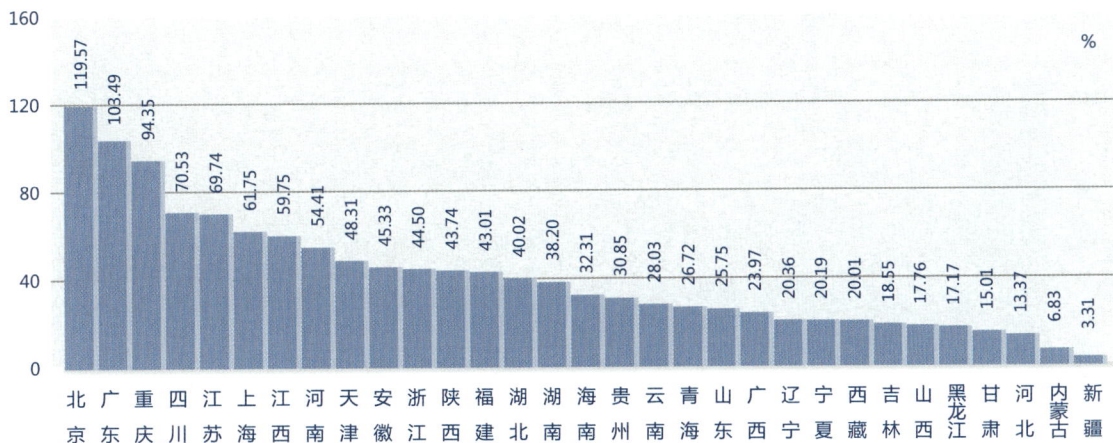

图2-133 当年评价值（三级指标/标准×100%）

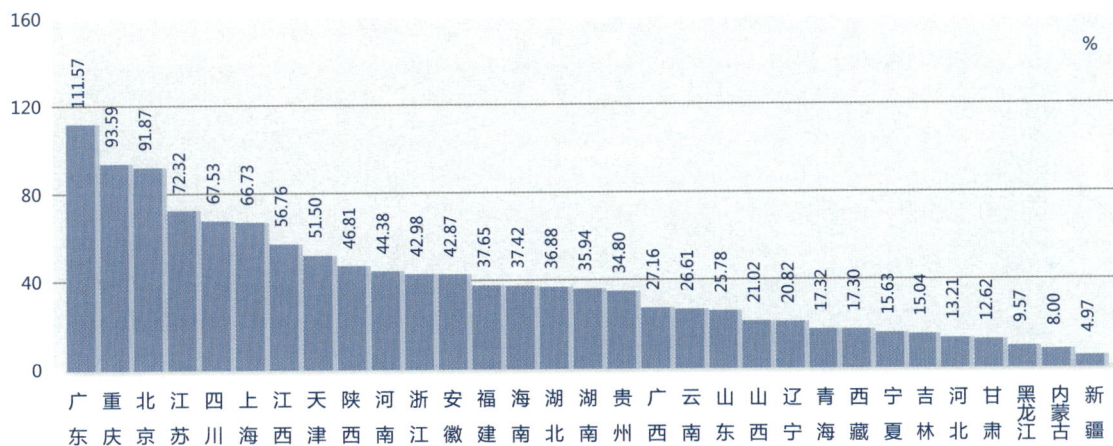

图2-134 上年评价值（三级指标/标准×100%）

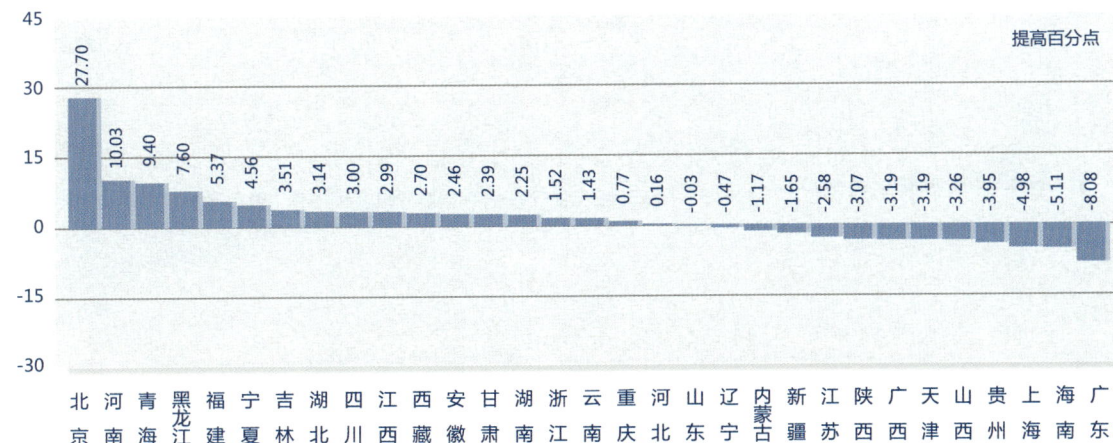

图2-135 当年评价值比上年评价值提高百分点

（二十九）知识密集型服务业增加值占GDP比重

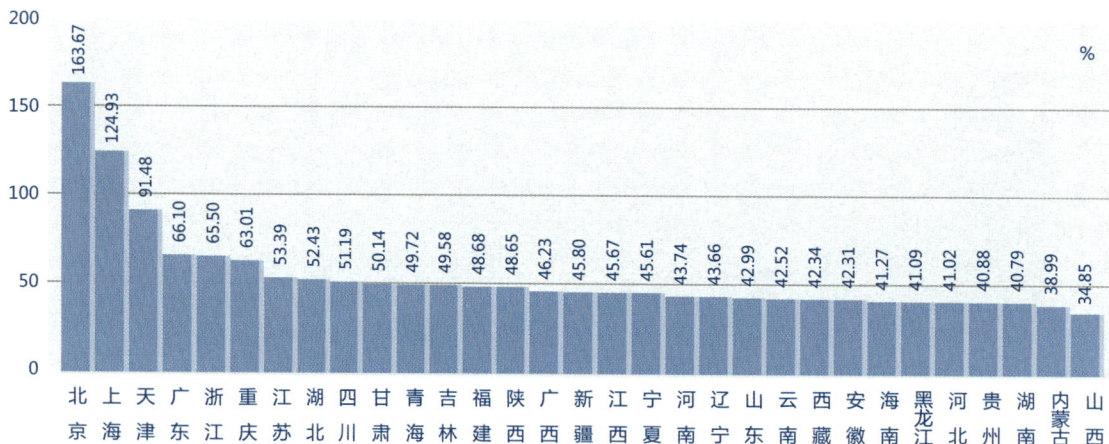

图2-136 当年评价值（三级指标/标准×100%）

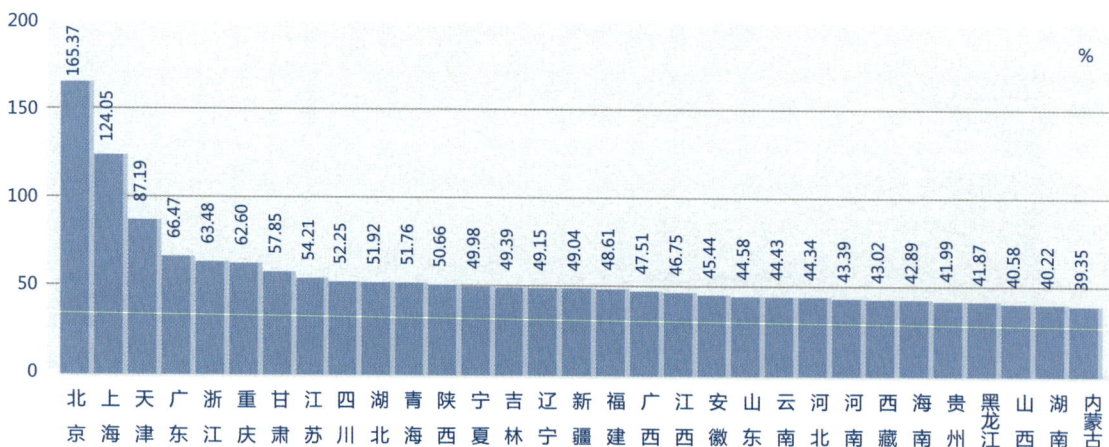

图2-137 上年评价值（三级指标/标准×100%）

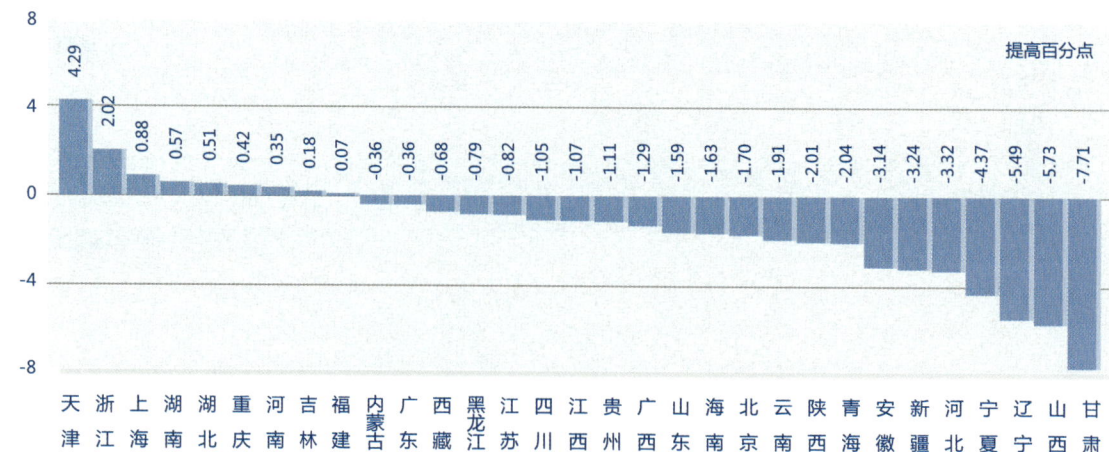

图2-138 当年评价值比上年评价值提高百分点

（三十）高技术产品出口额占商品出口额比重

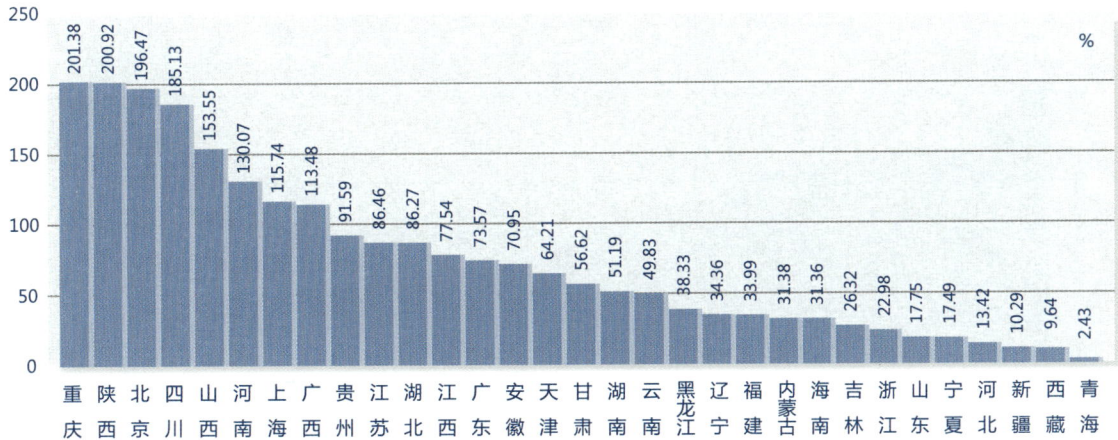

图2-139 当年评价值（三级指标/标准×100%）

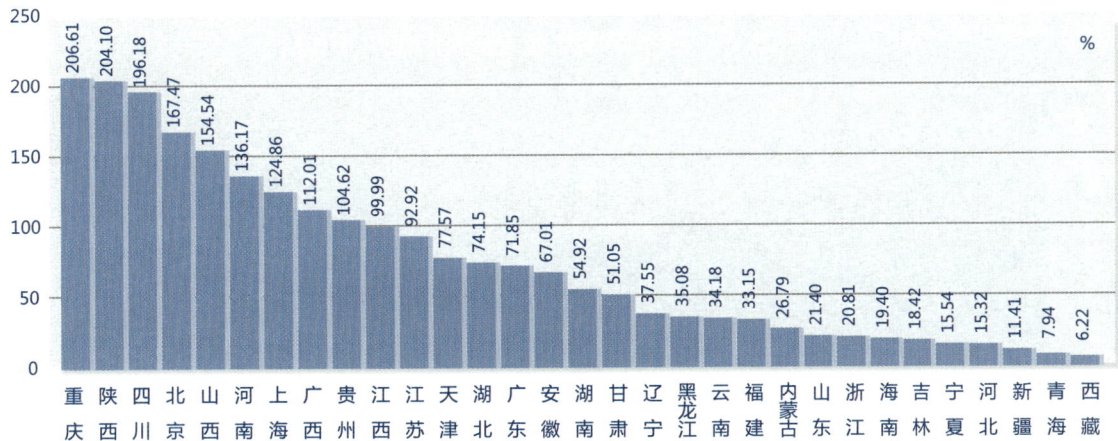

图2-140 上年评价值（三级指标/标准×100%）

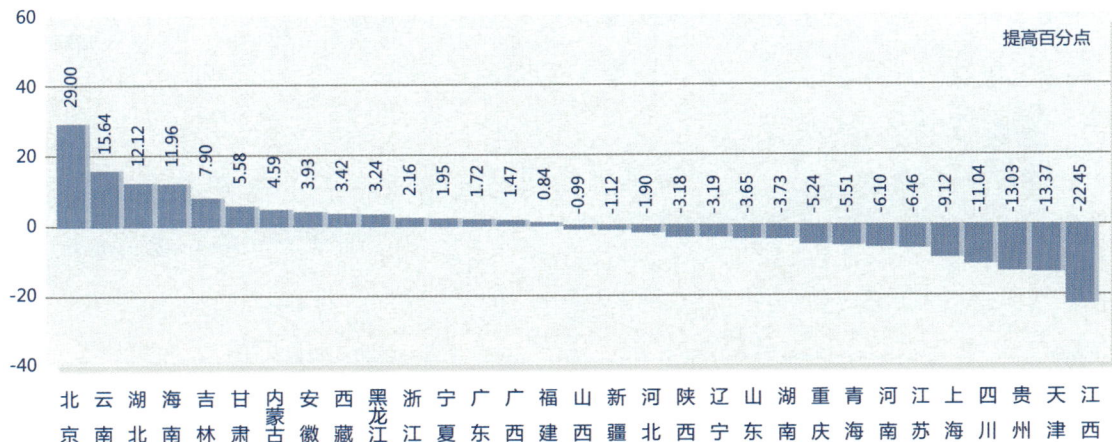

图2-141 当年评价值比上年评价值提高百分点

（三十一）新产品销售收入占营业收入比重

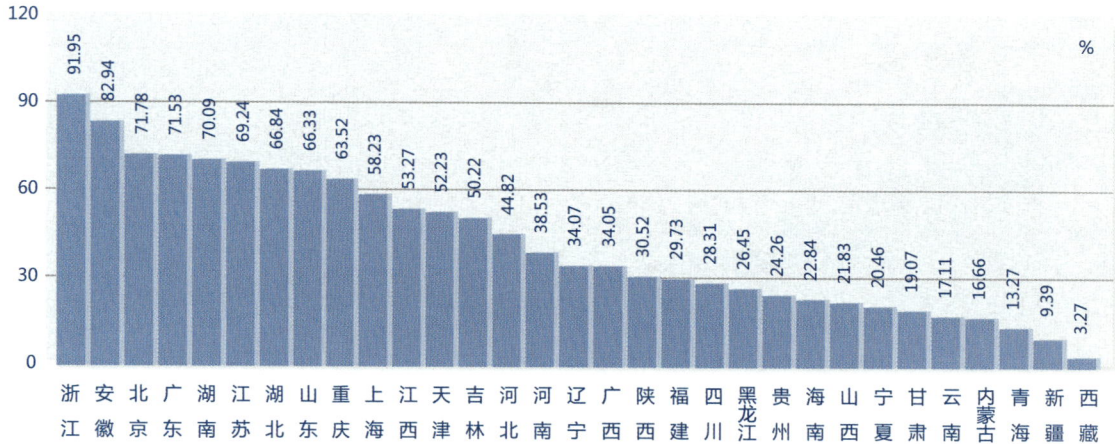

图2-142 当年评价值（三级指标/标准×100%）

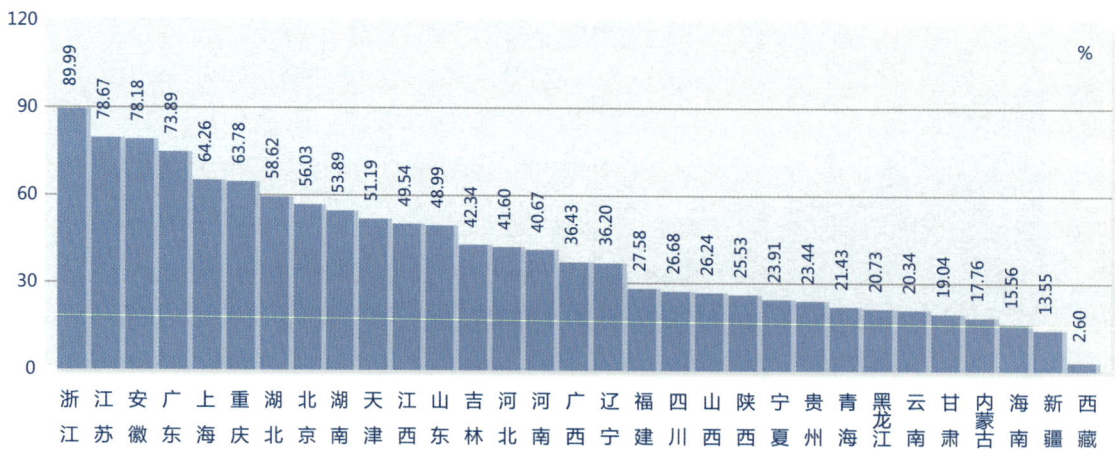

图2-143 上年评价值（三级指标/标准×100%）

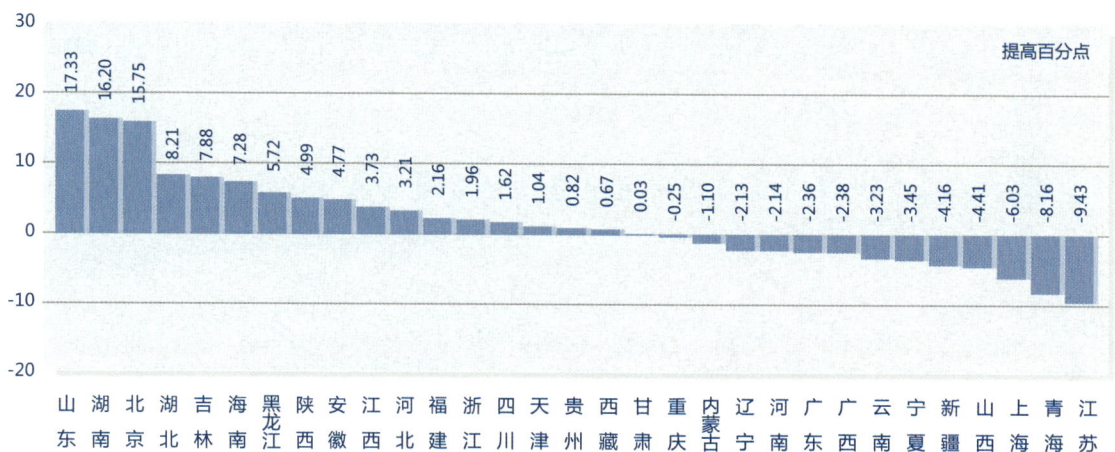

图2-144 当年评价值比上年评价值提高百分点

（三十二）高技术产业劳动生产率

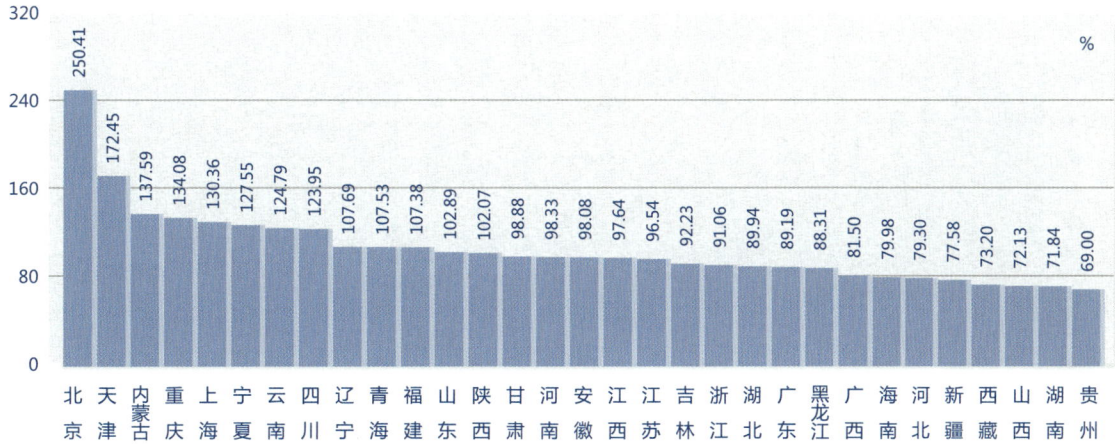

图2-145 当年评价值（三级指标/标准×100%）

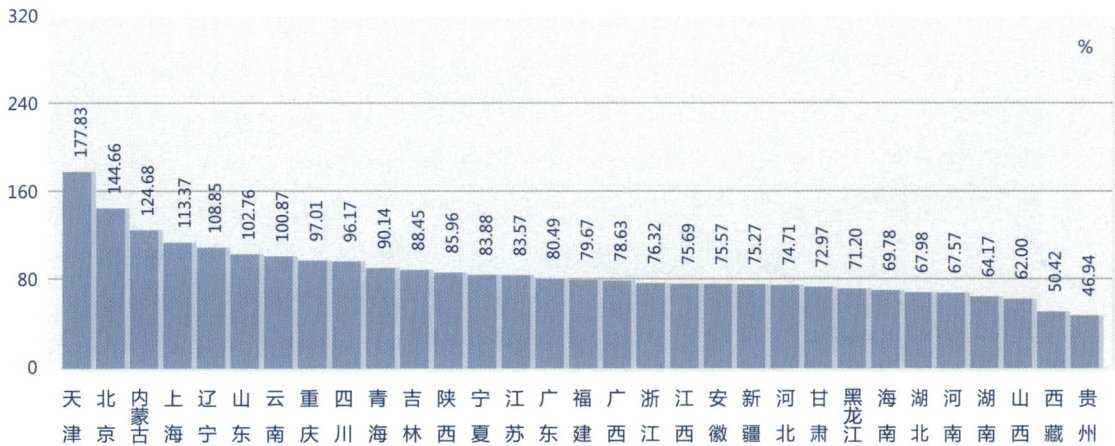

图2-146 上年评价值（三级指标/标准×100%）

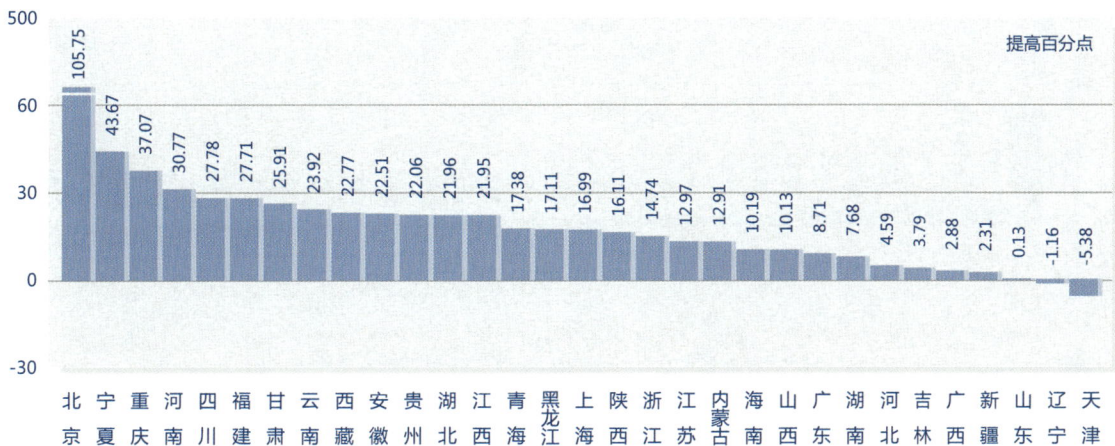

图2-147 当年评价值比上年评价值提高百分点

（三十三）高技术产业利润率

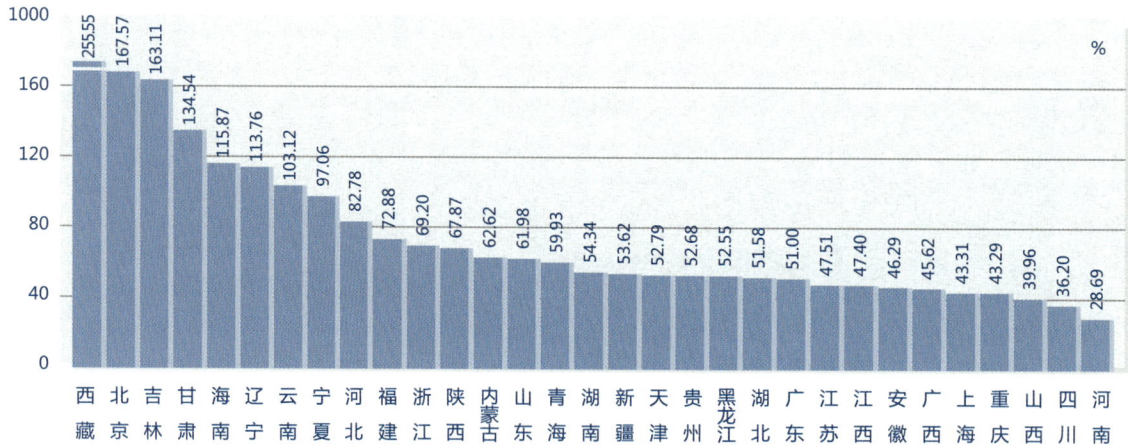

图2-148 当年评价值（三级指标/标准×100%）

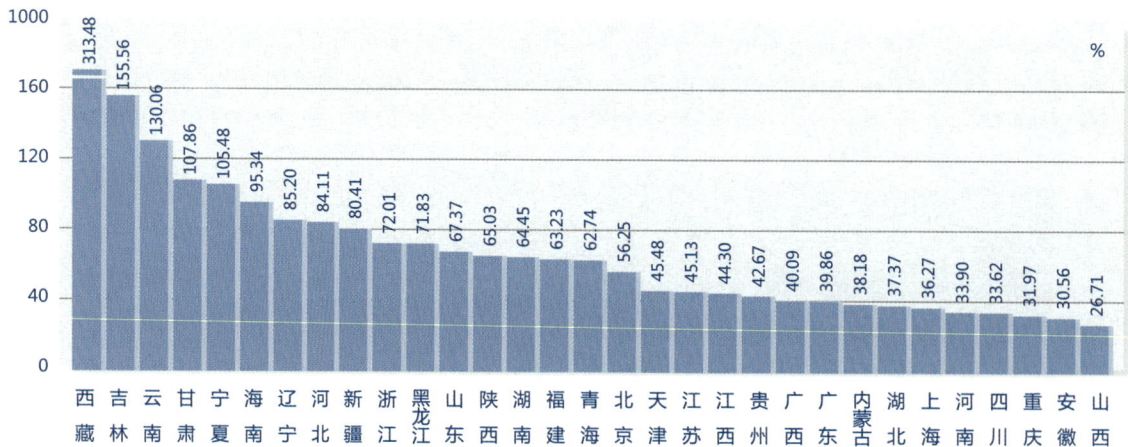

图2-149 上年评价值（三级指标/标准×100%）

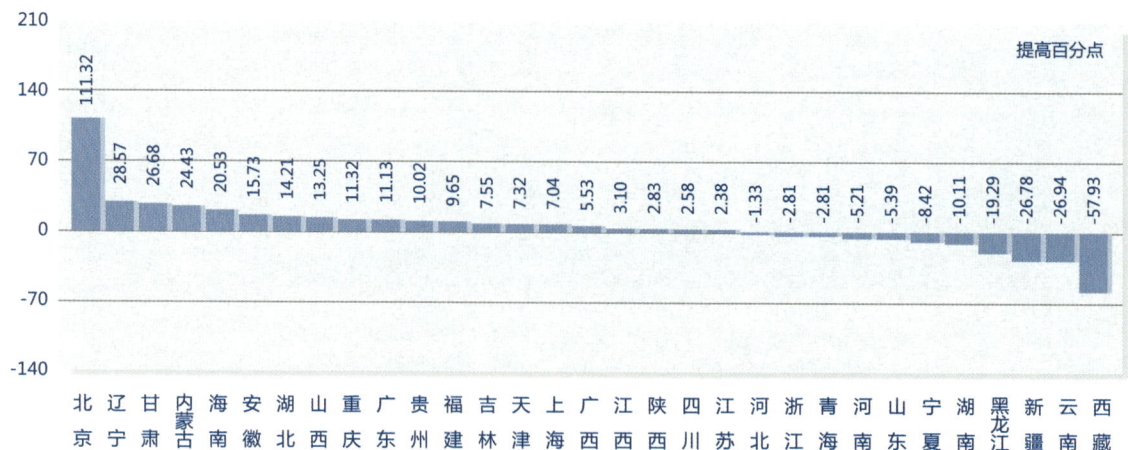

图2-150 当年评价值比上年评价值提高百分点

（三十四）知识密集型服务业劳动生产率

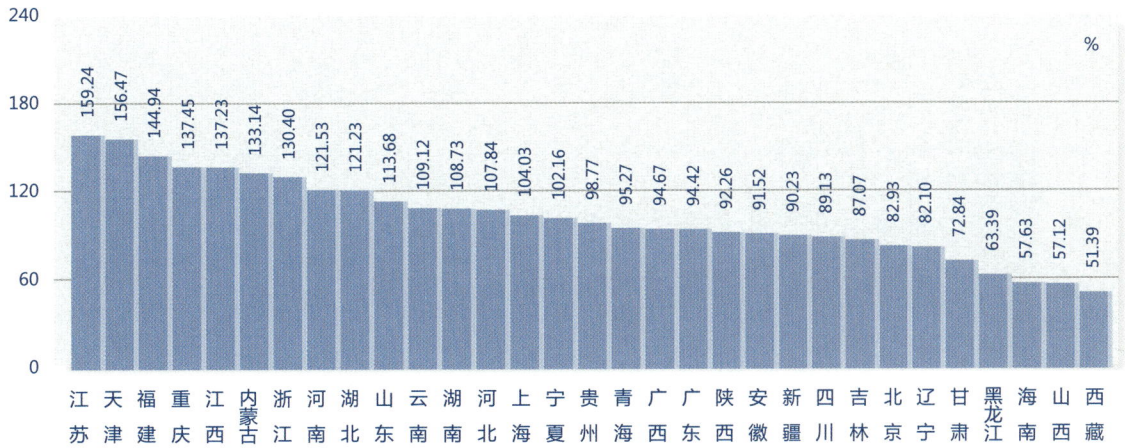

图2-151 当年评价值（三级指标/标准×100%）

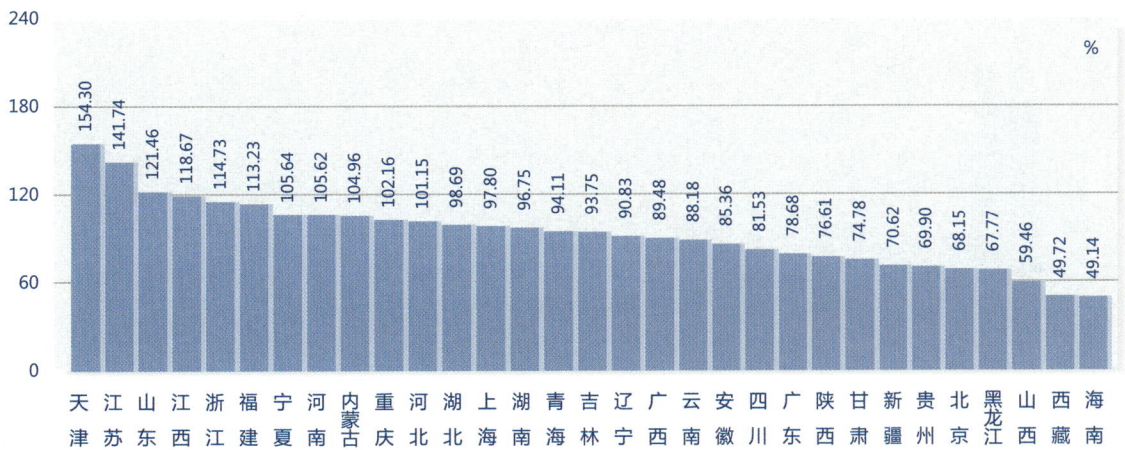

图2-152 上年评价值（三级指标/标准×100%）

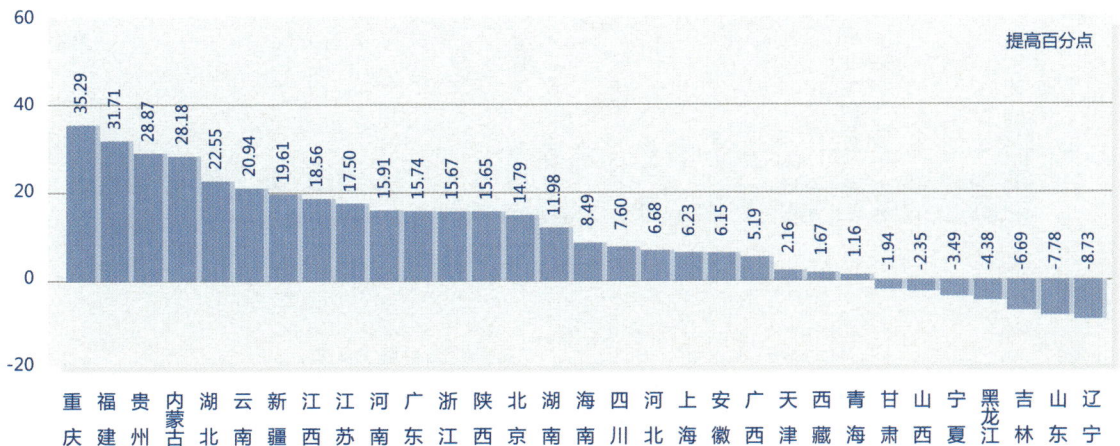

图2-153 当年评价值比上年评价值提高百分点

（三十五）劳动生产率

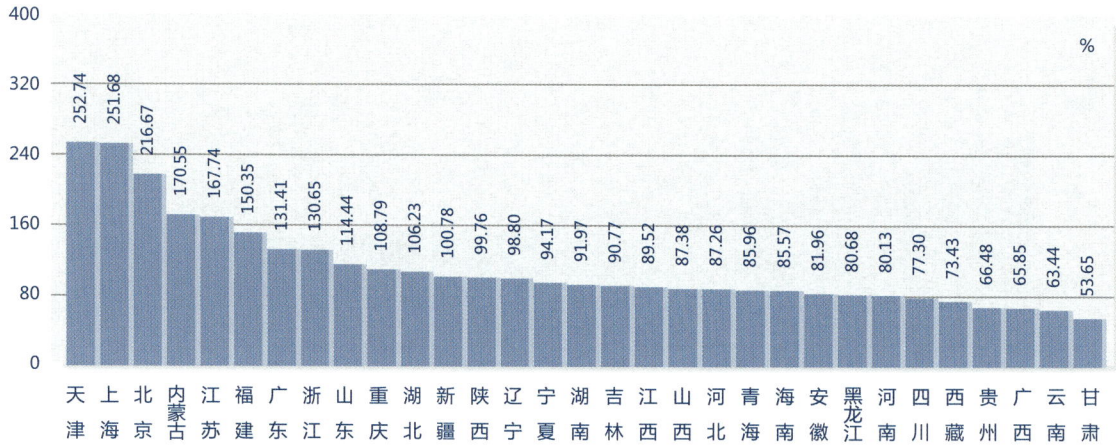

图2-154 当年评价值（三级指标/标准×100%）

数据（天津起）：252.74, 251.68, 216.67, 170.55, 167.74, 150.35, 131.41, 130.65, 114.44, 108.79, 106.23, 100.78, 99.76, 98.80, 94.17, 91.97, 90.77, 89.52, 87.38, 87.26, 85.96, 85.57, 81.96, 80.68, 80.13, 77.30, 73.43, 66.48, 65.85, 63.44, 53.65

地区顺序：天津 上海 北京 内蒙古 江苏 福建 广东 浙江 山东 重庆 湖北 新疆 陕西 辽宁 湖南 吉林 江西 山西 河北 青海 海南 安徽 黑龙江 河南 四川 西藏 贵州 广西 云南 甘肃

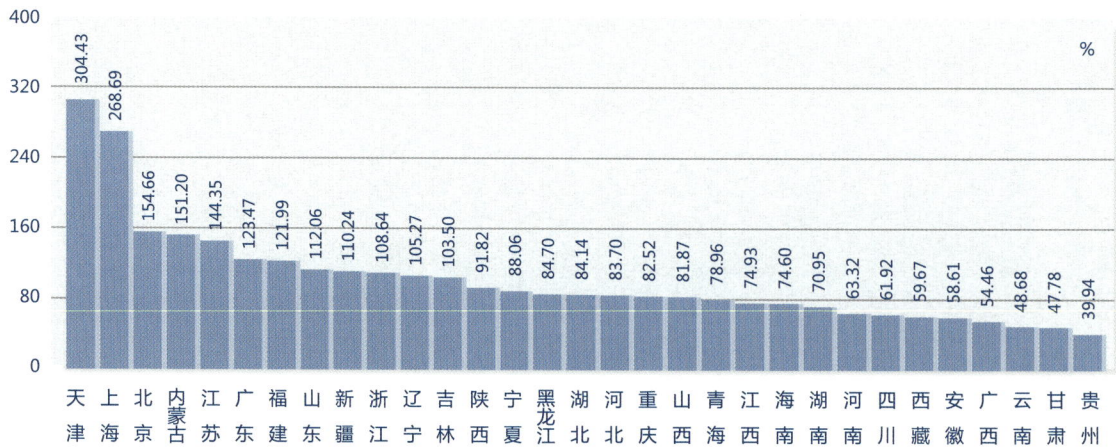

图2-155 上年评价值（三级指标/标准×100%）

数据（天津起）：304.43, 268.69, 154.66, 151.20, 144.35, 123.47, 121.99, 112.06, 110.24, 108.64, 105.27, 103.50, 91.82, 88.06, 84.70, 84.14, 83.70, 82.52, 81.87, 78.96, 74.93, 74.60, 70.95, 63.32, 61.92, 59.67, 58.61, 54.46, 48.68, 47.78, 39.94

地区顺序：天津 上海 北京 内蒙古 江苏 广东 福建 山东 新疆 浙江 辽宁 吉林 陕西 宁夏 黑龙江 湖北 河北 重庆 山西 青海 江西 海南 湖南 河南 四川 西藏 安徽 广西 云南 甘肃 贵州

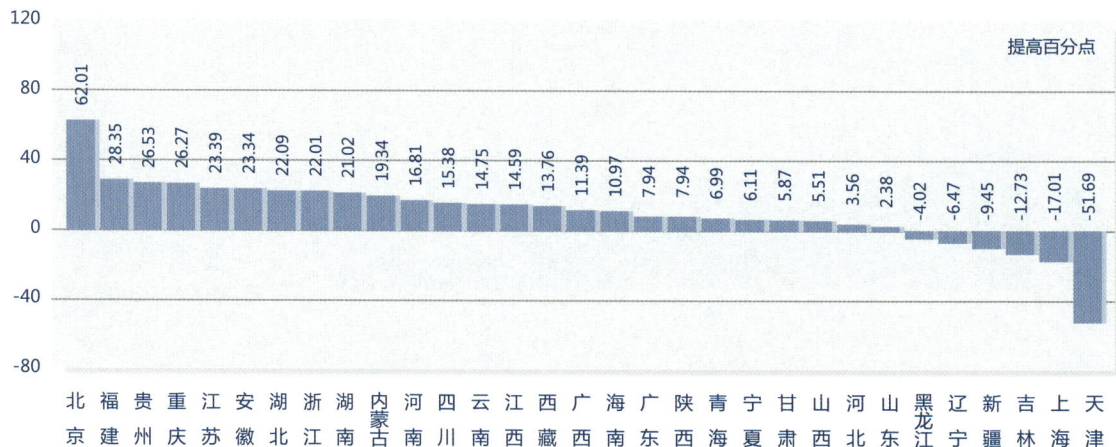

图2-156 当年评价值比上年评价值提高百分点

数据（北京起）：62.01, 28.35, 26.53, 26.27, 23.39, 23.34, 22.09, 22.01, 21.02, 19.34, 16.81, 15.38, 14.75, 14.59, 13.76, 11.39, 10.97, 7.94, 7.94, 6.99, 6.11, 5.87, 5.51, 3.56, 2.38, -4.02, -6.47, -9.45, -12.73, -17.01, -51.69

地区顺序：北京 福建 贵州 重庆 江苏 安徽 湖北 浙江 湖南 内蒙古 河南 四川 云南 江西 西藏 广西 海南 广东 陕西 青海 宁夏 甘肃 山西 河北 山东 黑龙江 辽宁 新疆 吉林 上海 天津

（三十六）资本生产率

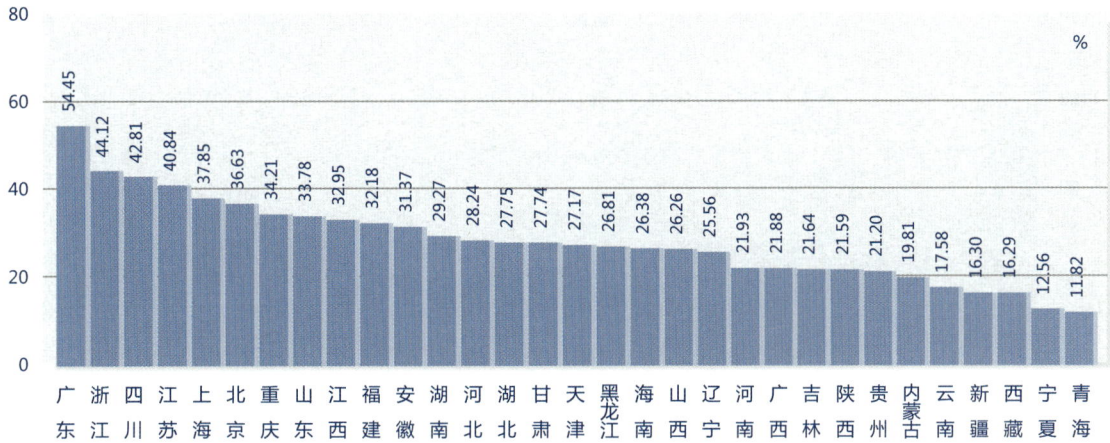

图2-157　当年评价值（三级指标/标准×100%）

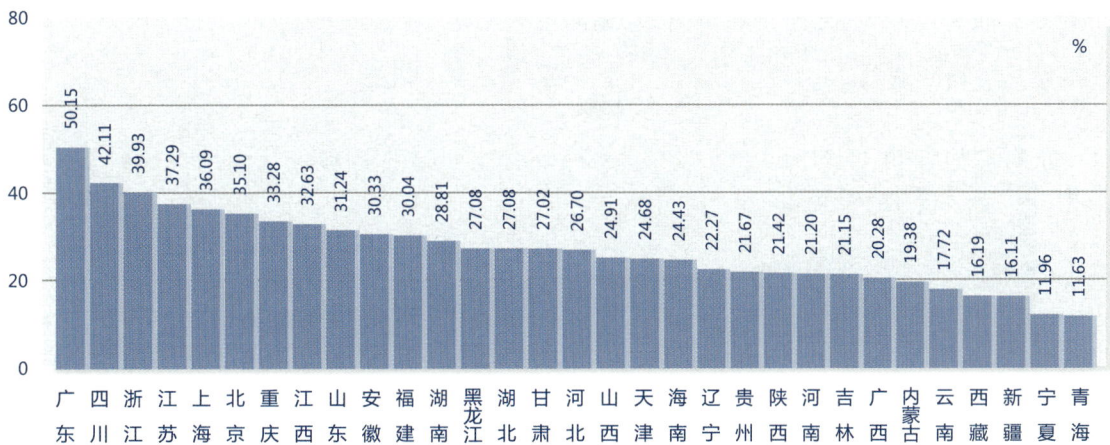

图2-158　上年评价值（三级指标/标准×100%）

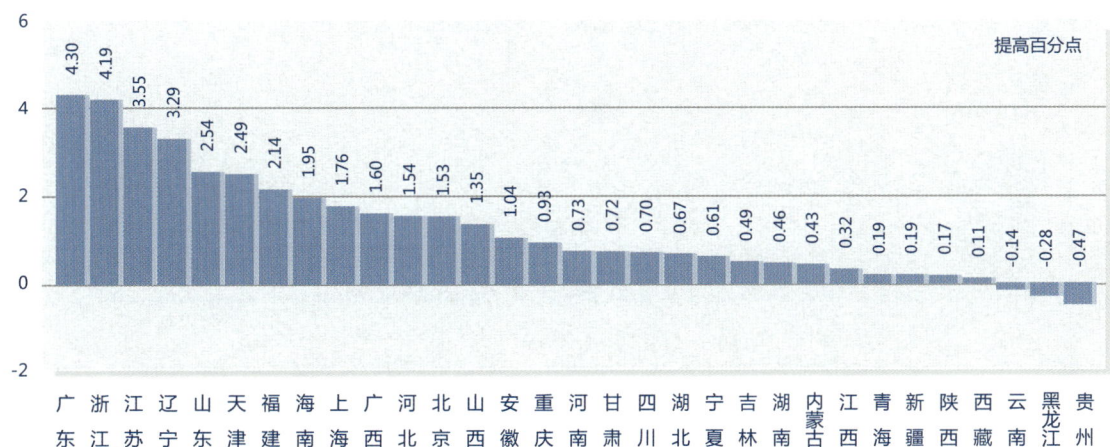

图2-159　当年评价值比上年评价值提高百分点

（三十七）综合能耗产出率

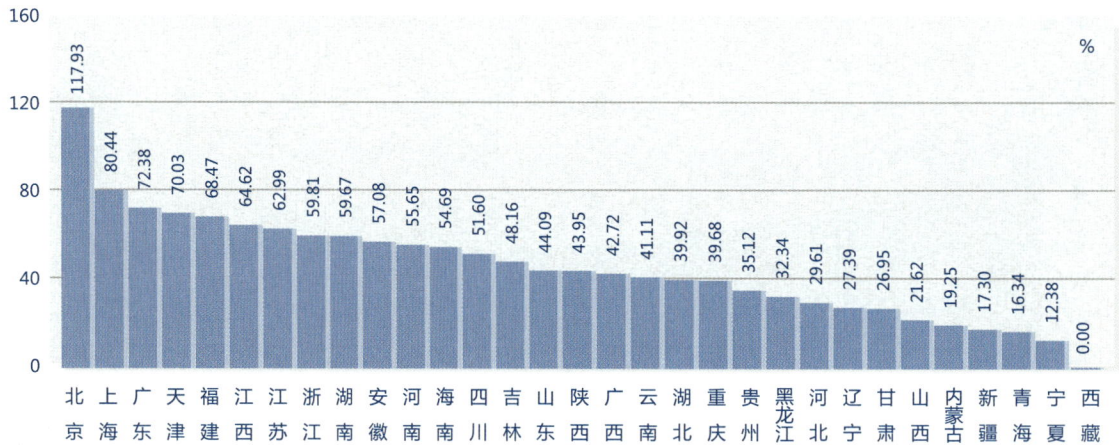

图2-160　当年评价值（三级指标/标准×100%）

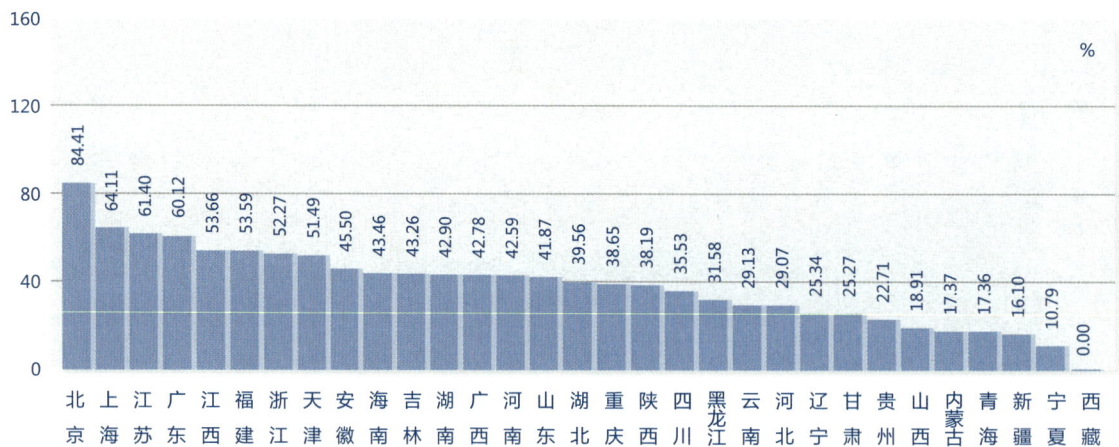

图2-161　上年评价值（三级指标/标准×100%）

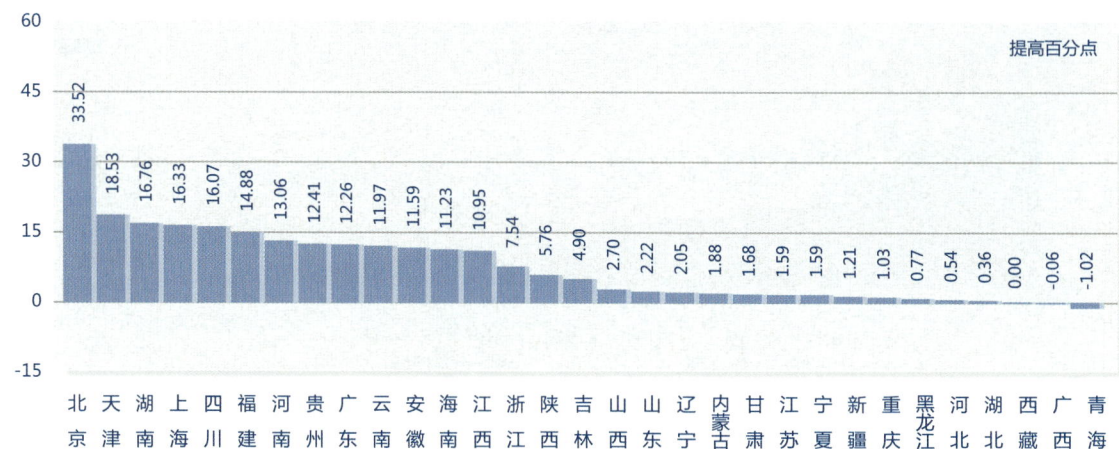

图2-162　当年评价值比上年评价值提高百分点

（三十八）装备制造业区位熵

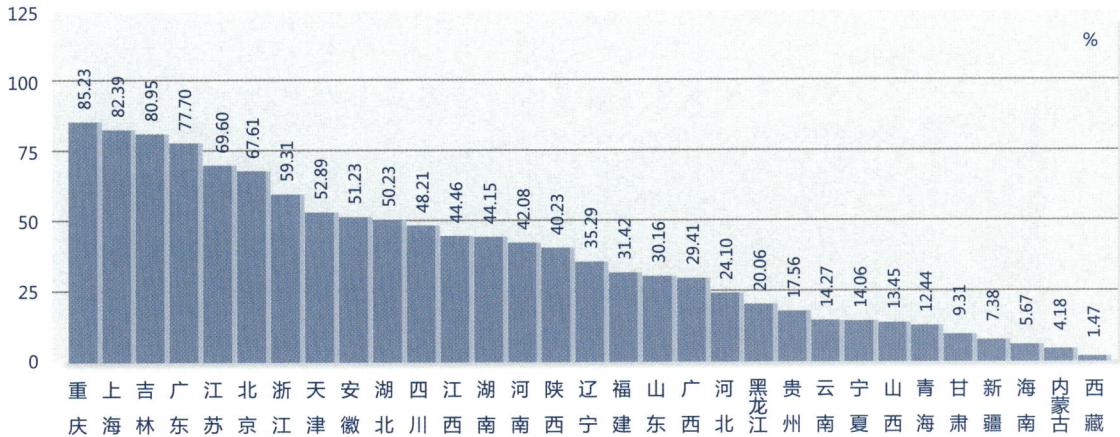

图2-163　当年评价值（三级指标/标准×100%）

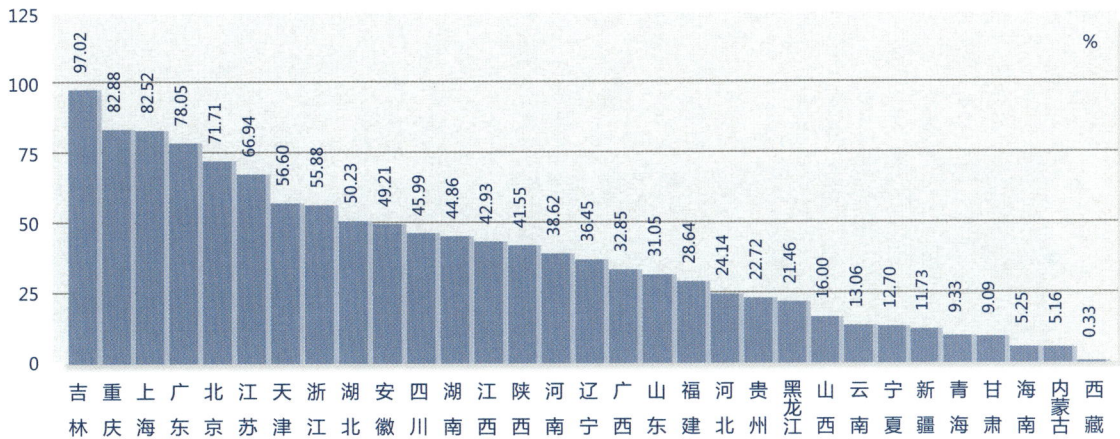

图2-164　上年评价值（三级指标/标准×100%）

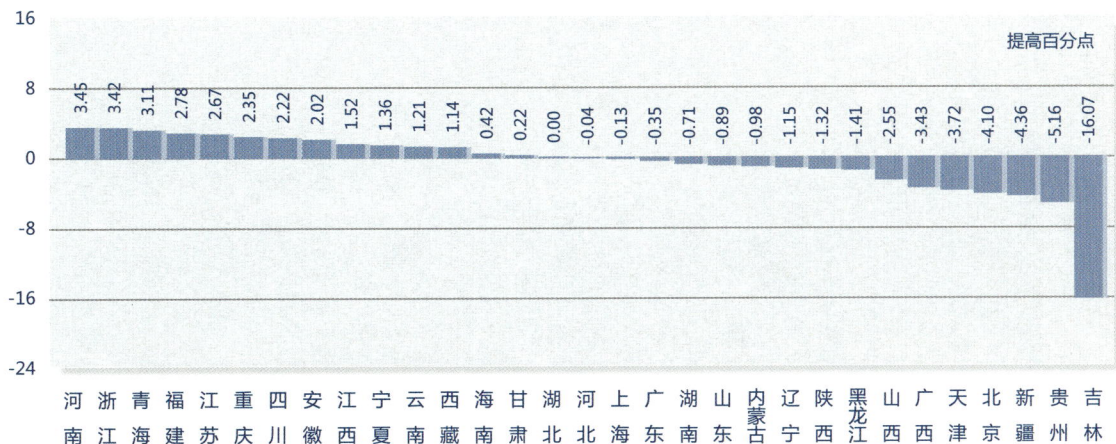

图2-165　当年评价值比上年评价值提高百分点

（三十九）环境质量指数

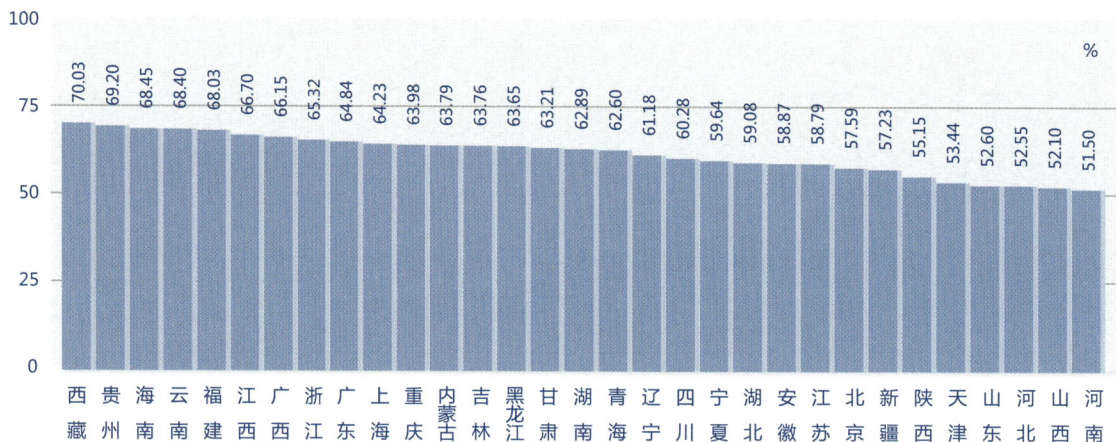

图2-166 当年评价值（三级指标/标准× 100%）

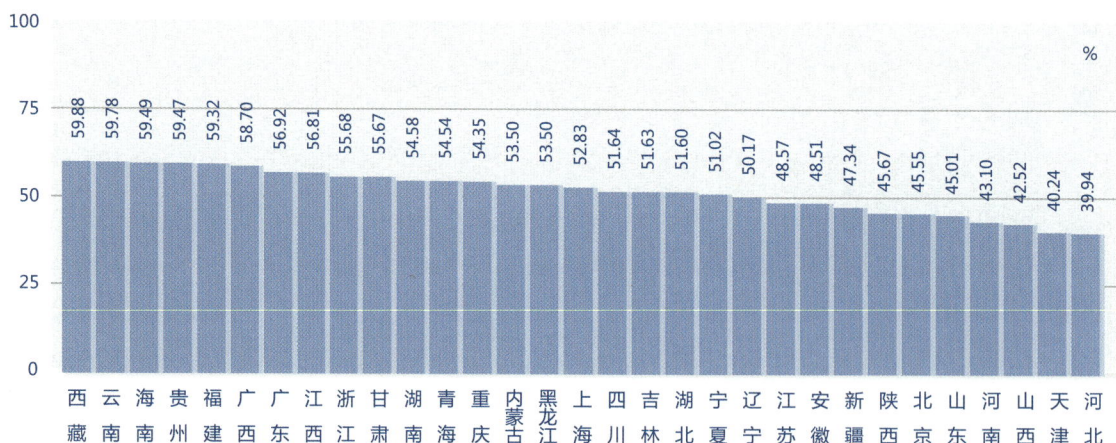

图2-167 上年评价值（三级指标/标准× 100%）

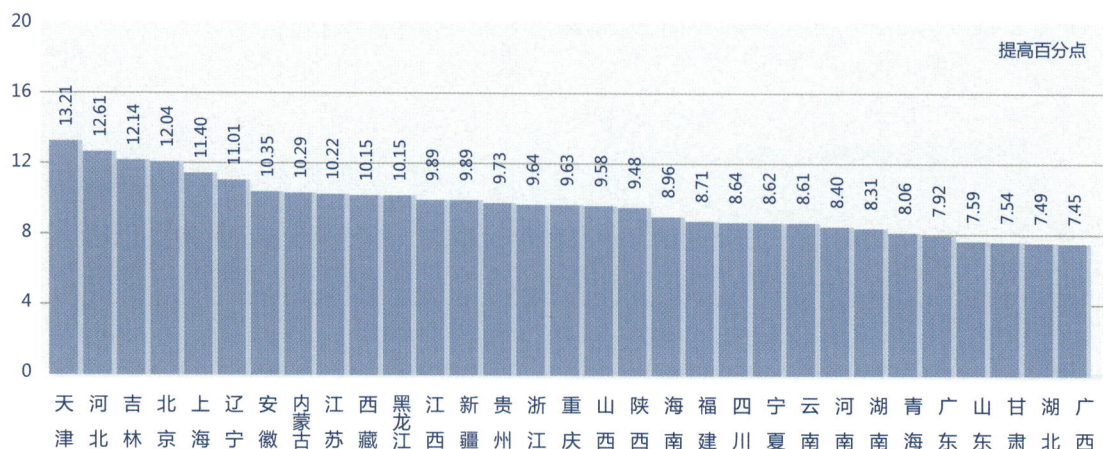

图2-168 当年评价值比上年评价值提高百分点

（四十）环境污染治理指数

图2-169 当年评价值（三级指标/标准×100%）

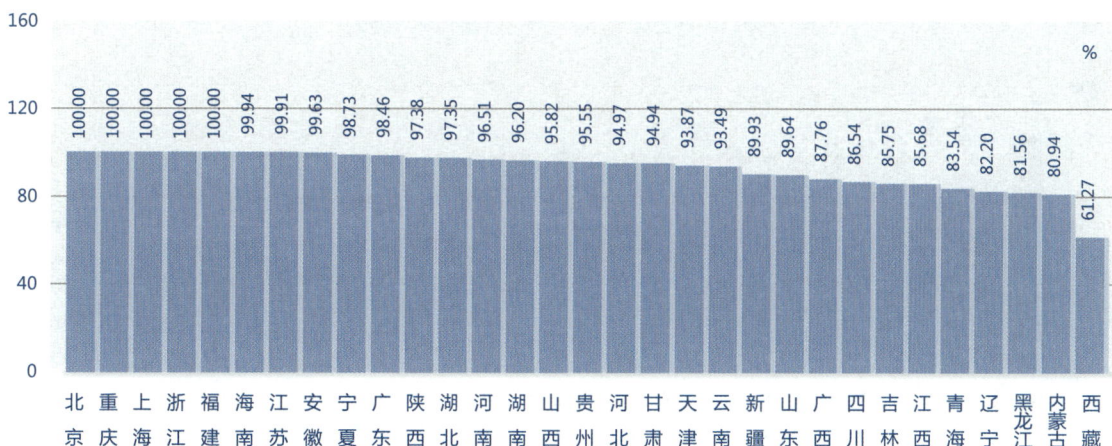

图2-170 上年评价值（三级指标/标准×100%）

图2-171 当年评价值比上年评价值提高百分点

（四十一）万人移动互联网用户数

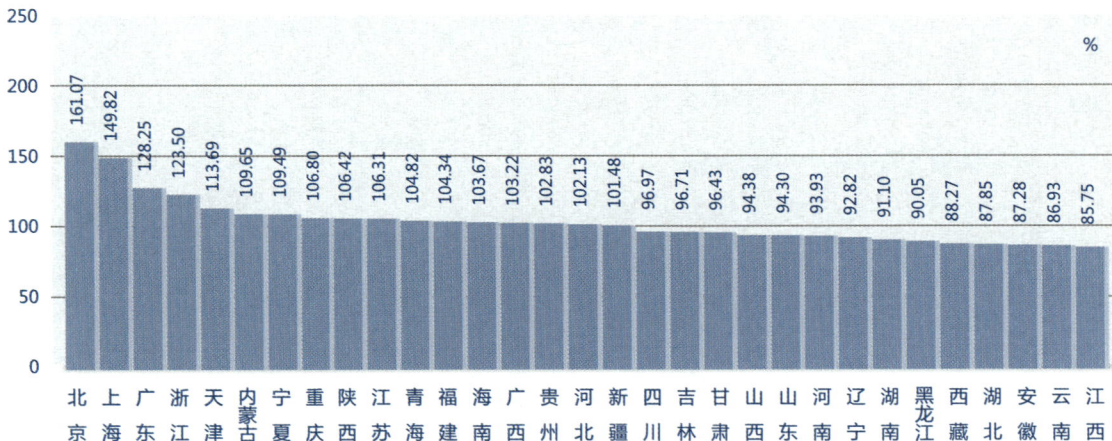

图2-172 当年评价值（三级指标/标准×100%）

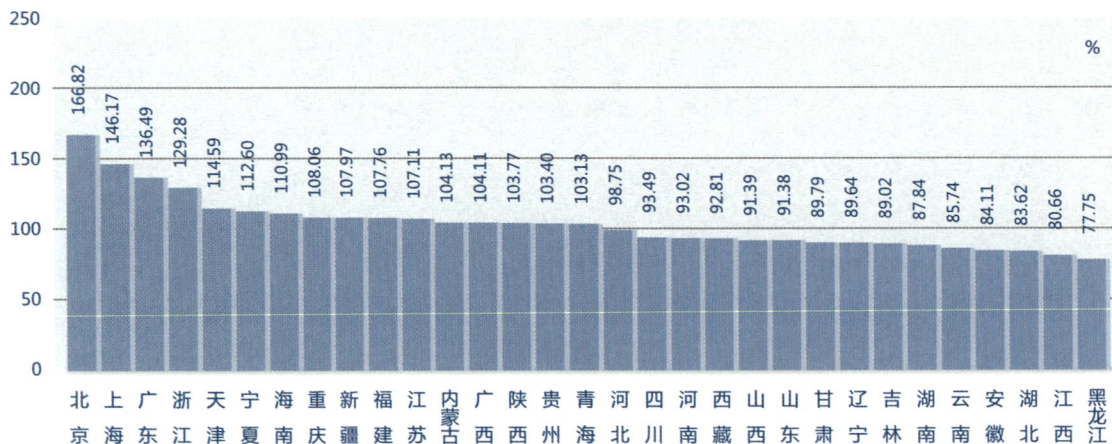

图2-173 上年评价值（三级指标/标准×100%）

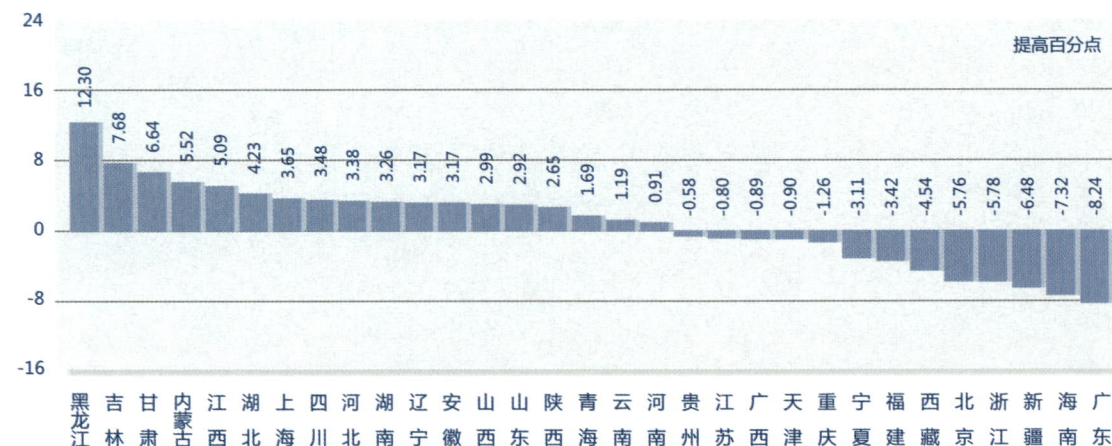

图2-174 当年评价值比上年评价值提高百分点

（四十二）信息传输、软件和信息技术服务业增加值占GDP比重

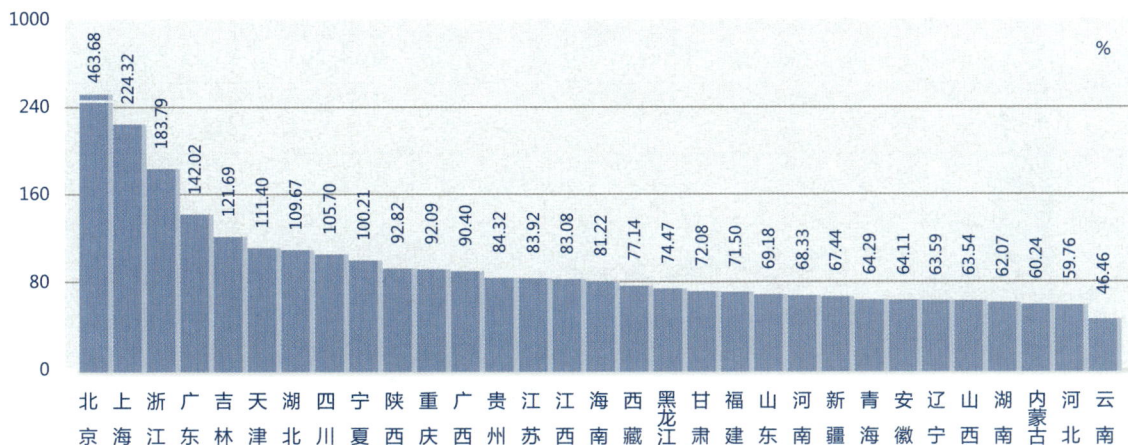

图2-175 当年评价值（三级指标/标准×100%）

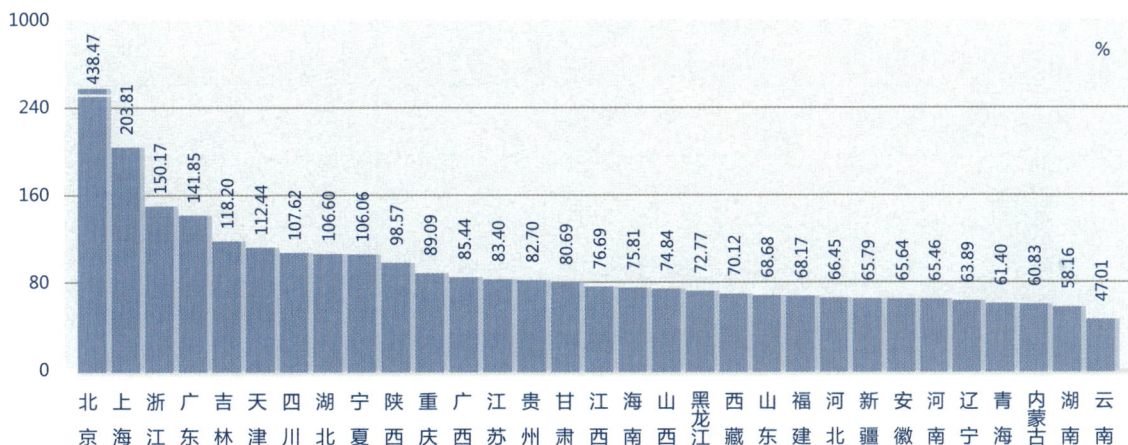

图2-176 上年评价值（三级指标/标准×100%）

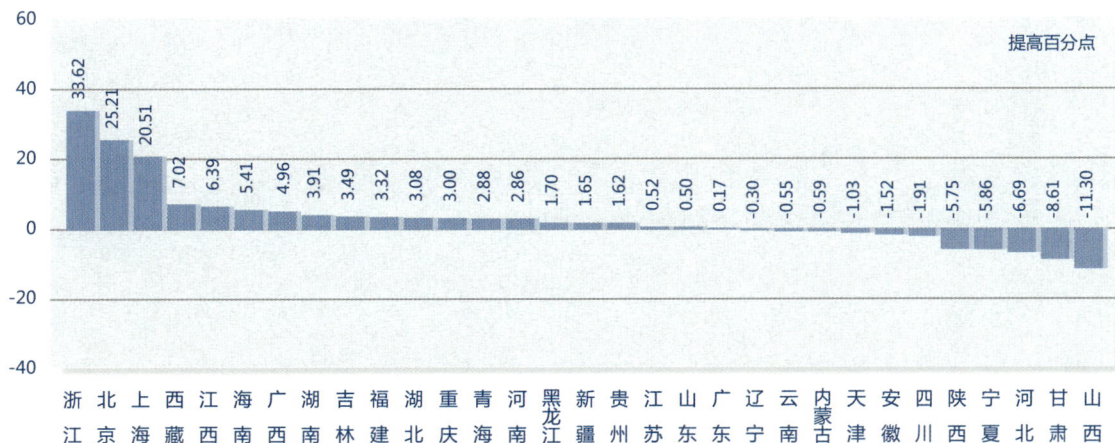

图2-177 当年评价值比上年评价值提高百分点

（四十三）电子商务销售额与GDP比值

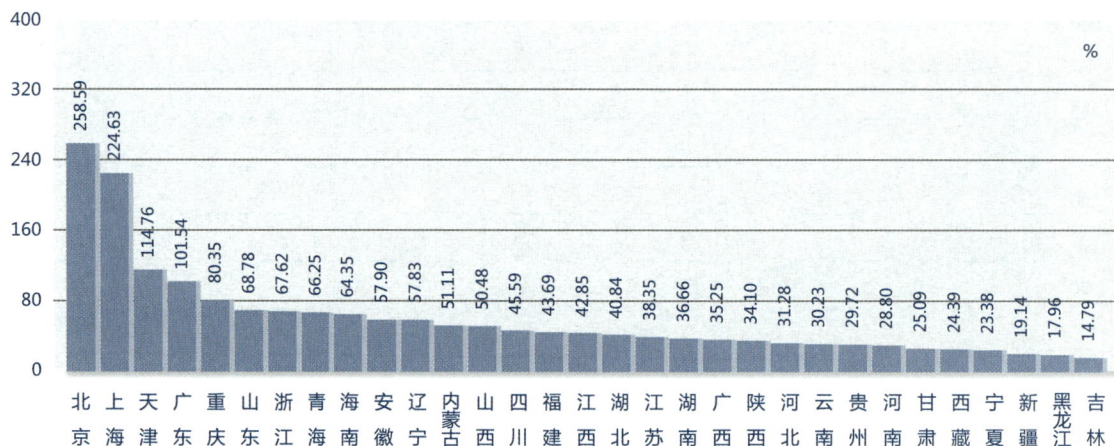

图2-178 当年评价值（三级指标/标准×100%）

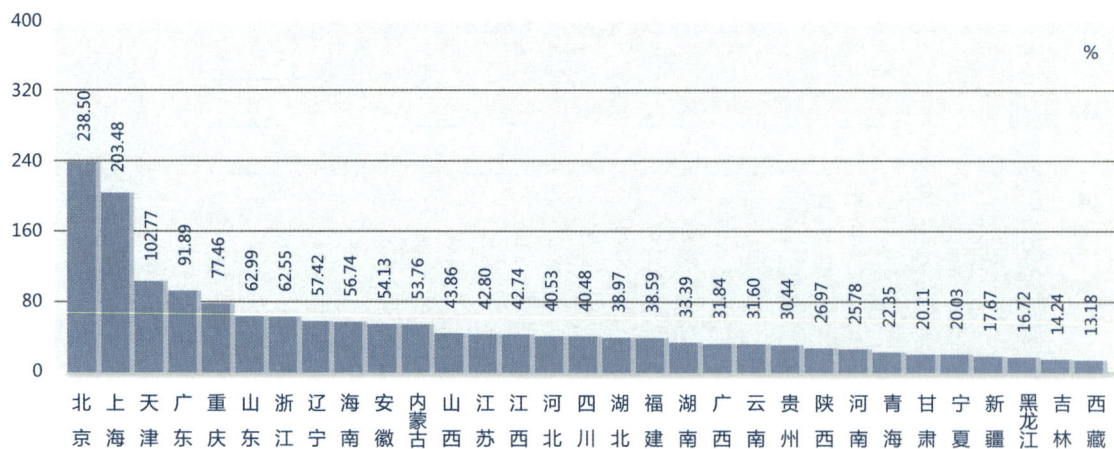

图2-179 上年评价值（三级指标/标准×100%）

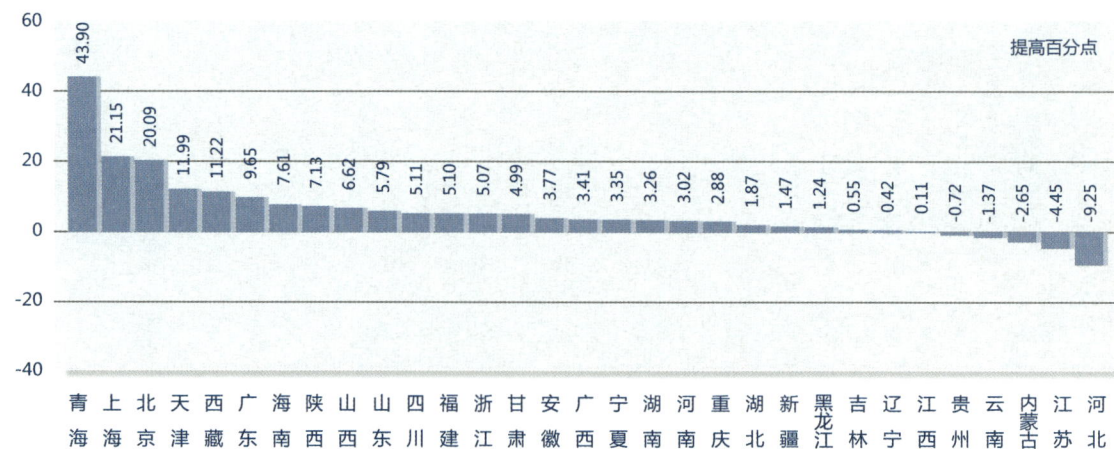

图2-180 当年评价值比上年评价值提高百分点

第三部分
区域科技创新分析

一、区域综合科技创新水平与上年及全国水平比较

在区域综合科技创新水平分析中，可通过雷达图观察5个一级指标和12个二级指标达到、超过或低于全国平均水平的程度，与上年水平比较发生的变化，以及指标之间的发展均衡性。

与本地区综合科技创新水平指数相联系，通过一、二、三级指标与上年评价值和位次的比较，可以观察到综合科技创新水平指数的变化与相关的各级指标变化之间的影响关系，以及在科技创新环境、科技活动投入、科技活动产出、高新技术产业化和科技促进经济社会发展方面的变动特征和态势，具体如下。

当评价值和相应的位次均比上年有所提高时，说明本地区与位次相邻地区比较有了明显的进步；

当评价值较上年有所提高，但相应的位次不变（或下降）时，说明本地区虽然比上年有所进步，但跟不上位次相邻地区进步的步伐；

当评价值较上年有所下降，但相应的位次不变（或提高）时，说明本地区虽然比上年有所退步，但位次相邻地区同样有所退步且退步更快；

当评价值和相应的位次均比上年有所下降时，说明本地区与位次相邻地区比较有了较明显的退步。

北京科技创新分析

北京深入贯彻党的二十大精神，坚持以国家战略需求为导向、以服务国家高水平科技自立自强为己任，把科技创新工作放在建设世界科技强国的大局中谋划，加快培育国家战略科技力量，全面深化中关村先行先试改革，国际科技创新中心建设取得更大成效。在今年的报告中，北京综合科技创新水平指数为89.33%，排在全国第2位，得分与上年相比，提高了3.10个百分点。

一、科技人力资源保持全国第一

万人研究与试验发展（R&D）人员数、万人R&D研究人员数、基础研究人员投入强度指数、十万人博士毕业生数、万人大专以上学历人数、万人高等学校在校学生数、十万人创新中介从业人员数均居全国首位。

二、科技活动产出全国最强

发明专利拥有量占到全国14.60%，高价值发明专利拥有量占到全国近20%，比上年增长均超过20%，国内科技论文数占到全国15%以上，SCI收录科技论文数占到全国14%左右，万人发明专利拥有量、每万人口高价值发明专利拥有量、万人科技论文数均保持全国第1位。

三、技术成果转移转化全国领先

北京已成为引领技术成果转化的策源地。技术市场输出技术成交额占全国近1/5（18.78%）。与上年相比，增长了10.92%，技术市场吸纳技术成交额占到全国的9.22%，万人输出技术成交额、万人吸纳技术成交额稳居全国第一;技术国际收入增长了30.30%，万元GDP技术国际收入增加了5.29美元。

四、信息化水平全国最高

万人移动互联网用户数，电子商务销售额与GDP比值，信息传输、软件和信息技术服务业增加值占GDP比重位次均保持全国第1位。

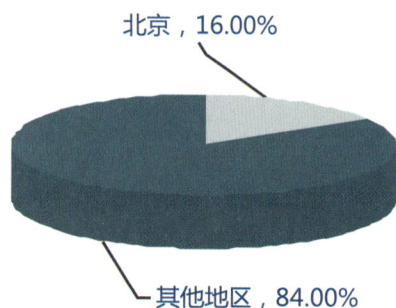

图3-1　基础研究人员占全国比重

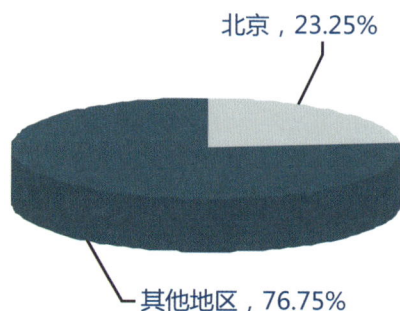

图3-2　基础研究经费占全国比重

北京，18.78%

其他地区，81.22%

北京，9.22 %

其他地区，90.78%

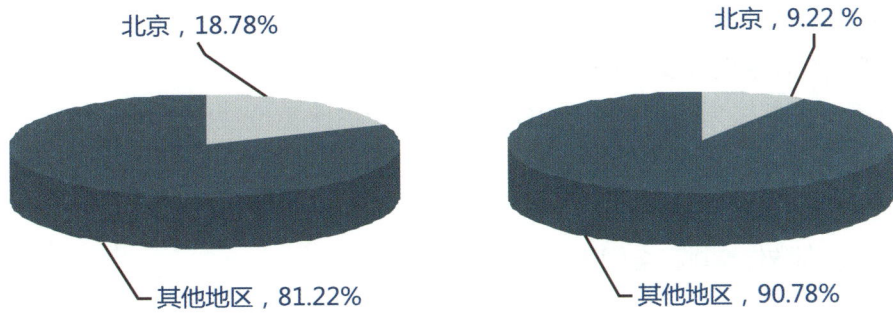

图3-3 技术市场输出技术成交额占全国比重　图3-4 技术市场吸纳技术成交额占全国比重

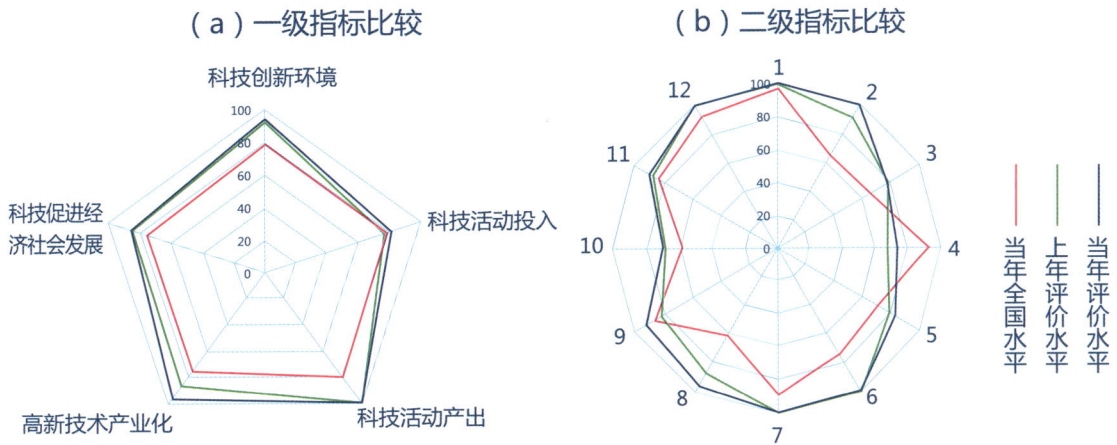

（a）一级指标比较

科技创新环境

科技促进经济社会发展

科技活动投入

高新技术产业化

科技活动产出

（b）二级指标比较

当年全国水平
上年评价水平
当年评价水平

图3-5 北京一、二级评价指标与上年水平和全国水平比较

图例：1.科技人力资源　　2.科研物质条件　　3.科技意识　　4.科技活动人力投入
　　　5.科技活动财力投入　6.科技活动产出水平　7.技术成果市场化　8.高新技术产业化水平
　　　9.高新技术产业化效益　10.经济发展方式转变　11.环境改善　12.社会生活信息化

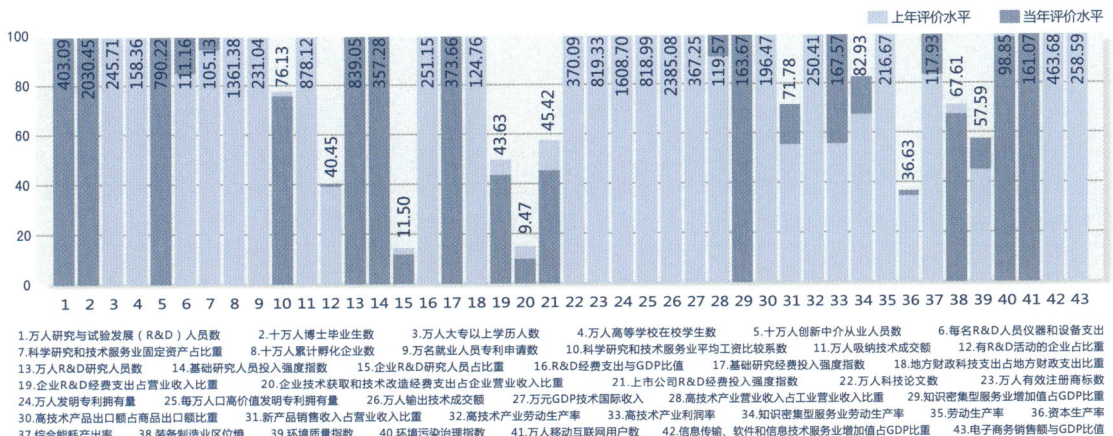

上年评价水平　当年评价水平

	数值
1	403.09
2	2030.45
3	245.71
4	158.36
5	790.22
6	111.16
7	105.13
8	1361.38
9	231.04
10	76.13
11	878.12
12	40.45
13	839.05
14	357.28
15	11.50
16	251.15
17	373.66
18	124.76
19	43.63
20	9.47
21	45.42
22	370.09
23	819.33
24	1608.70
25	818.99
26	2385.08
27	367.25
28	119.57
29	163.67
30	196.47
31	71.78
32	250.41
33	167.57
34	82.93
35	216.67
36	36.63
37	117.93
38	67.61
39	57.59
40	98.85
41	161.07
42	463.68
43	258.59

1.万人研究与试验发展（R&D）人员数　2.十万人博士生毕业生数　3.万人大专以上学历人数　4.万人高等学校在校学生数　5.十万人创新中介从业人员数　6.每名R&D人员仪器和设备支出
7.科学研究和技术服务业固定资产占比重　8.十万人累计孵化企业数　9.万名就业人员专利申请数　10.科学研究和技术服务业平均工资比较系数　11.万人吸纳技术成交额　12.有R&D活动的企业占比重
13.万人R&D研究人员数　14.基础研究人员投入强度指数　15.企业R&D研究人员占比重　16.R&D经费支出占GDP比值　17.基础研究经费投入强度指数　18.地方财政科技支出占地方财政支出比重
19.企业R&D经费支出占企业营业收入比重　20.企业技术获取和技术改造经费支出占企业营业收入比重　21.上市公司R&D经费投入强度指数　22.万人科技论文数　23.万人有效注册商标数
24.万人发明专利拥有量　25.每万人口高价值发明专利拥有量　26.万人输出技术成交额　27.万元GDP技术国际收入　28.高技术产业营业收入占工业营业收入比重　29.知识密集型服务业增加值占GDP比重
30.高技术产品出口额占商品出口额比重　31.新产品销售收入占营业收入比重　32.高技术产业劳动生产率　33.高技术产业利润率　34.知识密集型服务业劳动生产率　35.劳动生产率　36.资本生产率
37.综合能耗产出率　38.装备制造业区位熵　39.环境质量指数　40.环境污染治理指数　41.万人移动互联网用户数　42.信息传输、软件和信息技术服务业增加值占GDP比重　43.电子商务销售额与GDP比值

图3-6 北京三级评价指标与上年水平比较

北京与上海的差距有所缩小。综合科技创新水平指数低于上海0.07个百分点，差距比上年缩小0.84个百分点，在一级指标中，科技活动投入指数低于上海7.17个百分点，科技促进经济社会发展指数低于上海1.76个百分点。

企业投入依然较为薄弱。有R&D活动的企业占比重位次比上年下降了1位，企业R&D研究人员占比重位次仍排全国第31位；企业R&D经费支出占营业收入比重位次下降了2位；企业技术获取和技术改造经费支出占企业营业收入比重位次下降了7位。

环境质量指数位次排在全国第24位。

北京创新发展主要指标及位次

总人口2189万人；地区生产总值40269.55亿元，居全国第13位；人均生产总值18.40万元，居全国第1位；知识密集型服务业增加值19772.50亿元，居全国第2位；规模以上工业企业营业收入28745.12亿元，居全国第17位；高新技术企业数25071个，居全国第4位；高新技术企业总收入56667.74亿元，居全国第4位。

R&D经费内部支出2629.32亿元，居全国第3位，与生产总值比值6.53%，居全国第1位；R&D经费中基础研究经费支出422.51亿元，居全国第1位；企业R&D经费内部支出313.51亿元，居全国第17位；地方财政科技支出449.45亿元，居全国第4位。

大专以上学历人数1021.46万人，居全国第8位；R&D人员数33.83万人年，居全国第5位；R&D人员中基础研究人员数7.55万人年，居全国第1位；企业R&D人员数4.15万人年，居全国第18位。

高技术产品出口额403.71亿美元，居全国第8位；技术市场输出技术成交额7005.65亿元，居全国第1位；发明专利拥有量40.50万件，居全国第2位；移动互联网用户数3379.41万户，居全国第19位。

科技企业孵化器数270个，居全国第7位；科技企业孵化器在孵企业数12388个，居全国第6位；科技企业孵化器累计毕业企业数28564个，居全国第2位。

表3-1 北京各级评价指标和位次与上年比较

指标名称	评价值 当年	评价值 上年	位次 当年	位次 上年
科技创新环境	93.21	91.01	1	2
科技人力资源	100.00	100.00	1	1
万人研究与试验发展（R&D）人员数	161.24	171.41	1	1
十万人博士毕业生数	101.52	102.27	1	1
万人大专以上学历人数	491428	449924	1	1
万人高等学校在校学生数	554.26	539.35	1	1
十万人创新中介从业人员数	23.71	27.52	1	1
科研物质条件	100.00	92.54	1	3
每名R&D人员仪器和设备支出	6.67	5.15	3	4
科学研究和技术服务业固定资产占比重	3.15	2.86	3	3
十万人累计孵化企业数	136.14	109.15	1	1
科技意识	77.36	77.51	5	5
万名就业人员专利申请数	231.04	192.89	1	3
科学研究和技术服务业平均工资比较系数	152.27	155.97	5	5
万人吸纳技术成交额	140500.00	117019.2	1	1
有R&D活动的企业占比重	40.45	39.70	6	5
科技活动投入	80.05	75.54	6	10
科技活动人力投入	73.45	67.58	16	27
万人R&D研究人员数	109.08	115.20	1	1
基础研究人员投入强度指数	3.57	3.93	1	1
企业研究人员投入强度指数	8.05	9.94	31	31
科技活动财力投入	82.87	78.96	6	6
R&D经费支出与GDP比值	6.53	6.44	1	1
基础研究经费投入强度指数	3.74	4.08	1	1
地方财政科技支出占地方财政支出比重	6.24	5.78	1	1
企业R&D经费支出占企业营业收入比重	1.09	1.25	13	11
企业技术获取和技术改造经费支出占企业营业收入比重	0.24	0.37	21	14
上市公司R&D经费投入强度指数	0.45	0.58	1	2
科技活动产出	100.00	100.00	1	1
科技活动产出水平	100.00	100.00	1	1
万人科技论文数	37.01	36.24	1	1
万人有效注册商标数	1228.99	1059.53	1	1
万人发明专利拥有量	193.04	171.05	1	1
每万人口高价值发明专利拥有量	98.28	87.03	1	1
技术成果市场化				
万人输出技术成交额	10000	10000	1	1
万元GDP技术国际收入	36.73	31.44	2	2
高新技术产业化	95.18	85.91	1	1
高新技术产业化水平	97.18	88.77	1	1
高技术产业营业收入占工业营业收入比重	35.87	27.56	1	3
知识密集型服务业增加值占GDP比重	49.10	49.61	1	1
高技术产品出口额占商品出口额比重	78.59	66.99	3	4
新产品销售收入占营业收入比重	28.71	22.41	3	8
高技术产业劳动生产率	93.17	83.05	4	18
高技术产业利润率	325.53	188.06	1	2
知识密集型服务业劳动生产率	25.13	8.44	2	17
知识密集型服务业劳动生产率	58.05	47.70	25	27
科技促进经济社会发展	84.22	83.19	3	2
经济发展方式转变	71.27	69.65	3	2
劳动生产率	28.17	20.11	3	3
资本生产率	0.37	0.35	6	6
综合能耗产出率	49.53	35.45	1	1
装备制造业占比墒	135.22	143.42	6	5
环境改善	90.60	89.11	9	10
环境质量指数	57.59	45.55	24	26
环境污染治理指数	98.85	100.00	7	1
社会生活信息化	100.00	100.00	1	1
万人移动互联网用户数	1610654	1668204	1	1
信息传输、软件和信息技术服务业增加值占GDP比重	16.23	15.35	1	1
电子商务销售额与GDP比值	0.78	0.72	1	1

天津科技创新分析

天津深入贯彻落实党的二十大关于"完善科技创新体系",以及天津市第十二次党代会关于"打造高水平创新平台"的战略部署,坚持科技是第一生产力、人才是第一资源、创新是第一动力,围绕高质量发展这一主线谋划布局以推动技术创新中心建设,科技创新能力取得新进展。在今年的报告中,天津综合科技创新水平指数为83.29%,排在全国第4位,比上年下降1位。

一、科技人力资源全国最多

R&D人员数比上年增长了13.62%,万人研究与试验发展(R&D)人员数位次比上年上升1位,万人高等学校在校学生数和十万人创新中介从业人员数均排在全国第2位,十万人博士毕业生数和万人大专以上学历人数均排在全国第3位。

图3-7 沿海部分地区万人高等学校在校学生数及位次

二、科技活动产出水平保持全国第一

SCI科技论文数比上年增长了13.23%;发明专利拥有量增长了13.78%;高价值发明专利拥有量增长了25.27%;有效注册商标数增长了22.06%。

三、社会生活信息化水平全国最高

电子商务销售额比上年增长了24.44%,与GDP比值增加了0.04亿元/亿元;信息传输、软件和信息技术服务业增加值增长了10.42%;移动互联网用户数增长3.22%。

政府科技投入减少。地方财政科技支出比上年下降了12.02%,占地方财政支出比重减少了0.45个百分点,位次下降了2位。

　　研发仪器设备支出减少，比上年下降了6.45％，每名R&D人员仪器和设备支出位次下降了4位。

　　企业创新较为薄弱。有R&D活动的企业数占比重位次排在全国第16位；企业R&D研究人员占比重位次下降至第19位；企业R&D经费支出占营业收入比重位次下降至第14位；企业引进技术经费支出下降了20.70％，企业购买境内技术经费支出下降了17.19％，企业技术获取和技术改造经费支出占企业营业收入比重位次排在全国第25位。

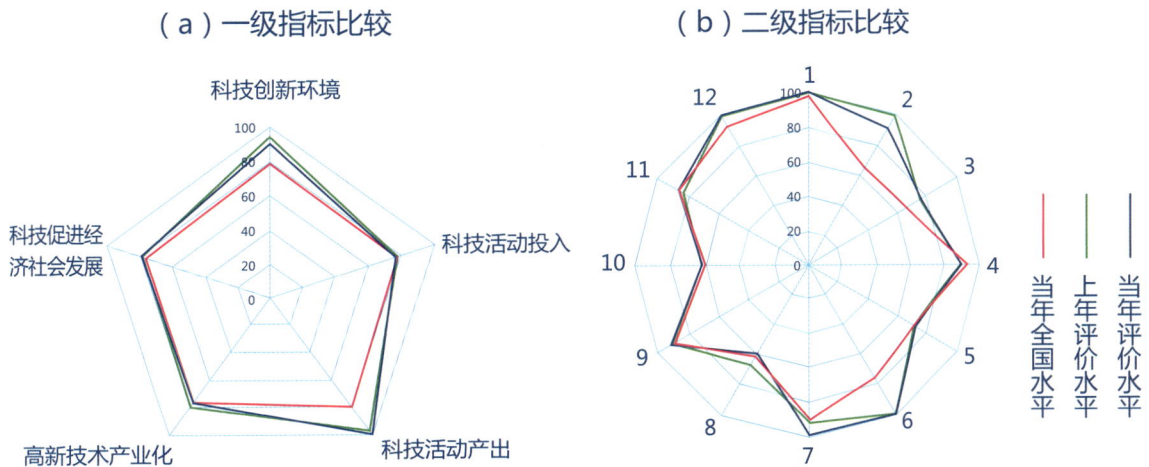

（a）一级指标比较

（b）二级指标比较

图3-8　天津一、二级评价指标与上年水平和全国水平比较

图例：1．科技人力资源　　　2．科研物质条件　　　3．科技意识　　　4．科技活动人力投入
　　　5．科技活动财力投入　6．科技活动产出水平　7．技术成果市场化　8．高新技术产业化水平
　　　9．高新技术产业化效益　10．经济发展方式转变　11．环境改善　　12．社会生活信息化

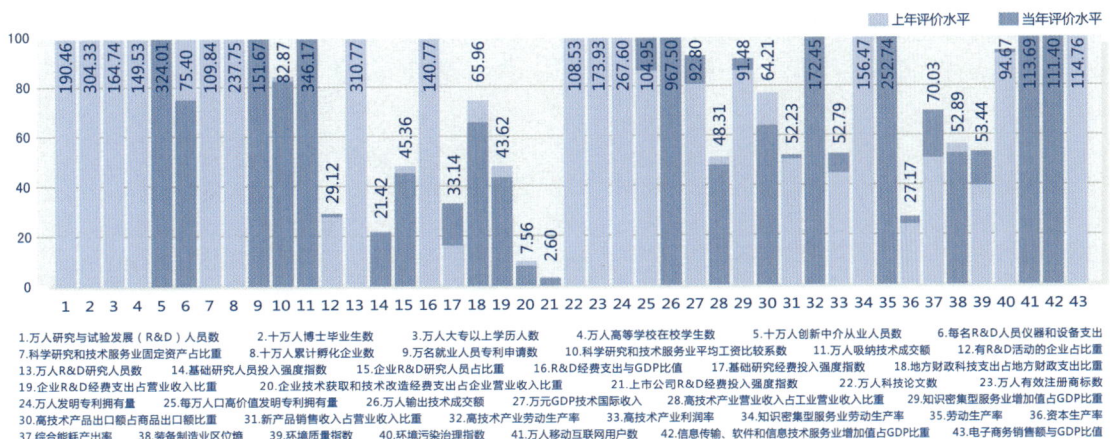

1.万人研究与试验发展（R&D）人员数　2.十万人博士毕业生数　3.万人大专以上学历人数　4.万人高等学校在校学生数　5.十万人创新中介从业人员数　6.每名R&D人员仪器和设备支出
7.科学研究和技术服务业固定资产占比重　8.十万人累计孵化企业数　9.万名就业人员专利申请数　10.科学研究和技术服务业工资比较系数　11.万人吸纳技术成交额　12.有R&D活动的企业占比重
13.万人R&D研究人员数　14.基础研究人员投入强度指数　15.企业R&D研究人员占比重　16.R&D经费支出与GDP比值　17.基础研究经费投入强度指数　18.地方财政科技支出占地方财政支出比重
19.企业R&D经费支出占营业收入比重　20.企业技术获取和技术改造经费支出占企业营业收入比重　21.上市公司R&D经费投入强度指数　22.万人科技论文数　23.万人有效注册商标数
24.万人发明专利拥有量　25.每百人口高价值发明专利拥有量　26.万人输出技术成交额　27.万元GDP技术国际收入　28.高技术产业营业收入占工业营业收入比重　29.知识密集型服务业增加值占GDP比重
30.高技术产品出口额占商品出口额比重　31.新产品销售收入占营业收入比重　32.高技术产业劳动生产率　33.高技术产业利润率　34.知识密集型服务业劳动生产率　35.劳动生产率　36.资本生产率
37.综合能耗产出率　38.装备制造业区位熵　39.环境质量指数　40.环境污染治理指数　41.万人移动互联网用户数　42.信息传输、软件和信息技术服务业增加值占GDP比重　43.电子商务销售额占GDP比值

图3-9　天津三级评价指标与上年水平比较

高新技术产业化发展有待提升。高技术产品出口额占商品出口额比重比上年下降了5.35个百分点，位次下降了3位；高技术产业营业收入占工业营业收入比重下降了0.96个百分点，位次下降了1位；新产品销售收入占营业收入比重位次下降了2位；高技术产业劳动生产率减少了6.99万元/人，位次下降了1位；知识密集型服务业劳动生产率位次下降了1位，高技术产业利润率位次排在全国第18位。

环境改善不理想。环境质量指数位次虽然有所提升，但仍然比较靠后，排在全国第27位。

天津创新发展主要指标及位次

总人口1373万人；地区生产总值15695.05亿元，居全国第24位；人均生产总值11.37万元，居全国第5位；知识密集型服务业增加值4307.19亿元，居全国第16位；规模以上工业企业营业收入23042.81亿元，居全国第20位；高新技术企业数9118个，居全国第12位；高新技术企业总收入13741.67亿元，居全国第15位。

R&D经费内部支出574.33亿元，居全国第17位，与生产总值比值3.66%，居全国第3位；R&D经费中基础研究经费支出58.81亿元，居全国第8位；企业R&D经费内部支出251.26亿元，居全国第18位；地方财政科技支出103.97亿元，居全国第15位。

大专以上学历人数431.29万人，居全国第26位；R&D人员数10.30万人年，居全国第18位；R&D人员中基础研究人员数1.02万人年，居全国第16位；企业R&D人员数4.94万人年，居全国第17位。

高技术产品出口额147.26亿美元，居全国第16位；技术市场输出技术成交额1256.83亿元，居全国第12位；发明专利拥有量4.34万件，居全国第15位；移动互联网用户数1536.83万户，居全国第27位。

科技企业孵化器数109个，居全国第18位；科技企业孵化器在孵企业数5120个，居全国第15位；科技企业孵化器累计毕业企业数3214个，居全国第19位。

表3-2 天津各级评价指标和位次与上年比较

指标名称	评价值 当年	评价值 上年	位次 当年	位次 上年
科技创新环境	90.01	92.63	2	1
科技人力资源	100.00	100.00	1	1
万人研究与试验发展（R&D）人员数	76.18	69.76	5	6
十万人博士毕业生数	15.22	15.12	3	3
万人大专以上学历人数	3294.82	2841.24	3	3
万名高等学校在校学生数	523.37	443.03	2	2
十万人创新中介从业人员数	9.72	10.83	2	1
科研物质条件	91.39	100.00	2	2
每名R&D人员仪器和设备支出	4.52	6.44	5	1
科学研究和技术服务业固定资产占比重	3.30	3.11	2	2
十万人累计孵化企业数	23.78	20.21	4	5
科技意识	75.31	75.42	6	6
万名就业人员专利申请数	151.67	214.13	3	2
科学研究和技术服务业平均工资比较系数	165.73	169.63	2	3
万人吸纳技术成交额	5538.76	694922	2	2
有R&D活动的企业占比重	29.12	28.20	16	16
科技活动投入	76.61	76.90	9	7
科技活动人力投入	88.83	88.95	11	16
万人R&D研究人员数	40.40	37.23	3	3
基础研究人员投入强度指数	0.21	0.22	18	17
企业R&D研究人员占比重	31.76	33.73	19	18
科技活动财力投入	71.37	71.74	8	7
R&D经费支出与GDP比值	3.66	3.44	3	3
基础研究经费投入强度指数	0.33	0.17	4	10
地方财政科技支出占地方财政支出比重	3.30	3.75	9	7
企业R&D经费支出占主营业收入比重	1.09	1.20	14	13
企业技术获取和技术改造经费支出占企业营业收入比重	0.19	0.24	25	26
上市公司R&D经费投入强度指数	0.03	0.03	14	13
科技活动产出	98.85	96.34	3	3
科技活动产出水平	100.00	100.00	1	1
万人科技论文数	10.85	10.58	3	3
万人有效注册商标数	260.90	213.75	7	7
万人发明专利拥有量	32.11	29.36	6	6
每万人口高价值发明专利拥有量	12.59	10.46	6	6
技术成果市场化	97.12	90.85	4	4
万人输出技术成交额	1161000	1227221	2	2
万元GDP技术国际收入	9.28	8.17	4	4
高新技术产业化	74.97	77.75	10	6
高新技术产业化水平	59.38	66.40	11	6
高技术产业营业收入占工业营业收入比重	14.49	15.45	9	8
知识密集型服务业增加值占GDP比重	27.44	26.16	3	3
高技术产品出口额占商品出口额比重	25.68	31.03	15	12
新产品销售收入占营业收入比重	20.89	20.48	12	10
高新技术产业化效益	90.56	89.10	9	8
高技术产业劳动生产率	224.19	231.18	2	1
高技术产业利润率	7.92	6.82	18	18
知识密集型服务业劳动生产率	109.53	108.01	2	1
科技促进经济社会发展	78.47	77.81	6	6
经济发展方式转变	61.02	60.68	8	10
劳动生产率	32.86	39.58	1	1
资本生产率	0.27	0.25	16	18
综合能耗产出率	29.41	21.63	4	8
装备制造业区位熵	105.77	113.20	8	7
环境改善	86.43	83.14	15	20
环境质量指数	53.44	40.24	27	30
环境污染治理指数	94.67	93.87	12	19
社会生活信息化	100.00	100.00	1	1
万人移动互联网用户数	1136859	1145872	5	5
信息传输、软件和信息技术服务业增加值占GDP比重	3.90	3.94	6	6
电子商务销售额与GDP比值	0.34	0.31	3	3

河北科技创新分析

在今年的报告中，河北综合科技创新水平指数达到53.37%，排在全国第21位，比上年下降了1位。

一、科技成果转移转化大幅提升

技术市场输出技术成交额比上年增长了34.66%，技术市场吸纳技术成交额增长了63.31%，万人吸纳技术成交额位次上升了1位；技术国际收入增长了60.11%，万元GDP技术国际收入位次上升了3位。

二、创新财力投入力度加大

R&D经费内部支出、企业R&D经费内部支出增长速度均超过17.00%，上市公司R&D经费支出增长了46.74%，上市公司R&D经费投入强度指数位次上升了1位；企业技术获取和技术改造经费支出增长了26.25%，占企业营业收入比重位次上升了4位。

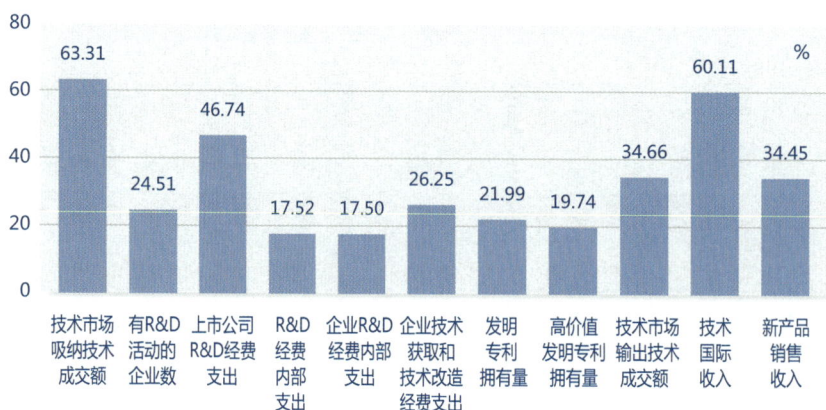

图3-10 部分增长较快的指标

政府科技投入力度放缓。地方财政科技支出占地方财政支出比重位次下降了1位。

创新人力资源不足。R&D人员增长缓慢，万人研究与试验发展（R&D）人员数位次比上年下降了1位；万人R&D研究人员数位次下降了2位；企业R&D研究人员占比重位次下降了1位；基础研究人员比上年减少了3.95%，基础研究人员投入强度指数位次下降了2位；万人大专以上学历人数位次下降了4位；万人高等学校在校学生数位次下降了1位。

高新技术产业发展缓慢。高技术产业营业收入占工业营业收入比重位次下降至第29位；高技术产品出口额占商品出口额比重比上年下降了0.76个百分点，排在第28位；知识密集型服务业增加值占GDP比重下降1.00个百分点，位次下降了4位；高技术产业劳动生产率位次下降了4位，高技术产业利润率位次下降了1位；知识密集型服务业劳动生产率位次下降了2位。

研发仪器和设备支出继上年下降27.99%后再次下降23.73%，每名R&D人员仪器和设备支出位次下降了6位。

科学研究和技术服务业平均工资比上年下降了6.46%，科学研究和技术服务业平均工资比较系数位次下降了10位，下降至全国第29位。

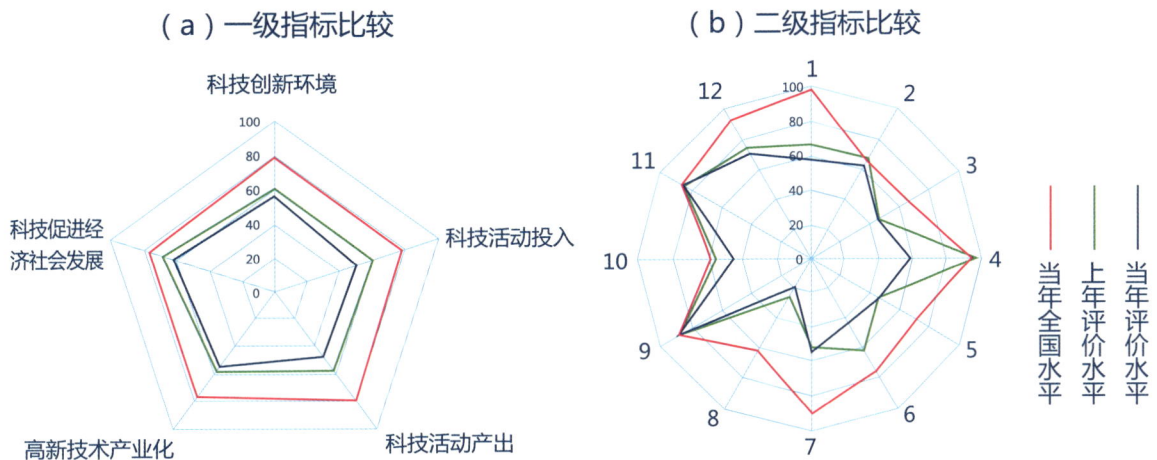

（a）一级指标比较　（b）二级指标比较

图3-11 河北一、二级评价指标与上年水平和全国水平比较

图例：1.科技人力资源　2.科研物质条件　3.科技意识　4.科技活动人力投入
5.科技活动财力投入　6.科技活动产出水平　7.技术成果市场化　8.高新技术产业化水平
9.高新技术产业化效益　10.经济发展方式转变　11.环境改善　12.社会生活信息化

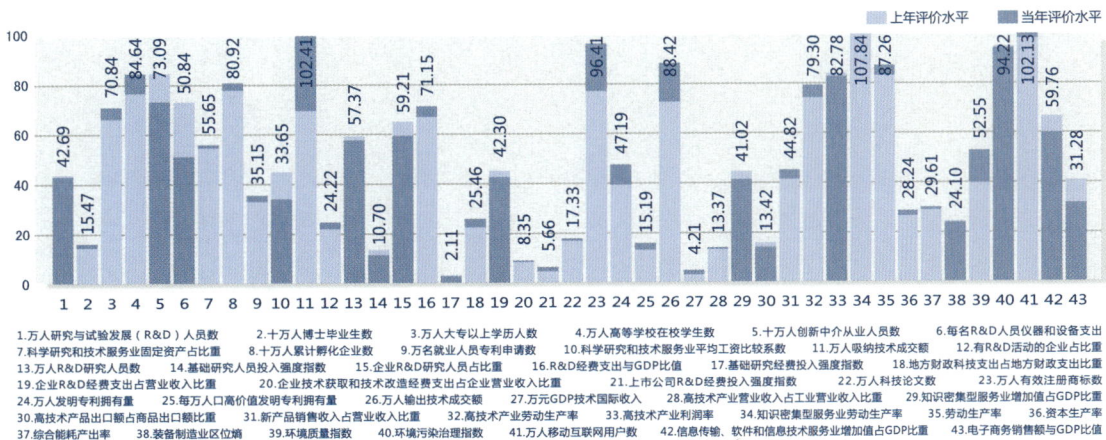

图3-12 河北三级评价指标与上年水平比较

社会生产信息化水平下降。信息传输、软件和信息技术服务业增加值占GDP比重比上年下降了0.23个百分点，位次下降了7位；电子商务销售额下降了13.89%，与GDP比值减少了0.03亿元/亿元，位次下降了7位。

环境质量指数虽然有所改善，但位次仍然比较靠后，排在全国第29位。

河北创新发展主要指标及位次

总人口7448万人；地区生产总值40391.27亿元，居全国第12位；人均生产总值5.42万元，居全国第27位；知识密集型服务业增加值4970.44亿元，居全国第14位；规模以上工业企业营业收入53934.02亿元，居全国第8位；高新技术企业数10970个，居全国第9位；高新技术企业总收入28328.87亿元，居全国第8位。

R&D经费内部支出745.49亿元，居全国第13位，与生产总值比值1.85%，居全国第16位；R&D经费中基础研究经费支出16.89亿元，居全国第22位；企业R&D经费内部支出570.39亿元，居全国第11位；地方财政科技支出112.64亿元，居全国第14位。

大专以上学历人数990.74万人，居全国第10位；R&D人员数12.56万人年，居全国第13位；R&D人员中基础研究人员数0.80万人年，居全国第19位；企业R&D人员数8.34万人年，居全国第14位。

高技术产品出口额35.90亿美元，居全国第21位；技术市场输出技术成交额747.32亿元，居全国第15位；发明专利拥有量4.17万件，居全国第17位；移动互联网用户数7512.48万户，居全国第6位。

科技企业孵化器数289个，居全国第5位；科技企业孵化器在孵企业数9371个，居全国第8位；科技企业孵化器累计毕业企业数5952个，居全国第9位。

表3-3 河北各级评价指标和位次与上年比较

指标名称	评价值 当年	评价值 上年	位次 当年	位次 上年
科技创新环境	54.60	59.84	21	19
科技人力资源	56.94	65.35	25	21
万人研究与试验发展（R&D）人员数	17.08	17.38	20	19
十万人博士毕业生数	0.77	0.72	26	27
万人大专以上学历人数	141672	133167	28	24
万人高等学校在校学生数	296.24	269.95	22	21
十万人创新中介从业人员数	2.19	2.54	21	19
科研物质条件	61.55	66.84	14	8
每名R&D人员仪器和设备支出	3.05	4.38	16	10
科学研究和技术服务业固定资产占比重	1.67	1.65	9	9
十万人累计孵化企业数	8.09	7.84	20	19
科技意识	44.54	45.49	18	18
万名就业人员专利申请数	35.15	33.14	17	16
科学研究和技术服务业平均工资比较系数	67.29	89.35	29	16
万人吸纳技术成交额	163856	111900	15	16
有R&D活动的企业占比重	24.22	22.03	20	20
科技活动投入	50.19	61.05	20	19
万人R&D研究人员数	57.25	96.80	21	13
基础研究人员投入强度指数	7.46	7.69	23	21
企业R&D研究人员占比重	41.45	45.48	13	12
科技活动财力投入	47.16	45.73	18	19
R&D经费支出与GDP比值	1.85	1.75	16	16
基础研究经费投入强度指数	0.02	0.03	27	27
地方财政科技支出占地方财政支出比重	1.27	1.13	22	21
企业R&D经费支出占营业收入比重	1.06	1.12	15	15
企业技术获取和技术改造经费支出占企业营业收入比重	0.21	0.21	24	28
上市公司R&D经费投入强度指数	0.06	0.04	10	11
科技活动产出	47.92	57.36	17	17
科技活动产出水平	43.38	61.29	21	17
万人科技论文数	1.73	1.69	25	25

指标名称	评价值 当年	评价值 上年	位次 当年	位次 上年
万人有效注册商标数	144.62	113.91	17	17
万人发明专利拥有量	5.66	4.75	21	21
每万人口高价值发明专利拥有量	1.82	1.56	19	19
技术成果市场化	54.74	51.47	16	22
万人输出技术成交额	106106	878.76	16	16
万元GDP技术国际收入	0.42	0.29	21	24
高新技术产业化	53.79	57.47	27	24
高新技术产业化水平	19.30	25.75	28	26
高技术产业营业收入占工业营业收入比重	4.01	3.96	29	27
知识密集型服务业增加值占GDP比重	12.31	13.30	27	23
高技术产品出口额占商品出口额比重	5.37	6.13	28	28
新产品销售收入占营业收入比重	17.93	16.64	14	14
高新技术产业化效益	88.27	89.19	17	7
高技术产业劳动生产率	103.08	97.12	26	22
高技术产业利润率	12.42	12.62	9	8
知识密集型服务业劳动生产率	75.48	70.81	13	11
科技促进经济社会发展	59.86	66.56	22	17
经济发展方式转变	44.84	56.00	19	20
劳动生产率	11.34	10.88	20	17
资本生产率	0.28	0.27	13	16
综合能耗产出率	12.44	12.21	23	22
装备制造业区位熵	48.20	48.29	20	20
环境改善	85.88	83.96	17	19
环境质量指数	52.55	39.94	29	31
环境污染治理指数	94.22	94.97	14	17
社会生活信息化	70.16	74.19	28	20
万人移动互联网用户数	1021308	987540	16	17
信息传输、软件和信息技术服务业增加值占GDP比重	2.09	2.33	30	23
电子商务销售额与GDP比值	0.09	0.12	22	15

山西科技创新分析

在今年的报告中，山西综合科技创新水平指数为46.44%，排在全国第26位，比上年下降4位。

一、高技术产品出口额快速增长

高技术产品出口额比上年增长了71.80%，中部增长最快，占商品出口额比重位次保持全国第5位，中部地区第1位。

图3-13　中部地区高技术产品出口额占商品出口额比重及位次

二、政府科技投入力度进一步加大

地方财政科技支出比上年增长了26.17%，占地方财政支出比重提高了0.36个百分点，位次上升了1位。

三、技术输出中部增长最快

技术市场输出技术成交额比上年增长了198.97%，万人输出技术成交额增加了201.56万元，位次上升了3位。

山西位次下降的原因主要有以下几个方面。

企业研发投入增长缓慢。有R&D活动的企业占比重比上年下降了1.37个百分点，位次下降了4位；企业R&D经费支出占营业收入比重下降了0.16个百分点，位次下降了4位；企业引进技术经费支出下降了89.51%，企业消化吸收经费支出下降了70.49%，企业购买境内技术经费支出下降了7.68%，企业技术获取和技术改造经费支出占企业营业收入比重下降了0.13个百分点，位次下降了6位；企业R&D研究人员占比重位次下降了1位。

研发仪器和设备支出减少，比上年下降了26.12%，每名R&D人员仪器和设备支出位次下降至全国第31位。

吸纳技术成果放缓。万人吸纳技术成交额位次下降了4位。

高新技术产业化效益较低。高技术产业利润率和高技术产业劳动生产率位次均排全国第29位；知识密集型服务业劳动生产率位次下降至全国第30位。

社会生活信息化水平下降。信息传输、软件和信息技术服务业增加值增长缓慢，占GDP比重下降0.40个百分点，位次下降了9位；电子商务销售额与GDP比值位次下降了1位。

环境质量较差，环境质量指数位次下降至全国第30位。

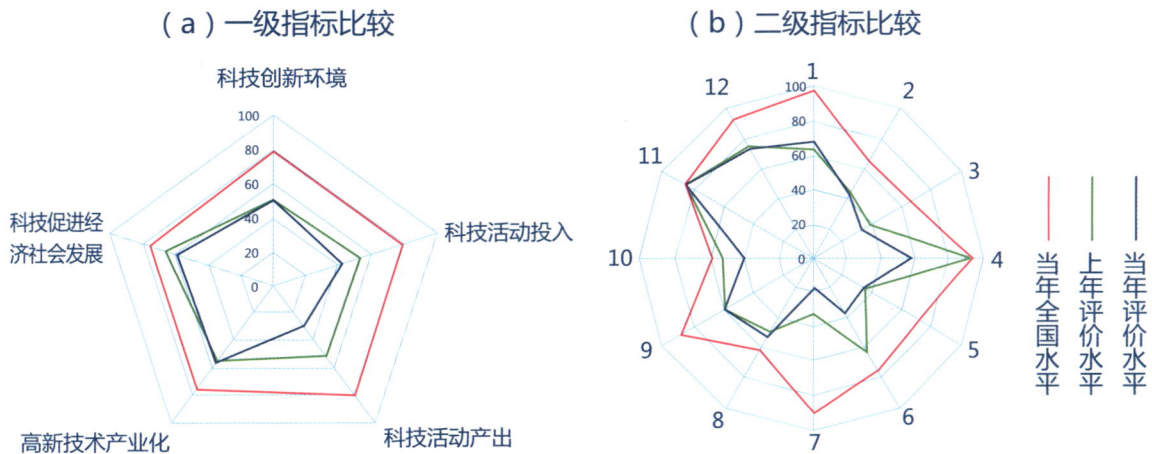

（a）一级指标比较　　　　**（b）二级指标比较**

图3-14　山西一、二级评价指标与上年水平和全国水平比较

图例：1.科技人力资源　　　2.科研物质条件　　　3.科技意识　　　4.科技活动人力投入
　　　5.科技活动财力投入　6.科技活动产出水平　7.技术成果市场化　8.高新技术产业化水平
　　　9.高新技术产业化效益　10.经济发展方式转变　11.环境改善　12.社会生活信息化

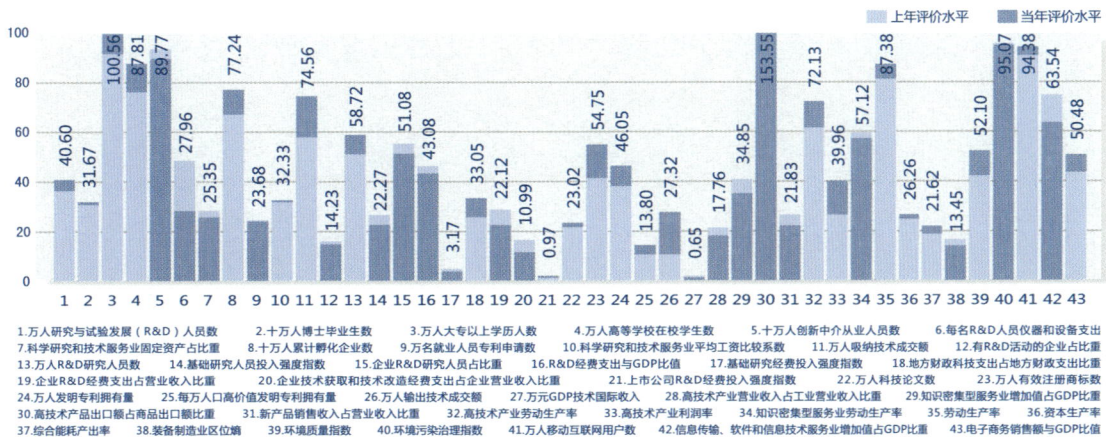

1.万人研究与试验发展（R&D）人员数　2.十万人博士毕业生数　3.万人大专以上学历人数　4.万人高等学校在校学生数　5.十万人创新中介从业人员数　6.每名R&D人员仪器和设备支出
7.科学研究和技术服务业固定资产占比重　8.十万人累计孵化企业数　9.万名就业人员专利申请数　10.科学研究和技术服务业平均工资比较系数　11.万人吸纳技术成交额　12.有R&D活动的企业占比重
13.万人R&D研究人员数　14.基础研究人员投入强度指数　15.企业R&D研究人员占比重　16.R&D经费支出占GDP比重　17.基础研究经费投入强度指数　18.地方财政科技支出占地方财政支出比重
19.企业R&D经费支出占营业收入比重　20.企业技术获取和技术改造经费支出占企业营业收入比重　21.上市公司R&D经费投入强度指数　22.万人科技论文数　23.万人有效注册商标数
24.万人发明专利拥有量　25.每百万人口高价值发明专利拥有量　26.万人输出技术成交额　27.万元GDP技术国际收入　28.高技术产业营业收入占工业营业收入比重　29.知识密集型服务业增加值占GDP比重
30.高技术产品出口额占商品出口额比重　31.新产品销售收入占营业收入比重　32.高技术产业劳动生产率　33.高技术产业利润率　34.知识密集型服务业劳动生产率　35.劳动生产率　36.资本生产率
37.综合能耗产出率　38.装备制造业区位熵　39.环境质量指数　40.环境污染治理指数　41.万人移动互联网用户数　42.信息传输、软件和信息技术服务业增加值占GDP比重　43.电子商务销售额与GDP比值

图3-15　山西三级评价指标与上年水平比较

山西创新发展主要指标及位次

　　总人口3480万人；地区生产总值22590.16亿元，居全国第20位；人均生产总值6.48万元，居全国第17位；知识密集型服务业增加值2361.93亿元，居全国第23位；规模以上工业企业营业收入33682.42亿元，居全国第15位；高新技术企业数3607个，居全国第19位；高新技术企业总收入8482.97亿元，居全国第22位。

　　R&D经费内部支出251.89亿元，居全国第20位，与生产总值比值1.12%，居全国第23位；R&D经费中基础研究经费支出12.04亿元，居全国第25位；企业R&D经费内部支出186.24亿元，居全国第19位；地方财政科技支出83.38亿元，居全国第19位。

　　大专以上学历人数660.78万人，居全国第16位；R&D人员数5.72万人年，居全国第20位；R&D人员中基础研究人员数0.78万人年，居全国第21位；企业R&D人员数3.55万人年，居全国第19位。

　　高技术产品出口额151.03亿美元，居全国第14位；技术市场输出技术成交额134.47亿元，居全国第23位；发明专利拥有量1.95万件，居全国第22位；移动互联网用户数3325.81万户，居全国第20位。

　　科技企业孵化器数72个，居全国第23位；科技企业孵化器在孵企业数3005个，居全国第22位；科技企业孵化器累计毕业企业数2722个，居全国第21位。

表3-4 山西各级评价指标和位次与上年比较

指标名称	评价值 当年	评价值 上年	位次 当年	位次 上年
科技创新环境	49.70	50.08	25	27
科技人力资源	68.31	63.40	20	22
万人研究与试验发展（R&D）人员数	16.24	14.66	21	21
十万人博士毕业生数	1.58	1.55	19	19
万人大专以上学历人数	2011.10	1846.83	12	9
万人高等学校在校学生数	307.35	268.84	19	24
十万人创新中介从业人员数	2.69	2.81	19	18
科研物质条件	41.83	44.03	26	27
每名R&D人员仪器和设备支出	1.68	2.90	31	26
科学研究和技术服务业固定资产占比重	0.76	0.84	19	19
十万人累计孵化企业数	7.72	6.75	22	24
科技意识	32.75	38.35	29	27
万名就业人员专利申请数	23.68	24.20	25	23
科学研究和技术服务业平均工资比较系数	64.67	64.11	30	30
万人吸纳技术成交额	1192.99	933.45	26	22
有R&D活动的企业占比重	14.23	15.60	28	24
科技活动投入	40.59	51.70	22	20
万人R&D活动人员数	56.90	92.31	22	14
万人R&D研究人员数	7.63	6.68	22	23
基础研究人员投入强度指数	0.22	0.26	16	14
企业R&D研究人员人员占比重	35.76	38.60	23	16
科技活动财力投入	33.59	34.30	23	21
R&D经费支出与GDP比值	1.12	1.20	23	23
基础研究经费投入强度指数	0.03	0.04	26	25
地方财政科技投入占地方财政支出比重	1.65	1.29	18	19
企业R&D经费支出占企业营业收入比重	0.55	0.71	28	24
企业技术获取和技术改造经费支出占企业营业收入比重	0.27	0.40	18	12
上市公司R&D经费投入强度指数	0.01	0.01	23	25
科技活动产出	28.57	50.16	26	25
科技活动产出水平	36.51	62.23	23	16
万人科技论文数	2.30	2.18	23	23

指标名称	评价值 当年	评价值 上年	位次 当年	位次 上年
万人有效注册商标数	82.12	63.40	29	29
万人发明专利拥有量	5.53	4.61	22	23
每万人口高价值发明专利拥有量	1.66	1.26	22	24
技术成果市场化	16.66	32.07	26	28
万人输出技术成交额	327.90	126.34	25	28
万元GDP技术国际收入	0.07	0.10	29	30
高新技术产业化	56.23	54.82	25	26
高新技术产业化水平	52.77	49.67	15	16
高技术产业营业收入占工业营业收入比重	5.33	6.31	26	21
知识密集型服务业增加值占GDP比重	10.46	12.18	31	29
高技术产品出口额占商品出口额比重	61.42	61.82	5	5
新产品销售收入占营业收入比重	8.73	10.50	24	20
高新技术产业化效益	59.69	59.96	31	31
高技术产业劳动生产率	93.77	80.60	29	29
高技术产业化利润率	5.99	4.01	29	31
知识密集型服务业劳动生产率	39.98	41.63	30	29
科技促进经济社会发展	58.76	65.84	24	22
经济发展方式转变	40.29	53.46	22	22
劳动生产率	11.36	10.64	19	19
资本生产率	0.26	0.25	19	17
综合能耗产出率	9.08	7.94	26	26
装备制造业区位熵	26.89	32.00	25	23
环境改善	86.48	85.16	14	18
环境质量指数	52.10	42.52	30	29
环境污染治理指数	95.07	95.82	11	15
社会生活信息化	73.26	75.26	22	17
万人移动互联网用户数	9437.91	9138.74	21	21
信息传输、软件和信息技术服务业增加值占GDP比重	2.22	2.62	27	18
电子商务销售额与GDP比值	0.15	0.13	13	12

内蒙古科技创新分析

在内蒙古自治区党委、政府的坚强领导下，全区科技系统紧紧围绕学习贯彻党的二十大这条主线，紧扣习近平总书记交给内蒙古的"五大任务"，全面贯彻落实自治区党委、政府重大决策部署，坚持以"科技兴蒙"行动为统领，坚持教育、科技、人才工作协同推进，完善科技创新体系，增强创新整体效能。在今年的报告中，内蒙古综合科技创新水平指数为43.44%，仍排在全国第27位。

一、万人大专以上学历人数居全国第四

大专以上学历人数比上年增长了15.96%，万人大专以上学历人数增加了310.16人，位次上升至全国第4位，西部地区第1位。

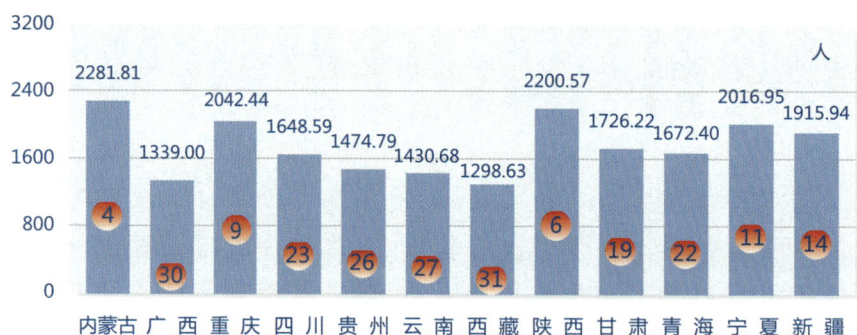

图3-16 西部地区万人大专以上学历人数及位次

二、高新技术产业化效益进一步提升

高技术产业利润总额增长了98.83%，高技术产业利润率提高了3.66个百分点，位次上升了11位；高技术产业营业收入比上年增长了21.25%，高技术产业劳动生产率提高了16.79万元/人，位次保持在全国第3位；知识密集型服务业增加值增长了17.10%，知识密集型服务业劳动生产率提高了19.72万元/人，位次上升了3位。

三、科研物质条件改善明显

研发仪器和设备支出比上年增长了90.32%，每名R&D人员仪器和设备支出增加了4.72万元，位次上升至全国第1位；科技企业孵化器累计毕业企业数增长了12.54%，十万人累计孵化企业数增加了1.00个，位次上升了2位。

内蒙古综合科技创新水平位次得不到提升的主要原因如下。

研发人力投入减少。R&D人员数比上年下降了5.33%，企业R&D人员数下降了16.09%，万人研究与试验发展（R&D）人员数减少了0.42人年，位次下降了3位；研究人员下降了4.70%，其中企业R&D研究人员下降了12.94%，企业R&D研究人员占比重下降了6.54个百分点，位次下降了2位。

研发经费投入缓慢，基础研究经费投入强度指数排在全国最后1位；地方财政科技支出占地方财政支出比重位次仍排在全国第29位；企业R&D经费支出占营业收入比重比上年下降了0.12个百分点，位次下降了1位；企业引进技术经费支出和企业消化吸收经费支出均为0，企业技术获取和技术改造经费支出占企业营业收入比重下降了0.06个百分点，位次下降了2位；上市公司R&D经费投入强度指数位次下降了2位。

（a）一级指标比较   （b）二级指标比较

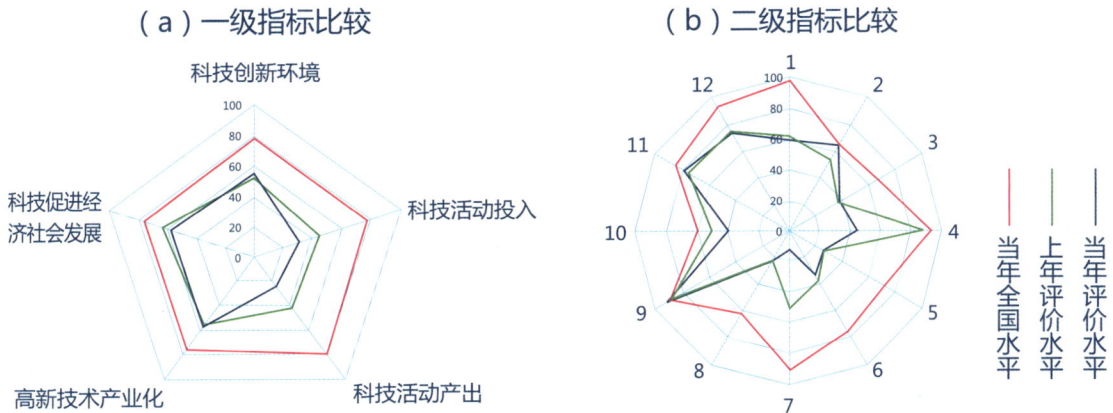

图3-17 内蒙古一、二级评价指标与上年水平和全国水平比较

图例：1.科技人力资源　　2.科研物质条件　　3.科技意识　　4.科技活动人力投入
5.科技活动财力投入　　6.科技活动产出水平　　7.技术成果市场化　　8.高新技术产业化水平
9.高新技术产业化效益　　10.经济发展方式转变　　11.环境改善　　12.社会生活信息化

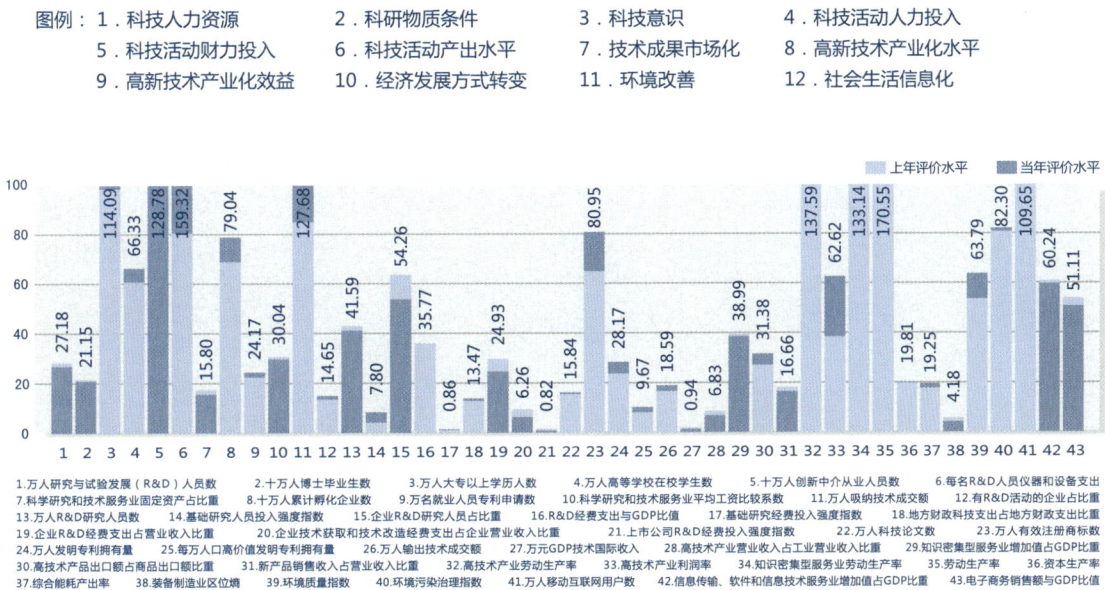

1.万人研究与试验发展（R&D）人员数　2.十万人博士毕业生数　3.万人大专以上学历人数　4.万人高等学校在校学生数　5.十万人创新中介从业人员数　6.每名R&D人员仪器和设备支出
7.科学研究和技术服务业固定资产占比重　8.十万人累计孵化企业数　9.万名就业人员专利申请数　10.科学研究和技术服务业平均工资比较系数　11.万人吸纳技术成交额　12.有R&D活动的企业占比重
13.万人R&D研究人员数　14.基础研究人员投入强度指数　15.企业R&D研究人员占比重　16.R&D经费支出与GDP比值　17.上市公司R&D经费投入强度指数　18.万人科技论文　19.万人有效注册商标数
19.企业R&D经费支出占营业收入比重　20.企业技术获取和技术改造经费支出占企业营业收入比重　21.万人科技论文　22.万人科技论文　23.万人有效注册商标数
24.万人发明专利拥有量　25.每万人口高价值发明专利拥有量　26.万人输出技术成交额　27.万元GDP技术国际收入　28.高技术产业营业收入占工业营业收入比重　29.知识密集型服务业增加值占GDP比重
30.高技术产品出口额占商品出口额比重　31.新产品销售收入占营业收入比重　32.高技术产业劳动生产率　33.高技术产业利润率　34.知识密集型服务业劳动生产率　35.劳动生产率　36.资本生产率
37.综合能耗产出率　38.装备制造业区位熵　39.环境质量指数　40.环境污染治理指数　41.万人移动互联网用户数　42.信息传输、软件和信息技术服务业增加值占GDP比重　43.电子商务销售额与GDP比值

图3-18 内蒙古三级评价指标与上年水平比较

技术成果转化不理想。技术市场输出技术成交额增长过慢，万人输出技术成交额位次下降了4位。

科技活动产出有待提升。万人科技论文数和万人发明专利拥有量位次均排在全国第29位；每万人口高价值发明专利拥有量和万元GDP技术国际收入位次均排在全国第28位；万人有效注册商标数位次下降了1位。

高新技术产业化水平较低。高技术产业营业收入占工业营业收入比重和知识密集型服务业增加值占GDP比重位次均排在全国第30位。

装备制造业区位熵位次仍排在全国第30位。

内蒙古创新发展主要指标及位次

总人口2400万人；地区生产总值20514.19亿元，居全国第21位；人均生产总值8.54万元，居全国第10位；知识密集型服务业增加值2399.75亿元，居全国第22位；规模以上工业企业营业收入24836.41亿元，居全国第19位；高新技术企业数1218个，居全国第26位；高新技术企业总收入8768.81亿元，居全国第20位。

R&D经费内部支出190.06亿元，居全国第23位，与生产总值比值0.93%，居全国第25位；R&D经费中基础研究经费支出5.44亿元，居全国第28位；企业R&D经费内部支出154.77亿元，居全国第21位；地方财政科技支出35.28亿元，居全国第27位。

大专以上学历人数521.17万人，居全国第22位；R&D人员数2.64万人年，居全国第26位；R&D人员中基础研究人员数0.31万人年，居全国第27位；企业R&D人员数1.54万人年，居全国第25位。

高技术产品出口额12.19亿美元，居全国第23位；技术市场输出技术成交额41.15亿元，居全国第26位；发明专利拥有量0.82万件，居全国第26位；移动互联网用户数2665.19万户，居全国第23位。

科技企业孵化器数51个，居全国第24位；科技企业孵化器在孵企业数1998个，居全国第25位；科技企业孵化器累计毕业企业数1921个，居全国第23位。

表3-5 内蒙古各级评价指标和位次与上年比较

指标名称	评价值 当年	评价值 上年	位次 当年	位次 上年
科技创新环境	54.16	51.45	22	25
科技人力资源	58.99	61.46	23	24
万人研究与试验发展（R&D）人员数	10.87	11.29	28	25
十万人博士毕业生数	1.06	1.06	21	21
万人大专以上学历人数	228181	197165	4	6
万人高等学校在校学生数	23215	21266	29	29
十万人创新中介从业人员数	3.86	6.82	13	5
科研物质条件	64.24	52.91	11	19
每名R&D人员仪器和设备支出	9.56	4.84	1	8
科学研究和技术服务业固定资产占比重	0.47	0.51	29	27
十万人累计解析企业数	7.90	6.90	21	23
科技意识	37.65	36.66	24	30
万名就业人员专利申请数	24.17	22.14	24	25
科学研究和技术服务业平均工资比较系数	6.09	6.094	31	31
万人吸纳技术成交额	204280	136263	14	14
有R&D活动的企业占比重	14.65	13.10	26	25
科技活动投入	30.58	44.68	28	26
万人R&D研究人员数	43.66	87.81	28	18
基础研究人员投入强度指数	5.41	5.58	27	27
企业R&D研究人员占比重	0.08	0.04	26	28
科技活动财力投入	37.98	44.52	15	13
R&D经费支出与GDP比值	24.97	26.20	28	27
基础研究经费投入强度指数	0.93	0.93	25	25
地方财政科技支出占地方财政支出比重	0.01	0.00	31	31
企业R&D经费支出占营业收入比重	0.67	0.61	29	29
企业技术获取和技术改造经费支出占企业营业收入比重	0.62	0.74	24	23
上市公司R&D经费投入强度指数	0.16	0.22	29	27
万人R&D活动论文数	0.01	0.01	24	22
科技活动产出	24.15	41.74	29	28
科技活动产出水平	32.56	36.73	28	30
万人科技论文数	1.58	1.51	29	30
万人有效注册商标数	121.42	98.98	23	22
万人发明专利拥有量	3.38	2.81	29	29
每万人口高价值发明专利拥有量	1.16	0.90	28	29
技术成果市场化	11.53	49.26	28	25
万人输出技术成交额	223.05	195.08	28	24
万元GDP技术国际收入	0.09	0.10	28	29
高新技术产业化	56.69	54.75	24	27
高新技术产业化水平	20.85	21.86	27	29
高技术产业营业收入占工业营业收入比重	2.05	2.40	30	30
知识密集型服务业增加值占GDP比重	11.70	11.80	30	31
高技术产业出口额占商品出口额比重	12.55	10.72	22	22
新产品销售收入占营业收入比重	6.67	7.10	28	28
高新技术产业化效益	92.52	87.64	6	9
高技术产业劳动生产率	178.87	162.08	3	3
高技术产业劳动利润率	9.39	5.73	13	24
知识密集型服务业劳动生产率	93.20	73.47	6	9
科技促进经济社会发展	57.36	62.60	25	24
经济发展方式转变	39.12	50.01	24	24
劳动生产率	22.17	19.66	4	4
资本生产率	0.20	0.19	26	26
综合能耗产出率	8.09	7.30	27	27
装备制造业区位熵	8.36	10.33	30	30
环境改善	78.59	75.46	26	30
环境质量指数	63.79	53.50	12	14
环境污染治理指数	82.30	80.94	25	30
社会生活信息化	74.32	75.08	20	18
万人移动互联网用户数	1096537	1041292	6	12
信息传输、软件和信息技术服务业增加值占GDP比重	2.11	2.13	29	29
电子商务销售额与GDP比值	0.15	0.16	12	11

辽宁科技创新分析

在今年的报告中，辽宁综合科技创新水平指数为65.59%，排在全国第15位，比上年下降1位。

一、高技术产业利润大幅增长

高技术产业利润总额比上年增长了56.50%，高技术产业利润率提高了4.29个百分点，位次上升至全国第6位。

二、创新孵化进一步发展

全国科技企业孵化器累计毕业企业数比上年增长了12.47%，十万人累计孵化企业数增加了1.41个，位次上升了1位；十万人创新中介从业人员数位次上升了2位。

三、科技成果有所增加

SCI收录科技论文数比上年增长了14.88%，万人科技论文数位次上升了1位；每万人口高价值发明专利拥有量位次上升了1位。

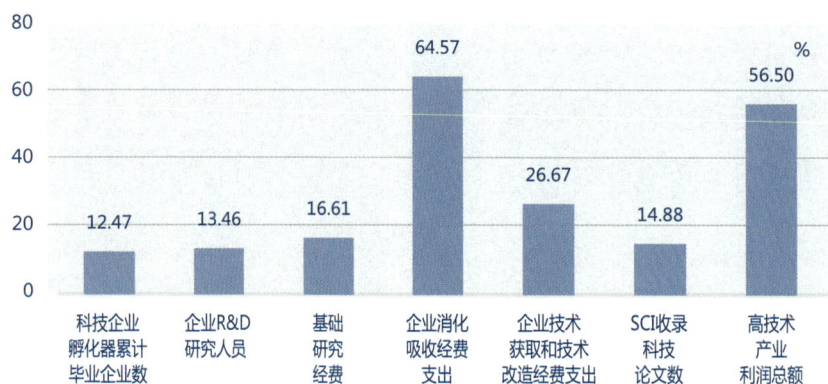

图3-19 部分指标增长速度

辽宁是东北地区科技创新水平较高的地区，但与其他地区相比，还有一定差距。

科技财力投入不足。R&D经费投入增长缓慢，R&D经费支出与GDP比值位次继上年下降1位后再次下降2位；企业R&D经费支出占营业收入比重位次再次下降1位；上市公司R&D经费投入强度指数位次下降1位。

政府科技投入力度减缓。地方财政科技支出占地方财政支出比重位次下降至全国第21位。

研发仪器和设备支出比上年减少了8.79％，每名R&D人员仪器和设备支出减少了1.04万元，位次下降了3位。

高新技术产业化发展缓慢。知识密集型服务业增加值比上年下降了2.44％，占生产总值比重位次下降了5位；高技术产品出口额占商品出口额下降了1.28个百分点，位次下降了2位；高技术产业劳动生产率位次下降了4位；知识密集型服务业劳动生产率位次下降了9位。

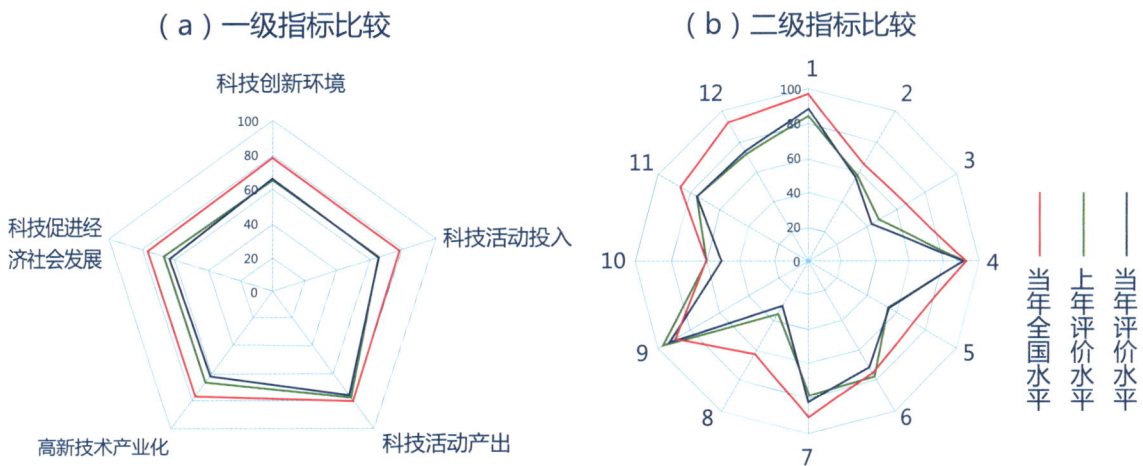

（a）一级指标比较　　（b）二级指标比较

图3-20 辽宁一、二级评价指标与上年水平和全国水平比较

图例：1.科技人力资源　　　　2.科研物质条件　　　　3.科技意识　　　　4.科技活动人力投入
　　　5.科技活动财力投入　　6.科技活动产出水平　　7.技术成果市场化　　8.高新技术产业化水平
　　　9.高新技术产业化效益　10.经济发展方式转变　　11.环境改善　　　　12.社会生活信息化

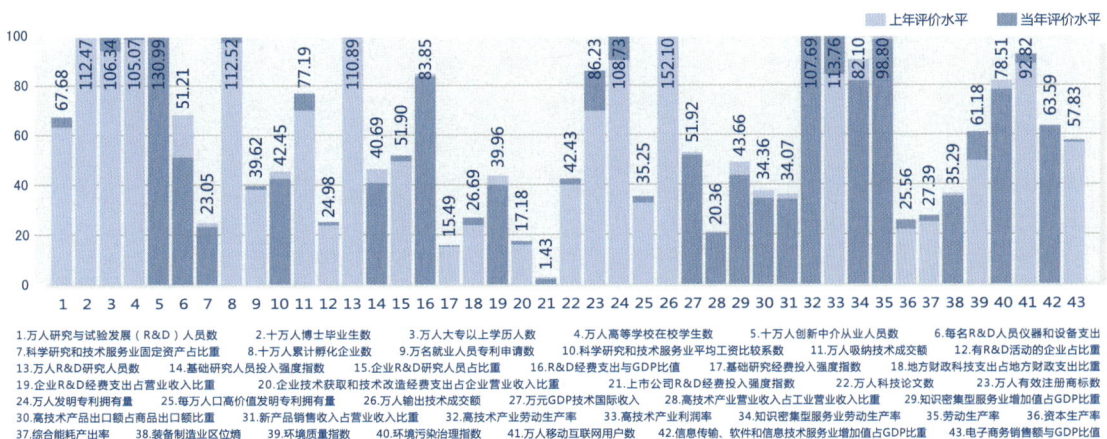

1.万人研究与试验发展（R&D）人员数　2.十万人博士毕业生数　3.万人大专以上学历人数　4.万人高等学校在校学生数　5.十万人创新中介从业人员数　6.每名R&D人员仪器和设备支出
7.科学研究和技术服务业固定资产占比重　8.十万人累计孵化企业数　9.万名就业人员专利申请数　10.科学研究和技术服务业平均工资比较系数　11.万人吸纳技术成交额　12.有R&D活动的企业占比重
13.万人R&D研究人员数　14.基础研究人员投入强度指数　15.企业R&D研究人员占比重　16.R&D经费支出与GDP比值　17.基础研究经费投入强度指数　18.地方财政科技支出占地方财政支出比重
19.企业R&D经费支出占营业收入比重　20.企业获取和技术改造经费支出占企业营业收入比重　21.上市公司R&D经费投入强度指数　22.万人科技论文　23.万人有效注册商标数
24.万人发明专利拥有量　25.每百人口高价值发明专利获得量　26.万人输出技术成交额　27.万元GDP技术国际收入　28.高技术产业营业收入占工业营业收入比重　29.知识密集型服务业增加值占GDP比重
30.高技术产品出口额占商品出口额比重　31.新产品销售收入占营业收入比重　32.高技术产业劳动生产率　33.高技术产业利润率　34.知识密集型服务业劳动生产率　35.劳动生产率　36.资本生产率
37.综合能耗产出率　38.装备制造业区位熵　39.环境质量指数　40.环境污染治理指数　41.万人移动互联网用户数　42.信息传输、软件和信息服务业增加值占GDP比重　43.电子商务销售额与GDP比值

图3-21 辽宁三级评价指标与上年水平比较

科技意识不足。万名就业人员专利申请数位次比上年下降了1位；科学研究和技术服务业平均工资比较系数下降了6.10个百分点，位次下降了2位；万人吸纳技术成交额位次下降了10位。

劳动生产率比上年减少了0.84万元/人，位次下降了3位；综合能耗产出率位次下降了1位，排在全国第24位。

环境改善不理想。环境污染治理指数位次仍排在全国第28位。

辽宁创新发展主要指标及位次

总人口4229万人；地区生产总值27584.08亿元，居全国第17位；人均生产总值6.50万元，居全国第16位；知识密集型服务业增加值3613.00亿元，居全国第18位；规模以上工业企业营业收入36765.39亿元，居全国第14位；高新技术企业数8721个，居全国第14位；高新技术企业总收入11844.71亿元，居全国第18位。

R&D经费内部支出600.42亿元，居全国第16位，与生产总值比值2.18%，居全国第13位；R&D经费中基础研究经费支出41.11亿元，居全国第12位；企业R&D经费内部支出367.28亿元，居全国第15位；地方财政科技支出78.45亿元，居全国第20位。

大专以上学历人数865.97万人，居全国第13位；R&D人员数11.65万人年，居全国第17位；R&D人员中基础研究人员数1.50万人年，居全国第10位；企业R&D人员数6.32万人年，居全国第15位。

高技术产品出口额82.10亿美元，居全国第18位；技术市场输出技术成交额755.12亿元，居全国第14位；发明专利拥有量5.61万件，居全国第13位；移动互联网用户数3994.08万户，居全国第15位。

科技企业孵化器数94个，居全国第21位；科技企业孵化器在孵企业数4432个，居全国第17位；科技企业孵化器累计毕业企业数4842个，居全国第12位。

表3-6 辽宁各级评价指标和位次与上年比较

指标名称	评价值 当年	评价值 上年	位次 当年	位次 上年
科技创新环境	65.27	65.35	14	15
科技人力资源	8869	8469	11	12
万人研究与试验发展（R&D）人员数	2707	2558	15	15
十万人博士毕业生数	562	548	9	8
万人大专以上学历人数	2126.74	1897.89	7	7
万人高等学校在校学生数	367.74	34865	9	8
十万人创新中介从业人员数	393	395	10	12
科研物质条件	5599	5696	18	15
每名R&D人员仪器和设备支出	307	411	15	12
科学研究和技术服务业固定资产占比重	069	074	22	22
十万人累计孵化企业数	1125	984	13	14
科技意识	4331	47.95	19	17
万名就业人员专利申请数	3962	3866	15	14
科学研究和技术服务业平均工资比较系数	8491	91.01	20	18
万人吸纳技术成交额	123511	113332	25	15
有R&D活动的企业占比重	2498	2417	19	19
科技活动人力投入	6420	64.70	15	16
万人R&D研究人员数	9027	90.64	10	15
基础研究人员投入强度指数	1442	1405	13	13
企业R&D研究人员占比重	041	046	8	6
科技活动财力投入	3633	35.09	16	17
R&D经费支出与GDP比值	53.02	53.58	17	14
基础研究经费投入强度指数	218	219	13	11
地方财政科技支出占地方财政支出比重	015	015	10	13
企业R&D经费支出占营业收入比重	133	121	21	20
企业技术改造和技术改造经费支出占企业营业收入比重	100	109	18	17
上市公司R&D经费投入强度指数	043	041	9	11
	001	002	20	19
科技活动产出	7468	7632	8	5
科技活动产出水平	7062	7617	10	7
万人科技论文数	4.24	4.04	7	8
万人有效注册商标数	12934	10756	20	19
万人发明专利拥有量	1305	1092	13	13
每万人口高价值发明专利拥有量	423	398	12	13
技术成果市场化	80.77	7656	7	5
万人输出技术成交额	182521	176393	11	11
万元GDP技术国际收入	519	531	7	5
高新技术产业化	61.25	65.81	20	15
高新技术产业化水平	2966	3458	22	19
高技术产业营业收入占工业营业收入比重	611	625	22	22
知识密集型服务业营业收入占GDP比重	1310	14.75	20	15
高技术产品出口额占商品出口额比重	1375	15.02	20	18
新产品销售收入占营业收入比重	1363	1448	16	17
高技术产业化效益	9284	97.04	5	3
高技术产业劳动生产率	13999	14150	9	5
高技术产业利润率	1706	1278	6	7
知识密集型服务业劳动生产率	57.47	6358	26	17
科技促进经济社会发展	6252	6636	18	18
经济发展方式转变	5063	5895	17	16
劳动生产率	1284	1368	14	11
资本生产率	026	032	20	20
综合能耗产出率	1150	1064	24	23
装备制造业区位熵	7058	7289	16	16
环境改善	7505	7580	28	29
环境质量指数	6118	5017	18	21
环境污染治理指数	7851	8220	28	28
社会生活信息化	7413	7290	21	21
万人移动互联网用户数	928154	896432	24	24
信息传输、软件和信息技术服务业增加值占GDP比重	223	224	26	27
电子商务销售额与GDP比值	017	017	11	8

吉林科技创新分析

近年来，吉林省不断加大科技投入力度，加强关键核心技术攻关，提升创新载体建设水平，推进科技成果本地转化，强化企业创新主体地位，科技创新水平稳步提升。在今年的报告中，吉林综合科技创新水平指数为58.18%，排在全国第18位，比上年上升1位。

一、科技人力投入不断增加

R&D人员数比上年增长了14.27%，其中，企业R&D人员数增长了36.57%，万人研究与试验发展（R&D）人员数增加了3.83人年，位次上升了1位；R&D研究人员数增长了9.39%，万人R&D研究人员数增加了2.05人年，位次上升了1位；企业R&D研究人员占比重位次上升1位；万人高等学校在校学生数增加了55.04人，位次上升至全国第4位；万人大专以上学历人数增加了343.02人，位次上升了4位；十万人创新中介从业人员数位次上升了1位。

二、企业技术改造经费大幅提升

企业技术获取和技术改造经费支出比上年增长了94.63%，尤其是企业技术改造经费支出增长了148.64%，企业购买境内技术经费支出增长了24.58%，企业技术获取和技术改造经费支出占企业营业收入比重提高了0.32个百分点，位次上升了7位，排在全国第3位。

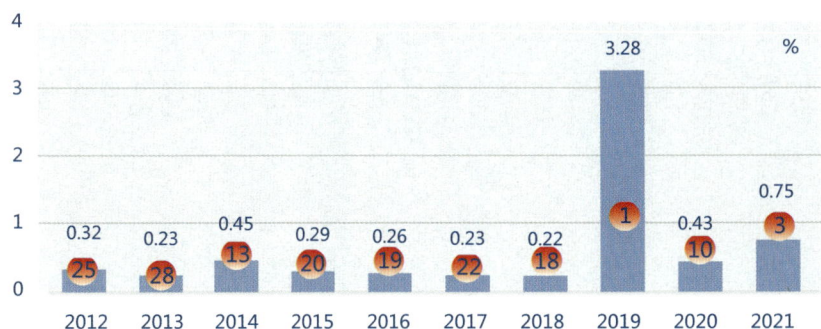

图3-22 企业技术获取和技术改造经费支出占企业营业收入比重及位次

研发经费投入增长缓慢。R&D经费支出与GDP比值虽然比上年有所提高，但位次仍排在全国第20位；基础研究经费投入强度指数位次下降了3位。

政府科技投入减少。地方财政科技支出比上年下降了3.77%，占地方财政支出比重位次下降了1位。

有R&D活动的企业较少，占工业企业比重位次排在全国第29位，企业研发投入强度较低，排在全国第27位。

技术成果转移转化大幅降低。技术市场吸纳技术成交额比上年下降了58.77%，万人吸纳技术成交额减少了1667.91万元，位次下降了24位，技术市场输出技术成交额下降了76.60%，万人输出技术成交额减少了1819.07万元，位次下降了16位。

高新技术产业化效益下降。高技术产业劳动生产率位次下降了8位；高技术产业利润率位次下降了1位；知识密集型服务业劳动生产率位次下降了8位。

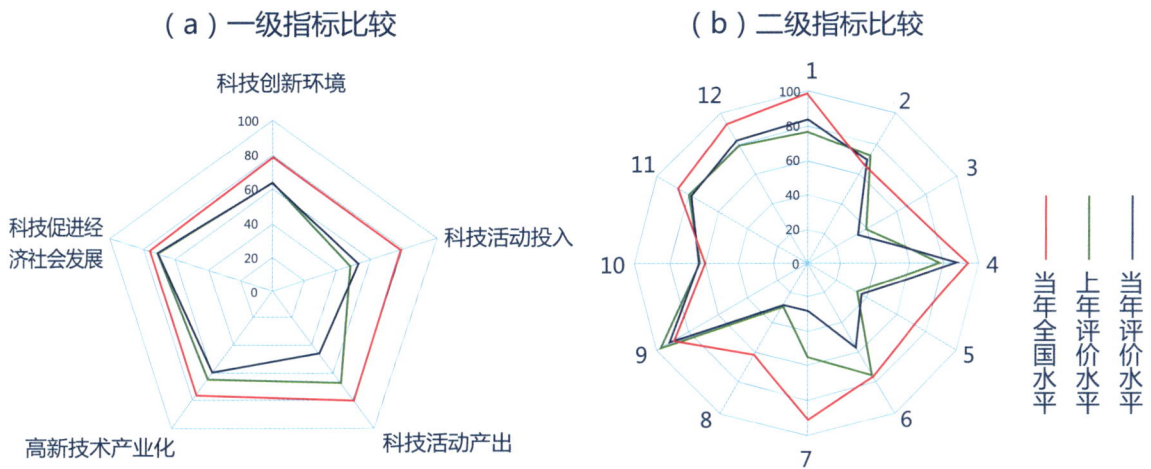

（a）一级指标比较　　　（b）二级指标比较

图3-23 吉林一、二级评价指标与上年水平和全国水平比较

图例：1.科技人力资源　2.科研物质条件　3.科技意识　4.科技活动人力投入
5.科技活动财力投入　6.科技活动产出水平　7.技术成果市场化　8.高新技术产业化水平
9.高新技术产业化效益　10.经济发展方式转变　11.环境改善　12.社会生活信息化

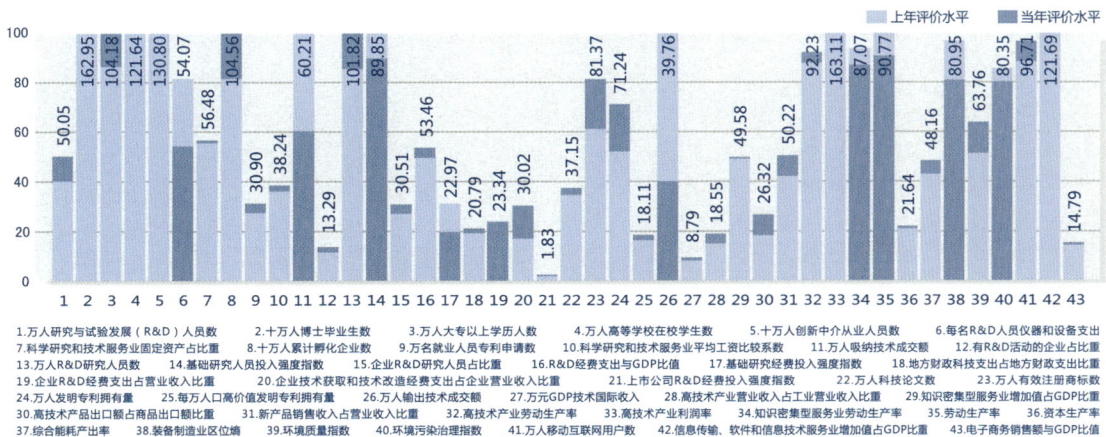

图3-24 吉林三级评价指标与上年水平比较

科研物质条件改善不足。研发仪器和设备支出比上年下降了7.82%，每名R&D人员仪器和设备支出减少1.66万元，位次下降了6位；科学研究和技术服务业固定资产占比重位次下降了1位。

环境改善不理想。环境污染治理指数位次下降至全国第27位。

电子商务销售额与GDP比值位次下降至全国第31位。

吉林创新发展主要指标及位次

总人口2375万人；地区生产总值13235.52亿元，居全国第26位；人均生产总值5.55万元，居全国第26位；知识密集型服务业增加值1968.46亿元，居全国第25位；规模以上工业企业营业收入14709.84亿元，居全国第24位；高新技术企业数2842个，居全国第21位；高新技术企业总收入8604.08亿元，居全国第21位。

R&D经费内部支出183.65亿元，居全国第24位，与生产总值比值1.39%，居全国第20位；R&D经费中基础研究经费支出27.68亿元，居全国第17位；企业R&D经费内部支出85.84亿元，居全国第25位；地方财政科技支出38.43亿元，居全国第26位。

大专以上学历人数477.41万人，居全国第24位；R&D人员数5.08万人年，居全国第22位；R&D人员中基础研究人员数1.47万人年，居全国第11位；企业R&D人员数1.61万人年，居全国第23位。

高技术产品出口额6.16亿美元，居全国第27位；技术市场输出技术成交额108.15亿元，居全国第24位；发明专利拥有量2.17万件，居全国第21位；移动互联网用户数2454.55万户，居全国第25位。

科技企业孵化器数95个，居全国第20位；科技企业孵化器在孵企业数3712个，居全国第21位；科技企业孵化器累计毕业企业数2654个，居全国第22位。

表3-7　吉林各级评价指标和位次与上年比较

指标名称	评价值		位次	
	当年	上年	当年	上年
科技创新环境	63.50	63.36	17	16
科技人力资源	82.52	75.54	14	17
万人研究与试验发展（R&D）人员数	20.02	16.19	19	20
十万人博士毕业生数	8.15	7.47	6	6
万人大专以上学历人数	2083.66	1740.64	8	12
万人高等学校在校学生数	425.72	370.69	4	5
十万人创新中介从业人员数	3.92	3.77	12	13
科研物质条件	68.69	71.45	8	5
每名R&D人员仪器和设备支出	3.24	4.90	13	7
科学研究和技术服务业固定资产占比重	1.69	1.68	8	7
十万人累计孵化企业数	10.46	8.21	16	16
科技意识	32.95	39.03	28	24
万名就业人员专利申请数	30.90	27.58	21	21
科学研究和技术服务业那务人员平均工资比技系数	76.48	72.70	26	29
万人吸纳技术成交额	963.37	2631.28	29	5
有R&D活动的企业占比重	13.29	11.63	29	29
科技活动投入	51.54	46.01	19	24
万人R&D研究人员数	86.70	76.01	14	25
基础研究人员投入强度指数	13.24	11.18	15	16
企业R&D研究人员占比重	0.90	1.33	3	2
科技活动财力投入	21.36	19.08	27	28
R&D经费支出与GDP比值	36.47	33.15	21	23
基础研究经费投入强度指数	1.39	1.30	20	20
地方财政科技支出占地方财政支出比重	0.23	0.31	7	4
企业R&D经费支出占企业营业收入比重	1.04	0.97	24	23
企业技术获取和技术改造经费支出占企业营业收入比重	0.58	0.59	27	27
上市公司R&D经费投入强度指数	0.75	0.43	3	10
	0.02	0.02	18	18
科技活动产出	44.56	65.97	19	12
科技活动产出水平	56.02	73.93	17	9
万人科技论文数	3.72	3.48	10	10

指标名称	评价值		位次	
	当年	上年	当年	上年
万人有效注册商标数	122.06	99.95	22	21
万人发明专利拥有量	8.55	6.28	17	17
每万人口高价值发明专利拥有量	2.17	1.97	17	17
技术成果市场化	27.37	54.03	23	15
万人输出技术成交额	477.14	2296.21	22	6
万元GDP技术国际收入	0.88	0.81	17	17
高新技术产业化	59.82	63.36	23	18
高新技术产业化水平	27.93	28.38	25	24
高新技术产业营业收入占工业营业收入比重	5.56	4.51	25	26
知识密集型服务业增加值占GDP比重	14.87	14.82	12	14
高技术产品出口额占商品出口额比重	10.53	7.37	24	26
新产品销售收入占营业收入比重	20.09	16.94	13	13
高新技术产业化效益	91.72	98.33	8	2
高技术产业劳动生产率	119.90	114.98	19	11
高技术产业利润率	24.47	23.33	3	2
知识密集型服务业劳动生产率	60.95	65.63	24	16
科技促进经济社会发展	71.54	70.54	8	11
经济发展方式转变	62.82	62.49	7	9
劳动生产率	11.80	13.45	17	12
资本生产率	0.22	0.21	23	24
综合能耗产出率	20.23	18.17	14	11
装备制造业区位熵	161.90	194.03	3	1
环境改善	77.03	78.93	27	26
环境质量指数	63.76	51.63	13	18
环境污染治理指数	80.35	85.75	27	25
社会生活信息化	81.64	78.46	13	15
万人移动互联网用户数	9670.52	8902.02	19	25
信息传输、软件和信息技术服务业增加值占GDP比重	4.26	4.14	5	5
电子商务销售额与GDP比值	0.04	0.04	31	30

黑龙江科技创新分析

近年来，黑龙江创新驱动发展战略深入实施，坚持把振兴发展的基点放在创新上，全省的科技创新水平不断提升。在今年的报告中，黑龙江综合科技创新水平指数为53.44%，排在全国第20位，比上年上升1位。

一、科技人力投入不断增加

R&D人员数比上年增长了10.03%，万人研究与试验发展（R&D）人员数增加了2.62人年，位次上升了2位；R&D研究人员数增长了7.50%，万人R&D研究人员数增加了1.66人年，位次上升了3位；高等学校博士毕业生数增长了10.51%，十万人博士毕业生数增加了1.14人，位次上升了1位；高等学校在校生数增长了26.09%，万人高等学校在校学生数增加了44.12人，位次上升了5位；十万人创新中介从业人员数位次上升了3位。

二、科研物质条件居全国第三

科学研究和技术服务业固定资产投资比上年增长了23.62%，占全社会固定资产比重位次保持在全国第1位；科技企业孵化器累计毕业企业数增长了11.56%，十万人累计孵化企业数位次上升了1位。

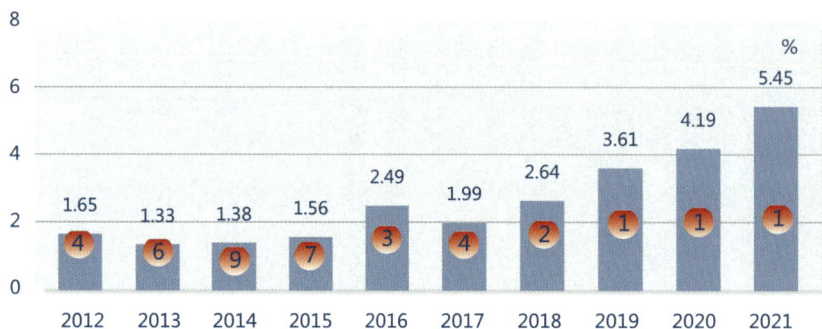

图3-25 科学研究和技术服务业固定资产占比重及位次

政府科技投入增长缓慢。地方财政科技支出占地方财政支出比重位次下降至全国第27位。

基础研究经费投入强度指数比上年下降了0.08个百分点，位次下降了7位。

企业创新财力投入减少。企业消化吸收经费支出比上年下降了44.16%，企业技术改造经费支出下降了13.83%，企业技术获取和技术改造经费支出下降了10.91%，占企业营业收入比重下降了0.09个百分点，位次下降了3位；企业R&D经费支出占营业收入比重下降了0.03个百分点；上市公司R&D经费投入强度指数位次下降了1位。

研发仪器和设备支出比上年下降了4.61%，每名R&D人员仪器和设备支出减少了1.86万元，位次下降了7位。

技术成果转移转化不理想。技术市场吸纳技术成交额增长缓慢，万人吸纳技术成交额位次下降了3位；万人输出技术成交额位次下降了1位；技术国际收入下降了72.18%，万元GDP技术国际收入位次下降了10位。

（a）一级指标比较　　　　　　（b）二级指标比较

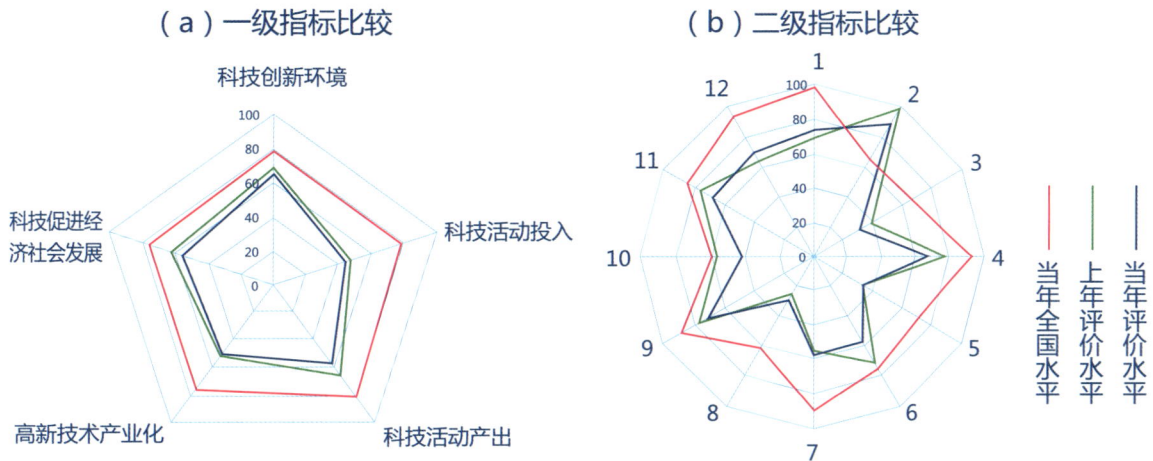

图3-26 黑龙江一、二级评价指标与上年水平和全国水平比较

图例：1.科技人力资源　　2.科研物质条件　　3.科技意识　　4.科技活动人力投入
5.科技活动财力投入　6.科技活动产出水平　7.技术成果市场化　8.高新技术产业化水平
9.高新技术产业化效益　10.经济发展方式转变　11.环境改善　12.社会生活信息化

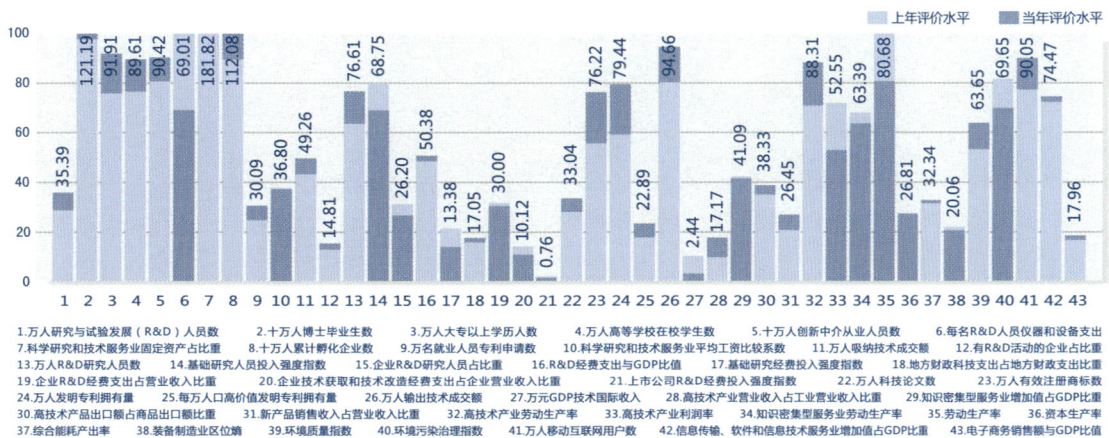

1.万人研究与试验发展（R&D）人员数　2.十万人博士毕业生数　3.万人大专以上学历人数　4.万人高等学校在校学生数　5.十万人创新中介从业人员数　6.每名R&D人员仪器和设备支出
7.科学研究和技术服务固定资产占比重　8.十万人累计孵化企业数　9.万名就业人员专利申请数　10.科学研究和技术服务业平均工资比较系数　11.万人吸纳技术成交额　12.有R&D活动的企业占比重
13.企业R&D研究人员数　14.基础研究人员投入强度指数　15.企业R&D经费支出占比重　16.地方财政科技支出占地方财政支出比重　17.基础研究经费投入强度指数　18.地方财政科技支出比重
19.企业R&D经费支出占营业收入比重　20.企业技术获取和技术改造经费支出占企业营业收入比重　21.上市公司R&D经费投入强度指数　22.万人科技论文数　23.万人有效注册商标数
24.万人发明专利拥有量　25.每万人口高价值发明专利拥有量　26.万人输出技术成交额　27.万元GDP技术国际收入　28.高技术产业营业收入占工业营业收入比重　29.知识密集型服务业增加值占GDP比重
30.高技术产品出口额占商品出口额比重　31.新产品销售收入占营业收入比重　32.高技术产业劳动生产率　33.高技术产业利润率　34.知识密集型服务业劳动生产率　35.劳动生产率　36.资本生产率
37.综合能耗产出率　38.装备制造业区位商　39.环境质量指数　40.环境污染治理指数　41.万人移动互联网用户数　42.信息传输、软件和信息技术服务业增加值占GDP比重　43.电子商务销售额与GDP比值

图3-27 黑龙江三级评价指标与上年水平比较

高技术产业化效益较低。高技术产业利润总额增长缓慢，高技术产业利润率位次下降了9位；知识密集型服务业劳动生产率减少了3.06万元/人，位次排在全国第28位。

劳动生产率比上年下降了0.52万元/人，位次下降了9位；资本生产率位次下降了4位；综合能耗产出率位次下降了2位。

环境改善较差。环境污染治理指数位次下降至全国第30位。

社会生活信息化水平有待提升。电子商务销售额与GDP比值位次下降至全国第30位。

黑龙江创新发展主要指标及位次

总人口3125万人；地区生产总值14879.19亿元，居全国第25位；人均生产总值4.73万元，居全国第30位；知识密集型服务业增加值1834.04亿元，居全国第26位；规模以上工业企业营业收入11834.32亿元，居全国第25位；高新技术企业数2782个，居全国第22位；高新技术企业总收入3619.54亿元，居全国第25位。

R&D经费内部支出194.58亿元，居全国第22位，与生产总值比值1.31%，居全国第21位；R&D经费中基础研究经费支出21.75亿元，居全国第19位；企业R&D经费内部支出88.77亿元，居全国第24位；地方财政科技支出43.52亿元，居全国第23位。

大专以上学历人数558.32万人，居全国第21位；R&D人员数4.86万人年，居全国第23位；R&D人员中基础研究人员数1.26万人年，居全国第14位；企业R&D人员数1.54万人年，居全国第24位。

高技术产品出口额11.79亿美元，居全国第24位；技术市场输出技术成交额350.14亿元，居全国第18位；发明专利拥有量3.28万件，居全国第18位；移动互联网用户数3093.93万户，居全国第22位。

科技企业孵化器数200个，居全国第10位；科技企业孵化器在孵企业数6697个，居全国第12位；科技企业孵化器累计毕业企业数3851个，居全国第17位。

表3-8 黑龙江各级评价指标和位次与上年比较

指标名称	评价值 当年	评价值 上年	位次 当年	位次 上年
科技创新环境	64.99	68.48	15	12
科技人力资源	72.61	68.71	17	20
万人研究与试验发展（R&D）人员数	14.16	11.53	22	24
十万人博士毕业生数	6.06	4.91	8	9
万人大专以上学历人数	1838.18	1526.86	16	20
万人高等学校在校学生数	313.64	269.52	17	22
十万人创新中介从业人员数	2.71	2.44	18	21
科研物质条件	89.15	98.01	3	2
每名R&D人员仪器和设备支出	4.14	6.01	9	2
科学研究和技术开发业务业固定资产占比重	5.45	4.19	1	1
十万人累计孵化企业数	11.21	9.01	14	15
科技意识	30.68	38.63	30	26
万名就业人员专利申请数	30.09	24.81	22	22
科学研究和技术开发业平均工资比较系数	73.59	73.81	27	28
万人吸纳技术成交额	788.11	694.31	30	27
有R&D活动的企业占比重	14.81	12.68	25	27
科技活动投入	43.62	46.29	21	22
万人R&D研究人员数	66.96	76.49	20	24
基础研究人员投入强度指数	9.96	8.30	17	20
企业R&D研究人员占比重	18.34	21.52	4	4
科技活动财力投入	33.62	33.35	28	25
R&D经费支出与GDP比值	1.31	1.26	22	21
基础研究经费投入强度指数	0.13	0.21	14	7
地方财政科技支出占地方财政支出比重	0.85	0.79	27	26
企业R&D经费支出占营业收入比重	0.75	0.78	22	22
企业技术改造和技术改造经费支出占企业营业收入比重	0.25	0.34	20	17
上市公司R&D经费投入强度指数	0.01	0.01	25	24
科技活动产出	57.25	64.66	15	13
科技活动产出水平	56.90	71.25	16	11
万人科技论文数	3.30	2.81	12	15
万人有效注册商标数	114.33	93.48	26	24
万人发明专利拥有量	9.53	7.13	16	16
每万人口高价值发明专利拥有量	2.75	2.13	16	16
技术成果市场化	57.77	54.77	15	14
万人输出技术成交额	1135.88	969.52	15	14
万元GDP技术国际收入	0.24	0.95	25	15
高新技术产业化	50.07	51.38	29	28
高新技术产业化水平	28.95	25.92	23	25
高技术产业营业收入占工业营业收入比重	5.15	2.87	27	29
知识密集型服务业增加值占GDP比重	12.33	12.56	26	28
高技术产品出口额占商品出口额比重	15.33	14.03	19	19
新产品销售收入占营业收入比重	10.58	8.29	21	25
高新技术产业化效益	71.19	76.85	29	26
高技术产业劳动生产率	114.80	92.57	23	24
高技术产业利润率	7.88	10.7	20	11
知识密集型服务业劳动生产率	44.37	47.44	28	28
科技促进经济社会发展	55.31	61.70	28	25
经济发展方式转变	41.50	56.14	20	19
劳动生产率	10.49	11.01	24	15
资本生产率	0.27	0.27	17	13
综合能耗产出率	13.58	13.26	22	20
装备制造业区位熵	40.11	42.93	21	22
环境改善	68.45	75.95	30	28
环境质量指数	63.65	53.50	14	15
环境污染治理指数	69.65	81.56	30	29
社会生活信息化	69.40	63.55	29	30
万人移动互联网用户数	9004.70	777466	26	31
信息传输、软件和信息技术服务业增加值占GDP比重	2.61	2.55	18	19
电子商务销售额与GDP比值	0.05	0.05	30	29

上海科技创新分析

上海市深入贯彻落实习近平总书记重要指示精神，按照党的部署要求，加快向具有全球影响力的科技创新中心进军，着力锻造高能级创新主体、扩大高水平科技供给、构建高效能治理体系，努力为国家实现高水平科技自立自强提供有力支撑。在今年的评价中，综合科技创新水平达到89.40%，保持在全国第1位，得分与上年相比，提高了2.27个百分点。

一、科技活动产出水平全国最高

技术国际收入比上年增长了35.49%，占到全国近1/3（32.88%），万元GDP技术国际收入增加了11.27美元，保持在全国第1位；发明专利拥有量增长了18.11%，万人发明专利拥有量增加了8.01件；高价值发明专利拥有量增长了71.06%，每万人口高价值发明专利拥有量增加了13.65件，SCI收录科技论文数增长了19.34%，万人科技论文数增加了0.72篇；技术市场输出技术成交额增长了60.78%，万人输出技术成交额增加了3796.09万元。

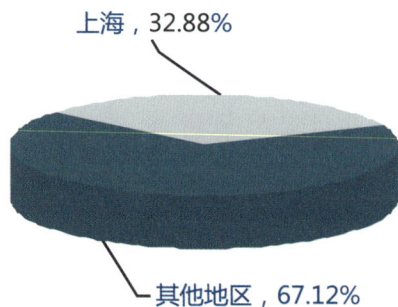

上海，32.88%

其他地区，67.12%

图3-28 技术国际收入占全国比重

二、科技人力资源全国最多

万人研究与试验发展（R&D）人员数、万人R&D研究人员数、基础研究人员投入强度指数、十万人博士毕业生数、万人大专以上学历人数均保持在全国第2位；十万人创新中介从业人员数排在全国第3位。

三、社会生活信息化水平全国最强

万人移动互联网用户数，信息传输、软件和信息技术服务业增加值占GDP比重，电子商务销售额与GDP比值均保持在全国第2位。

四、科研物质条件进一步完善

研发仪器和设备支出比上年增长了61.09%，每名R&D人员仪器和设备支出增加了2.80万元，位次上升了11位；科学研究和技术服务业固定资产投资增长了29.17%，占全社会固定资产投资比重提高了0.27个百分点，位次上升了3位。

高等学校在校生数比上年下降了0.79%，万人高等学校在校学生数位次下降了3位。

政府科技投入放缓。地方财政科技支出增长缓慢，占地方财政支出比重位次比上年下降了2位。

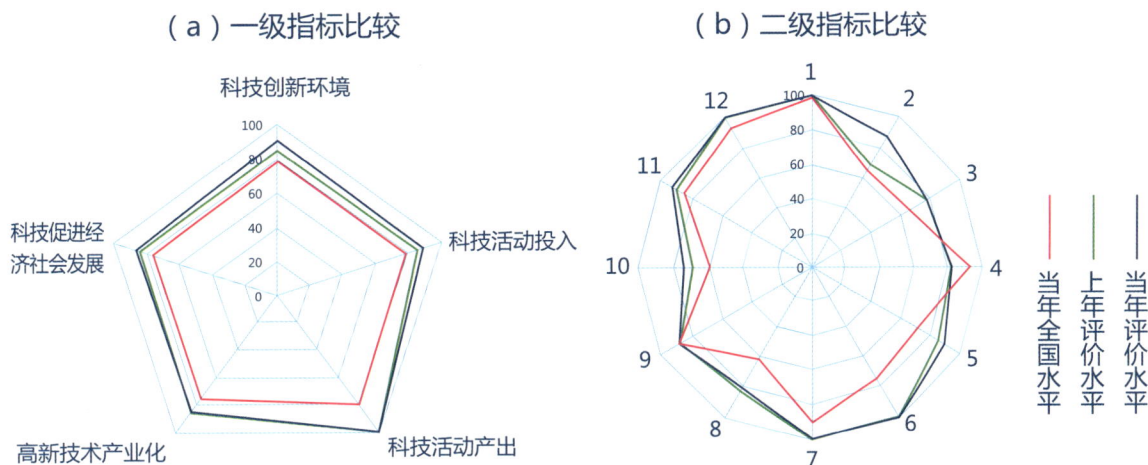

（a）一级指标比较　（b）二级指标比较

图3-29　上海一、二级评价指标与上年水平和全国水平比较

图例：1．科技人力资源　　2．科研物质条件　　3．科技意识　　4．科技活动人力投入
5．科技活动财力投入　6．科技活动产出水平　7．技术成果市场化　8．高新技术产业化水平
9．高新技术产业化效益　10．经济发展方式转变　11．环境改善　12．社会生活信息化

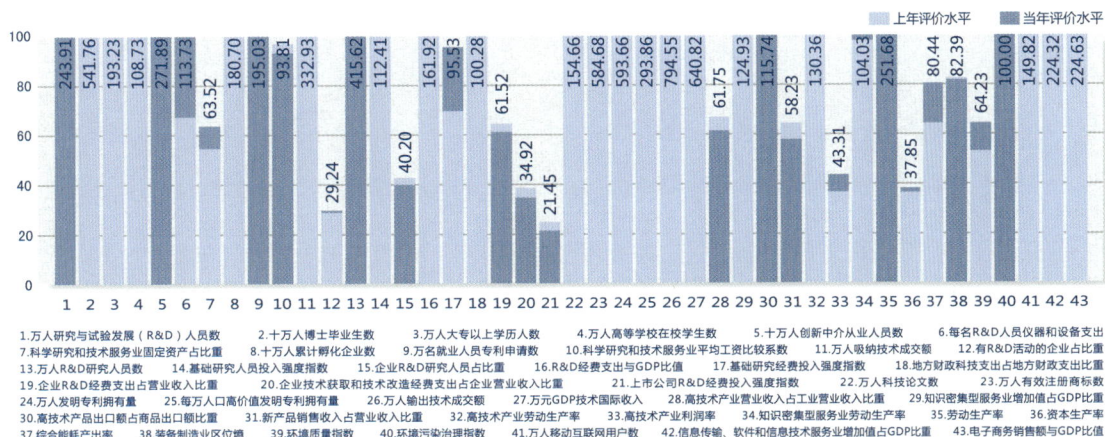

1.万人研究与试验发展（R&D）人员数　2.十万人博士毕业生数　3.万人大专以上学历人数　4.万人高等学校在校学生数　5.十万人创新中介从业人员数　6.每名R&D人员仪器和设备支出
7.科学研究和技术服务业固定资产占比重　8.十万人累计孵化企业数　9.万名就业人员专利申请数　10.科学研究和技术服务业平均工资比较系数　11.万人吸纳技术成交额　12.有R&D活动的企业占比重
13.万人R&D研究人员数　14.基础研究人员投入强度指数　15.企业R&D研究人员占比重　16.R&D经费支出与GDP比值　17.企业研究经费投入强度指数　18.地方财政科技支出占地方财政支出比重
19.企业R&D经费支出占营业收入比重　20.企业技术获取和技术改造经费支出占企业营业收入比重　21.上市公司R&D投入强度指数　22.万人科技论文数　23.万人有效注册商标数
24.万人发明专利拥有量　25.每万人口高价值发明专利拥有量　26.万人输出技术成交额　27.万元GDP技术国际收入　28.高技术产业营业收入占工业营业收入比重　29.知识密集型服务业增加值占GDP比重
30.高技术产品出口额占商品出口比重　31.新产品销售收入占营业收入比重　32.高技术产业劳动生产率　33.高技术产业利润率　34.知识密集型服务业劳动生产率　35.劳动生产率　36.资本生产率
37.综合能耗产出率　38.装备制造业区位熵　39.环境质量指数　40.环境污染治理指数　41.万人移动互联网用户数　42.信息传输、软件和信息技术服务业增加值占GDP比重　43.电子商务销售额与GDP比值

图3-30　上海三级评价指标与上年水平比较

企业创新不足。有R&D活动的企业占比重位次仍排在全国第14位，企业R&D经费支出占营业收入比重位次仍排在全国第7位；新产品销售收入占营业收入比重下降了2.41个百分点，位次下降了5位；高技术产品出口额占商品出口额比重下降了3.65个百分点，仍排在全国第7位；企业R&D研究人员占比重位次仍然比较靠后，排在全国第21位。

高新技术产业化效益持续下降。高技术产业劳动生产率位次比上年下降了1位；高技术产业利润率位次下降至全国第27位；知识密集型服务业劳动生产率位次下降至全国第14位。

上海创新发展主要指标及位次

总人口2489万人；地区生产总值43214.85亿元，居全国第10位；人均生产总值17.36万元，居全国第2位；知识密集型服务业增加值16196.36亿元，居全国第4位；规模以上工业企业营业收入45402.33亿元，居全国第11位；高新技术企业数19189个，居全国第6位；高新技术企业总收入40334.79亿元，居全国第6位。

R&D经费内部支出1819.77亿元，居全国第6位，与生产总值比值4.21%，居全国第2位；R&D经费中基础研究经费支出177.73亿元，居全国第3位；企业R&D经费内部支出698.33亿元，居全国第10位；地方财政科技支出422.70亿元，居全国第5位。

大专以上学历人数926.65万人，居全国第12位；R&D人员数23.55万人年，居全国第6位；R&D人员中基础研究人员数3.53万人年，居全国第3位；企业R&D人员数9.40万人年，居全国第12位。

高技术产品出口额937.20亿美元，居全国第3位；技术市场输出技术成交额2545.49亿元，居全国第4位；发明专利拥有量17.20万件，居全国第5位；移动互联网用户数3616.60万户，居全国第18位。

科技企业孵化器数185个，居全国第12位；科技企业孵化器在孵企业数7953个，居全国第10位；科技企业孵化器累计毕业企业数4362个，居全国第15位。

表3-9　上海各级评价指标和位次与上年比较

指标名称	评价值 当年	评价值 上年	位次 当年	位次 上年
科技创新环境	89.43	83.95	3	4
科技人力资源	100.00	100.00	1	1
万人研究与试验发展（R&D）人员数	97.56	99.29	2	3
十万人博士毕业生数	27.09	26.32	2	2
万人大专以上学历人数	3864.56	3534.89	2	2
万人高等学校在校学生数	380.57	372.17	7	4
十万人创新中介从业人员数	8.16	9.14	3	3
科研物质条件	87.23	68.60	4	6
每名R&D人员仪器和设备支出	6.82	4.03	2	13
科学研究和技术服务业固定资产占产比重	1.91	1.63	7	10
十万人累计孵化企业数	18.07	17.65	6	6
科技意识	77.53	77.91	4	4
万名就业人员专利申请数	195.03	227.41	2	1
科学研究和技术服务业平均工资比较系数	187.62	194.01	1	1
万人吸纳技术成交额	532691	421480	3	3
有R&D活动的企业占比重	29.24	28.37	14	14
科技活动投入	87.22	84.00	5	5
科技活动人力投入	82.06	81.92	15	21
万人R&D研究人员数	54.03	55.74	2	2
基础研究人员投入通度指数	1.12	1.11	2	3
企业R&D研究人员占比重	28.14	29.73	21	23
科技活动财力投入	89.43	84.89	2	1
R&D经费支出与GDP比值	4.21	4.17	2	2
基础研究经费投入通度指数	0.96	0.69	3	3
地方财政科技支出占地方财政支出比重	5.01	5.01	5	5
企业R&D经费支出占企业营业收入比重	1.54	1.61	7	7
企业技术获取和技术改造经费支出占企业营业收入比重	0.87	0.96	2	3
上市公司R&D经费投入通度指数	0.21	0.24	3	3
科技活动产出	100.00	100.00	1	1
科技活动产出水平	100.00	100.00	1	1
万人科技论文数	15.47	14.74	2	2

指标名称	评价值 当年	评价值 上年	位次 当年	位次 上年
万人有效注册商标数	877.02	719.70	2	2
万人发明专利拥有量	71.24	63.23	2	2
每万人口高价值发明专利拥有量	35.26	21.61	2	2
技术成果市场化	100.00	100.00	1	1
万人输出技术成交额	953458	573849	3	3
万元GDP技术国际收入	64.08	52.82	1	1
高新技术产业化	84.59	85.06	3	2
高新技术产业化水平	80.52	82.87	4	3
高技术产业营业收入占工业营业收入比重	18.53	20.02	6	6
知识密集型技术服务业增加值占GDP比重	37.48	37.21	2	2
高技术产品出口额占商品出口额比重	46.30	49.94	7	7
新产品销售收入占营业收入比重	23.29	25.70	10	5
高新技术产业化效益	88.66	87.25	14	11
高技术产业劳动生产率	169.46	147.38	5	4
高技术产业利润率	6.50	5.44	27	26
知识密集型服务业劳动生产率	72.82	68.46	14	13
科技促进经济社会发展	85.99	83.13	2	3
经济发展方式转变	74.12	69.10	2	3
劳动生产率	32.72	34.93	2	2
资本生产率	0.38	0.36	5	5
综合能耗产出率	33.79	26.93	5	5
装备制造业区位熵	164.78	165.04	2	3
环境改善	92.85	90.57	3	5
环境质量指数	64.23	52.83	10	16
环境污染治理指数	100.00	100.00	1	1
社会生活信息化	100.00	100.00	1	1
万人移动互联网用户数	1498178	1461657	2	2
信息传输、软件和信息技术服务业增加值占GDP比重	7.85	7.13	2	2
电子商务销售额与GDP比值	0.67	0.61	2	2

江苏科技创新分析

江苏省科技系统坚持以习近平新时代中国特色社会主义思想为指导，全面贯彻党的二十大精神，认真落实省委省政府决策部署，紧紧围绕扎实推进高水平科技自立自强的工作主线，以实施科技体制改革3年攻坚实施方案为牵引，深化科技人才发展机制、重大科技任务组织机制、区域协同创新机制、科技成果转移转化机制等"四项改革"，科技创新水平进一步提升。在今年的报告中，江苏综合科技创新水平指数达到83.14%，仍排在全国第5位，得分与上年相比，提高了2.79个百分点。

一、研发人员投入保持全国第二

R&D人员规模达到75.59万人年，占全国比重达到13.22%，其中，企业R&D人员数占到全国的16.01%，企业R&D研究人员数占到全国的16.10%，均排在全国第2位。

二、研发经费投入保持全国第二

研发经费投入达到3438.56亿元，仅次于广东，保持在全国第2位，占全国比重达到12.30%；企业R&D经费内部支出达到2716.63亿元，保持在全国第2位，占全国比重高达15.51%，企业R&D经费投入强度保持全国第一。

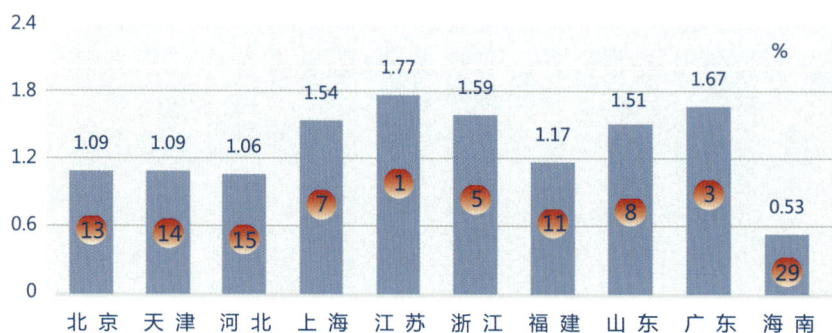

图3-31 沿海部分地区企业R&D经费支出占营业收入比重及位次

三、知识密集型服务业劳动生产率居全国第一

知识密集型服务业增加值比上年增长了11.56%，知识密集型服务业劳动生产率提高了12.25万元/人，位次上升至全国第1位。

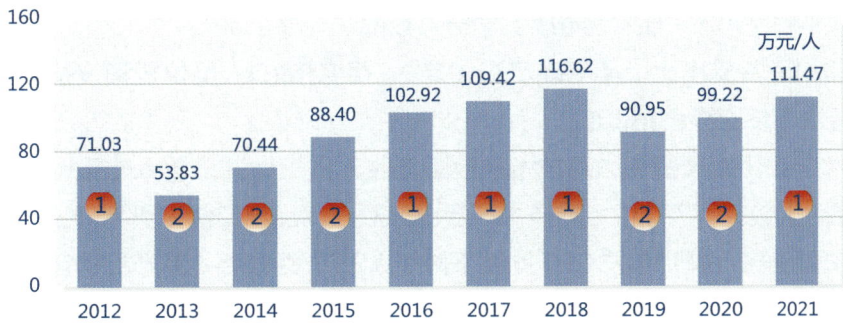

图3-32 知识密集型服务业劳动生产率及位次

（a）一级指标比较　　　　　　　（b）二级指标比较

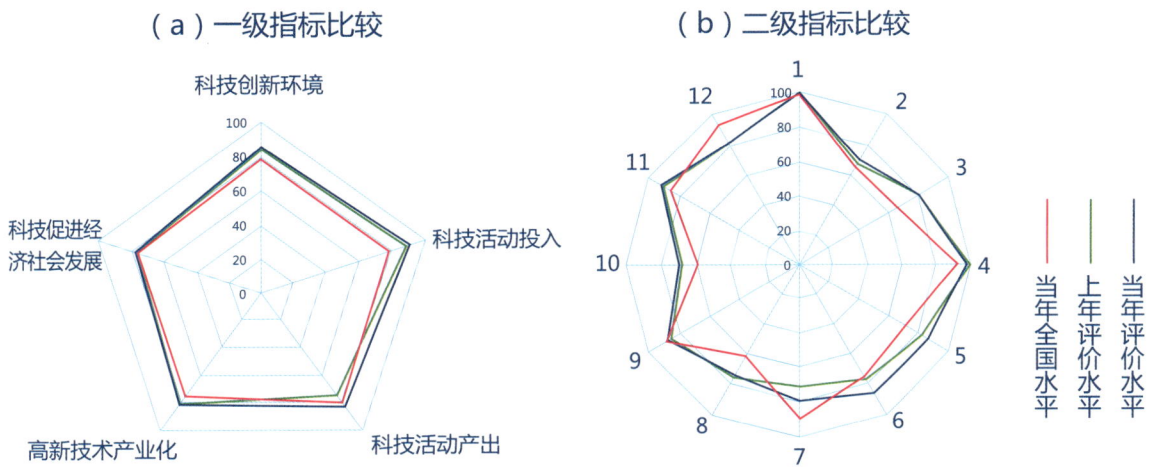

图3-33 江苏一、二级评价指标与上年水平和全国水平比较

图例：1．科技人力资源　　　　2．科研物质条件　　　　3．科技意识　　　　4．科技活动人力投入
　　　5．科技活动财力投入　　6．科技活动产出水平　　7．技术成果市场化　　8．高新技术产业化水平
　　　9．高新技术产业化效益　10．经济发展方式转变　11．环境改善　　　　12．社会生活信息化

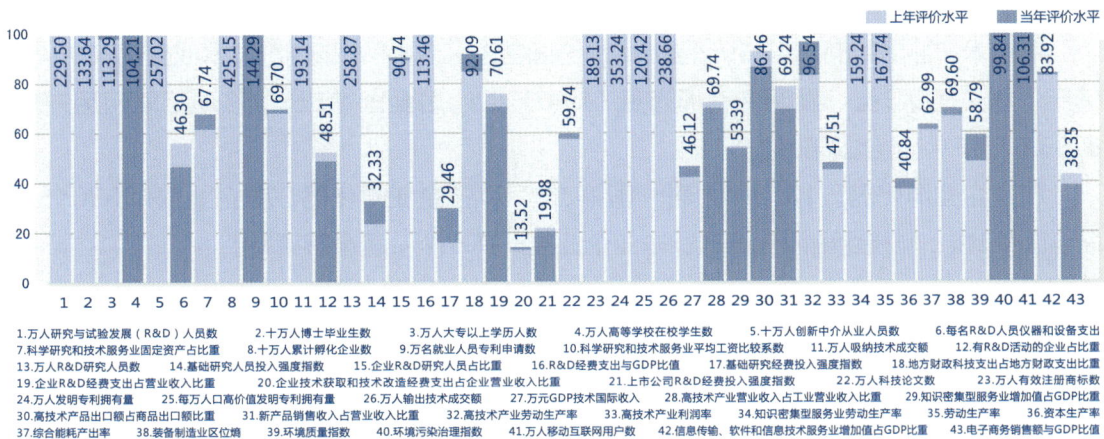

1.万人研究与试验发展（R&D）人员数　2.十万人博士毕业生数　3.万人大专以上学历人数　4.万人高等学校在校学生数　5.十万人创新中介从业人员数　6.每名R&D人员仪器和设备支出
7.科学研究和技术服务业固定资产占比重　8.十万人累计孵化企业数　9.万名就业人员专利申请数　10.科学研究和技术服务业平均工资比较系数　11.万人吸纳技术成交额　12.有R&D活动的企业占比重
13.万人R&D研究人员数　14.基础研究人员投入强度指数　15.企业R&D研究人员占比重　16.R&D经费支出与GDP比值　17.基础研究经费投入强度指数　18.地方财政科技支出占地方财政支出比重
19.企业R&D经费支出占营业收入比重　20.企业技术获取和技术改造经费支出占企业营业收入比重　21.上市公司R&D经费投入强度指数　22.万人科技论文　23.万人有效注册商标数
24.万人发明专利拥有量　25.每万人口高价值发明专利拥有量　26.万人输出技术成交额　27.万元GDP技术国际收入　28.高技术产业营业收入占工业营业收入比重　29.知识密集型服务业增加值占GDP比重
30.高技术产品出口额占高商品出口额比重　31.新产品销售收入占营业收入比重　32.高技术产业劳动生产率　33.高技术产业利润率　34.知识密集型服务业劳动生产率　35.劳动生产率　36.资本生产率
37.综合能耗产出率　38.装备制造业区位熵　39.环境质量指数　40.环境污染治理指数　41.万人移动互联网用户数　42.信息传输、软件和信息技术服务业增加值占GDP比重　43.电子商务销售额与GDP比值

图3-34 江苏三级评价指标与上年水平比较

科技人力资源有所减少。高等学校在校生数比上年下降了3.02%，万人高等学校在校学生数位次下降了4位；万人大专以上学历人数位次下降了1位。

研发仪器和设备支出比上年下降了11.01%，每名R&D人员仪器和设备支出减少了0.59万元，位次下降至全国第20位。

高新技术产业化发展缓慢。高技术产业营业收入占工业营业收入比重比上年下降了0.77个百分点，位次下降了1位；高技术产品出口额占商品出口额比重下降了2.59个百分点；知识密集型服务业增加值占GDP比重下降了0.25个百分点；新产品销售收入占营业收入比重下降了3.77个百分点，位次下降了4位；高技术产业利润总额虽有增长，但高技术产业利润率较低，位次下降至全国第23位；高技术产业劳动生产率下降了4位。

环境质量较差，环境质量指数位次下降至全国第23位。

社会生活信息化水平下降。万人移动互联网用户数减少了79.83户，信息传输、软件和信息技术服务业增加值占GDP比重位次下降了1位；电子商务销售额与GDP比值位次下降了5位。

江苏创新发展主要指标及位次

总人口8505万人；地区生产总值116364.20亿元，居全国第2位；人均生产总值13.70万元，居全国第3位；知识密集型服务业增加值18637.42亿元，居全国第3位；规模以上工业企业营业收入153888.58亿元，居全国第2位；高新技术企业数37368个，居全国第2位；高新技术企业总收入68822.93亿元，居全国第2位。

R&D经费内部支出3438.56亿元，居全国第2位，与生产总值比值2.95%，居全国第5位；R&D经费中基础研究经费支出135.67亿元，居全国第4位；企业R&D经费内部支出2716.63亿元，居全国第2位；地方财政科技支出671.59亿元，居全国第2位。

大专以上学历人数1834.88万人，居全国第2位；R&D人员数75.59万人年，居全国第2位；R&D人员中基础研究人员数3.40万人年，居全国第4位；企业R&D人员数61.27万人年，居全国第2位。

高技术产品出口额1747.50亿美元，居全国第2位；技术市场输出技术成交额2606.17亿元，居全国第3位；发明专利拥有量34.90万件，居全国第3位；移动互联网用户数8753.62万户，居全国第4位。

科技企业孵化器数1008个，居全国第2位；科技企业孵化器在孵企业数40020个，居全国第1位；科技企业孵化器累计毕业企业数35007个，居全国第1位。

表3-10　江苏各级评价指标和位次与上年比较

指标名称	评价值 当年	评价值 上年	位次 当年	位次 上年
科技创新环境	84.52	83.99	4	3
科技人力资源	100.00	100.00	1	1
万人研究与试验发展（R&D）人员数	91.80	85.02	4	4
十万人博士毕业生数	6.68	6.39	7	7
万人大专以上学历人数	2265.81	1975.95	5	4
万人高等学校在校学生数	364.72	365.28	10	6
十万人创新中介从业人员数	7.71	7.70	4	3
科研物质条件	69.91	67.28	7	7
每名R&D人员仪器和设备支出	2.78	3.37	20	19
科学研究和技术服务业固定资产占比重	2.03	1.86	6	6
十万人累计解中企业数	42.51	38.92	2	2
科技意识	78.49	79.35	2	2
万名就业人员专利申请数	144.29	152.05	5	5
科学研究和技术服务业平均工资比较系数	139.39	137.05	6	6
万人吸纳技术成交额	3090.18	2435.38	8	7
有R&D活动的企业占比重	48.51	52.15	3	1
科技活动投入	89.76	87.15	2	3
万人R&D研究人员数	97.56	100.00	2	1
基础研究人员投入强度指数	0.32	0.24	13	15
企业R&D研究人员占比重	63.51	63.08	2	3
科技活动财力投入	86.42	81.65	4	4
R&D经费支出与GDP比值	2.95	2.93	5	5
基础研究经费投入强度指数	0.29	0.16	6	12
地方财政科技支出占地方财政支出比重	4.60	4.27	6	6
企业R&D经费支出占企业营业收入比重	1.77	1.90	1	1
企业技术获取和技术改造经费支出占企业营业收入比重	0.34	0.32	13	19
上市公司R&D经费投入强度指数	0.20	0.21	5	5
科技活动产出	82.92	74.33	5	7
科技活动产出水平	85.91	76.47	5	6
万人科技论文数	5.97	5.79	5	5
万人有效注册商标数	283.69	226.19	6	6
万人发明专利拥有量	42.39	37.06	3	3
每万人口高价值发明专利拥有量	14.45	12.92	5	5
技术成果市场化	78.45	71.13	8	8
万人输出技术成交额	2863.95	2293.47	7	7
万元GDP技术国际收入	4.61	4.23	8	8
高新技术产业化	81.43	80.69	5	4
高新技术产业化水平	74.74	76.15	6	5
高技术产业营业收入占工业营业收入比重	20.92	21.69	5	4
知识密集型服务业增加值占GDP比重	16.02	16.26	7	8
高技术产品出口额占商品出口额比重	34.58	37.17	10	11
新产品销售收入占营业收入比重	27.70	31.47	6	2
高新技术产业劳动生产率	88.12	85.24	18	16
高技术产业劳动生产率	125.50	108.64	18	14
高技术产业利润率	7.13	6.77	23	19
知识密集型服务业劳动生产率	111.47	99.22	1	2
科技促进经济社会发展	76.89	75.99	7	7
经济发展方式转变	69.43	67.75	5	4
劳动生产率	21.81	18.77	5	5
资本生产率	0.41	0.37	4	4
综合能耗产出率	26.46	25.79	7	3
装备制造业区位熵	139.21	133.87	5	6
环境改善	91.63	89.64	7	7
环境质量指数	58.79	48.57	23	22
环境污染治理指数	99.84	99.91	5	5
社会生活信息化	81.24	81.92	14	10
万人移动互联网用户数	1063095	1071077	10	11
信息传输、软件和信息技术服务业增加值占GDP比重	2.94	2.92	14	13
电子商务销售额与GDP比值	0.12	0.13	18	13

浙江科技创新分析

坚持守正创新，按照"着眼长远、锚定五年、谋准三年、扎实干好每一年"的要求，全力实施"315"科技创新体系建设工程，加快建设具有全球影响力的科创高地和创新策源地。在今年的报告中，浙江科技创新总指数达到80.93%，仍排在全国第6位，得分与上年相比，提高了2.45个百分点。

一、政府科技投入力度加大

地方财政科技支出比上年增长了22.55%，占地方财政支出比重提高了0.57个百分点，位次上升了1位。

二、企业产品创新能力保持全国第一

全省有R&D活动的企业增长了9.83%，占到全国的15.48%，占全省规模以上工业企业比重达到48.74%，位次保持在全国第2位；新产品销售收入增长了30.34%，占营业收入比重保持在全国第1位。

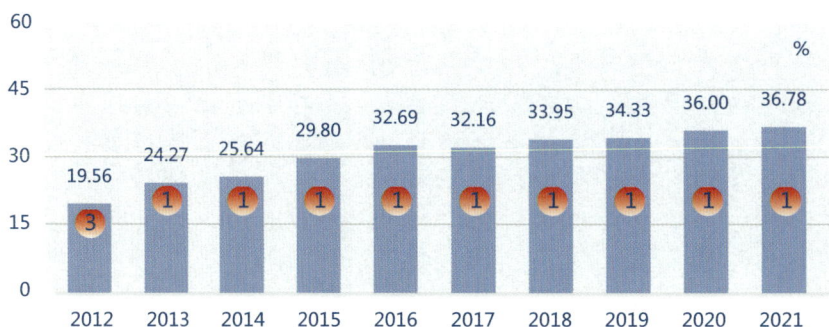

图3-35 新产品销售收入占营业收入比重及位次

三、技术成果转移转化进一步提高

技术市场吸纳技术成交额比上年增长了36.16%，万人吸纳技术成交额增加了672.71万元；技术市场输出技术成交额增长了32.24%，万人输出技术成交额增加了519.80万元，位次上升了1位；技术国际收入增长了49.99%，万元GDP技术国际收入增加了1.60美元，位次上升了1位。

四、科研物质条件改善明显

研发仪器和设备支出比上年增长了40.37%，每名R&D人员仪器和设备支出增加了0.94万元，位次上升了10位；科学研究和技术服务业固定资产占比重提高了0.23个百分点，位次上升了1位；十万人累计孵化企业数位次保持在全国第3位。

基础研究较为薄弱。基础研究人员投入强度指数排在全国第24位；基础研究经费投入强度指数位次比上年下降了3位，排在全国第18位。

企业引进技术经费支出比上年下降了16.96%，企业消化吸收经费支出下降了14.61%，企业技术获取和技术改造经费支出占企业营业收入比重下降了0.07个百分点，位次下降了3位。

（a）一级指标比较 　　　（b）二级指标比较

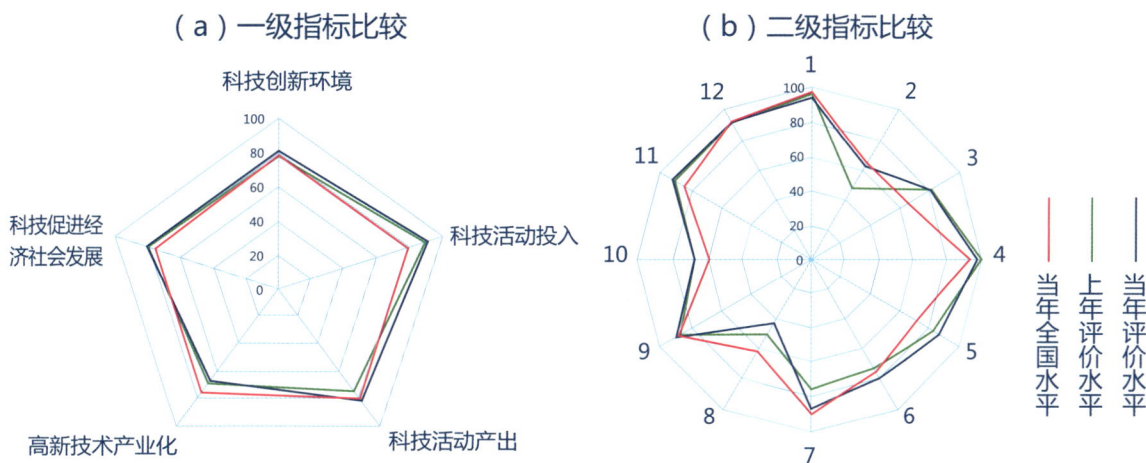

图3-36 浙江一、二级评价指标与上年水平和全国水平比较

图例：1.科技人力资源　　　2.科研物质条件　　　3.科技意识　　　4.科技活动人力投入
　　　5.科技活动财力投入　6.科技活动产出水平　7.技术成果市场化　8.高新技术产业化水平
　　　9.高新技术产业化效益　10.经济发展方式转变　11.环境改善　　　12.社会生活信息化

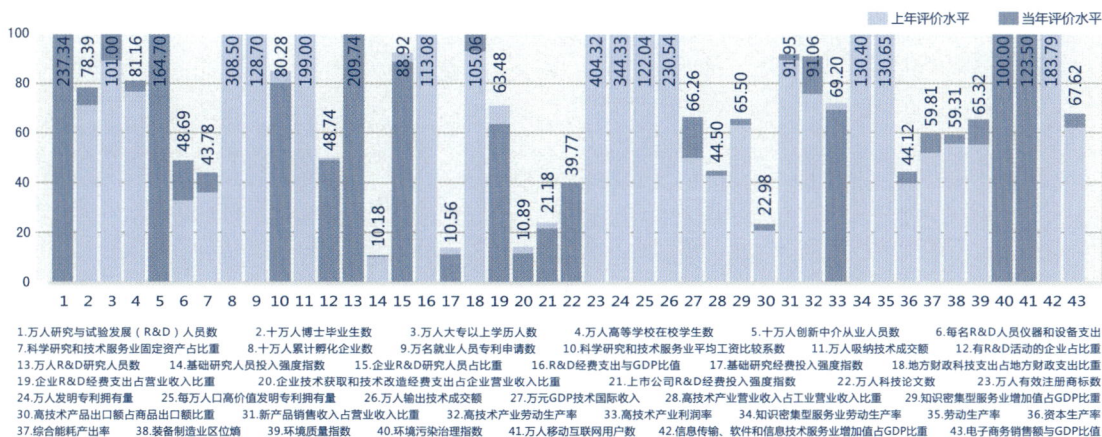

1.万人研究与试验发展（R&D）人员数　2.十万人博士毕业生数　3.万人大专以上学历人数　4.万人高等学校在校学生数　5.十万人创新中介从业人员数　6.每名R&D人员仪器和设备支出
7.科学研究和技术服务业固定资产占比重　8.十万人累计孵化企业数　9.万名就业人员专利申请数　10.科学研究和技术服务业平均工资比较系数　11.万人吸纳技术成交额　12.有R&D活动的企业占比重
13.万人R&D研究人员数　14.基础研究人员投入强度指数　15.企业R&D经费支出与GDP比值　16.R&D经费支出与GDP比值　17.基础研究经费投入强度指数　18.地方财政科技支出占地方财政支出比重
19.企业R&D经费支出占营业收入比重　20.企业技术获取和技术改造支出占企业营业收入比重　21.上市公司R&D经费投入强度指数　22.万人科技论文数　23.万人有效注册商标数
24.万人发明专利拥有量　25.每万人口高价值发明专利拥有量　26.万人输出技术成交额　27.万元GDP技术国际收入　28.高技术产业营业收入占工业营业收入比重　29.知识密集型服务业增加值占GDP比重
30.高技术产品出口额占商品出口额比重　31.新产品销售收入占营业收入比重　32.高技术产业劳动生产率　33.高技术产业利润率　34.知识密集型服务业劳动生产率　35.劳动生产率　36.资本生产率
37.综合能耗产出率　38.装备制造业区位熵　39.环境质量指数　40.环境污染治理指数　41.万人移动互联网用户数　42.信息传输、软件和信息技术服务业增加值占GDP比重　43.电子商务销售额与GDP比值

图3-37 浙江三级评价指标与上年水平比较

科技人力资源不足。R&D人员数比上年下降了1.32%，万人研究与试验发展（R&D）人员数位次下降了1位；R&D研究人员数下降了4.01%，企业R&D研究人员占比重位次下降了1位；高等学校在校生数下降了1.59%，万人高等学校在校学生数位次下降了7位；万人大专以上学历人数排在全国第10位；十万人博士毕业生数排在全国第11位。

高新技术产业发展缓慢。高技术产品出口额占商品出口额比重位次下降至全国第25位；高技术产业利润率位次下降1位；高技术产业劳动生产率和知识密集型服务业劳动生产率位次均下降2位。

浙江创新发展主要指标及位次

总人口6540万人；地区生产总值73515.76亿元，居全国第4位；人均生产总值11.30万元，居全国第6位；知识密集型服务业增加值14445.63亿元，居全国第5位；规模以上工业企业营业收入100301.31亿元，居全国第4位；高新技术企业数28310个，居全国第3位；高新技术企业总收入57744.74亿元，居全国第3位。

R&D经费内部支出2157.69亿元，居全国第4位，与生产总值比值2.94%，居全国第6位；R&D经费中基础研究经费支出64.35亿元，居全国第7位；企业R&D经费内部支出1591.66亿元，居全国第3位；地方财政科技支出578.60亿元，居全国第3位。

大专以上学历人数1254.44万人，居全国第6位；R&D人员数57.53万人年，居全国第3位；R&D人员中基础研究人员数1.66万人年，居全国第9位；企业R&D人员数48.21万人年，居全国第3位。

高技术产品出口额421.54亿美元，居全国第7位；技术市场输出技术成交额1855.78亿元，居全国第8位；发明专利拥有量25.04万件，居全国第4位；移动互联网用户数7483.37万户，居全国第7位。

科技企业孵化器数517个，居全国第3位；科技企业孵化器在孵企业数19501个，居全国第3位；科技企业孵化器累计毕业企业数18694个，居全国第4位。

表3-11 浙江各级评价指标和位次与上年比较

指标名称	评价值 当年	评价值 上年	位次 当年	位次 上年
科技创新环境				
科技人力资源	80.52	77.31	5	6
万人研究与试验发展（R&D）人员数	94.01	96.03	7	6
十万人博士毕业生数	94.94	107.04	3	2
万人大专以上学历人数	3.92	3.58	11	11
万人高等学校在校学生数	202003	1799754	10	10
万人创新中介从业人员数	284.05	270.40	26	19
十万人创新中介从业人员数	4.94	5.48	7	7
科研机物质条件	62.37	47.73	13	23
每名R&D人员仪器和设备支出	2.92	1.98	18	28
科学研究和技术服务业固定资产占比重	1.31	1.09	12	13
十万人累计孵化企业数	30.85	30.10	3	3
科技意识	80.68	81.95	1	1
万名就业人员专利申请数	128.70	127.11	6	6
科学研究和技术服务业平均工资比较系数	16055	170.28	4	2
万人吸纳技术成交额	3183.95	2511.24	6	6
有R&D活动的企业占比重	48.74	49.72	2	2
科技活动投入	89.75	87.77	3	2
科技活动人力投入	97.00	100.00	3	1
万人R&D研究人员数	27.27	31.60	5	5
基础研究人员投入强度指数	0.10	0.10	24	24
企业R&D研究人员占比重	62.25	64.89	3	2
科技活动财力投入	86.64	82.53	3	3
R&D经费支出与GDP比值	2.94	2.88	6	6
基础研究经费投入强度指数	0.11	0.13	18	15
地方财政科技支出占地方财政支出比重	5.25	4.68	4	5
企业R&D经费支出占比营业收入比重	1.59	1.78	5	2
企业技术获取和技术改造经费支出占企业营业收入比重	0.27	0.34	19	16
上市公司R&D经费投入强度指数	0.21	0.24	4	4
科技活动产出	81.95	73.89	6	8
科技活动产出水平	78.92	73.05	6	10
万人科技论文数	3.98	3.99	8	9
万人有效注册商标数	606.49	490.96	3	3
万人发明专利拥有量	41.32	36.64	4	4
每万人口高价值发明专利拥有量	14.64	13.18	4	4
技术成果市场化	86.51	75.13	6	7
万人输出技术成交额	2766.43	2246.63	8	9
万元GDP技术国际收入	6.63	5.03	6	7
高新技术产业化	66.50	68.65	17	10
高新技术产业化水平	42.74	49.83	17	15
高技术产业营业收入占工业营业收入比重	13.35	12.89	11	11
知识密集型服务业增加值占GDP比重	19.65	19.04	5	5
高技术产品出口额占商品出口额比重	9.19	8.33	25	24
新产品销售收入占营业收入比重	36.78	36.00	1	1
高新技术产业化效益	90.26	87.47	11	10
高技术产业劳动生产率	118.38	99.21	20	18
高技术产业利润率	10.38	10.80	11	10
知识密集型服务业劳动生产率	91.28	80.31	7	5
科技促进经济社会发展	80.20	79.44	5	4
经济发展方式转变	67.01	66.79	6	5
劳动生产率	16.98	14.12	8	10
资本生产率	0.44	0.40	2	3
综合能耗产出率	25.12	21.95	8	7
装备制造业区位熵	118.61	111.76	7	8
环境改善	93.06	91.14	2	3
环境质量指数	65.32	55.68	8	9
环境污染综合治理指数	100.00	100.00	1	1
社会生活信息化	93.52	92.51	5	5
万人移动互联网用户数	12349.64	12927.65	4	4
信息传输、软件和信息技术服务业增加值占GDP比重	6.43	5.26	3	3
电子商务销售额与GDP比值	0.20	0.19	7	7

安徽科技创新分析

全省科技系统着力下好创新"先手棋",大力实施科技创新"栽树工程",加快建设科技成果转化应用体系,推进科技产业一体化发展,推动了"科教大省"向"科技创新策源地"的跨越发展。在今年的报告中,安徽综合科技创新水平指数为72.91%,排在全国第9位,比上年上升1位,得分与上年相比,提高了2.47个百分点。

一、创新财力投入进一步提升

R&D经费内部支出比上年增长了13.92%,与GDP比值提高了0.06个百分点,位次上升了2位;基础研究经费增长了21.72%,基础研究经费投入强度指数保持在全国第5位;企业R&D经费内部支出增长了15.59%,占营业收入比重位次上升了1位;企业消化吸收经费支出增长了49.56%,企业购买境内技术经费支出增长了50.78%,企业技术改造经费支出增长了14.98%,企业技术获取和技术改造经费支出增长了16.22%,占企业营业收入比重位次上升了1位;上市公司R&D经费支出增长了39.98%,上市公司R&D经费投入强度指数位次上升了1位。

政府科技投入力度加大。地方财政科技支出比上年增长了12.46%,占地方财政支出比重提高了0.53个百分点,位次上升至全国第2位,中部地区第1位。

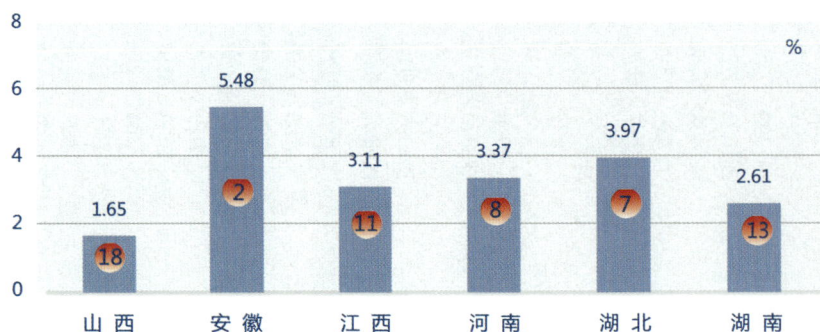

图3-38 中部地区地方财政科技支出占地方财政支出比重及位次

二、企业产品创新保持中部地区最高水平

新产品销售收入比上年增长了25.28%,占营业收入比重提高了1.91个百分点,位次上升至全国第2位,中部地区第1位;高技术产品出口额比上年增长了47.30%,占商品出口额比重提高了1.57个百分点,位次上升了1位。

三、专利产出中部地区最多

发明专利拥有量占到中部地区的31.78%，比上年增长了23.98%；万人发明专利拥有量增加了3.65件，位次保持在中部地区第1位；高价值发明专利拥有量增长了23.49%，每万人口高价值发明专利拥有量位次上升了2位。

科技人力资源不足。万人大专以上学历人数、万人高等学校在校学生数和十万人创新中介从业人员数虽然较上年有所增加，但位次仍然比较靠后，分别排在全国第20位、第18位和第23位。

十万人累计孵化企业数位次继上年下降2位之后再次下降2位，排在全国第24位。

（a）一级指标比较　　　（b）二级指标比较

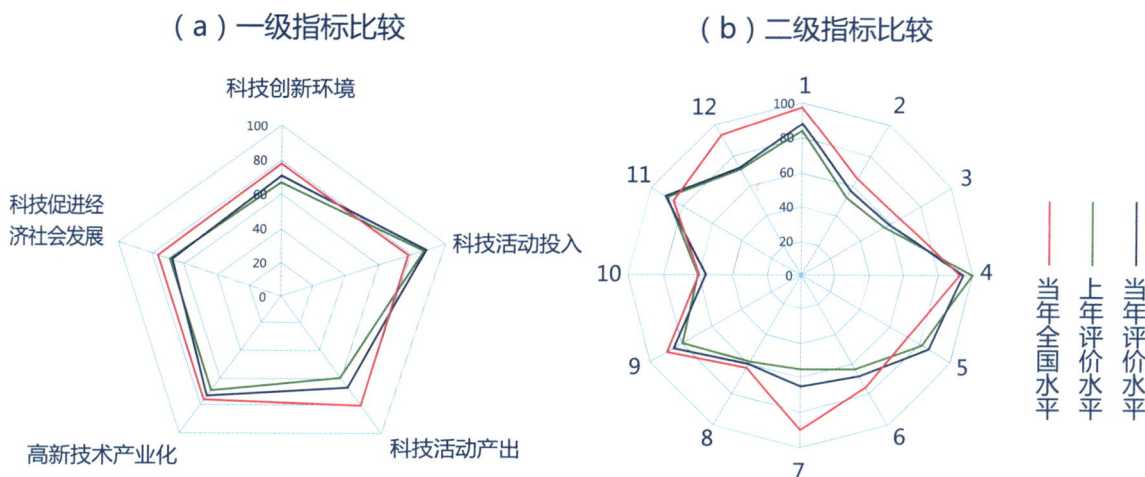

图3-39 安徽一、二级评价指标与上年水平和全国水平比较

图例：1．科技人力资源　　2．科研物质条件　　3．科技意识　　4．科技活动人力投入
5．科技活动财力投入　6．科技活动产出水平　7．技术成果市场化　8．高新技术产业化水平
9．高新技术产业化效益　10．经济发展方式转变　11．环境改善　12．社会生活信息化

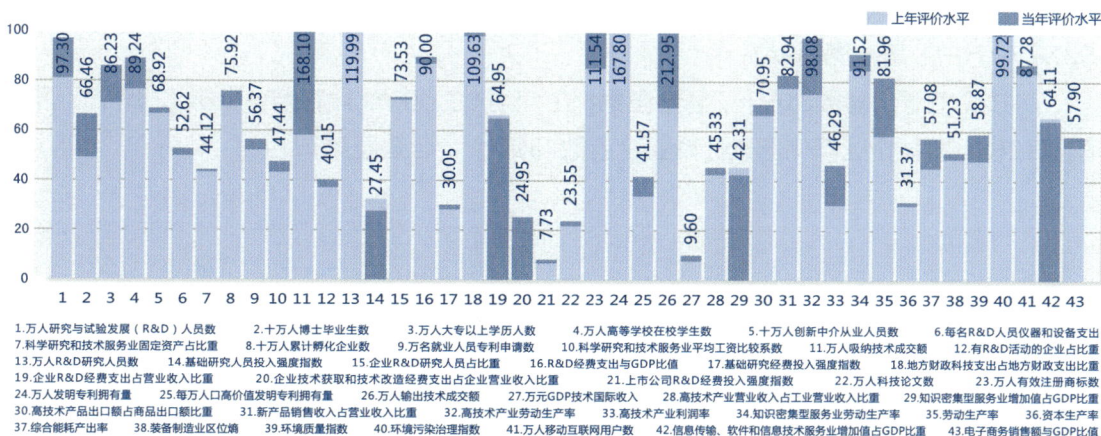

1.万人研究与试验发展（R&D）人员数　2.十万人博士毕业生数　3.万人大专以上学历人数　4.万人高等学校在校学生数　5.十万人创新中介从业人员数　6.每名R&D人员仪器和设备支出
7.科学研究和技术服务业固定资产占比重　8.十万人累计孵化企业数　9.万名就业人员专利申请数　10.科学研究和技术服务业平均工资比较系数　11.万人吸纳技术成交额　12.有R&D活动的企业占比重
13.万人R&D研究人员数　14.基础研究人员投入强度指数　15.企业R&D研究人员占比重　16.R&D经费支出与GDP比值　17.基础研究经费投入强度指数　18.地方财政科技支出占地方财政支出比重
19.企业R&D经费支出占营业收入比重　20.企业技术获取和技术改造经费支出占企业营业收入比重　21.上市公司R&D经费投入强度指数　22.万人科技论文数　23.万人有效注册商标数
24.万人发明专利拥有量　25.每万人口高价值发明专利拥有量　26.万人输出技术成交额　27.万元GDP技术国际收入　28.高技术产业营业收入占工业营业收入比重　29.知识密集型服务业增加值占GDP比重
30.高技术产品出口额占商品出口额比重　31.新产品销售收入占营业收入比重　32.高技术产业劳动生产率　33.高技术产业利润率　34.知识密集型服务业劳动生产率　35.劳动生产率　36.资本生产率
37.综合能耗产出率　38.装备制造业区位熵　39.环境质量指数　40.环境污染治理指数　41.万人移动互联网用户数　42.信息传输、软件和信息技术服务业增加值占GDP比重　43.电子商务销售额与GDP比值

图3-40 安徽三级评价指标与上年水平比较

高新技术产业化效益较低。高技术产业劳动生产率、高技术产业利润率和知识密集型服务业劳动生产率虽然较上年有不同程度的提升，但位次仍然比较靠后，分别排在第16位、第25位和第21位；知识密集型服务业增加值占GDP比重比上年下降了0.94个百分点，位次下降了4位。

劳动生产率位次较低，排在全国第23位；资本生产率位次下降了1位；综合能耗产出率位次下降了1位。

社会生活信息化水平较低。万人移动互联网用户数下降至全国第29位；信息传输、软件和信息技术服务业增加值占GDP比重仍排在全国第25位。

安徽创新发展主要指标及位次

总人口6113万人；地区生产总值42959.18亿元，居全国第11位；人均生产总值7.03万元，居全国第13位；知识密集型服务业增加值5452.21亿元，居全国第12位；规模以上工业企业营业收入45519.47亿元，居全国第10位；高新技术企业数11323个，居全国第8位；高新技术企业总收入20119.57亿元，居全国第10位。R&D经费内部支出883.18亿元，居全国第11位，与生产总值比值2.28%，居全国第10位；R&D经费中基础研究经费支出60.89亿元，居全国第5位；企业R&D经费内部支出639.42亿元，居全国第8位；地方财政科技支出369.98亿元，居全国第6位。

R&D经费内部支出1006.12亿元，居全国第11位，与生产总值比值2.34%，居全国第8位；R&D经费中基础研究经费支出74.11亿元，居全国第5位；企业R&D经费内部支出739.12亿元，居全国第8位；地方财政科技支出416.09亿元，居全国第6位。

大专以上学历人数985.63万人，居全国第11位；R&D人员数23.53万人年，居全国第8位；R&D人员中基础研究人员数1.75万人年，居全国第8位；企业R&D人员数17.04万人年，居全国第6位。

高技术产品出口额188.66亿美元，居全国第12位；技术市场输出技术成交额1787.71亿元，居全国第9位；发明专利拥有量12.17万件，居全国第7位；移动互联网用户数5276.70万户，居全国第9位。

科技企业孵化器数216个，居全国第8位；科技企业孵化器在孵企业数7289个，居全国第11位；科技企业孵化器累计毕业企业数4590个，居全国第13位。

表3-12 安徽省级评价指标和位次与上年比较

指标名称	评价值 当年	评价值 上年	位次 当年	位次 上年
科技创新环境	69.49	65.63	12	14
科技人力资源	87.41	83.52	13	13
万人研究与试验发展（R&D）人员数	38.92	32.68	11	11
十万人博士毕业生数	3.32	2.47	14	17
万人大专以上学历人数	1724.52	1431.44	20	22
万人高等学校在校学生数	312.32	270.21	18	20
十万人创新中介从业人员数	2.07	2.02	23	27
科研物质条件	56.63	51.67	17	21
每名R&D人员仪器和设备支出	3.16	3.01	14	23
科学研究和技术服务业固定资产占比重	1.32	1.31	11	11
十万人累计孵化企业数	7.59	7.04	24	22
科技意识	58.45	55.76	11	11
万名就业人员专利申请数	56.37	52.59	9	9
科学研究和技术服务业平均工资比较系数	94.89	87.30	14	20
万人吸纳技术成交额	268967	93867	9	21
有R&D活动的企业占比重	40.15	37.50	9	8
科技活动人力投入	87.40	86.28	4	4
万人R&D研究人员数	94.24	100.00	7	1
基础研究人员投入强度指数	15.60	14.24	12	12
企业R&D研究人员占比重	0.27	0.32	14	13
科技活动财力投入	51.47	51.13	9	9
R&D经费支出与GDP比值	84.46	80.41	5	5
基础研究经费投入强度指数	2.34	2.28	8	10
地方财政科技支出占地方财政支出比重	0.30	0.29	5	5
企业R&D经费支出占营业收入比重	5.48	4.95	2	4
企业技术获取和技术改造经费支出占企业营业收入比重	1.62	1.66	4	5
上市公司R&D经费投入强度指数	0.62	0.63	6	7
科技活动产出	65.98	58.96	12	16
科技活动产出水平	67.40	62.38	13	15
万人科技活动论文数	2.36	2.21	22	22
万人有效注册商标数	167.31	127.16	11	10
万人发明专利拥有量	20.14	16.48	7	7
每万人口高价值发明专利拥有量	4.99	4.10	9	11
技术成果市场化	63.84	53.84	12	16
万人输出技术成交额	2555.44	839.02	9	17
万元GDP技术国际收入	0.96	0.77	15	18
高新技术产业化	72.07	68.19	12	12
高新技术产业化水平	59.04	57.69	12	11
高技术产业营业收入占工业营业收入比重	13.60	12.86	10	12
知识密集型服务业增加值占GDP比重	12.69	13.63	24	20
高技术产品出口额占商品出口额比重	28.38	26.81	14	15
新产品销售收入占营业收入比重	33.18	31.27	2	3
高新技术产业化效益	85.09	78.69	20	24
高技术产业劳动生产率	127.50	98.24	16	20
高技术产业利润率	6.94	4.58	25	30
知识密集型服务业劳动生产率	64.06	59.75	21	20
科技促进经济社会发展	66.52	68.01	15	16
经济发展方式转变	55.07	59.70	14	15
劳动生产率	10.65	7.62	23	27
资本生产率	0.31	0.30	11	10
综合能耗产出率	23.98	19.11	10	9
装备制造业区位熵	102.47	98.43	9	10
环境改善	91.55	89.40	8	8
环境质量指数	58.87	48.51	22	23
环境污染综合治理指数	99.72	99.63	6	8
社会生活信息化	72.14	70.73	24	24
万人移动互联网用户数	8728.25	8411.47	29	28
信息传输、软件和信息技术服务业增加值占GDP比重	2.24	2.30	25	25
电子商务销售额与GDP比值	0.17	0.16	10	10

福建科技创新分析

全省科技界重点围绕促进区域创新发展、打造战略科技力量、带动产业行业发展、培养造就科技人才、激发创新创造活力等方面苦下功夫，科技创新水平不断提高。在今年的报告中，福建综合科技创新水平指数为66.07%，排在全国第14位，比上年上升1位。

一、企业科技财力投入进一步提高

企业R&D经费内部支出比上年增长了15.71%，占营业收入比重位次上升了1位；企业消化吸收经费支出增长了17.10%，企业购买境内技术经费支出增长了58.56%，企业技术改造经费支出增长了44.61%，企业技术获取和技术改造经费支出增长了43.21%，占企业营业收入比重位次上升了8位。

二、高新技术产业化快速发展

高技术产业营业收入比上年增长了35.94%，占工业营业收入比重提高了1.61个百分点；高技术产业劳动生产率提高了36.02万元/人，位次上升了5位；知识密集型服务业增加值增长了11.34%，占生产总值比重位次上升了4位；知识密集型服务业劳动生产率提高了22.20万元/人，位次上升了3位；高技术产业利润总额增长了56.68%，高技术产业利润率提高了1.45个百分点，位次上升了5位。

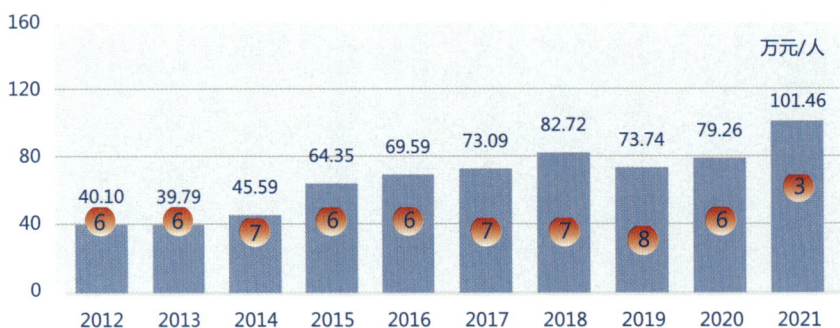

图3-41 知识密集型服务业劳动生产率及位次

三、科技活动产出水平有所提升

有效注册商标数比上年增长了26.55%，万人有效注册商标数增加了105件，位次保持在全国第5位；SCI收录科技论文数增长了13.30%，发明专利拥有量增长了22.46%，高价值发明专利拥有量增长了8.20%。

政府科技投入不足。地方财政科技支出增长缓慢，占地方财政支出比重位次下降了2位。

基础研究较为薄弱。基础研究人员投入强度指数低于上年0.01个百分点，位次下降了2位，基础研究经费投入强度指数位次下降了1位。

技术成果转化不理想。技术市场输出技术成交额增长缓慢，万人输出技术成交额位次比上年下降2位。

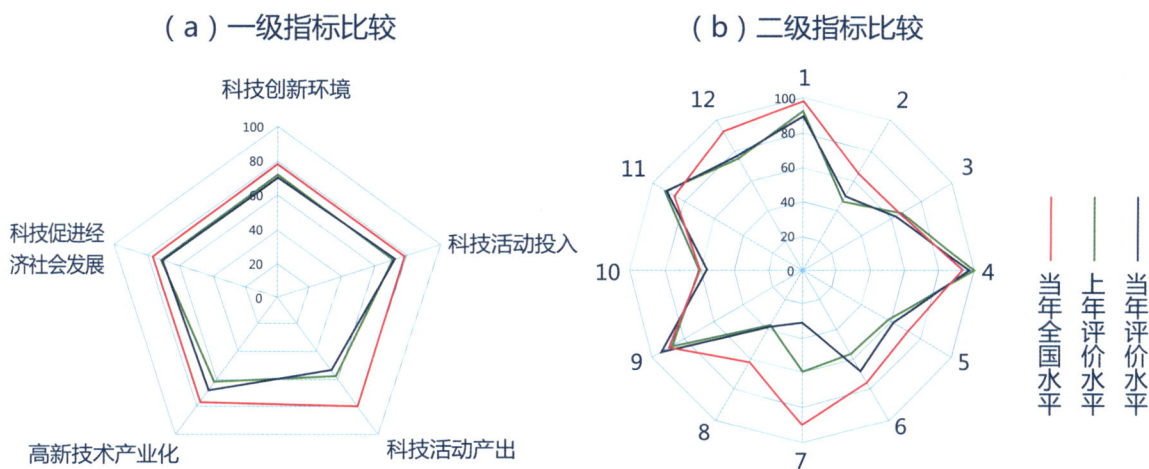

（a）一级指标比较　　　　　　　（b）二级指标比较

图3-42　福建一、二级评价指标与上年水平和全国水平比较

图例：1. 科技人力资源　　　　2. 科研物质条件　　　　3. 科技意识　　　　4. 科技活动人力投入
　　　5. 科技活动财力投入　　6. 科技活动产出水平　7. 技术成果市场化　8. 高新技术产业化水平
　　　9. 高新技术产业化效益　10. 经济发展方式转变　11. 环境改善　　　12. 社会生活信息化

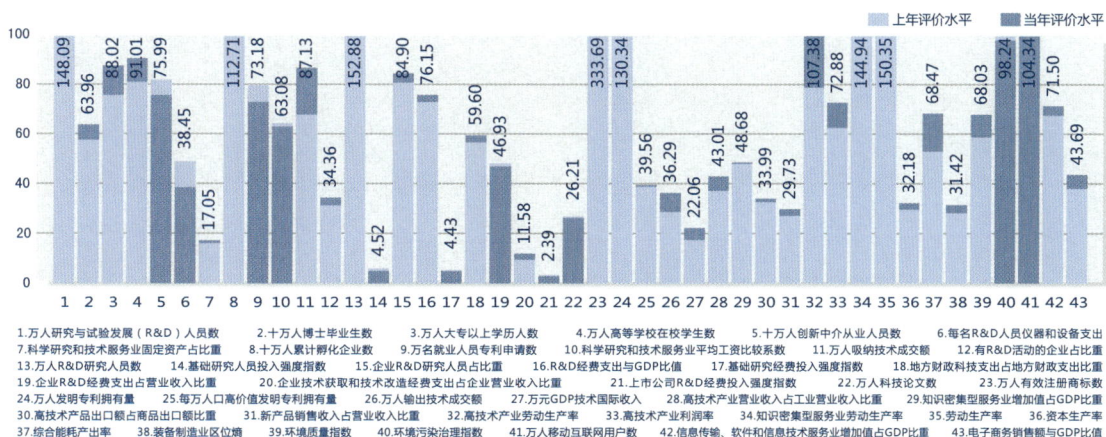

图3-43　福建三级评价指标与上年水平比较

1. 万人研究与试验发展（R&D）人员数　2. 十万人博士毕业生数　3. 万人大专以上学历人数　4. 万人高等学校在校学生数　5. 十万人创新中介从业人员数　6. 每名R&D人员仪器和设备支出
7. 科学研究和技术服务业固定资产占比重　8. 十万人累计孵化企业数　9. 万名就业人员专利申请数　10. 科学研究和技术服务业平均工资比较系数　11. 万人吸纳技术成交额　12. 有R&D活动的企业占比重
13. 万人R&D研究人员数　14. 基础研究人员投入强度指数　15. 企业R&D研究人员占比重　16. R&D经费支出与GDP比值　17. 基础研究经费投入强度指数　18. 地方财政科技支出占地方财政比重
19. 企业R&D经费支出占营业收入比重　20. 企业技术获取和技术改造经费支出占企业营业收入比重　21. 上市公司R&D经费投入强度指数　22. 万人有效注册商标数　23. 万人科技论文数
24. 万人发明专利拥有量　25. 每百万人口高价值发明专利拥有量　26. 万人输出技术成交额　27. 万元GDP技术国际收入　28. 高技术产业营业收入占工业营业收入比重　29. 知识密集型服务业增加值占GDP比重
30. 高技术产品出口额占商品出口额比重　31. 新产品销售收入占营业收入比重　32. 高技术产业劳动生产率　33. 高技术产业利润率　34. 知识密集型服务业劳动生产率　35. 劳动生产率　36. 资本生产率
37. 综合能耗产出率　38. 装备制造业区位商　39. 环境质量指数　40. 环境污染治理指数　41. 万人移动互联网用户数　42. 信息传输、软件和信息技术服务业增加值占GDP比重　43. 电子商务销售额与GDP比值

科研物质条件有待改善。研发仪器和设备支出比上年下降了11.00%，每名R&D人员仪器和设备支出位次继上年下降6位后再次下降2位；科学研究和技术服务业固定资产占比重位次仍排在全国第28位；十万人累计孵化企业数位次下降了1位。

万人移动互联网用户数比上年减少了342.03户，位次比上年下降2位。

环境改善不理想。环境污染治理指数位次比上年下降了8位。

福建创新发展主要指标及位次

总人口4187万人；地区生产总值48810.36亿元，居全国第8位；人均生产总值11.69万元，居全国第4位；知识密集型服务业增加值7128.66亿元，居全国第10位；规模以上工业企业营业收入65768.32亿元，居全国第5位；高新技术企业数8886个，居全国第13位；高新技术企业总收入12477.58亿元，居全国第17位。

R&D经费内部支出968.73亿元，居全国第12位，与生产总值比值1.98%，居全国第15位；R&D经费中基础研究经费支出27.92亿元，居全国第16位；企业R&D经费内部支出771.65亿元，居全国第5位；地方财政科技支出155.11亿元，居全国第13位。

大专以上学历人数687.90万人，居全国第15位；R&D人员数23.54万人年，居全国第7位；R&D人员中基础研究人员数0.71万人年，居全国第24位；企业R&D人员数18.63万人年，居全国第5位。

高技术产品出口额213.92亿美元，居全国第10位；技术市场输出技术成交额196.80亿元，居全国第21位；发明专利拥有量6.22万件，居全国第12位；移动互联网用户数4146.55万户，居全国第12位。

科技企业孵化器数137个，居全国第15位；科技企业孵化器在孵企业数4159个，居全国第20位；科技企业孵化器累计毕业企业数4479个，居全国第14位。

表3-13 福建各级评价指标和位次与上年比较

指标名称	评价值 当年	评价值 上年	位次 当年	位次 上年
科技创新环境	69.22	70.96	13	9
科技人力资源	89.26	92.89	10	7
万人研究与试验发展（R&D）人员数	59.24	50.26	7	7
十万人博士毕业生数	3.20	2.91	15	15
万人大专以上学历人数	176035	153126	17	19
十万人高等学校在校学生数	31853	28663	15	16
十万人创新中介从业人员数	2.28	2.47	20	20
科研物质条件	49.42	46.20	24	25
每名R&D人员仪器和设备支出	2.31	2.95	26	24
科学研究和技术服务业固定资产占比重	0.51	0.49	28	28
十万人累计孵化企业数	11.27	10.64	12	11
科技意识	62.30	66.47	8	7
万名就业人员专利申请数	73.18	80.17	7	7
科学研究和技术服务业平均工资比发系数	126.15	129.05	8	8
万人吸纳技术成交额	1394.14	1096.08	18	19
有R&D活动的企业占比重	34.36	31.73	12	12
科技活动投入	71.44	70.64	11	12
万人R&D研究人员数	96.18	100.00	5	1
基础研究人员投入强度指数	19.87	19.64	8	8
企业R&D研究人员占比重	0.05	0.06	29	27
科技活动财力投入	59.43	57.16	4	6
R&D经费支出与GDP比值	60.83	58.05	12	13
基础研究经费投入强度指数	1.98	1.92	15	15
地方财政科技支出占地方财政支出比重	0.04	0.05	24	23
企业R&D经费支出占企业营业收入比重	2.98	2.86	12	10
企业技术获取和技术改造经费支出占企业营业收入比重	1.17	1.21	11	12
上市公司R&D经费投入强度指数	0.29	0.24	17	25
	0.02	0.03	15	14
科技活动产出	53.12	57.16	16	18
科技活动产出水平	68.13	56.01	12	21
万人科技论文数	2.62	2.64	18	16
万人有效注册商标数	500.54	395.54	5	5
万人发明专利拥有量	15.64	13.74	10	9
每万人口高价值发明专利拥有量	4.75	4.72	11	9
技术成果市场化	30.60	58.88	21	11
万人输出技术成交额	435.48	348.93	23	21
万元GDP技术国际收入	2.21	1.78	10	11
高新技术产业化	66.61	61.82	15	20
高新技术产业化水平	38.64	36.47	18	18
高新技术产业营业收入占工业营业收入比重	12.90	11.29	13	13
知识密集型服务业增加值占GDP比重	14.60	14.58	13	17
高技术产品出口额占商品出口额比重	13.60	13.26	21	21
新产品销售收入占营业收入比重	11.89	11.03	19	18
高新技术产业化效益	94.58	87.17	3	12
高技术产业劳动生产率	139.59	103.57	11	16
高技术产业利润率	10.93	9.48	10	15
知识密集型服务业劳动生产率	101.46	79.26	3	6
科技促进经济社会发展	68.86	70.15	11	12
经济发展方式转变	55.93	60.24	11	12
劳动生产率	19.54	15.86	6	7
资本生产率	0.32	0.30	10	11
综合能耗产出率	28.76	22.51	5	6
装备制造业区位商	62.85	57.28	19	19
环境改善	92.20	91.86	5	1
环境质量指数	68.03	59.32	5	5
环境污染综合治理指数	98.24	100.00	9	1
社会生活信息化	77.34	74.99	18	19
万人移动互联网用户数	1043403	1077606	12	10
信息传输、软件和信息技术服务业增加值占GDP比重	2.50	2.39	20	22
电子商务销售额与GDP比值	0.13	0.12	15	18

江西科技创新分析

江西全省上下按照党的二十大关于科技创新的决策部署，持续做好产业链、创新链的"双向奔赴"，实施重大创新平台建设、关键核心技术攻关、企业创新能力提升"三大行动"，科技创新水平进一步提升。在今年的报告中，江西综合科技创新水平指数为60.27%，排在全国第16位。

一、高等教育在校生数大幅上涨

高等教育在校生数比上年增长了16.79%，万人高等学校在校学生数增加了59.53人，位次上升了5位，排在全国第5位。

图3-44 中部地区万人高等学校在校学生数及位次

二、高技术产业占工业营业收入比重保持中部地区第一

高技术产业营业收入比上年增长了29.80%，占工业营业收入比重提高了0.90个百分点，位次排在全国第7位，中部地区第1位。

研发经费投入规模增长缓慢。R&D经费支出与GDP比值位次比上年下降1位。

企业研发财力投入下降。有R&D活动的企业占比重位次比上年下降了1位；企业引进技术经费支出下降了26.92%，企业购买境内技术经费支出下降了8.92%，企业技术获取和技术改造经费支出占企业营业收入比重下降了0.03个百分点，位次下降至全国第23位；企业R&D经费内部支出增长缓慢，占营业收入比重位次下降了1位。

政府科技投入力度减缓。地方财政科技支出占地方财政支出比重位次下降了2位。

科技人力投入水平下降。R&D人员数增长缓慢，万人研究与试验发展（R&D）人员数比上年减少了0.11人年，位次下降了1位；R&D研究人员数下降了4.43%，企业R&D研究人员数下降了1.06%，占全社会R&D研究人员比重下降了4.09个百分点，位次下降了2位；高等学校博士毕业生数下降了7.07%，十万人博士毕业生数减少了0.06人，位次下降了4位；创新中介从业人员数下降了20.34%，十万人创新中介从业人员数位次下降了5位。

基础研究较为薄弱。基础研究人员投入强度指数排在全国第25位，基础研究经费投入强度指数排在全国第23位。

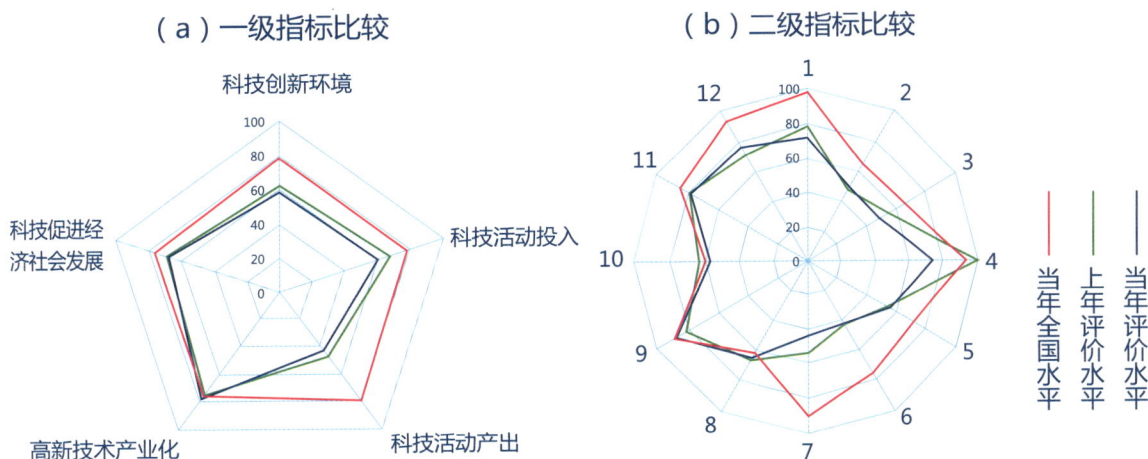

（a）一级指标比较　　　　（b）二级指标比较

图3-45 江西一、二级评价指标与上年水平和全国水平比较

图例：1.科技人力资源　　　2.科研物质条件　　　3.科技意识　　　　4.科技活动人力投入
　　　5.科技活动财力投入　6.科技活动产出水平　7.技术成果市场化　8.高新技术产业化水平
　　　9.高新技术产业化效益　10.经济发展方式转变　11.环境改善　　　12.社会生活信息化

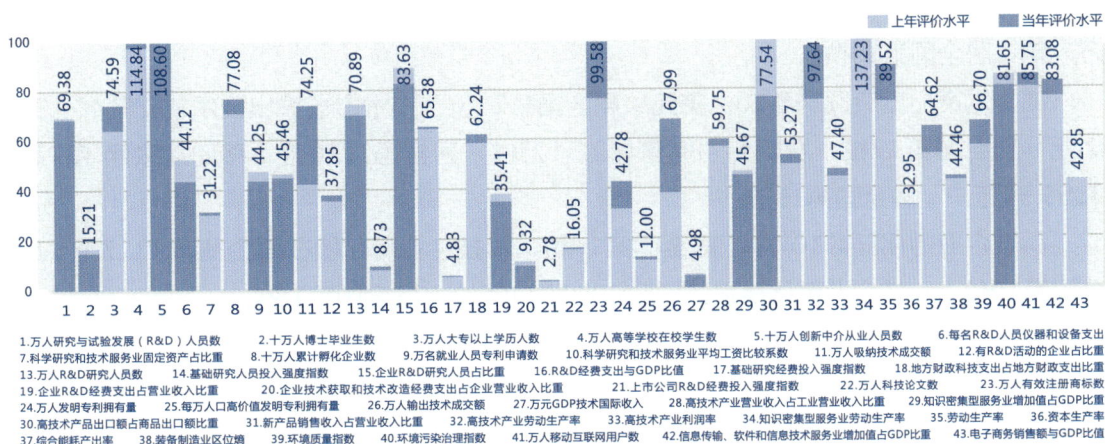

1.万人研究与试验发展（R&D）人员数　2.十万人博士毕业生数　3.万人大专以上学历人数　4.万人高等学校在校学生数　5.十万人创新中介从业人员数　6.每名R&D人员仪器和设备支出
7.科学研究与服务业固定资产占比重　8.十万人累计孵化企业数　9.万名就业人员专利申请数　10.科学研究和技术服务业平均工资比较系数　11.万人吸纳技术成交额　12.有R&D活动的企业占比重
13.万人R&D研究人员数　14.基础研究人员投入强度指数　15.企业R&D经费支出占营业收入比重　16.R&D经费支出与GDP比值　17.基础研究经费投入强度指数　18.地方财政科技支出占地方财政支出比重
19.企业R&D经费支出占营业收入比重　20.企业技术获取和技术改造经费支出占企业营业收入比重　21.上市公司R&D经费投入强度指数　22.万人科技论文数　23.万人有效注册商标数
24.万人发明专利拥有量　25.每万人口高价值发明专利拥有量　26.万人输出技术成交额　27.万元GDP技术国际收入　28.高技术产业营业收入占工业营业收入比重　29.知识密集型服务业增加值占GDP比重
30.高技术产品出口额占商品出口额比重　31.新产品销售收入占营业收入比重　32.高技术产业劳动生产率　33.高技术产业利润率　34.知识密集型服务业劳动生产率　35.劳动生产率　36.资本生产率
37.综合能耗产出率　38.装备制造业区位熵　39.环境质量指数　40.环境污染治理指数　41.万人移动互联网用户数　42.信息传输、软件和信息技术服务业增加值占GDP比重　43.电子商务销售额与GDP比值

图3-46 江西三级评价指标与上年水平比较

科研物质条件有待改善。研发仪器和设备支出比上年下降了17.80%，每名R&D人员仪器和设备支出减少了0.51万元，位次下降至全国第22位；十万人累计孵化企业数虽然较上年有所提高，位次却下降了2位。

高技术产品出口额占商品出口额比重比上年下降了8.98个百分点，位次下降了2位；知识密集型服务业增加值占GDP比重下降了0.32个百分点；知识密集型服务业劳动生产率位次下降了1位；高技术产业利润率位次继上年下降4位后再次下降4位。

科技活动产出有待提高。万人科技论文数位次排在全国第27位；万人发明专利拥有量和每万人口高价值发明专利拥有量均排在全国第24位。

技术成果转移转化不理想。万元GDP技术国际收入位次比上年下降了1位；万人吸纳技术成交额位次比较靠后，排在全国第27位。

万人移动互联网用户数位次下降至全国第31位；电子商务销售额与GDP比值位次比上年下降了2位。

环境改善不理想，环境污染治理指数比上年下降了4.02个百分点，位次比较靠后，排在全国第26位。

江西创新发展主要指标及位次

总人口4517万人；地区生产总值29619.67亿元，居全国第15位；人均生产总值6.56万元，居全国第15位；知识密集型服务业增加值4058.44亿元，居全国第17位；规模以上工业企业营业收入44935.60亿元，居全国第12位；高新技术企业数6513个，居全国第17位；高新技术企业总收入16705.91亿元，居全国第12位。

R&D经费内部支出502.17亿元，居全国第18位，与生产总值比值1.70%，居全国第18位；R&D经费中基础研究经费支出20.99亿元，居全国第20位；企业R&D经费内部支出397.85亿元，居全国第14位；地方财政科技支出210.95亿元，居全国第12位。

大专以上学历人数629.87万人，居全国第17位；R&D人员数12.48万人年，居全国第15位；R&D人员中基础研究人员数0.72万人年，居全国第23位；企业R&D人员数9.75万人年，居全国第10位。

高技术产品出口额148.10亿美元，居全国第15位；技术市场输出技术成交额409.38亿元，居全国第17位；发明专利拥有量2.31万件，居全国第20位；移动互联网用户数3855.94万户，居全国第16位。

科技企业孵化器数107个，居全国第19位；科技企业孵化器在孵企业数4317个，居全国第19位；科技企业孵化器累计毕业企业数3466个，居全国第18位。

表3-14 江西各级评价指标和位次与上年比较

指标名称	评价值 当年	评价值 上年	位次 当年	位次 上年
科技创新环境	58.01	61.67	19	18
科技人力资源	71.48	78.10	19	15
万人研究与试验发展（R&D）人员数	27.75	27.86	14	13
十万人博士毕业生数	0.76	0.82	27	23
万人大专以上学人数	1491.80	1284.21	25	26
万人高等学校在校学生数	401.95	342.42	5	10
十万人创新中介从业人员数	3.26	4.12	16	11
科研物质条件	49.49	47.25	23	24
每名R&D人员仪器和设备支出	2.65	3.15	22	21
科学研究和技术服务业固定资产占比重	0.94	0.90	16	18
十万人累计孵化企业数	7.71	7.11	23	21
科技意识	48.57	54.19	16	12
万名就业人员专利申请数	44.25	47.59	13	12
科学研究和技术服务业平均工资比较系数	90.92	92.86	16	15
万人吸纳技术成交额	1188.05	675.19	27	28
有R&D活动的企业占比重	37.85	35.43	11	10
科技活动投入	59.84	66.43	17	15
万人R&D活动人员	72.69	100.00	17	1
万人R&D研究人员数	9.22	9.72	19	17
基础研究人员投入强度指数	0.09	0.07	25	25
企业R&D研究人员占比重	58.54	62.63	6	4
科技活动财力投入	54.33	52.04	16	17
R&D经费支出与GDP比值	1.70	1.68	18	24
基础研究经费投入强度指数	0.05	0.04	23	9
地方财政科技支出占地方财政支出比重	3.11	2.93	11	19
企业R&D经费支出占营业收入比重	0.89	0.95	20	21
企业技术获取和技术改造经费支出占营业收入比重	0.23	0.26	23	16
上市公司R&D经费投入强度指数	0.03	0.02	13	16
科技活动产出	42.14	46.56	20	27
科技活动产出水平	41.71	42.60	22	29
万人科技论文数	1.61	1.54	27	28
万人有效注册商标数	149.37	114.00	15	16
万人发明专利拥有量	5.13	3.81	24	24
每万人口高价值发明专利拥有量	1.44	1.30	24	23
技术成果市场化	42.79	52.50	18	17
万元输出技术成交额	815.89	457.38	18	19
万元GDP技术国际收入	0.50	0.50	20	19
高新技术产业化	76.67	73.97	9	8
高新技术产业化水平	64.81	66.28	9	7
高技术产业营业收入占工业营业收入比重	17.93	17.03	7	7
知识密集型服务业增加值占GDP比重	13.70	14.02	17	19
高技术产品出口额占商品出口额比重	31.02	40.00	12	10
新产品销售收入占营业收入比重	21.31	19.82	11	11
高新技术产业化效益	88.54	81.66	16	20
高技术产业劳动生产率	126.93	98.40	17	19
高技术产业利润率	7.11	6.65	24	20
知识密集型服务业劳动生产率	96.06	83.07	5	4
科技促进经济社会发展	66.71	68.36	14	15
经济发展方式转变	56.54	62.71	10	8
劳动生产率	11.64	9.74	18	21
资本生产率	0.33	0.33	9	8
综合能耗产出率	27.14	22.54	6	5
装备制造业占比	88.91	85.87	12	13
环境改善	78.66	79.90	25	24
环境质量指数	66.70	56.81	6	8
环境污染治理指数	81.65	85.68	26	26
社会生活信息化	76.10	71.49	19	23
万人移动互联网用户数	8575.30	8066.02	31	30
信息传输、软件和信息技术服务业增加值占GDP比重	2.91	2.68	15	16
电子商务销售额与GDP比值	0.13	0.13	16	14

山东科技创新分析

以习近平新时代中国特色社会主义思想为指导，全面贯彻党的二十大精神，锚定"走在前、开新局"，大力实施科教强鲁人才兴鲁战略、创新驱动发展战略，科技创新能力进一步提升。在今年的报告中，山东综合科技创新水平指数为70.47%，仍排在全国第11位，得分与上年相比，提高了0.33个百分点。

一、科技人力投入不断加大

R&D人员数比上年增长了31.21%，万人研究与试验发展（R&D）人员数增加了9.48人年，位次上升了1位；R&D研究人员数增长了15.86%，万人R&D研究人员数增加了1.75人年；企业R&D研究人员数增长了44.71%，占全社会R&D研究人员比重提高了4.45个百分点，位次上升了2位；高等学校在校生数增长了8.78%，万人高等学校在校学生数增加了35.65人，位次上升了1位。

二、研发经费投入进一步提高

R&D经费内部支出比上年增长了15.62%，与GDP比值提高了0.04个百分点，位次上升了1位；基础研究经费大幅上涨，增速达到46.43%，基础研究经费投入强度指数位次上升了5位。

三、企业创新水平进一步提升

有R&D活动的企业数比上年增长了34.84%，占工业企业比重提高了8.17个百分点，位次上升了3位；企业引进技术经费支出增长了67.72%，企业技术改造经费支出增长了35.28%，企业技术获取和技术改造经费支出增长了34.65%，占企业营业收入比重位次上升了5位；上市公司R&D经费投入强度指数位次保持在全国第6位；新产品销售收入增长了61.23%，占营业收入比重提高了6.93个百分点，位次上升了4位。

四、政府科技投入速度居东部地区之首

地方财政科技支出比上年增长了24.68%，东部地区增长最快，占地方财政支出比重提高了0.52个百分点，位次上升了1位。

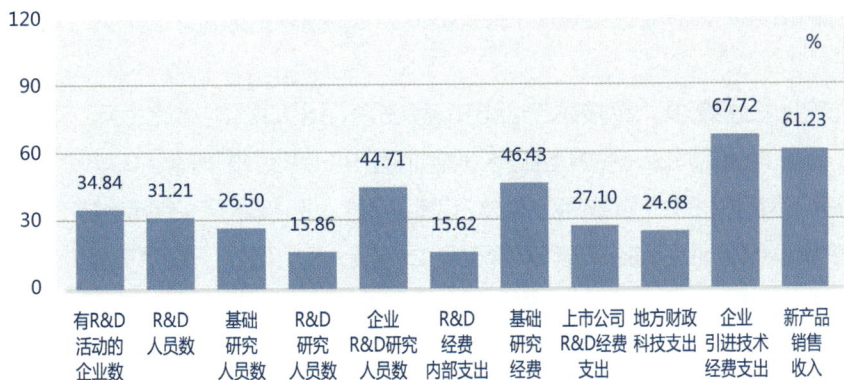

图3-47 部分指标增长速度

（a）一级指标比较 　　　　（b）二级指标比较

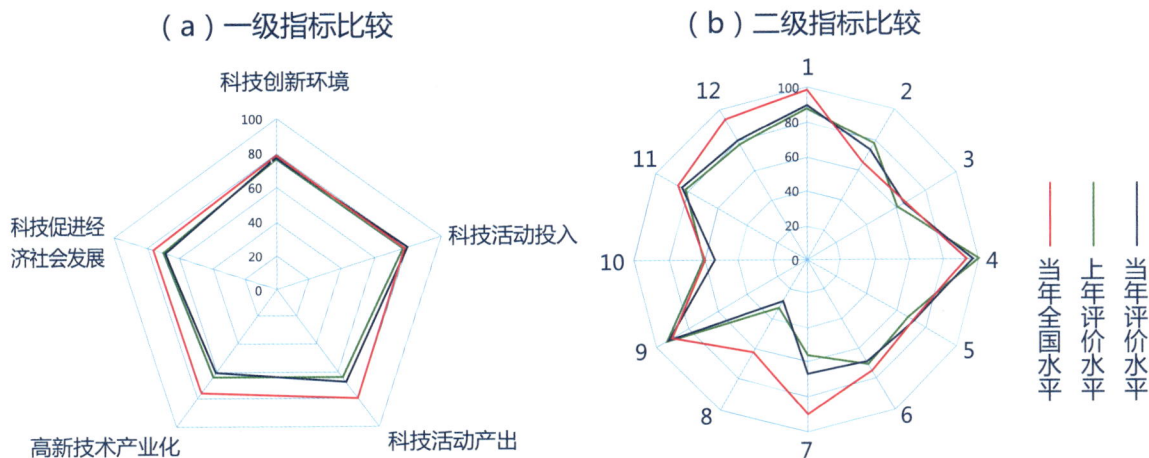

图3-48 山东一、二级评价指标与上年水平和全国水平比较

图例：1．科技人力资源　　　2．科研物质条件　　　3．科技意识　　　4．科技活动人力投入
　　　5．科技活动财力投入　6．科技活动产出水平　7．技术成果市场化　8．高新技术产业化水平
　　　9．高新技术产业化效益　10．经济发展方式转变　11．环境改善　　12．社会生活信息化

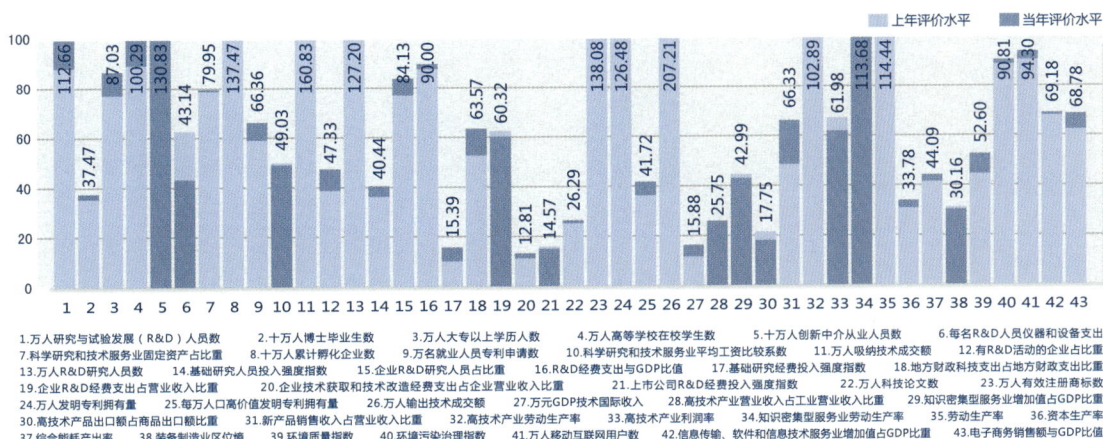

1.万人研究与试验发展（R&D）人员数　　2.十万人博士毕业生数　　3.万人大专以上学历人数　　4.万人高等学校在校学生数　　5.十万人创新中介从业人员数　　6.每名R&D人员仪器和设备支出
7.科学研究和技术服务业固定资产占比重　　8.十万人累计孵化企业数　　9.万名就业人员专利申请数　　10.科学研究和技术服务业平均工资比较系数　　11.万人吸纳技术成交额　　12.有R&D活动的企业占比重
13.万人R&D研究人员数　　14.基础研究人员投入强度指数　　15.企业R&D研究人员占比重　　16.R&D经费支出与GDP比值　　17.地方财政科技支出占地方财政支出比重　　18.地方财政科技支出占地方财政支出比重
19.企业R&D经费支出占营业收入比重　　20.企业技术获取和技术改造经费支出占企业营业收入比重　　21.上市公司R&D经费投入强度指数　　22.万人科技论文数　　23.万人有效注册商标数
24.万人发明专利拥有量　　25.每万人口高价值发明专利拥有量　　26.万人输出技术成交额　　27.万元GDP技术国际收入　　28.高技术产业营业收入占工业营业收入比重　　29.知识密集型服务业增加值占GDP比重
30.高技术产品出口额占商品出口额比重　　31.新产品销售收入占营业收入比重　　32.高技术产业劳动生产率　　33.高技术产业利润率　　34.知识密集型服务业劳动生产率　　35.劳动生产率　　36.资本生产率
37.综合能耗产出率　　38.装备制造业区位熵　　39.环境质量指数　　40.环境污染治理指数　　41.万人移动互联网用户数　　42.信息传输、软件和信息技术服务业增加值占GDP比重　　43.电子商务销售额与GDP比值

图3-49 山东三级评价指标与上年水平比较

研发仪器和设备支出增长缓慢，每名R&D人员仪器和设备支出下降了1.18万元，位次下降7位。

高技术产业发展缓慢。高技术产品出口额占商品出口额比重比上年下降了1.46个百分点，位次下降了3位；知识密集型服务业增加值占GDP比重下降了0.48个百分点；高技术产业利润率下降了0.81个百分点，位次下降了2位；高技术产业劳动生产率位次下降了6位；知识密集型服务业劳动生产率下降了5.45万元/人，位次下降了7位。

环境改善不理想。环境质量指数位次下降至全国第28位；环境污染治理指数位次虽然有所提升，但仍然比较靠后，排在全国第19位。

山东创新发展主要指标及位次

总人口10170万人；地区生产总值83095.90亿元，居全国第3位；人均生产总值8.17万元，居全国第11位；知识密集型服务业增加值10716.15亿元，居全国第6位；规模以上工业企业营业收入103804.16亿元，居全国第3位；高新技术企业数20378个，居全国第5位；高新技术企业总收入41663.80亿元，居全国第5位。

R&D经费内部支出1944.66亿元，居全国第5位，与生产总值比值2.34%，居全国第8位；R&D经费中基础研究经费支出73.75亿元，居全国第6位；企业R&D经费内部支出1565.34亿元，居全国第4位；地方财政科技支出372.32亿元，居全国第7位。

大专以上学历人数1647.16万人，居全国第3位；R&D人员数44.76万人年，居全国第4位；R&D人员中基础研究人员数2.92万人年，居全国第5位；企业R&D人员数34.94万人年，居全国第4位。

高技术产品出口额202.42亿美元，居全国第11位；技术市场输出技术成交额2477.79亿元，居全国第5位；发明专利拥有量15.08万件，居全国第6位；移动互联网用户数9367.97万户，居全国第2位。

科技企业孵化器数323个，居全国第4位；科技企业孵化器在孵企业数14314个，居全国第4位；科技企业孵化器累计毕业企业数13656个，居全国第5位。

表3-15 山东各级评价指标和位次与上年比较

指标名称	评价值 当年	评价值 上年	位次 当年	位次 上年
科技创新环境				
科技人力资源	76.54	75.69	8	7
万人研究与试验发展（R&D）人员数	88.61	86.82	12	11
十万人博士毕业生数	45.06	35.58	8	9
万人大专以上学历人数	1.87	1.79	18	18
万人高等学校在校学生数	1740.59	1557.34	18	18
十万人创新中介从业人员数	351.00	315.36	12	13
科研物质条件	3.92	4.17	11	10
每名R&D人员仪器和设备支出	73.08	76.91	5	4
科学研究和技术服务业固定资产占比重	2.59	3.77	23	16
十万人累计孵化企业数	2.40	2.38	5	5
科技意识	13.75	13.50	9	9
万名就业人员专利申请数	63.91	59.63	7	8
科学研究和技术服务业平均工资与其比系数	66.36	59.65	8	8
万人吸纳技术成交额	98.06	99.84	11	11
有R&D活动的企业占比重	2573.26	2406.75	10	8
	47.33	39.17	4	7
科技活动投入				
万人R&D研究人员	78.71	76.82	8	8
万人R&D研究人员数	96.39	100.00	4	1
基础研究人员投入强度指数	16.54	14.79	11	11
企业R&D研究人员占比重	0.40	0.37	9	10
科技活动财力投入	58.89	54.44	5	7
R&D经费支出与GDP比值	71.13	66.89	9	9
基础研究经费投入强度指数	2.34	2.30	8	9
地方政府科技支出占地方政府支出比重	0.15	0.10	11	16
企业R&D经费支出占企业营业收入比重	3.18	2.66	10	11
企业技术获取和技术改造经费支出占企业营业收入比重	1.51	1.57	8	8
上市公司R&D经费投入强度指数	0.32	0.28	15	20
	0.15	0.16	6	6
科技活动产出				
科技活动产出水平	67.57	64.48	11	14
万人科技论文数	68.37	70.23	11	12
	2.63	2.56	17	18

指标名称	评价值 当年	评价值 上年	位次 当年	位次 上年
万人有效注册商标数	207.12	162.08	9	9
万人发明专利拥有量	15.18	12.99	11	10
每万人口高价值发明专利拥有量	5.01	4.41	8	10
技术成果市场化	66.35	55.85	11	13
万人输出技术成交额	2486.51	2236.85	10	10
万元GDP技术国际收入	1.59	1.17	14	14
高新技术产业化	60.36	63.17	22	19
高新技术产业化水平	28.33	32.87	24	21
高技术产业营业收入占工业营业收入比重	7.73	7.73	20	20
知识密集型服务业增加值占GDP比重	12.90	13.37	21	21
高技术产品出口额占商品出口额比重	7.10	8.56	26	23
新产品销售收入占营业收入比重	26.53	19.60	8	12
高新技术产业化效益	92.40	93.47	7	5
高技术产业劳动生产率	133.76	133.58	12	6
高技术产业利润率	9.30	10.11	14	12
知识密集型服务业劳动生产率	79.57	85.02	10	3
科技促进经济社会发展				
经济发展方式转变	66.97	68.82	13	14
劳动生产率	53.59	59.79	15	14
资本生产率	14.88	14.57	9	8
综合能耗产出率	0.34	0.31	8	9
装备制造业区位商	18.52	17.59	15	15
环境改善	60.32	62.10	18	18
环境质量指数	83.17	80.71	21	23
环境污染治理指数	52.60	45.01	28	27
社会生活信息化	90.81	89.64	19	22
万人移动互联网用户数	79.15	76.62	16	16
信息传输、软件和信息技术服务业增加值占GDP比重	9430.35	9137.92	22	22
电子商务销售额与GDP比值	2.42	2.40	21	21
	0.21	0.19	6	6

河南科技创新分析

河南省科技界以党的二十大精神为指引，深入实施创新驱动、科教兴省、人才强省战略，奋力建设国家创新高地。在今年的报告中，河南综合科技创新水平指数为58.70%，仍排在全国第17位。

一、科技财力投入进一步提升

研发投入强度进一步提高。R&D经费内部支出比上年增长了13.04%，与GDP比值提高了0.09个百分点，位次上升了1位；基础研究经费增长了16.98%，基础研究经费投入强度指数位次上升了1位。

政府科技投入力度持续加大。地方财政科技支出比上年增长了29.49%，中部地区增长最快，占地方财政支出比重提高了0.91个百分点，位次上升了5位。

企业消化吸收经费支出增长迅猛，比上年增长了922.82%，企业技术获取和技术改造经费支出占营业收入比重位次上升了7位。

二、科技活动产出进一步提高

SCI收录科技论文数比上年增长了19.12%；有效注册商标数增长了32.88%，万人有效注册商标数增加了37.90件，位次上升了1位；发明专利拥有量增长了28.02%，万人发明专利拥有量增加了1.10件，位次上升了2位；高价值发明专利拥有量增长了20.96%，每万人口高价值发明专利拥有量位次上升了1位；技术国际收入增长了36.89%，万元GDP技术国际收入位次上升了2位。

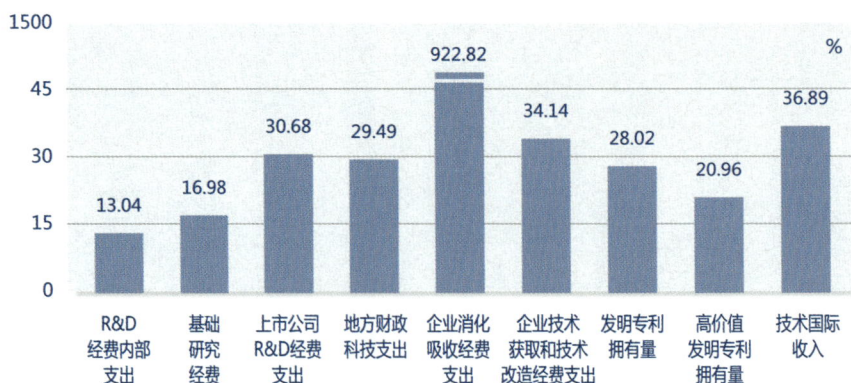

图3-50 部分指标增长速度

三、科研物质条件进一步改善

研发仪器和设备支出比上年大幅增长了6.06%，每名R&D人员仪器和设备支出位次上升了5位。

四、高新技术产业化进一步发展

高技术产业营业收入比上年增长了44.42%，占工业营业收入比重提高了3.01个百分点，位次上升了2位；高技术产业劳动生产率提高了40.00万元/人，位次上升了12位；知识密集型服务业增加值增长了7.94%，占生产总值比重位次上升了5位；知识密集型服务业劳动生产率增加了11.14万元/人，位次保持在全国第8位。

（a）一级指标比较　　　　　（b）二级指标比较

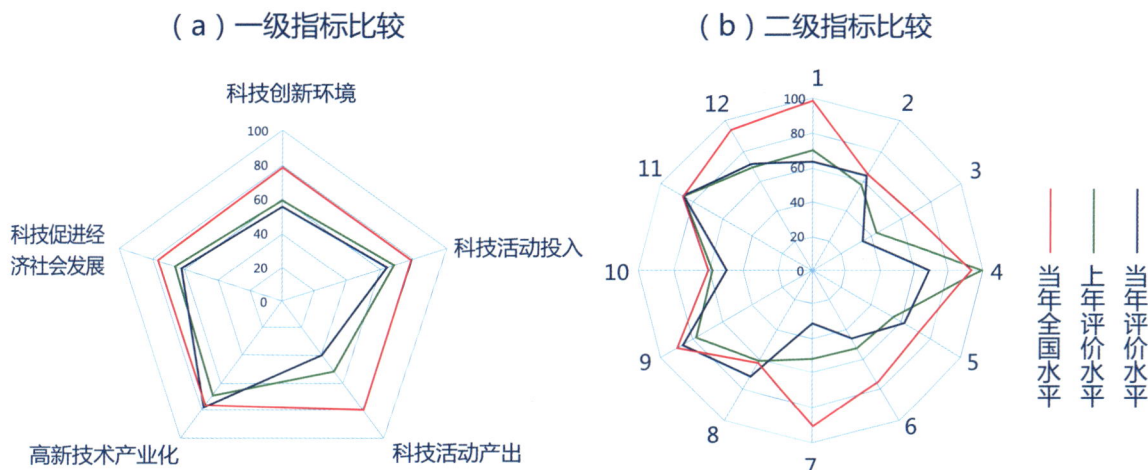

图3-51 河南一、二级评价指标与上年水平和全国水平比较

图例：1.科技人力资源　　　2.科研物质条件　　　3.科技意识　　　4.科技活动人力投入
　　　5.科技活动财力投入　6.科技活动产出水平　7.技术成果市场化　8.高新技术产业化水平
　　　9.高新技术产业化效益　10.经济发展方式转变　11.环境改善　　12.社会生活信息化

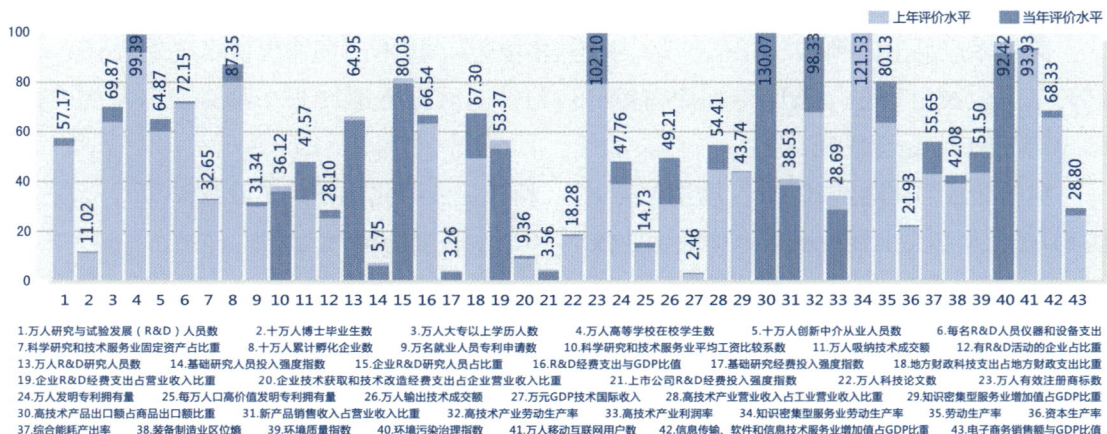

1.万人研究与试验发展（R&D）人员数　2.十万人博士毕业生数　3.万人大专以上学历人数　4.万人高等学校在校学生数　5.十万人创新中介从业人员数　6.每名R&D人员仪器和设备支出
7.科学研究和技术服务业固定资产占比重　8.十万人累计孵化企业数　9.万名就业人员专利申请数　10.科学研究和技术服务业平均工资比较系数　11.万人吸纳技术成交额　12.有R&D活动的企业占比重
13.万人R&D研究人员数　14.基础研究人员投入强度指数　15.企业R&D研究经费支出比重　16.R&D经费支出与GDP比值　17.企业R&D经费支出占企业营业收入比重　18.地方财政科技支出占地方财政支出比重
19.企业R&D经费支出占营业收入比重　20.企业技术获取和技术改造经费支出占企业营业收入比重　21.上市公司R&D经费投入强度指数　22.万人科技论文数　23.万人有效注册商标数
24.万人发明专利拥有量　25.每万人口值发明专利拥有量　26.万人输出技术成交额　27.万元GDP技术国际收入　28.高新技术产业营业收入占工业营业收入比重　29.知识密集型服务业增加值占GDP比重
30.高技术产品出口额占商品出口额比重　31.新产品销售收入占营业收入比重　32.高技术产业劳动生产率　33.高技术产业利润率　34.知识密集型服务业劳动生产率　35.劳动生产率　36.资本生产率
37.综合能耗产出率　38.装备制造业区位熵　39.环境质量指数　40.环境污染治理指数　41.万人移动互联网用户数　42.信息传输、软件和信息技术服务业增加值占GDP比重　43.电子商务销售额与GDP比值

图3-52 河南三级评价指标与上年水平比较

科技人力投入水平下降。万人研究与试验发展（R&D）人员数位次下降至全国第18位；万人R&D研究人员数减少了0.15人年，位次下降至全国第20位；企业R&D研究人员占比重下降了1.16个百分点，位次下降了2位；十万人博士毕业生数位次下降至全国第30位；万人大专以上学历人数位次下降至全国第29位；万人高等学校在校学生数位次下降了3位。

高技术产业利润总额增长缓慢，高技术产业利润率下降了0.78个百分点，位次下降了4位。

科技意识薄弱。科学研究和技术服务业平均工资比较系数下降了3.06个百分点，位次下降至全国第28位；万人吸纳技术成交额位次仍排在全国第31位。

环境质量不理想。环境质量指数下降至全国第31位，环境污染治理指数位次下降了4位。

社会生活信息化水平有待提升。万人移动互联网用户数位次下降了4位；电子商务销售额与GDP比值位次下降了1位。

河南创新发展主要指标及位次

总人口9883万人；地区生产总值58887.41亿元，居全国第5位；人均生产总值5.94万元，居全国第22位；知识密集型服务业增加值7727.51亿元，居全国第9位；规模以上工业企业营业收入57263.51亿元，居全国第6位；高新技术企业数8316个，居全国第15位；高新技术企业总收入15645.83亿元，居全国第13位。

R&D经费内部支出1018.84亿元，居全国第10位，与生产总值比值1.73%，居全国第17位；R&D经费中基础研究经费支出24.55亿元，居全国第18位；企业R&D经费内部支出764.01亿元，居全国第7位；地方财政科技支出329.25亿元，居全国第8位。

大专以上学历人数1286.86万人，居全国第5位；R&D人员数22.24万人年，居全国第10位；R&D人员中基础研究人员数0.78万人年，居全国第20位；企业R&D人员数16.26万人年，居全国第7位。

高技术产品出口额448.38亿美元，居全国第6位；技术市场输出技术成交额607.33亿元，居全国第16位；发明专利拥有量5.57万件，居全国第14位；移动互联网用户数9136.57万户，居全国第3位。

科技企业孵化器数203个，居全国第9位；科技企业孵化器在孵企业数9895个，居全国第7位；科技企业孵化器累计毕业企业数8496个，居全国第7位。

表3-16　河南各级评价指标和位次与上年比较

指标名称	评价值 当年	评价值 上年	位次 当年	位次 上年
科技创新环境				
科技人力资源	54.61	58.13	20	21
万人研究与试验发展（R&D）人员数	63.43	69.50	22	18
十万人博士毕业生数	22.87	21.59	18	17
万人大专以上学历人数	0.55	0.53	30	29
万人高等学校在校学生数	1397.36	1273.14	29	27
十万人创新型中小企业人员数	347.87	322.33	14	11
万人创新型中小企业从业人员数	1.95	1.80	25	29
科研物质条件	62.88	57.31	12	14
每名R&D人员仪器和设备支出	4.33	4.27	6	11
科学研究和技术服务业增加值占固定资产占比重	0.98	0.96	15	14
十万人累计孵化企业数	8.73	7.99	19	18
科技意识	34.57	43.80	27	19
万名就业人员专利申请数	31.34	29.56	20	20
科学研究和技术服务业平均工资比较系数	72.24	75.30	28	27
万人吸纳技术成交额	761.17	515.93	31	31
有R&D活动的企业占比重	28.10	24.68	17	18
科技活动投入	62.60	67.38	16	14
科技活动人力投入	67.22	100.00	19	1
万人R&D研究人员数	8.44	8.59	20	19
基础研究人员投入强度指数	0.06	0.06	27	26
企业R&D研究人员占比重	56.02	57.17	7	5
科技活动财力投入	60.62	53.40	13	15
R&D经费支出与GDP比值	1.73	1.64	17	18
基础研究经费投入强度指数	0.03	0.03	25	26
地方财政科技经费支出占地方财政支出比重	3.37	2.45	8	13
企业R&D经费支出占营业收入比重	1.33	1.41	10	10
企业技术获取和技术改造经费支出占企业营业收入比重	0.23	0.21	22	29
上市公司R&D经费投入强度指数	0.04	0.04	12	12
科技活动产出				
科技活动产出水平	38.96	51.20	22	23
科技活动论文数	44.59	51.36	20	25
万人科技论文数	1.83	1.76	24	24
万人有效注册商标数	153.15	115.26	14	15
万人发明专利拥有量	5.73	4.63	20	22
每万人口高价值发明专利拥有量	1.77	1.51	20	21
技术成果市场化	30.51	50.96	22	23
万人输出技术成交额	590.57	365.11	20	20
万元GDP技术国际收入	0.25	0.19	24	26
高新技术产业化	77.53	68.09	8	13
高新技术产业化水平	69.99	60.13	7	9
高技术产业营业收入占工业营业收入比重	16.32	13.32	8	10
知识密集型服务业增加值占GDP比重	13.12	13.02	19	24
高技术产品出口额占商品出口额比重	52.03	54.47	6	6
新产品销售收入占营业收入比重	15.41	16.27	15	15
高新技术产业化效益	85.07	76.06	21	27
高技术产业劳动生产率	127.84	87.84	15	27
高技术产业利润率	4.30	5.09	31	27
知识密集型服务业劳动生产率	85.07	73.94	8	8
科技促进经济社会发展	61.77	65.17	20	23
经济发展方式转变	48.81	56.60	18	17
劳动生产率	10.42	8.23	25	24
资本生产率	0.22	0.21	21	23
综合能耗产出率	23.37	17.89	11	14
装备制造业区位熵	84.15	77.25	14	15
环境改善	84.23	85.82	20	17
环境质量指数	51.50	43.10	31	28
环境污染治理指数	92.42	96.51	17	13
社会生活信息化	70.66	68.55	27	27
万人移动互联网用户数	9393.11	9301.73	23	19
信息传输、软件和信息技术服务业增加值占GDP比重	2.39	2.29	22	26
电子商务销售额与GDP比值	0.09	0.08	25	24

湖北科技创新分析

坚持融入国家战略，锚定打造全国科技创新高地的目标，以建设具有全国影响力的科技创新中心为引领，继续深入实施"一个工程、五项行动"，奋力开创科技强省建设新局面。在今年的报告中，湖北综合科技创新水平指数为74.63%，排在全国第7位，比上年上升1位，中部地区第1位，得分与上年相比，提高了2.48个百分点。

一、科技人力资源中部地区最多

R&D人员数比上年增长了20.03%，万人研究与试验发展（R&D）人员数增加了6.65人年，位次上升了1位；R&D研究人员数增长了14.26%，万人R&D研究人员数增加了2.21人年，位次上升了1位；高等学校在校生数增长了10.38%，万人高等学校在校学生数增加了37.82人，位次上升了1位；创新中介从业人员数增长了7.65%，十万人创新中介从业人员数位次上升了5位。

二、政府科技投入力度加大

地方财政科技支出比上年提高了9.28%，占地方财政支出比重提高了0.56个百分点，位次上升了1位。

三、企业科技财力投入大幅提高

企业消化吸收经费支出比上年增长了454.09%，企业技术改造经费支出增长了39.03%，企业技术获取和技术改造经费支出增长了35.64%，占企业营业收入比重位次上升了6位。

图3-53 中部地区万人输出技术成交额及位次

四、科技活动产出中部地区最高

SCI收录科技论文数比上年增长了14.13%，万人科技论文数位次保持全国第6位；发明专利拥有量增长了26.34%，万人发明专利拥有量位次上升了2位；技术市场输出技术成交额增长了25.51%，万人输出技术成交额增加了940.79万元，位次上升了3位；技术国际收入增长了43.23%，万元GDP技术国际收入位次保持中部地区第1位。

五、高新技术产业化稳步发展

高技术产业营业收入比上年上升了35.84%，占工业营业收入比重提高了0.94个百分点，位次上升了1位；高技术产业劳动生产率提高了28.54万元/人，位次上升了5位；高技

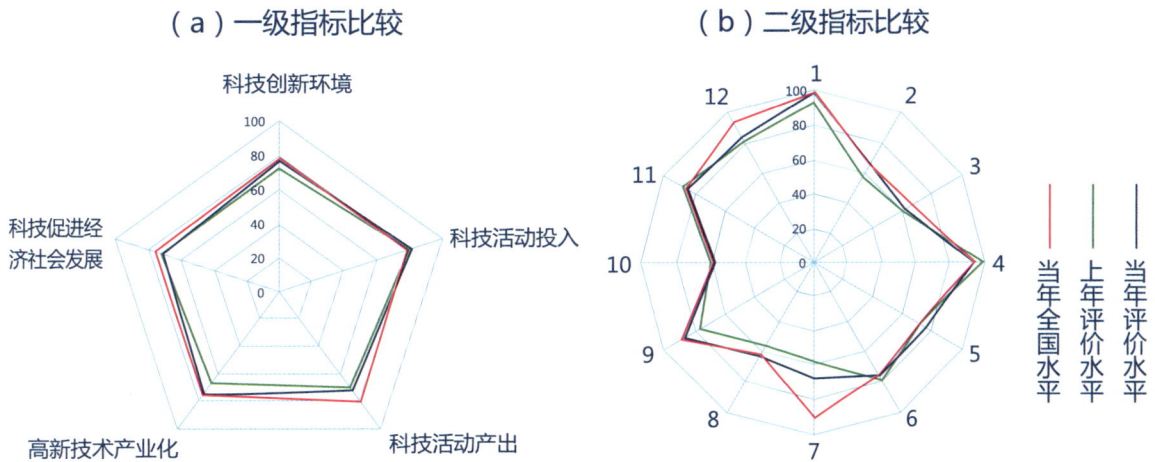

（a）一级指标比较　　　　　　　（b）二级指标比较

图3-54 湖北一、二级评价指标与上年水平和全国水平比较

图例：1．科技人力资源　　　2．科研物质条件　　　3．科技意识　　　　　4．科技活动人力投入
　　　5．科技活动财力投入　6．科技活动产出水平　7．技术成果市场化　　8．高新技术产业化水平
　　　9．高新技术产业化效益　10．经济发展方式转变　11．环境改善　　　　12．社会生活信息化

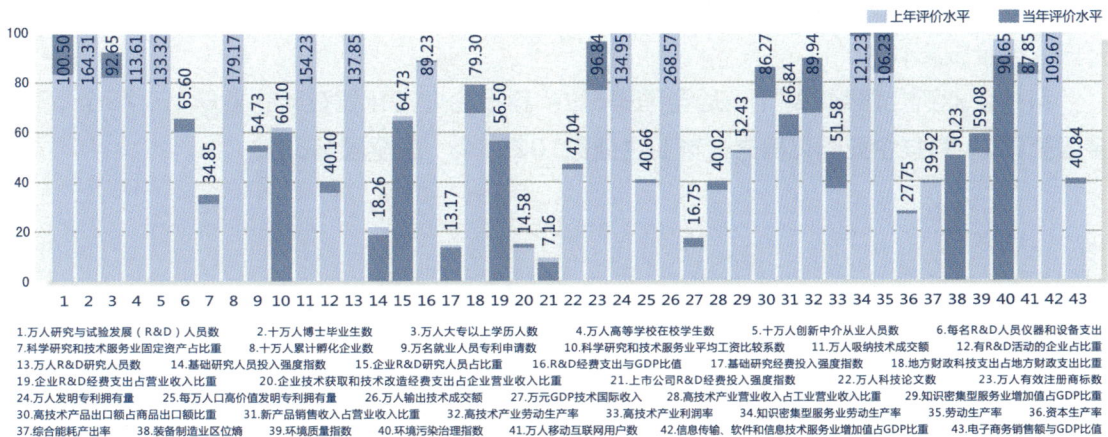

1.万人研究与试验发展（R&D）人员数　2.十万人博士毕业生数　3.万人大专以上学历人数　4.万人高等学校在校学生数　5.十万人创新中介从业人员数　6.每名R&D人员仪器和设备支出
7.科学研究和技术服务业固定资产占比重　8.十万人累计孵化企业数　9.万名就业人员专利申请数　10.科学研究和技术服务业平均工资比较系数　11.万人吸纳技术成交额　12.有R&D活动的企业占比重
13.万人R&D研究人员数　14.基础研究人员投入强度指数　15.企业R&D研究人员占比重　16.R&D经费支出占GDP比值　17.基础研究经费投入强度指数　18.地方财政科技支出占地方财政支出比重
19.企业R&D经费支出占营业收入比重　20.企业技术获取和技术改造经费支出占企业营业收入比重　21.上市公司R&D经费投入强度指数　22.万人科技论文数　23.万人有效注册商标数
24.万人发明专利拥有量　25.每万人口高价值发明拥有量　26.万人输出技术成交额　27.万元GDP技术国际收入　28.高技术产业营业收入占工业营业收入比重　29.知识密集型服务业增加值占GDP比重
30.高技术产品出口额占高商品出口额比重　31.新产品销售收入占营业收入比重　32.高技术产业利润率　33.高技术产业劳动生产率　34.知识密集型服务业劳动生产率　35.劳动生产率
37.综合能耗产出率　38.装备制造业区位熵　39.环境质量指数　40.环境污染治理指数　41.万人移动互联网用户数　42.信息传输、软件和信息技术服务业增加值占GDP比重　43.电子商务销售额与GDP比值

图3-55 湖北三级评价指标与上年水平比较

术产业利润总额增长了87.51%，高技术产业利润率提高了2.13个百分点，位次上升了4位；高技术产品出口额增长了55.12%，占商品出口额比重提高了4.85个百分点，位次上升了2位；新产品销售收入增长了42.71%，占营业收入比重提高了3.28个百分点，位次保持在全国第7位；知识密集型服务业增加值占GDP比重位次上升了2位；知识密集型服务业劳动生产率提高了15.78万元/人，位次上升了3位。

研发经费投入强度较低。R&D经费支出与GDP比值位次比上年下降了2位。

有效注册商标数增长缓慢，万人有效注册商标数位次下降了2位；每万人口高价值发明专利拥有量位次下降了2位。

环境改善不理想。环境质量指数位次比上年下降2位；环境污染治理指数位次下降了8位。

万人移动互联网用户数位次比较靠后，排在全国第28位。

湖北创新发展主要指标及位次

总人口5830万人；地区生产总值50012.94亿元，居全国第7位；人均生产总值8.64万元，居全国第9位；知识密集型服务业增加值7866.17亿元，居全国第8位；规模以上工业企业营业收入51228.22亿元，居全国第9位；高新技术企业数14311个，居全国第7位；高新技术企业总收入28497.77亿元，居全国第7位。

R&D经费内部支出1160.22亿元，居全国第8位，与生产总值比值2.32%，居全国第10位；R&D经费中基础研究经费支出52.69亿元，居全国第10位；企业R&D经费内部支出723.59亿元，居全国第9位；地方财政科技支出314.57亿元，居全国第9位。

大专以上学历人数1020.13万人，居全国第9位；R&D人员数23.07万人年，居全国第9位；R&D人员中基础研究人员数1.41万人年，居全国第13位；企业R&D人员数14.75万人年，居全国第8位。

高技术产品出口额175.44亿美元，居全国第13位；技术市场输出技术成交额2090.78亿元，居全国第7位；发明专利拥有量9.29万件，居全国第8位；移动互联网用户数5041.08万户，居全国第10位。

科技企业孵化器数287个，居全国第6位；科技企业孵化器在孵企业数13175个，居全国第5位；科技企业孵化器累计毕业企业数10281个，居全国第6位。

表3-17 湖北各级评价指标和位次与上年比较

指标名称	评价值 当年	评价值 上年	位次 当年	位次 上年
科技创新环境	76.81	71.58	7	8
科技人力资源	97.80	92.11	6	9
万人研究与试验发展（R&D）人员数	40.20	33.55	9	10
十万人博士毕业生数	8.22	7.65	5	5
万人大专以上学历人数	1853.07	1654.02	15	14
万人高等学校在校学生数	397.62	359.80	6	7
十万人创新中介从业人员数	4.00	3.72	9	14
科研物质条件	65.16	56.86	9	16
每名R&D人员仪器和设备支出	3.94	3.64	10	17
科学研究和技术服务业固定资产占比重	1.05	0.95	14	16
十万人累计孵化企业数	17.92	16.15	7	7
科技意识	60.47	58.93	10	10
万名就业人员专利申请数	54.73	52.50	10	10
科学研究和技术服务业平均工资比较系数	120.20	123.90	11	10
万人吸纳技术成交额	2467.66	192265	11	11
有R&D活动的企业占比重	40.10	35.96	10	9
科技活动投入	80.04	78.74	7	6
万人R&D研究人员数	92.48	98.34	9	12
基础研究人员投入强度指数	17.92	15.71	9	10
企业R&D研究人员占比重	45.31	46.58	11	18
科技活动财力投入	74.70	70.34	7	11
R&D经费支出与GDP比值	2.32	2.31	10	8
基础研究经费投入强度指数	0.13	0.14	15	14
地方财政科技支出占地方财政支出比重	3.97	3.41	7	8
企业R&D经费支出占企业营业收入比重	1.41	1.49	9	9
企业技术获取和技术改造经费支出占企业营业收入比重	0.36	0.34	12	18
上市公司R&D经费投入强度指数	0.07	0.09	8	7
科技活动产出	71.62	69.56	10	11
科技活动产出水平	74.90	78.11	8	5
万人科技论文数	4.70	4.53	6	6

指标名称	评价值 当年	评价值 上年	位次 当年	位次 上年
万人有效注册商标数	145.26	115.92	16	14
万人发明专利拥有量	16.19	12.84	9	11
每万人口高价值发明专利拥有量	4.88	4.76	10	8
技术成果市场化	66.70	56.73	10	12
万人输出技术成交额	322284	228205	5	8
万元GDP技术国际收入	1.68	1.35	12	12
高新技术产业化	74.37	66.18	11	14
高新技术产业化水平	62.44	55.42	10	12
高技术产业营业收入占工业营业收入比重	12.01	11.06	14	15
知识密集型服务业增加值占GDP比重	15.73	15.57	8	10
高技术产品出口额占商品出口额比重	34.51	29.66	11	13
新产品销售收入占营业收入比重	26.73	23.45	7	7
高新技术产业化效益	86.29	76.93	19	25
高技术产业劳动生产率	116.92	88.38	21	26
高技术产业利润率	7.74	5.61	21	25
知识密集型服务业劳动生产率	84.86	69.08	9	12
科技促进经济社会发展	70.50	71.57	9	9
经济发展方式转变	57.38	59.81	9	13
劳动生产率	13.81	10.94	11	16
资本生产率	0.28	0.27	14	14
综合能耗产出率	16.76	16.61	19	16
装备制造业区位熵	100.46	100.46	10	9
环境改善	84.34	88.20	19	12
环境质量指数	59.08	51.60	21	19
环境污染治理指数	90.65	97.35	20	12
社会生活信息化	83.31	81.24	11	12
万人移动互联网用户数	8785.34	836198	28	29
信息传输、软件和信息技术服务业增加值占GDP比值	3.84	3.73	7	8
电子商务销售额与GDP比值	0.12	0.12	17	17

湖南科技创新分析

湖南省科技系统以建设高水平国家级科技创新平台体系为当前主抓手，抓好十大重点任务，省市联动，强平台、聚人才、创成果、促运用，提升科技创新核心竞争力，奋力打造具有核心竞争力的科技创新高地。在今年的报告中，湖南综合科技创新水平指数为67.62%，仍排在全国第13位，得分与上年相比，提高了0.39个百分点。

一、科技创新财力投入持续加大

研发经费投入规模和强度进一步提升。R&D经费内部支出比上年增长了14.49%，占中部地区的20.71%，与GDP比值提高了0.08个百分点，位次上升了1位。

企业财力投入进一步加大。有R&D活动的企业数比上年增长了25.47%，占规模以上工业企业比重提高了8.11个百分点，位次上升至全国第1位；企业R&D经费内部支出增长了15.29%，占中部地区的21.42%，占营业收入比重提高了0.06个百分点，位次上升至全国第2位，中部地区第1位；企业购买境内技术经费支出增长了923.16%，企业技术获取和技术改造经费支出增长了24.24%，占企业营业收入比重提高了0.04个百分点，位次上升了4位。

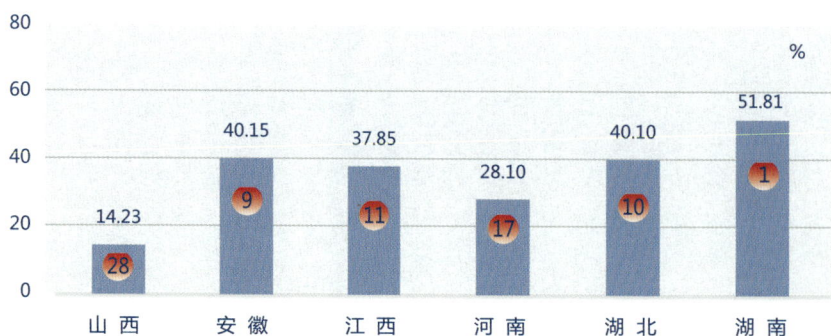

图3-56 中部地区有R&D活动的企业占比重及位次

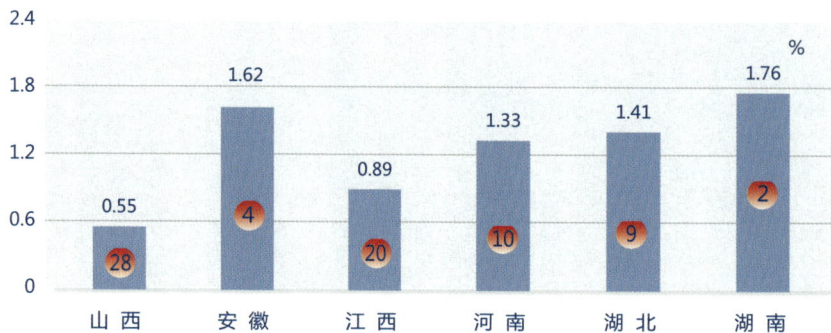

图3-57 中部地区企业R&D经费支出占营业收入比重及位次

二、科技创新环境持续优化

R&D人员数比上年增长了17.89%，万人研究与试验发展（R&D）人员数位次上升了1位；R&D研究人员数增长了16.86%，万人R&D研究人员数位次上升了1位；高等学校博士毕业生数增长了15.01%，十万人博士毕业生数位次上升了2位；高等学校在校生数增长了10.35%，万人高等学校在校学生数位次上升了1位；科学研究和技术服务业固定资产占比重保持在全国第4位，中部地区首位；全国科技企业孵化器累计毕业企业数增长了16.90%，十万人累计孵化企业数位次上升了2位；科学研究和技术服务业平均工资增长了10.32%，科学研究和技术服务业平均工资比较系数位次上升了3位；技术市场吸纳技术成交额增长了76.08%，万人吸纳技术成交额位次上升了3位。

（a）一级指标比较　　　　　　（b）二级指标比较

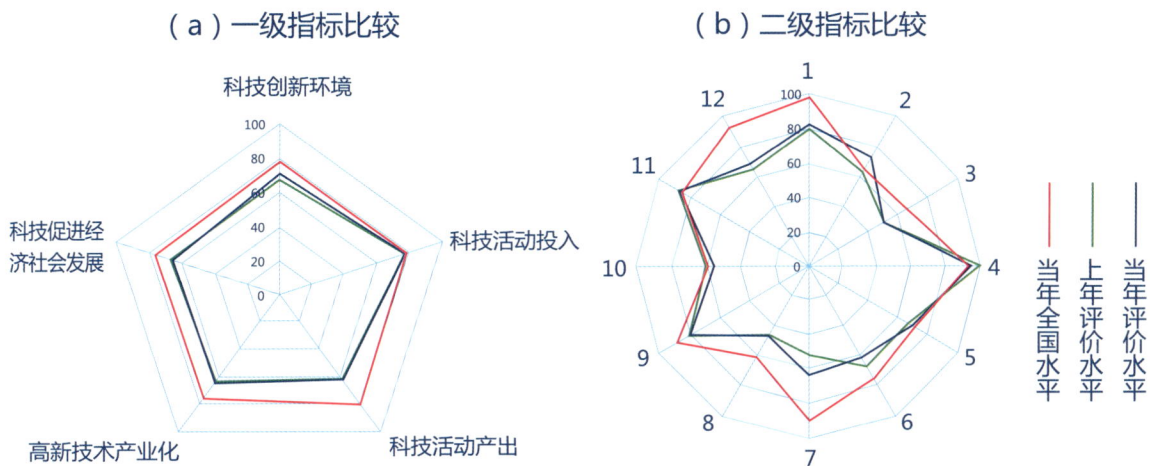

图3-58 湖南一、二级评价指标与上年水平和全国水平比较

图例：1．科技人力资源　　　　2．科研物质条件　　　　3．科技意识　　　　　4．科技活动人力投入
　　　5．科技活动财力投入　　6．科技活动产出水平　　7．技术成果市场化　　8．高新技术产业化水平
　　　9．高新技术产业化效益　10．经济发展方式转变　11．环境改善　　　　　12．社会生活信息化

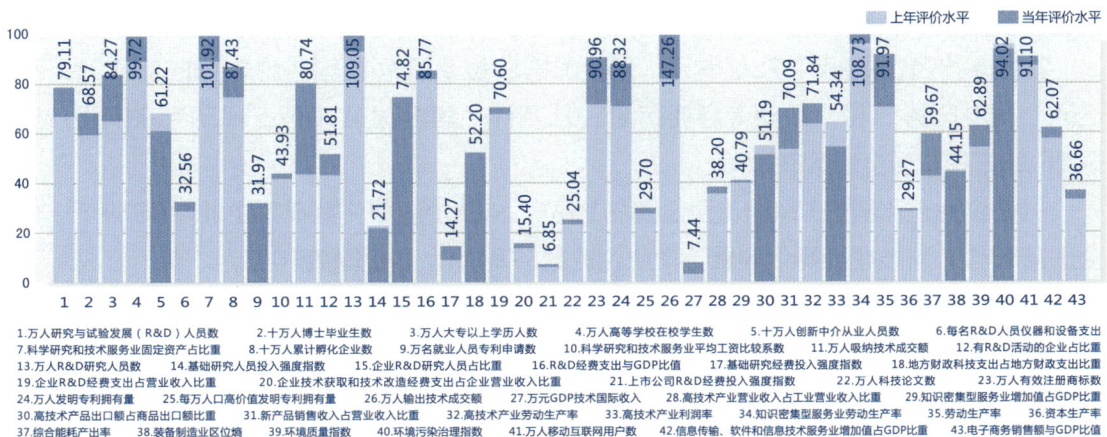

1.万人研究与试验发展（R&D）人员数　2.十万人博士毕业生数　3.万人大专以上学历人数　4.万人高等学校在校学生数　5.十万人创新中介从业人员数　6.每名R&D人员仪器和设备支出
7.科学研究和技术服务业固定资产占比重　8.十万人累计孵化企业　9.万名就业人员专利申请数　10.科学研究和技术服务业平均工资比较系数　11.万人吸纳技术成交额　12.有R&D活动的企业占比重
13.万人R&D研究人员数　14.基础研究人员投入强度指数　15.企业R&D研究人员占比重　16.R&D经费支出占GDP比重　17.基础研究经费投入强度指数　18.地方财政科技支出占地方财政支出比重
19.企业R&D经费支出占营业收入比重　20.企业技术获取和技术改造经费支出占企业营业收入比重　21.上市公司R&D经费投入强度指数　22.万人科技论文数　23.万人有效注册商标数
24.万人发明专利拥有量　25.每万人口高价值发明专利拥有量　26.万人输出技术成交额　27.万元GDP技术国际收入　28.高技术产业营业收入占工业营业收入比重　29.知识密集型服务业增加值占GDP比重
30.高技术产品出口额占商品出口额比重　31.新产品销售收入占营业收入比重　32.高技术产业劳动生产率　33.高技术产业利润率　34.劳动生产率　35.资本生产率
37.综合能耗产出率　38.装备制造业区位熵　39.环境质量指数　40.环境污染治理指数　41.万人移动互联网用户数　42.信息传输、软件和信息技术服务业增加值占GDP比重　43.电子商务销售额与GDP比值

图3-59 湖南三级评价指标与上年水平比较

三、技术国际竞争力增强

技术国际收入比上年增长了159.38%，万元GDP技术国际收入提高了0.43美元，位次比上年上升了5位。

政府科技投入减少。地方财政科技支出比上年下降了1.52%，占地方财政支出比重下降了0.02个百分点，位次下降了1位。

创新中介从业人员数下降了9.93%，十万人创新中介从业人员数减少了0.22人，位次下降至全国第29位。

高新技术产业发展缓慢。高技术产品出口额增长缓慢，高技术产品出口额占商品出口额比重下降了1.49个百分点，位次下降了1位；高技术产业利润总额下降了0.05%，高技术产业利润率下降了1.52个百分点，位次下降了2位；高技术产业劳动生产率位次下降至全国第30位；知识密集型服务业增加值占GDP比重排在全国第29位。

社会生活信息化水平较低。信息传输、软件和信息技术服务业增加值占GDP比重位次排在全国第28位；万人移动互联网用户数位次排在全国第25位。

湖南创新发展主要指标及位次

总人口6622万人；地区生产总值46063.09亿元，居全国第9位；人均生产总值6.94万元，居全国第14位；知识密集型服务业增加值5636.26亿元，居全国第11位；规模以上工业企业营业收入43408.68亿元，居全国第13位；高新技术企业数10933个，居全国第10位；高新技术企业总收入21587.07亿元，居全国第9位。

R&D经费内部支出1028.91亿元，居全国第9位，与生产总值比值2.23%，居全国第12位；R&D经费中基础研究经费支出51.64亿元，居全国第11位；企业R&D经费内部支出766.11亿元，居全国第6位；地方财政科技支出217.30亿元，居全国第11位。

大专以上学历人数1048.49万人，居全国第7位；R&D人员数20.93万人年，居全国第11位；R&D人员中基础研究人员数1.46万人年，居全国第12位；企业R&D人员数14.39万人年，居全国第9位。

高技术产品出口额77.72亿美元，居全国第19位；技术市场输出技术成交额1261.26亿元，居全国第11位；发明专利拥有量7.01万件，居全国第10位；移动互联网用户数6026.18万户，居全国第8位。

科技企业孵化器数124个，居全国第16位；科技企业孵化器在孵企业数6619个，居全国第13位；科技企业孵化器累计毕业企业数5784个，居全国第10位。

表3-18 湖南各级评价指标和位次与上年比较

指标名称	评价值 当年	评价值 上年	位次 当年	位次 上年
科技创新环境	69.69	66.05	11	13
科技人力资源	82.21	79.66	15	14
万人研究与试验发展（R&D）人员数	31.64	27.03	13	14
十万人博士毕业生数	3.43	3.00	12	14
万人大专以上学历人数	1685.33	1314.10	21	25
万人高等学校在校学生数	349.03	314.86	13	14
十万人创新中个从业人员数	1.84	2.05	29	26
科研物质条件	72.63	62.76	6	10
每名R&D人员仪器和设备支出	1.95	1.75	28	30
科学研究和技术服务业固定资产占比重	3.06	2.70	4	4
十万人累计孵化企业数	8.74	7.53	18	20
科技意识	50.07	51.19	14	13
万名就业人员专利申请数	31.97	32.08	19	18
科学研究和技术服务业平均工资比发系数	87.87	84.55	19	22
万人吸纳技术成交额	1291.83	705.12	23	26
有R&D活动的企业占比重	51.81	43.69	1	3
科技活动投入	76.39	76.20	10	9
万人R&D研究人员数	94.43	100.00	6	1
基础研究人员投入强度指数	14.18	12.22	14	15
企业R&D研究人员占比重	52.37	52.49	17	16
科技活动加力投入	68.66	66.00	10	10
R&D经费支出与GDP比值	2.23	2.15	12	13
基础研究经费投入强度指数	0.14	0.09	13	19
地方财政科技支出占地方财政支出比重	2.61	2.63	13	12
企业R&D经费支出占营业收入比重	1.76	1.71	2	3
企业技术获取和技术改造经费支出占企业营业收入比重	0.39	0.35	11	15
上市公司R&D经费投入强度指数	0.07	0.06	9	9
科技活动产出	61.69	61.18	13	15
科技活动产出水平	60.84	67.57	15	14
万人科技论文数	2.50	2.36	20	21

指标名称	评价值 当年	评价值 上年	位次 当年	位次 上年
万人有效注册商标数	136.44	107.47	19	20
万人发明专利拥有量	10.60	8.57	14	15
每万人口高价值发明专利拥有量	3.56	3.34	15	14
技术成果市场化	62.98	51.58	13	21
万人输出技术成交额	1767.18	991.02	13	13
万元GDP技术国际收入	0.74	0.32	18	23
高新技术产业化	63.22	63.39	18	17
高新技术产业化水平	46.84	46.08	16	17
高技术产业营业收入占工业营业收入比重	11.46	10.78	15	16
知识密集型服务业增加值占GDP比重	12.24	12.06	29	30
高技术产品出口额占商品出口额比重	20.47	21.97	17	16
新产品销售收入占营业收入比重	28.03	21.55	5	9
高新技术产业化效益	79.60	80.70	24	22
高技术产业劳动生产率	93.39	83.42	30	28
高技术产业利润率	8.15	9.67	16	14
知识密集型服务业劳动生产率	76.11	67.72	12	14
科技促进经济社会发展	64.97	66.11	16	20
经济发展方式转变	55.58	60.30	13	11
劳动生产率	11.96	9.22	16	23
资本生产率	0.29	0.29	12	12
综合能耗产出率	25.06	18.02	9	12
装备制造业区位熵	88.29	89.71	13	12
环境改善	87.79	87.88	12	13
环境质量指数	62.89	54.58	16	11
环境污染治理指数	94.02	96.20	16	14
社会生活信息化	68.60	65.08	30	29
万人移动互联网用户数	9109.57	8784.05	25	26
信息传输、软件和信息技术服务业增加值占GDP比重	2.17	2.04	28	30
电子商务销售额与GDP比值	0.11	0.10	19	19

广东科技创新分析

近年来，广东积极融入国家科技战略大局，全力推进粤港澳大湾区国际科技创新中心建设，努力实现高水平科技自立自强。从强化战略科技力量布局，打造体现国家使命、具有广东特色的"科技王牌军"，到全面加强基础研究和应用基础研究，打造原始创新策源地，全省科技创新实力迈上新台阶。在今年的报告中，广东综合科技创新水平指数为86.01%，排在全国第3位，比上年上升1位，得分与上年相比，提高了3.89个百分点。

一、科技活动投入全国最高

研发经费规模保持全国第一。研发经费占到全国的14.32%，保持全国第一，R&D经费支出与GDP比值提高了0.08个百分点。

研发人员规模保持全国第一。R&D人员数占到全国的15.49%，R&D研究人员数占到全国的12.60%，企业R&D研究人员数占到全国17.65%，所占份额均保持全国第一。

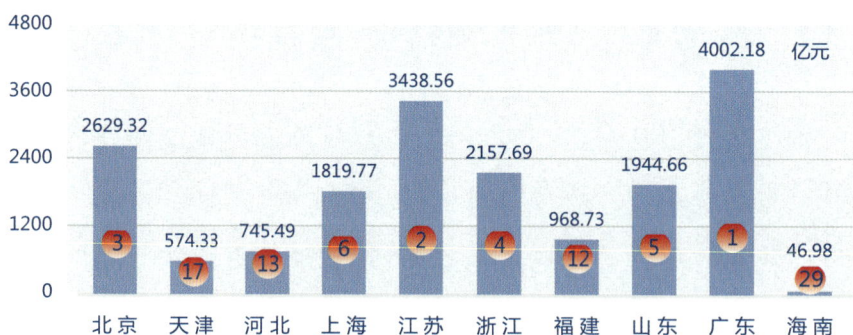

图3-60 东部地区R&D经费内部支出及位次

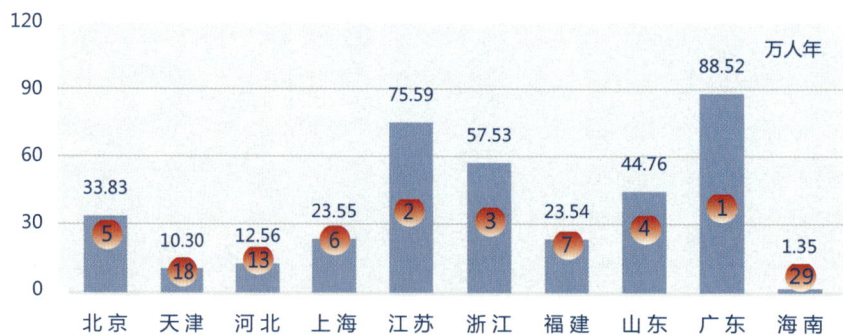

图3-61 东部地区R&D人员数及位次

二、科技促进经济社会发展能力保持全国最强

资本生产率位次保持在全国第1位；综合能耗产出率位次上升至全国第3位；装备制造业区位熵位次保持在全国第4位；环境污染治理指数位次比上年上升了2位；万人移动互联网用户数位次保持在全国第3位；信息传输、软件和信息技术服务业增加值占GDP比重、电子商务销售额与GDP比值位次均保持在全国第4位。

政府科技投入力度放缓，地方财政科技支出增长缓慢，占地方财政支出比重减少了0.10个百分点，位次继上年下降1位后再次下降了1位。

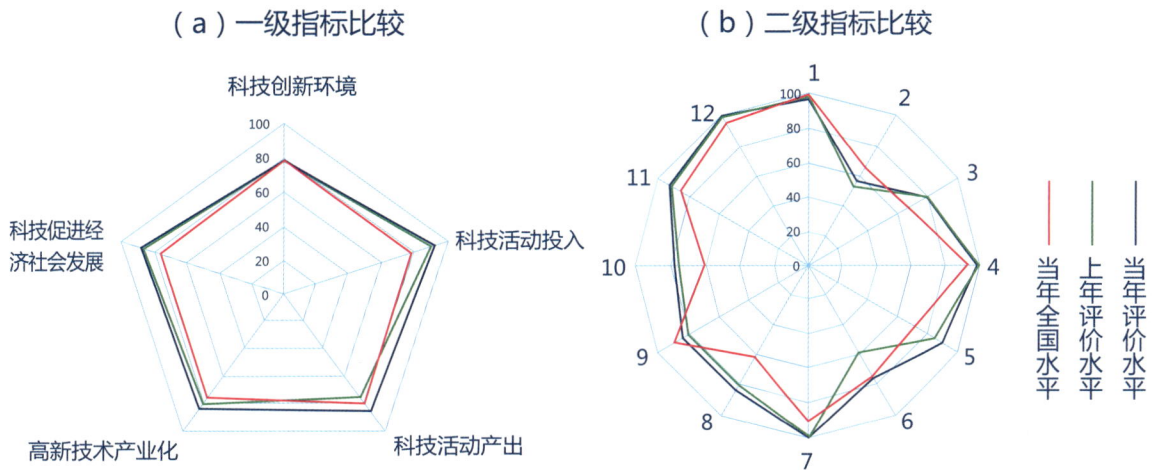

图3-62 广东一、二级评价指标与上年水平和全国水平比较

图例：1．科技人力资源　　　　2．科研物质条件　　　　3．科技意识　　　　　4．科技活动人力投入
　　　 5．科技活动财力投入　　6．科技活动产出水平　　7．技术成果市场化　　8．高新技术产业化水平
　　　 9．高新技术产业化效益　10．经济发展方式转变　11．环境改善　　　　　12．社会生活信息化

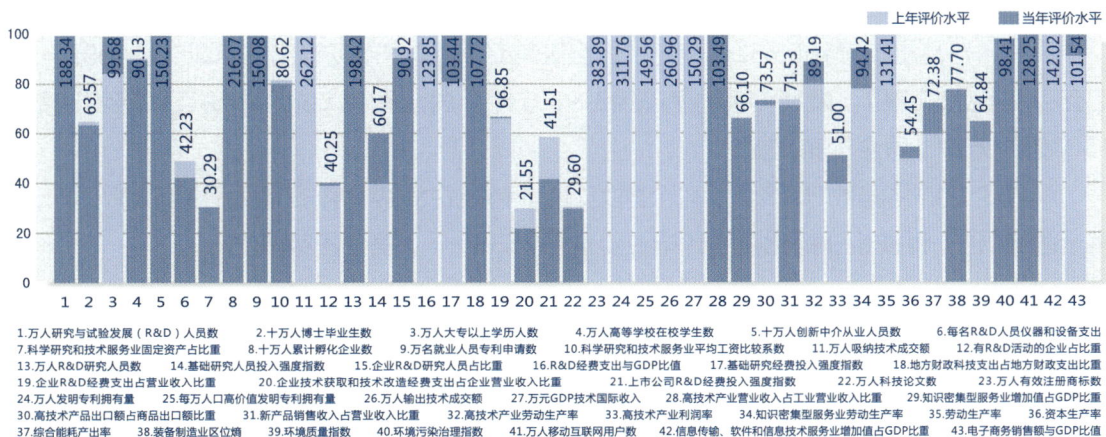

1.万人研究与试验发展（R&D）人员数　　2.十万人博士毕业生数　　3.万人大专以上学历人数　　4.万人高等学校在校学生数　　5.十万人创新中介从业人员数　　6.每名R&D人员仪器和设备支出
7.科学研究和技术服务业固定资产占比重　8.十万人累计孵化企业数　　9.万名就业人员专利申请数　　10.科学研究和技术服务业平均工资比较系数　　11.万人吸纳技术成交额　　12.有R&D活动的企业占比重
13.万人R&D研究人员数　　14.基础研究人员投入强度指数　　15.企业R&D研究人员占比重　　16.R&D经费支出与GDP比重　　17.基础研究经费投入强度指数　　18.地方财政科技支出占地方财政支出比重
19.企业R&D经费支出占营业收入比重　　20.企业技术获取和技术改造经费支出占企业营业收入比重　　21.上市公司R&D经费投入强度指数　　22.万人科技论文数　　23.万人有效注册商标数
24.万人发明专利拥有量　　25.每百万人口高价值发明专利拥有量　　26.万人输出技术成交额　　27.万元GDP技术国际收入　　28.高技术产业营业收入占工业营业收入比重　　29.知识密集型服务业增加值占GDP比重
30.高技术产品出口额占商品出口额比重　　31.新产品销售收入占营业收入比重　　32.高技术产业劳动生产率　　33.高技术产业利润率　　34.知识密集型服务业劳动生产率　　35.劳动生产率　　36.资本生产率
37.综合能耗产出率　　38.装备制造业区位熵　　39.环境质量指数　　40.环境污染治理指数　　41.万人移动互联网用户数　　42.信息传输、软件和信息技术服务业增加值占GDP比重　　43.电子商务销售额与GDP比值

图3-63 广东三级评价指标与上年水平比较

企业技术获取和技术改造经费支出下降。其中，企业引进技术经费支出比上年下降了20.78%，企业消化吸收经费支出下降了9.64%，企业购买境内技术经费支出下降了34.68%，企业技术改造经费支出下降了8.40%，企业技术获取和技术改造经费支出下降了16.25%，占企业营业收入比重下降了0.21个百分点，位次下降了2位。

科技人力资源有所减少。万人高等学校在校学生数比上年减少了2.06人，位次下降了4位。

科技论文数增长缓慢，万人科技论文数位次下降至全国第15位。

科研物质条件有待改善。研发仪器和设备支出比上年下降了18.47%，每名R&D人员仪器和设备支出减少了0.41万，位次排在全国第25位；科学研究和技术服务业固定资产占比重位次仍然比较靠后，排在全国第17位。

高新技术产业效益较低。高技术产业劳动生产率和高技术产业利润率位次均排在全国第22位；知识密集型服务业劳动生产率位次虽然有所上升，但仍然比较靠后，排在全国第19位。

广东创新发展主要指标及位次

总人口12684万人；地区生产总值124369.67亿元，居全国第1位；人均生产总值9.83万元，居全国第7位；知识密集型服务业增加值24664.12亿元，居全国第1位；规模以上工业企业营业收入173649.71亿元，居全国第1位；高新技术企业数59475个，居全国第1位；高新技术企业总收入110416.96亿元，居全国第1位。

R&D经费内部支出4002.18亿元，居全国第1位，与生产总值比值3.22%，居全国第4位；R&D经费中基础研究经费支出274.27亿元，居全国第2位；企业R&D经费内部支出2902.18亿元，居全国第1位；地方财政科技支出982.76亿元，居全国第1位。

大专以上学历人数2352.55万人，居全国第1位；R&D人员数88.52万人年，居全国第1位；R&D人员中基础研究人员数5.01万人年，居全国第2位；企业R&D人员数70.91万人年，居全国第1位。

高技术产品出口额2655.31亿美元，居全国第1位；技术市场输出技术成交额4099.61亿元，居全国第2位；发明专利拥有量43.96万件，居全国第1位；移动互联网用户数15070.27万户，居全国第1位。

科技企业孵化器数1078个，居全国第1位；科技企业孵化器在孵企业数34375个，居全国第2位；科技企业孵化器累计毕业企业数25390个，居全国第3位。

表3-19 广东各级评价指标和位次与上年比较

指标名称	评价值 当年	评价值 上年	位次 当年	位次 上年
科技创新环境	77.58	77.44	6	5
科技人力资源	93.76	96.04	8	5
万人研究与试验发展（R&D）人员数	75.34	83.54	6	5
十万人博士毕业生数	3.18	3.25	16	12
万人大专以上学历人数	1993.67	1699.86	13	13
万人高等学校在校学生数	315.45	317.51	16	12
十万人创新中介从业人员数	4.51	4.95	8	9
科研物质条件	55.38	51.85	20	20
每名R&D人员仪器和设备支出	2.53	2.94	25	25
科学研究和技术服务业固定资产产占比重	0.91	0.92	17	17
十万人累计孵化企业数	21.61	22.33	5	4
科技意识	78.20	78.23	3	3
万名就业人员专利申请数	150.08	167.43	4	4
科学研究和技术服务业平均工资比较系数	161.24	163.93	3	4
万人吸纳技术成交额	419393	345289	5	4
有R&D活动的企业占的企业比重	40.25	39.47	7	6
科技活动投入				
科技活动人力投入	92.09	89.26	1	1
万人R&D研究人员数	97.88	100.00	1	1
基础研究人员投入强度指数	25.79	28.34	6	6
企业R&D研究人员占比重	0.60	0.40	5	8
科技活动财力投入	63.64	66.43	1	1
R&D经费支出与GDP比值	89.61	84.65	1	2
基础研究经费投入强度指数	3.22	3.14	4	4
地方财政科技支出占地方财政支出比重	1.03	0.82	2	2
企业R&D经费支出占企业营业收入比重	5.39	5.48	3	4
企业技术获取和技术改造经费支出占企业营业收入比重	1.67	1.67	3	5
上市公司R&D经费投入强度指数	0.54	0.74	7	5
万人R&D经费投入	0.42	0.59	2	1
科技活动产出	85.22	75.13	4	6
科技活动产出水平	75.36	58.56	7	19
万人科技论文数	2.96	3.03	15	13

指标名称	评价值 当年	评价值 上年	位次 当年	位次 上年
万人有效注册商标数	575.83	462.11	4	4
万人发明专利拥有量	37.41	33.57	5	5
每万人口高价值发明专利拥有量	17.95	16.32	3	3
技术成果市场化	100.00	100.00	1	1
万人输出技术成交额	3131.46	2619.74	6	5
万元GDP技术国际收入	15.03	13.82	3	3
高新技术产业化	83.42	79.60	4	5
高新技术产业化水平	83.19	79.63	3	4
高技术产业营业收入占工业营业收入比重	31.05	33.47	2	1
知识密集型服务业增加值占GDP比重	19.83	19.94	4	4
高技术产品出口额占商品出口额比重	29.43	28.74	13	14
新产品销售收入占营业收入比重	28.61	29.56	4	4
高新技术产业劳动生产率	83.64	79.57	22	23
高技术产业劳动生产率	115.95	104.63	22	15
高技术产业利润率	7.65	5.98	22	23
知识密集型服务业劳动生产率	66.09	55.07	19	22
科技促进经济社会发展	87.20	84.89	1	1
经济发展方式转变	76.88	73.88	1	1
劳动生产率	17.08	16.05	7	6
资本生产率	0.54	0.50	1	1
综合能耗产出率	30.40	25.25	3	4
装备制造业区位熵	155.41	156.11	4	4
环境改善	91.70	90.15	6	6
环境质量指数	64.84	56.92	9	7
环境污染治理指数	98.41	98.46	8	10
社会生活信息化	100.00	98.38	1	4
万人移动互联网用户数	1282516	1364950	3	3
信息传输、软件和信息技术服务业增加值占GDP比重	4.97	4.96	4	4
电子商务销售额与GDP比值	0.30	0.28	4	4

广西科技创新分析

广西全面实施科技"尖锋"行动，持续深入实施"十四五"科技创新规划，加快建成面向东盟的科技创新合作区。在今年的报告中，广西综合科技创新水平指数为49.29%，位次排在全国第22位，比上年上升2位。

一、科技成果转移转化率大幅上涨

技术市场吸纳技术成交额比上年增长了164.57%，万人吸纳技术成交额增加了1456.88万元，位次上升了8位；技术市场输出技术成交额增长了926.06%，万人输出技术成交额增加了1631.36万元，位次上升了14位；技术国际收入增长了96.27%，万元GDP技术国际收入增加了0.10美元，位次上升了2位。

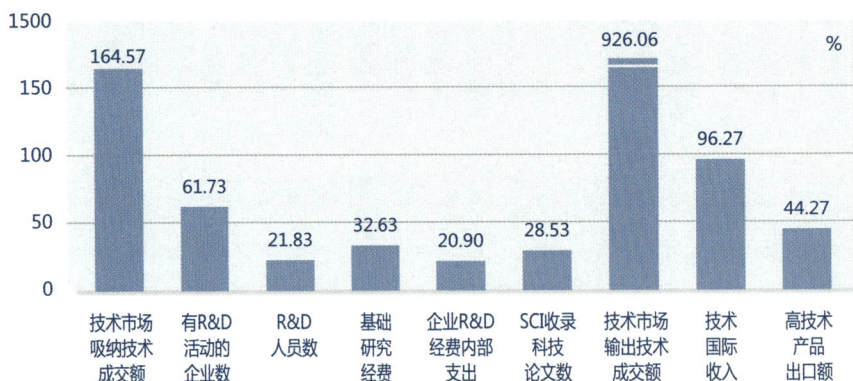

图3-64 部分指标增长速度

二、企业研发经费投入力度有所加大

有R&D活动的企业数比上年增长了61.73%，占工业企业比重提高了5.11个百分点，企业R&D经费内部支出增长了20.90%，占营业收入比重位次上升了1位。

研发经费投入强度较低。R&D经费支出与GDP比值位次仍排在全国第27位。

政府科技投入放缓。地方财政科技支出占地方财政支出比重位次继上年下降1位后再次下降了1位。

企业技术获取和技术改造经费支出减少。其中，企业引进技术经费支出比上年下降了58.19%，企业技术改造经费支出下降了59.89%，企业技术获取和技术改造经费支出下降了51.74%，占企业营业收入比重下降了0.64个百分点，位次下降了8位。

科研物质条件有待改善。研发仪器和设备支出大幅下降，比上年下降了56.33%，每名R&D人员仪器和设备支出减少了3.33万元，位次下降了26位；科学研究和技术服务业固定资产占比重下降了0.06个百分点，位次下降了3位。

科技人力资源不足。创新中介从业人员数比上年下降了0.16%，十万人创新中介从业人员数减少了0.07人，位次下降至全国第31位；万人大专以上学历人数位次排在全国第30位；十万人博士毕业生数仍排在全国第28位。

科技活动产出水平有待提升。国内科技论文数比上年下降了0.69%，万人科技论文数位次下降至全国第28位；有效注册商标数增长缓慢，万人有效注册商标数仍排在全国第30位；每万人口高价值发明专利拥有量位次比上年下降了3位。

（a）一级指标比较　　　　（b）二级指标比较

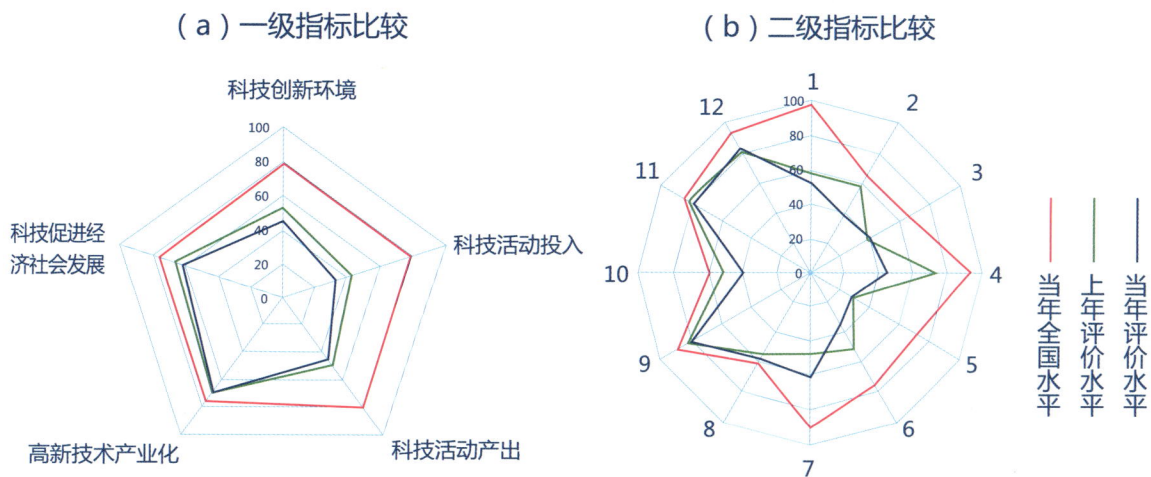

图3-65 广西一、二级评价指标与上年水平和全国水平比较

图例：1．科技人力资源　　2．科研物质条件　　3．科技意识　　4．科技活动人力投入
5．科技活动财力投入　6．科技活动产出水平　7．技术成果市场化　8．高新技术产业化水平
9．高新技术产业化效益　10．经济发展方式转变　11．环境改善　12．社会生活信息化

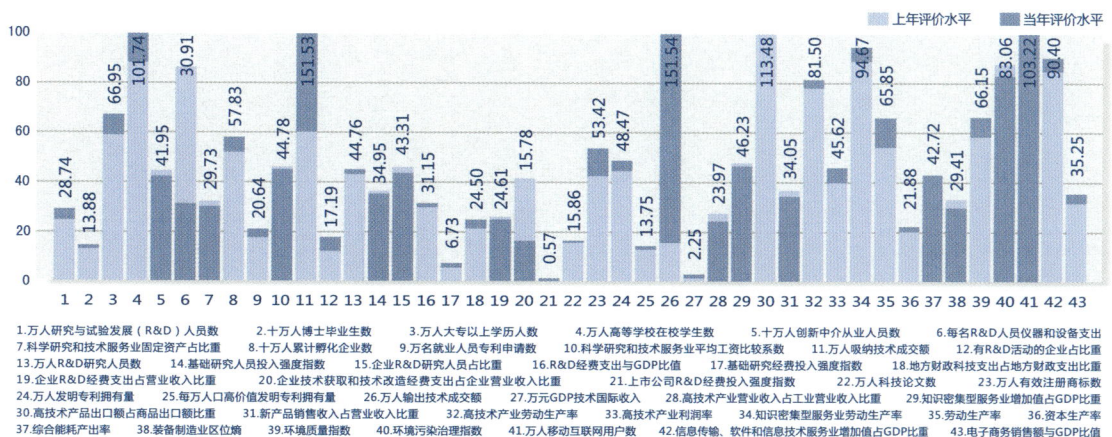

1.万人研究与试验发展（R&D）人员数　2.十万人博士毕业生数　3.万人大专以上学历人数　4.万人高等学校在校学生数　5.十万人创新中介从业人员数　6.每名R&D人员仪器和设备支出
7.科学研究和技术服务业固定资产占比重　8.十万人累计孵化企业数　9.万名就业人员专利申请数　10.科学研究和技术服务业平均工资比较系数　11.万人吸纳技术成交额　12.有R&D活动的企业占比重
13.万人R&D研究人员数　14.企业R&D研究人员占比重　15.企业R&D经费支出与GDP比值　16.基础研究经费投入强度指数　17.基础研究经费投入强度指数　18.地方财政科技支出占地方财政支出比重
19.企业R&D经费支出占营业收入比重　20.企业技术获取和技术改造经费支出占企业营业收入比重　21.上市公司R&D经费投入强度指数　22.万人科技论文数　23.万人有效注册商标数
24.万人发明专利拥有量　25.每万人口高价值发明专利拥有量　26.万人输出技术成交额　27.万元GDP技术国际收入　28.高技术产业营业收入占工业营业收入比重　29.知识密集型服务业增加值占GDP比重
30.高技术产品出口额占商品出口额比重　31.新产品销售收入占营业收入比重　32.高技术产业劳动生产率　33.知识密集型服务业劳动生产率　34.劳动生产率　35.劳动生产率　36.资本生产率
37.综合能耗产出率　38.装备制造业区位熵　39.环境质量指数　40.环境污染治理指数　41.万人移动互联网用户数　42.信息传输、软件和信息技术服务业增加值占GDP比重　43.电子商务销售额与GDP比值

图3-66 广西三级评价指标与上年水平比较

高新技术产业化效益下降。高技术产业劳动生产率位次下降了7位；高技术产业利润率位次下降了4位。

劳动生产率位次下降至全国第29位。

环境改善不理想。环境质量指数和环境污染治理指数位次均比上年下降1位。

广西创新发展主要指标及位次

总人口5037万人；地区生产总值24740.86亿元，居全国第19位；人均生产总值4.92万元，居全国第29位；知识密集型服务业增加值3431.10亿元，居全国第20位；规模以上工业企业营业收入22274.07亿元，居全国第21位；高新技术企业数3270个，居全国第20位；高新技术企业总收入10104.54亿元，居全国第19位。

R&D经费内部支出199.46亿元，居全国第21位，与生产总值比值0.81%，居全国第27位；R&D经费中基础研究经费支出15.61亿元，居全国第24位；企业R&D经费内部支出137.02亿元，居全国第22位；地方财政科技支出71.13亿元，居全国第21位。

大专以上学历人数622.12万人，居全国第20位；R&D人员数5.58万人年，居全国第21位；R&D人员中基础研究人员数0.96万人年，居全国第17位；企业R&D人员数2.85万人年，居全国第20位。

高技术产品出口额137.22亿美元，居全国第17位；技术市场输出技术成交额940.58亿元，居全国第13位；发明专利拥有量2.82万件，居全国第19位；移动互联网用户数5011.41万户，居全国第11位。

科技企业孵化器数120个，居全国第17位；科技企业孵化器在孵企业数4374个，居全国第18位；科技企业孵化器累计毕业企业数2808个，居全国第20位。

表3-20　广西各级评价指标和位次与上年比较

指标名称	评价值 当年	评价值 上年	位次 当年	位次 上年
科技创新环境	44.43	51.88		
科技人力资源	51.91	57.84	27	24
万人研究与试验发展（R&D）人员数	11.50	9.94	28	28
十万人博士毕业生数	0.69	0.65	27	28
万人大专以上学历人数	133900	118452	28	28
万人高等学校在校学生数	356.09	310.73	30	31
十万人创新中介从业人员数	1.26	1.33	11	15
科研物质条件	38.57	57.78	31	31
每名R&D人员仪器和设备支出	1.85	5.19	27	12
科学研究和技术服务业固定资产占比重	0.89	0.96	29	3
十万人累计孵化企业数	5.78	5.23	18	15
科技意识	40.30	38.05	26	26
万名就业人员专利申请数	20.64	17.56	21	28
科学研究和技术服务业平均工资比较系数	89.56	91.60	27	29
万人吸纳技术成交额	2424.46	967.57	18	17
有R&D活动的企业占比重	17.19	12.07	12	20
科技活动投入	32.47	41.60	24	28
科技活动人力投入	44.38	72.36	27	27
万人R&D研究人员数	5.82	5.64	27	26
基础研究人员投入强度指数	0.35	0.36	26	11
企业R&D研究人员占比重	30.32	32.02	12	20
科技活动财力投入	27.37	28.42	20	26
R&D经费支出与GDP比值	0.81	0.78	27	27
基础研究经费投入强度指数	0.07	0.05	21	22
地方财政科技支出占地方财政支出比重	1.22	1.07	23	22
企业R&D经费支出占企业营业收入比重	0.62	0.64	25	26
企业技术求取和技术改造经费支出占企业营业收入比重	0.39	1.03	10	2
上市公司R&D经费投入强度指数	0.01	0.01	26	26
科技活动产出	45.10	49.30	18	26
科技活动产出水平	34.57	50.55	25	26
万人科技论文数	1.59	1.56	28	27
万人有效注册商标数	80.13	60.91	30	30
万人发明专利拥有量	5.82	5.37	19	19
每万人口高价值发明专利拥有量	1.65	1.55	23	20
技术成果市场化	60.90	47.42	14	27
万人输出技术成交额	1818.50	187.13	12	26
万元GDP技术大国际收入	0.23	0.13	26	28
高新技术产业化	68.60	68.51	13	11
高新技术产业化水平	57.61	54.94	13	13
高技术产业营业收入占工业营业收入比重	7.19	8.15	21	18
知识密集型服务业增加值占GDP比重	13.87	14.25	15	18
高技术产品出口额占商品出口额比重	45.39	44.80	8	8
新产品销售收入占营业收入比重	13.62	14.57	17	16
高新技术产业化效益	79.59	82.09	25	19
高技术产业劳动生产率	105.95	102.21	24	17
高技术产业利润率	6.84	6.01	26	22
知识密集型服务业劳动生产率	66.27	62.64	18	18
科技促进经济社会发展	60.78	66.02	21	21
经济发展方式转变	39.41	51.07	23	23
劳动生产率	8.56	7.08	29	28
资本生产率	0.22	0.20	22	25
综合能耗产出率	17.94	17.97	17	13
装备制造业占地位	58.83	65.70	19	17
环境改善	79.68	81.95	23	21
环境质量指数	66.15	58.70	7	6
环境污染治理指数	83.06	87.76	24	23
社会生活信息化	83.21	80.54	12	13
万人移动互联网用户数	1032167	1041054	14	13
信息传输、软件和信息技术服务业增加值占GDP比重	3.16	2.99	12	12
电子商务销售额与GDP比值	0.11	0.10	20	20

海南科技创新分析

海南坚持以创新型省份建设为抓手，聚焦改革和开放，发挥资源和区位优势，实施创新驱动发展战略和科技强省战略，全面推进"一省两市三高地"建设，不断提升全省创新水平。在今年的报告中，海南综合科技创新水平指数为47.90%，排在全国第25位，比上年上升1位。

一、研发人员大幅增长

R&D人员数比上年增长了50.17%，全国增长最快，万人研究与试验发展（R&D）人员数增加了3.78人年，位次上升了4位；基础研究人员数增长了49.25%，基础研究人员投入强度指数提高了0.04个百分点，位次上升了2位；R&D研究人员数增长了40.81%，增速全国最高，万人R&D研究人员数增加了1.60人年，位次上升了1位；企业R&D研究人员数增长了59.87%，同样全国增长最快，占全社会R&D研究人员比重提高了1.68个百分点。

二、政府科技投入力度持续加大

地方财政科技支出比上年增长了13.48%，占地方财政支出比重提高了0.24个百分点，位次上升了1位。

三、科技意识进一步增强

技术市场吸纳技术成交额比上年增长了226.93%，万人吸纳技术成交额增加了1644.38万元，位次上升了12位；国内3种专利申请数增长了23.11%，万名就业人员专利申请数增加了2.94件，位次上升了1位；科学研究和技术服务业平均工资增长了11.58%，科学研究和技术服务业平均工资比较系数提高了1.40个百分点，位次上升了4位；有R&D活动的企业数增长了53.41%，占规模以上工业企业比重提高了6.13个百分点，位次上升了2位。

四、环境改善全国最好

环境污染治理指数比上年提高了0.06个百分点，位次上升至全国第1位；环境质量指数提高了8.96个百分点，位次保持在全国第3位。

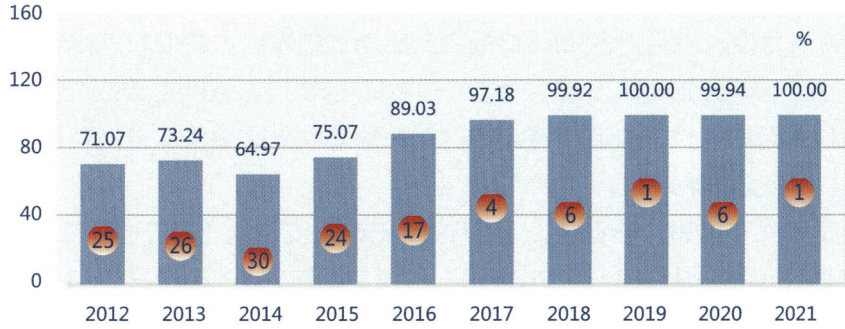

图3-67 环境污染治理指数及位次

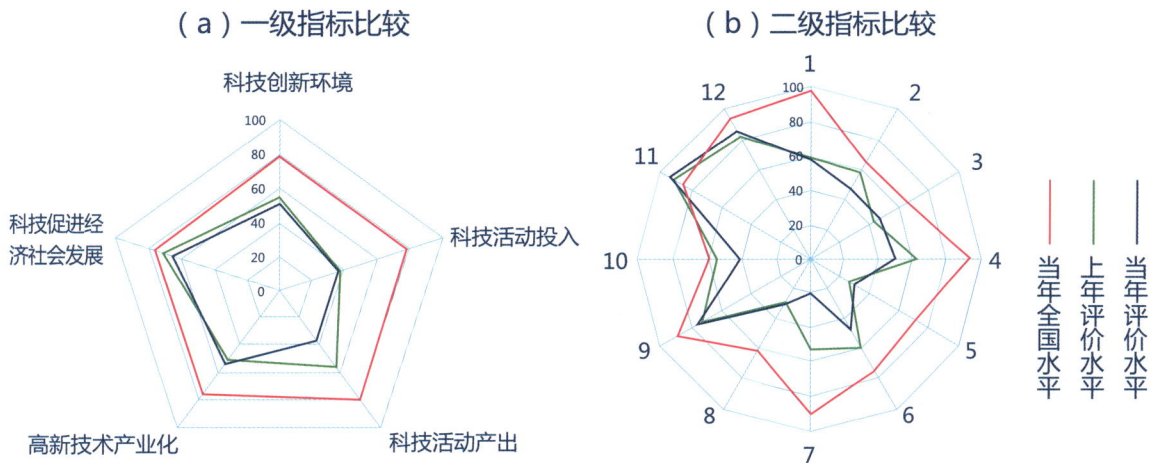

（a）一级指标比较

（b）二级指标比较

图3-68 海南一、二级评价指标与上年水平和全国水平比较

图例：1．科技人力资源　　　2．科研物质条件　　　3．科技意识　　　4．科技活动人力投入
　　　5．科技活动财力投入　6．科技活动产出水平　7．技术成果市场化　8．高新技术产业化水平
　　　9．高新技术产业化效益　10．经济发展方式转变　11．环境改善　　12．社会生活信息化

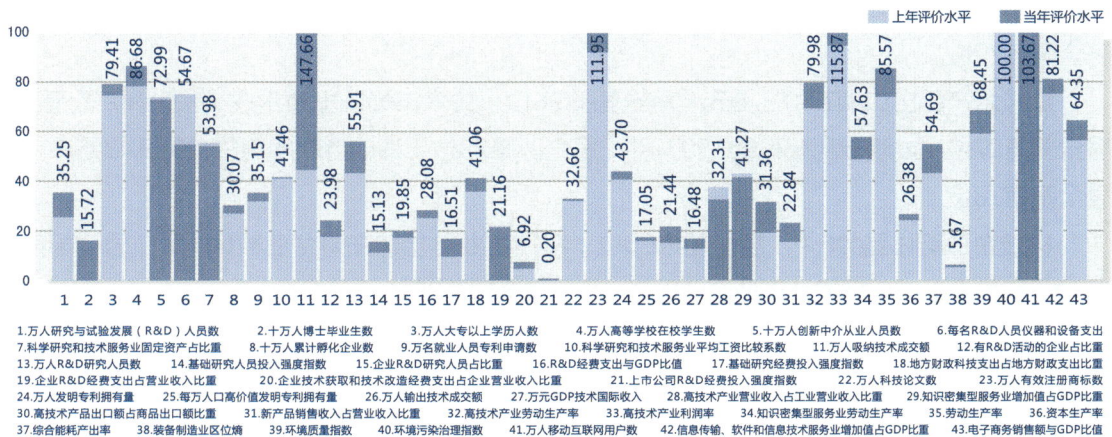

1.万人研究与试验发展（R&D）人员数　　2.十万人博士毕业生数　　3.万人大专以上学历人数　　4.万人高等学校在校学生数　　5.十万人创新中介从业人员数　　6.每名R&D人员仪器和设备支出
7.科学研究和技术服务业固定资产占比重　8.十万人累计孵化企业数　9.万名就业人员专利申请数　10.科学研究和技术服务业平均工资比较系数　11.万人吸纳技术成交额　12.有R&D活动的企业占比重
13.万人R&D研究人员数　14.基础研究人员占比重　15.企业R&D研究人员占比重　16.R&D经费支出占GDP比重　17.基础研究经费投入强度指数　18.地方财政科技支出占地方财政支出比重
19.企业R&D经费支出占营业收入比重　20.企业技术获取和技术改造经费支出占企业营业收入比重　21.上市公司R&D经费投入强度指数　22.万人科技论文数　23.万人有效注册商标数
24.万人发明专利拥有量　25.每万人口高价值发明专利拥有量　26.万人输出技术成交额　27.万元GDP技术国际收入　28.高技术产业营业收入占工业营业收入比重　29.知识密集型服务业增加值占GDP比重
30.高技术产品出口额占商品出口额比重　31.新产品销售收入占营业收入比重　32.高技术产业劳动生产率　33.高技术产业利润率　34.知识密集型服务业劳动生产率　35.劳动生产率　36.资本生产率
37.综合能耗产出率　38.装备制造业区位熵　39.环境质量指数　40.环境污染治理指数　41.万人移动互联网用户数　42.信息传输、软件和信息技术服务业增加值占GDP比重　43.电子商务销售额与GDP比值

图3-69 海南三级评价指标与上年水平比较

R&D投入强度较低，R&D经费支出与GDP比值仍排在全国第29位。

企业创新财力投入不足。企业R&D经费支出增长缓慢，占营业收入比重下降了0.01个百分点，位次下降至全国第29位；上市公司R&D经费投入强度指数位次仍排在全国第29位；企业技术获取和技术改造经费支出占企业营业收入比重位次虽然有所上升，但仍然比较靠后，排在全国第27位。

科研物质条件有待进一步改善。研发仪器和设备支出比上年下降了1.35％，每名R&D人员仪器和设备支出减少了1.24万元，位次下降了2位；科学研究和技术服务业固定资产占比重下降了0.04个百分点，位次下降了2位；十万人累计孵化企业数仍排在全国第31位。

高新技术产业发展缓慢。高技术产业营业收入占工业营业收入比重位次下降了2位；高技术产业劳动生产率和知识密集型服务业增加值占GDP比重位次均排在全国第25位；知识密集型服务业劳动生产率虽然有所提升，但位次仍然比较靠后，排在全国第29位。

装备制造业区位熵位次仍排在全国第29位。

万人移动互联网用户数比上年减少了731.77户，位次下降了6位。

海南创新发展主要指标及位次

总人口1020万人；地区生产总值6475.20亿元，居全国第28位；人均生产总值6.37万元，居全国第19位；知识密集型服务业增加值801.65亿元，居全国第28位；规模以上工业企业营业收入2676.14亿元，居全国第30位；高新技术企业数1180个，居全国第27位；高新技术企业总收入1126.34亿元，居全国第29位。

R&D经费内部支出46.98亿元，居全国第29位，与生产总值比值0.73％，居全国第29位；R&D经费中基础研究经费支出11.87亿元，居全国第26位；企业R&D经费内部支出14.15亿元，居全国第29位；地方财政科技支出40.47亿元，居全国第25位。

大专以上学历人数150.66万人，居全国第28位；R&D人员数1.35万人年，居全国第29位；R&D人员中基础研究人员数0.31万人年，居全国第28位；企业R&D人员数0.29万人年，居全国第29位。

高技术产品出口额7.00亿美元，居全国第26位；技术市场输出技术成交额28.42亿元，居全国第27位；发明专利拥有量0.50万件，居全国第28位；移动互联网用户数989.43万户，居全国第28位。

科技企业孵化器数6个，居全国第30位；科技企业孵化器在孵企业数661个，居全国第29位；科技企业孵化器累计毕业企业数287个，居全国第30位。

表3-21　海南各级评价指标和位次与上年比较

指标名称	评价值 当年	评价值 上年	位次 当年	位次 上年
科技创新环境	50.84	53.66	24	23
科技人力资源	57.30	58.50	24	26
万人研究与试验发展（R&D）人员数	14.10	10.32	23	27
十万人博士毕业生数	0.79	0.79	25	24
万人大专以上学历人数	1588.12	1506.19	24	21
万人高等学校在校学生数	303.38	276.42	20	17
十万人创新中介从业人员数	2.19	2.22	22	22
科研物质条件	47.05	57.70	25	13
每名R&D人员仪器和设备支出	3.28	4.52	11	9
科学研究和技术服务业固定资产占产值比重	1.62	1.66	10	8
十万人累计孵化企业数	3.01	2.73	31	31
科技意识	46.03	43.17	17	20
万名就业人员专利申请数	35.15	32.22	16	17
科学研究和技术服务业平均工资比较系数	82.91	81.51	22	26
万人吸纳技术成交额	236250	71811	13	25
有R&D活动的企业占比重	23.98	17.85	21	23
科技活动投入	35.24	36.43	26	28
科技活动人力投入	48.65	61.92	24	29
万人R&D研究人员数	7.27	5.67	24	25
基础研究人员投入强度指数	0.15	0.11	21	23
企业R&D研究人员占比重	13.90	12.22	29	29
科技活动财力投入	29.49	25.51	26	28
R&D经费支出与GDP比值	0.73	0.66	29	29
基础研究经费投入强度指数	0.17	0.10	9	17
地方财政科技支出占地方财政支出比重	2.05	1.81	15	16
企业R&D经费支出占营业收入比重	0.53	0.54	29	28
企业技术改造取得技术改造经费支出与改造经费支出比重	0.17	0.12	27	30
上市公司R&D经费投入强度指数	0.00	0.00	29	29
科技活动产出	36.84	56.05	23	19
科技活动产出水平	48.43	58.88	18	18
万人科技论文数	3.27	3.23	13	11

指标名称	评价值 当年	评价值 上年	位次 当年	位次 上年
万人有效注册商标数	167.93	126.49	10	12
万人发明专利拥有量	5.24	4.92	23	20
每万人口高价值发明专利拥有量	2.05	1.92	18	18
技术成果市场化	19.45	51.81	24	19
万人输出技术成交额	257.22	181.62	26	27
万元GDP技术国际收入	1.65	1.28	13	13
高新技术产业化	53.46	50.49	28	29
高新技术产业化水平	31.88	28.74	21	23
高技术产业营业收入占工业营业收入比重	9.69	11.23	16	14
知识密集型技术服务业增加值占GDP比重	12.38	12.87	25	26
高技术产品出口额占商品出口额比重	12.55	7.76	23	25
新产品销售收入占营业收入比重	9.14	6.22	23	29
高新技术产业化效益	75.04	72.24	28	28
高技术产业劳动生产率	103.97	90.72	25	25
高技术产业利润率	17.38	14.30	5	6
知识密集型服务业劳动生产率	40.34	34.40	29	31
科技促进经济社会发展	64.31	69.68	17	13
经济发展方式转变	40.76	54.64	21	21
劳动生产率	11.12	9.70	22	22
资本生产率	0.26	0.24	18	19
综合能耗产出率	22.97	18.25	12	10
装备制造业区位熵	11.35	10.50	29	29
环境改善	93.69	91.85	1	2
环境质量指数	68.45	59.49	3	3
环境污染治理指数	100.00	99.94	1	6
社会生活信息化	85.36	81.67	8	11
万人移动互联网用户数	1036683	1109860	13	7
信息传输、软件和信息技术服务业增加值占GDP比重	2.84	2.65	16	17
电子商务销售额与GDP比值	0.19	0.17	9	9

重庆科技创新分析

重庆积极布局区域创新体系建设，着力构建"原始创新—产业协同—产业落地"的创新体系，加快建设具有全国影响力的科技创新中心。在今年的报告中，重庆综合科技创新水平指数为74.08%，排在全国第8位，比上年下降1位，仍排在西部地区第1位。

一、高新技术产业化水平保持全国第二

高技术产品出口额比上年增长了29.74%，占商品出口额比重位次保持全国第1位；高技术产业营业收入增长了20.41%，占工业营业收入比重位次排在全国第3位；高技术产业劳动生产率提高了48.19万元/人，知识密集型服务业劳动生产率提高了24.70万元/人，位次均上升至全国第4位；知识密集型服务业增加值增长了12.31%，占生产总值比重位次保持在全国第6位，西部地区第1位。

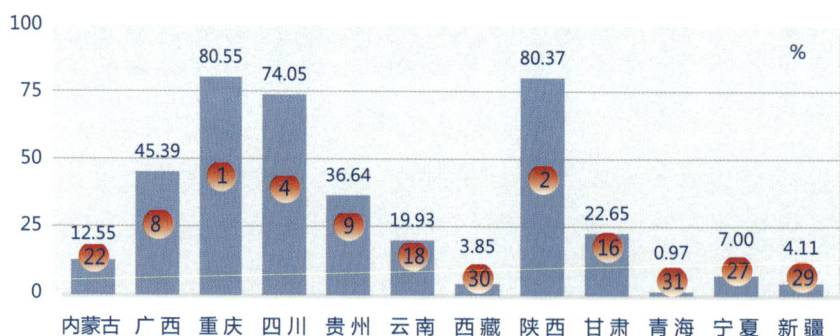

图3-70 西部地区高技术产品出口额占商品出口额比重及位次

二、科技意识进一步增强

技术市场吸纳技术成交额比上年增长了129.73%，万人吸纳技术成交额增加了868.92万元，位次上升了13位；万名就业人员专利申请数增加了3.36件，位次上升了1位；科学研究和技术服务业平均工资增长了9.92%，科学研究和技术服务业平均工资比较系数提高了3.21个百分点，位次保持在全国第7位，西部地区第1位；有R&D活动的企业数增长了16.78%，占规模以上工业企业比重提高了4.47个百分点，位次排在全国第5位，西部地区第1位。

三、装备制造业优势明显

装备制造业营业收入比上年增长了18.24%，装备制造业区位熵提高了4.71个百分点，位次上升至全国第1位。

四、环境污染治理保持全国第一

环境污染治理指数位次保持全国第1位；环境质量指数提高了9.63个百分点，位次上升了2位。

研发投入强度增长缓慢。R&D经费内部支出虽比上年有所增长，但与GDP比值位次仍排在全国第14位；基础研究经费投入强度指数位次排在全国第19位。

（a）一级指标比较　　　　（b）二级指标比较

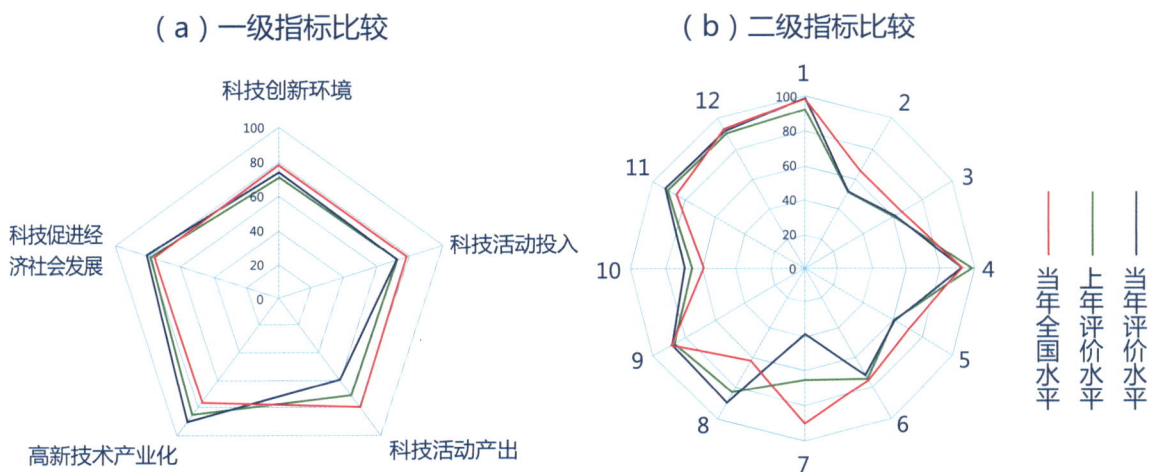

图3-71　重庆一、二级评价指标与上年水平和全国水平比较

图例：1.科技人力资源　2.科研物质条件　3.科技意识　4.科技活动人力投入
5.科技活动财力投入　6.科技活动产出水平　7.技术成果市场化　8.高新技术产业化水平
9.高新技术产业化效益　10.经济发展方式转变　11.环境改善　12.社会生活信息化

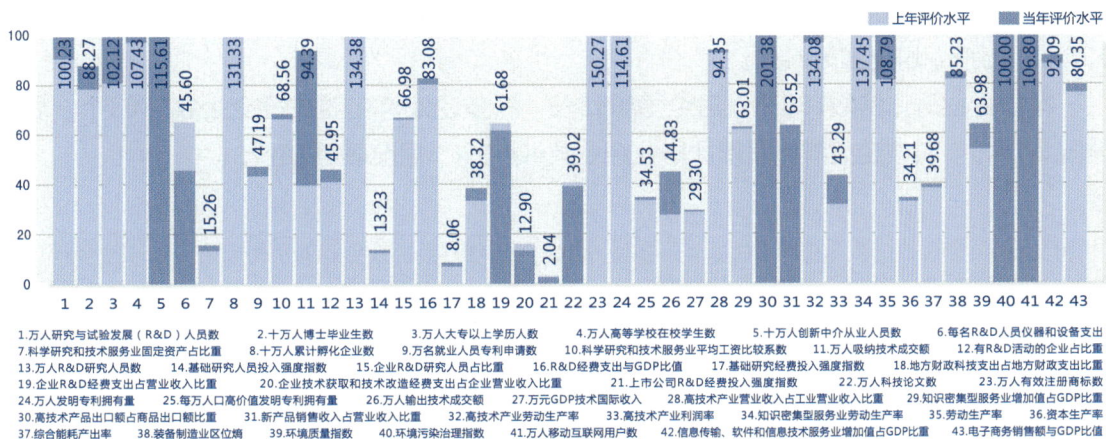

1.万人研究与试验发展（R&D）人员数　2.十万人博士毕业生数　3.万人大专以上学历人数　4.万人高等学校在校学生数　5.十万人创新中介从业人员数　6.每名R&D人员仪器和设备支出
7.科学研究和技术服务业固定资产占比重　8.十万人累计孵化企业数　9.万名就业人员专利申请数　10.科学研究和技术服务业平均工资比较系数　11.万人吸纳技术成交额　12.有R&D活动的企业占比重
13.万人R&D研究人员数　14.基础研究人员占企业研究人员专利收入比重　15.企业R&D经费支出占GDP比值　16.R&D经费支出与GDP比值　17.基础研究经费投入强度指数　18.地方财政科技支出占地方财政支出比重
19.企业R&D经费支出占营业收入比重　20.企业技术获取和技术改造经费支出占企业营业收入比重　21.上市公司R&D经费投入强度指数　22.万人科技论文数　23.万人有效注册商标数
24.万人发明专利拥有量　25.每万人口核心发明专利拥有量　26.万人输出技术成交额　27.万元GDP技术国际收入　28.高技术产业营业收入占工业营业收入比重　29.知识密集型服务业增加值占GDP比重
30.高技术产品出口额占比重　31.新产品销售收入占营业收入比重　32.高技术产业劳动生产率　33.高技术产业利润率　34.知识密集型服务业劳动生产率　35.劳动生产率　36.资本生产率
37.综合能耗产出率　38.装备制造业区位熵　39.环境质量指数　40.环境污染治理指数　41.万人移动互联网用户数　42.信息传输、软件和信息技术服务业增加值占GDP比重　43.电子商务销售额与GDP比值

图3-72　重庆三级评价指标与上年水平比较

政府科技投入力度放缓。地方财政科技支出占地方财政支出比重位次仍排在全国第17位。

研发人力投入不足。万人研究与试验发展（R&D）人员数位次下降了2位；万人R&D研究人员数位次下降了1位；基础研究人员投入强度指数位次排在全国第22位。

技术成果市场化不理想。技术市场输出技术成交额增长缓慢，万人输出技术成交额位次排在全国第21位。

高技术产业利润率虽然有所提升，但位次比较靠后，排在全国第28位。

科研物质条件有待改善。研发仪器和设备支出比上年下降了25.42%，每名R&D人员仪器和设备支出减少了1.18万元，位次下降了7位；科学研究和技术服务业固定资产占比位次仍排在全国第30位。

综合能耗产出率位次下降至全国第20位。

重庆创新发展主要指标及位次

总人口3212万人；地区生产总值27894.02亿元，居全国第16位；人均生产总值8.69万元，居全国第8位；知识密集型服务业增加值5273.20亿元，居全国第13位；规模以上工业企业营业收入27530.51亿元，居全国第18位；高新技术企业数5061个，居全国第18位；高新技术企业总收入13433.32亿元，居全国第16位。

R&D经费内部支出603.84亿元，居全国第15位，与生产总值比值2.16%，居全国第14位；R&D经费中基础研究经费支出29.74亿元，居全国第15位；企业R&D经费内部支出424.53亿元，居全国第13位；地方财政科技支出92.64亿元，居全国第17位。

大专以上学历人数622.21万人，居全国第19位；R&D人员数12.34万人年，居全国第16位；R&D人员中基础研究人员数0.88万人年，居全国第18位；企业R&D人员数8.38万人年，居全国第13位。

高技术产品出口额581.81亿美元，居全国第5位；技术市场输出技术成交额184.52亿元，居全国第22位；发明专利拥有量4.23万件，居全国第16位；移动互联网用户数3288.50万户，居全国第21位。

科技企业孵化器数158个，居全国第13位；科技企业孵化器在孵企业数4863个，居全国第16位；科技企业孵化器累计毕业企业数4044个，居全国第16位。

表3-22 重庆各级评价指标和位次与上年比较

指标名称	评价值 当年	上年	位次 当年	上年
科技创新环境	72.99	70.03	9	11
科技人力资源	98.59	92.24	5	8
万人研究与试验发展（R&D）人员数	40.09	36.65	10	8
十万人博士毕业生数	4.41	3.97	10	10
万人大专以上学历人数	2042.44	1635.96	9	15
万人高等学校在校学生数	376.02	343.85	8	9
十万人创新中介从业人员数	3.47	3.66	14	15
科研物质条件	51.30	51.48	22	22
每名R&D人员仪器和设备支出	2.74	3.92	21	14
科学研究和技术服务业固定资产占比重	0.46	0.40	30	30
十万人累计孵化企业数	13.13	10.09	10	13
科技意识	60.54	58.99	9	9
万名就业人员专利申请数	47.19	43.84	12	13
科学研究和技术服务业平均工资比较系数	137.13	133.91	7	7
万人吸纳技术成交额	1510.29	641.37	16	29
有R&D活动的企业占企业占比重	45.95	41.48	5	4
科技活动投入	70.50	71.55	12	11
万人R&D研究人员数	92.86	98.72	8	11
基础研究人员投入强度指数	17.47	16.45	10	9
企业R&D研究人员占比重	0.13	0.13	22	22
科技活动财力投入	46.89	46.69	10	10
R&D经费支出与GDP比值	60.92	59.90	11	12
基础研究经费投入强度指数	2.16	2.11	14	14
地方财政科技支出占地方财政支出比重	0.08	0.07	19	21
企业R&D经费支出占营业收入比重	1.92	1.69	17	17
企业技术获取和技术改造经费支出占企业营业收入比重	1.54	1.62	6	6
上市公司R&D经费投入强度指数	0.32	0.39	14	13
万人科技论文数	0.02	0.03	17	15
科技活动产出	58.71	70.17	14	10
科技活动产出水平	72.11	73.93	9	8
万人科技论文数	3.90	4.06	9	7

指标名称	评价值 当年	上年	位次 当年	上年
万人有效注册商标数	225.40	187.38	8	8
万人发明专利拥有量	13.75	12.26	12	12
每万人口高价值发明专利拥有量	4.14	4.06	13	12
技术成果市场化	38.62	64.53	20	9
万人输出技术成交额	537.93	335.00	21	22
万元GDP技术国际收入	2.93	2.91	9	9
高新技术产业化	89.53	84.87	2	3
高新技术产业化水平	90.40	83.35	2	2
高技术产业营业收入占工业营业收入比重	28.31	28.08	3	2
知识密集型服务业增加值占GDP比重	18.90	18.78	6	6
高技术产品出口额占商品出口额比重	80.55	82.64	1	1
新产品销售收入占营业收入比重	25.41	25.51	9	6
高技术产业劳动生产率	88.66	86.39	15	14
高技术产业劳动生产率	174.30	126.12	4	8
高技术产业利润率	6.49	4.80	28	29
知识密集型服务业劳动生产率	96.22	71.51	4	10
科技促进经济社会发展	81.34	78.26	4	5
经济发展方式转变	69.80	65.46	4	6
劳动生产率	14.14	10.73	10	18
资本生产率	0.34	0.33	7	7
综合能耗产出率	16.67	16.23	20	17
装备制造业区位熵	170.46	165.76	1	2
环境改善	92.80	90.87	4	4
环境质量指数	63.98	54.35	11	13
环境污染治理指数	100.00	100.00	1	1
社会生活信息化	92.91	91.13	6	6
万人移动互联网用户数	1079974	1080621	8	8
信息传输、软件和信息技术服务业增加值占GDP比重	3.22	3.12	11	11
电子商务销售额与GDP比值	0.24	0.23	5	5

四川科技创新分析

四川省科技创新系统准确把握时与势、机与策、谋与干，持续服务国家科技自立自强，持续夯实创新驱动引领高质量发展的科技支撑，持续提升创新实力。在今年的报告中，四川综合科技创新水平指数为70.45%，仍排在全国第12位，得分与上年相比，提高了1.27个百分点。

一、科技创新人才规模保持西部地区第一

R&D人员数、R&D研究人员数、企业R&D研究人员数均占到西部地区的28%左右，高等学校在校学生数、大专以上学历人数均占到西部地区的21%左右，保持西部地区第1位。

二、技术国际竞争力持续增强

技术国际收入比上年增长了44.98%，收入规模占到西部地区的65.36%，万元GDP技术国际收入保持西部地区第1位，上升至全国第5位。

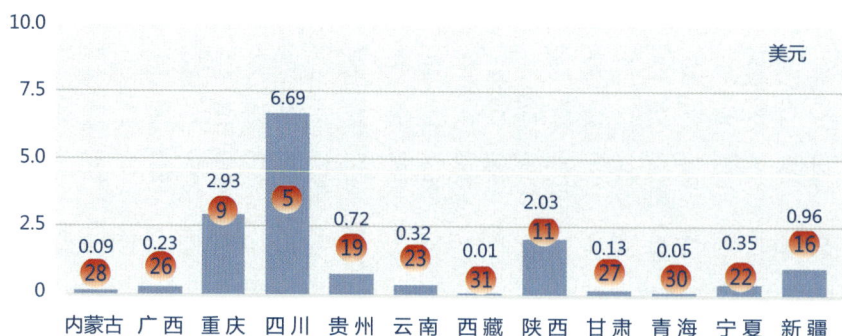

图3-73 西部地区万元GDP技术国际收入及位次

三、创新财力投入力度加大

研发经费投入强度进一步提高。R&D经费内部支出比上年增长了15.09%，与GDP比值提高了0.09个百分点，位次上升了1位；企业R&D经费内部支出增长了12.28%，占营业收入比重位次提高了2位。

企业技术获取和技术改造经费支出增加。其中，企业购买境内技术经费支出比上年增长了35.46%，企业技术改造经费支出增长了41.38%，企业技术获取和技术改造经费支出占企业营业收入比重提高了0.05个百分点，位次上升了6位。

政府科技投入大幅上涨。地方财政科技支出比上年增长了50.31%，占地方财政支出比重提高了0.81个百分点，位次上升了4位。

四、科研物质条件改善明显

研发仪器和设备支出比上年增长了29.89%，每名R&D人员仪器和设备支出增加了1.16万元，位次上升了13位；科学研究和技术服务业固定资产增长了25.01%，占全社会固定资产投资比重提高了0.07个百分点，位次上升了2位。

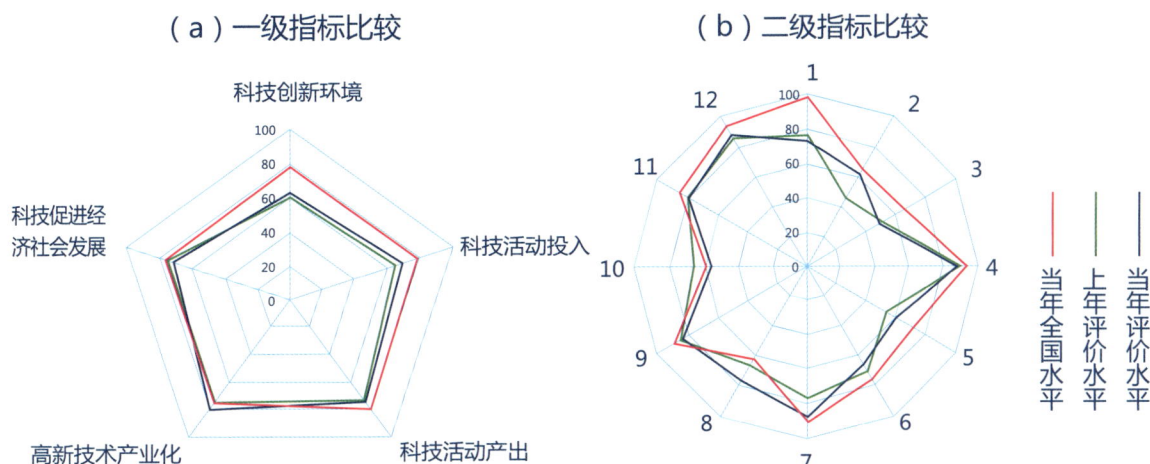

（a）一级指标比较　　（b）二级指标比较

图3-74 四川一、二级评价指标与上年水平和全国水平比较

图例：1.科技人力资源　　2.科研物质条件　　3.科技意识　　4.科技活动人力投入
5.科技活动财力投入　6.科技活动产出水平　7.技术成果市场化　8.高新技术产业化水平
9.高新技术产业化效益　10.经济发展方式转变　11.环境改善　12.社会生活信息化

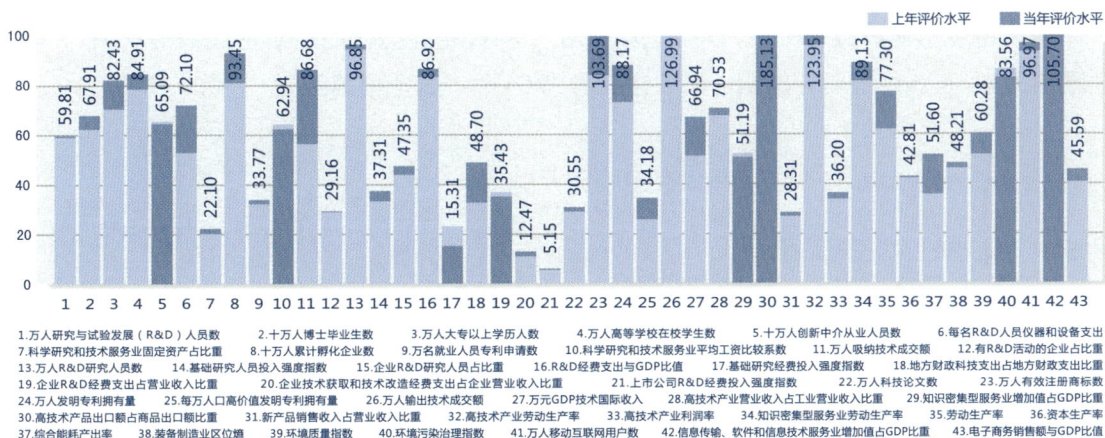

图3-75 四川三级评价指标与上年水平比较

1.万人研究与试验发展（R&D）人员数　2.十万人博士毕业生数　3.万人大专以上学历人数　4.万人高等学校在校学生数　5.十万人创新中介从业人员数　6.每名R&D人员仪器和设备支出
7.科学研究和技术服务业固定资产占比重　8.十万人累计孵化企业数　9.万名就业人员专利申请数　10.科学研究和技术服务业平均工资比较系数　11.万人吸纳技术成交额　12.有R&D活动的企业占比重
13.万人R&D研究人员数　14.基础研究人员投入强度指数　15.企业R&D研究人员占比重　16.R&D经费支出与GDP比值　17.基础研究经费投入强度指数　18.地方财政科技支出占地方财政支出比重
19.企业R&D经费支出占企业营业收入比重　20.企业技术获取和技术改造经费支出占企业营业收入比重　21.上市公司R&D经费投入强度指数　22.万人科技论文数　23.万人有效注册商标数
24.万人发明专利拥有量　25.每万人口高价值发明专利拥有量　26.万人输出技术成交额　27.万元GDP技术国际收入　28.高技术产业营业收入占工业营业收入比重　29.知识密集型服务业增加值占GDP比重
30.高技术产品出口额占商品出口额比重　31.新产品销售收入占营业收入比重　32.高技术产业劳动生产率　33.高技术产业利润率　34.知识密集型服务业劳动生产率　35.劳动生产率　36.资本生产率
37.综合能耗产出率　38.装备制造业区位熵　39.环境质量指数　40.环境污染治理指数　41.万人移动互联网用户数　42.信息传输、软件和信息技术服务业增加值占GDP比重　43.电子商务销售额与GDP比值

企业产品创新能力下降。有R&D活动的企业占比重位次比上年下降了2位；新产品销售收入增长缓慢，占营业收入比重位次下降至全国第20位；高技术产品出口额占商品出口额比重下降了4.42个百分点，位次下降了1位。

基础研究经费投入减少，比上年下降了2.45％，基础研究经费投入强度指数位次比上年下降了6位。

高新技术产业化效益较低。高技术产业利润率位次下降至全国第30位；知识密集型服务业劳动生产率位次下降了2位。

环境改善不理想，环境质量指数下降至全国第19位；环境污染治理指数位次排在全国第23位。

四川创新发展主要指标及位次

总人口8372万人；地区生产总值53850.79亿元，居全国第6位；人均生产总值6.43万元，居全国第18位；知识密集型服务业增加值8270.55亿元，居全国第7位；规模以上工业企业营业收入54215.01亿元，居全国第7位；高新技术企业数10131个，居全国第11位；高新技术企业总收入18871.28亿元，居全国第11位。

R&D经费内部支出1214.52亿元，居全国第7位，与生产总值比值2.26％，居全国第11位；R&D经费中基础研究经费支出58.12亿元，居全国第9位；企业R&D经费内部支出480.17亿元，居全国第12位；地方财政科技支出273.12亿元，居全国第10位。

大专以上学历人数1306.05万人，居全国第4位；R&D人员数19.71万人年，居全国第12位；R&D人员中基础研究人员数1.86万人年，居全国第6位；企业R&D人员数9.57万人年，居全国第11位。

高技术产品出口额613.53亿美元，居全国第4位；技术市场输出技术成交额1388.69亿元，居全国第10位；发明专利拥有量8.72万件，居全国第9位；移动互联网用户数7990.76万户，居全国第5位。

科技企业孵化器数191个，居全国第11位；科技企业孵化器在孵企业数9201个，居全国第9位；科技企业孵化器累计毕业企业数7701个，居全国第8位。

表3-23　四川省级评价指标和位次与上年比较

指标名称	评价值 当年	评价值 上年	位次 当年	位次 上年
科技创新环境	61.88	59.30	18	20
科技人力资源	72.35	75.96	18	16
万人研究与试验发展（R&D）人员数	23.92	23.60	16	16
十万人博士毕业生数	3.40	3.12	13	13
万人大专以上学历人数	1648.59	1409.89	23	23
万人高等学校在校学生数	297.19	275.42	21	18
十万人创新中介从业人员数	1.95	1.96	24	28
科研物质条件	61.00	45.28	16	26
每名R&D人员仪器和设备支出	4.33	3.17	7	20
科学研究和技术服务业固定资产占比重	0.66	0.59	23	25
十万人累计孵化企业数	9.35	8.12	17	17
科技意识	48.80	51.09	15	14
万名就业人员专利申请数	33.77	32.02	18	19
科学研究和技术服务业平均工资比较系数	125.88	128.78	9	9
万人吸纳技术成交额	1386.81	900.90	19	24
有R&D活动的企业占比重	29.16	28.70	15	13
科技活动投入	67.59	63.82	13	17
科技活动人力投入	86.85	88.88	13	14
万人R&D研究人员数	12.59	12.33	16	12
基础研究人员投入强度指数	0.37	0.33	10	10
企业R&D研究人员占比重	33.14	30.64	18	21
科技活动财力投入	59.33	53.08	14	16
R&D经费支出与GDP比值	2.26	2.17	11	12
基础研究经费投入强度指数	0.15	0.23	12	6
地方财政科技支出占地方财政支出比重	2.44	1.62	14	18
企业R&D经费支出占企业营业收入比重	0.89	0.92	19	21
企业技术获取和技术改造经费支出占企业营业收入比重	0.31	0.26	16	22
上市公司R&D经费投入强度指数	0.05	0.05	11	10
科技活动产出	73.69	72.19	9	9
科技活动产出水平	64.97	69.93	14	13
万人科技论文数	3.05	2.87	14	14

指标名称	评价值 当年	评价值 上年	位次 当年	位次 上年
万人有效注册商标数	155.53	123.07	13	13
万人发明专利拥有量	10.58	8.75	15	14
每万人口高价值发明专利拥有量	4.10	3.06	14	15
技术成果市场化	86.78	75.58	5	6
万人输出技术成交额	1523.91	1280.58	14	12
万元GDP技术国际收入	6.69	5.12	5	6
高新技术产业化	79.53	75.41	6	7
高新技术产业化水平	76.16	66.04	5	8
高技术产业营业收入占工业营业收入比重	21.16	20.26	4	5
知识密集型服务业增加值占GDP比重	15.36	15.67	9	9
高技术产品出口额占商品出口额比重	74.05	78.47	4	3
新产品销售收入占营业收入比重	11.32	10.67	20	19
高新技术产业化效益	82.89	84.77	23	17
高技术产业劳动生产率	161.13	125.02	8	9
高技术产业利润率	5.43	5.04	30	28
知识密集型服务业劳动生产率	62.39	57.07	23	21
科技促进经济社会发展	70.43	74.36	10	8
经济发展方式转变	55.66	65.00	12	7
劳动生产率	10.05	8.05	26	25
资本生产率	0.43	0.42	3	2
综合能耗产出率	21.67	14.92	13	19
装备制造业区位熵	96.42	91.99	11	11
环境改善	78.90	79.56	24	25
环境质量指数	60.28	51.64	19	17
环境污染治理指数	83.56	86.54	23	24
社会生活信息化	87.91	85.49	7	7
万人移动互联网用户数	9697.07	9349.20	18	18
信息传输、软件和信息技术服务业增加值占GDP比重	3.70	3.77	8	7
电子商务销售额与GDP比值	0.14	0.12	14	16

贵州科技创新分析

近年来，贵州把科技创新摆在更加突出的位置，举全省之力、聚各方之智推动科技创新能力和科技实力显著提升。在今年的报告中，贵州综合科技创新水平指数为47.96%，排在全国第24位，比上年上升1位。

一、企业创新投入水平不断提高

贵州省有超过31%的企业有R&D活动，企业R&D经费内部支出比上年增长了14.90%，占营业收入比重提高了0.02个百分点，位次上升了2位；企业技术获取和技术改造经费支出大幅提升，其中，企业引进技术经费支出增长了493.14%，企业技术改造经费支出增长了131.40%，企业技术获取和技术改造经费支出增长了126.95%，占企业营业收入比重提高了0.44个百分点，位次上升至全国第1位；企业R&D研究人员数增长了19.99%，占全社会R&D研究人员比重提高了1.13个百分点，位次上升了1位。

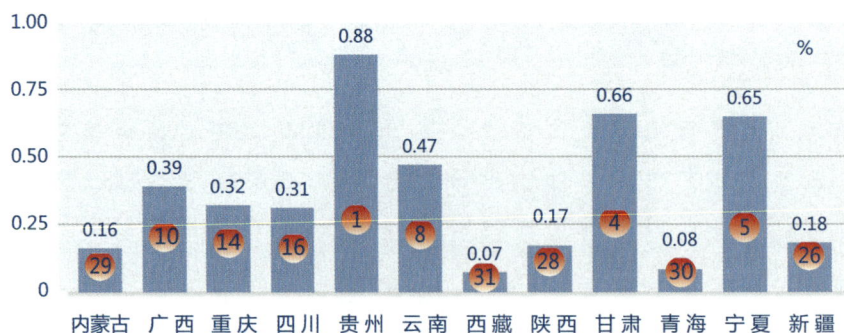

图3-76 企业技术获取和技术改造经费支出占企业营业收入比重

二、高新技术产业化效益进一步提升

高技术产业利润总额比上年增长了23.23%，高技术产业利润率位次上升了2位；知识密集型服务业增加值增长了5.94%，知识密集型服务业劳动生产率提高了20.21万元/人，位次上升了10位。

三、环境改善明显

环境质量指数比上年提高了9.73个百分点，位次上升至全国第2位；环境污染治理指数位次上升了3位。

政府科技投入减少。地方财政科技支出比上年下降了21.95%，占地方财政支出比重下降了0.39个百分点，位次下降了5位。

研发经费投入增长缓慢，R&D经费支出与GDP比值仍排在全国第26位。

科技人力资源不足。R&D人员数增长缓慢，万人研究与试验发展（R&D）人员数减少了0.30人年，位次下降了3位；十万人博士毕业生数位次下降至全国第31位；十万人创新中介从业人员数仍排全国第30位；万人R&D研究人员数仍排在全国第28位；万人高等学校在校学生数位次下降了2位，排在全国第27位。

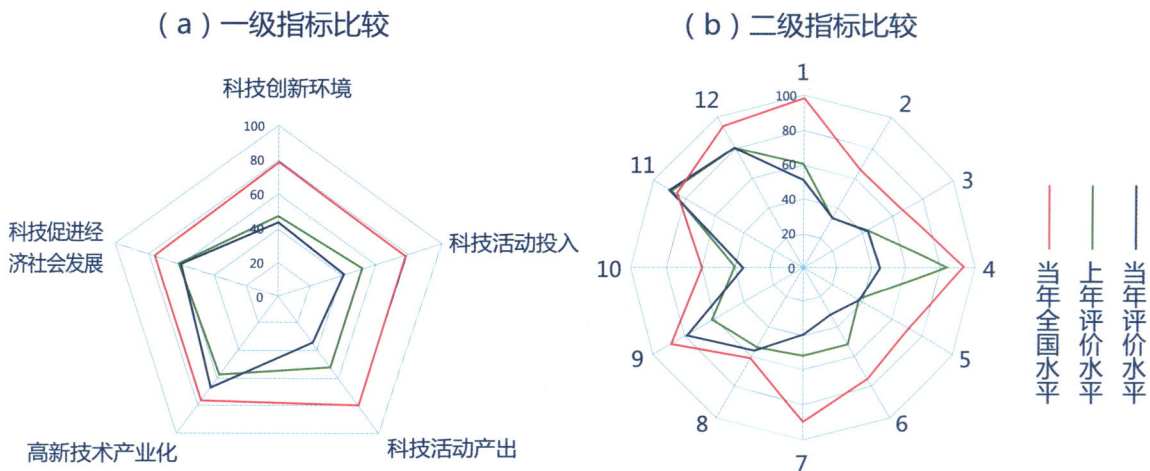

（a）一级指标比较 （b）二级指标比较

图3-77 贵州一、二级评价指标与上年水平和全国水平比较

图例：1.科技人力资源　　　　2.科研物质条件　　　　3.科技意识　　　　　4.科技活动人力投入
　　　5.科技活动财力投入　　6.科技活动产出水平　　7.技术成果市场化　　8.高新技术产业化水平
　　　9.高新技术产业化效益　10.经济发展方式转变　11.环境改善　　　　　12.社会生活信息化

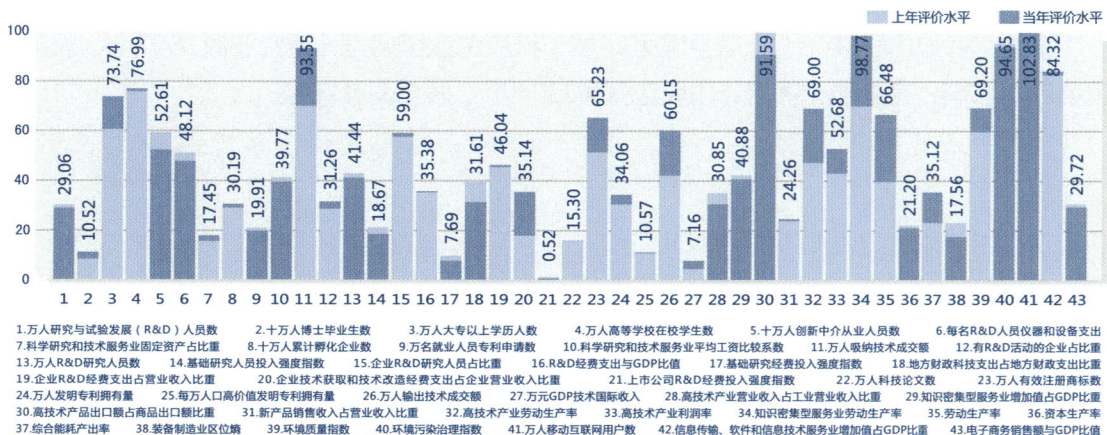

1.万人研究与试验发展（R&D）人员数　2.十万人博士毕业生数　3.万人大专以上学历人数　4.万人高等学校在校学生数　5.十万人创新中介从业人员数　6.每名R&D人员仪器和设备支出
7.科学研究和技术服务业固定资产占比重　8.十万人累计孵化企业数　9.万名就业人员专利申请数　10.科学研究和技术服务业平均工资收入系数　11.万人吸纳技术成交额　12.有R&D活动的企业占比重
13.万人R&D研究人员数　14.基础研究人员投入强度指数　15.企业R&D研究人员占比重　16.R&D经费支出与GDP比值　17.基础研究经费投入强度指数　18.地方财政科技支出占地方财政支出比重
19.企业R&D经费支出占营业收入比重　20.企业技术获取和技术改造经费支出占企业营业收入比重　21.上市公司R&D经费投入强度指数　22.万人科技论文数　23.万人有效注册商标数
24.万人发明专利拥有量　25.每万人口高价值发明专利拥有量　26.万人输出技术成交额　27.万元GDP技术国际收入　28.高技术产业营业收入占工业营业收入比重　29.知识密集型服务业增加值占GDP比重
30.高技术产品出口额占高商品出口额比重　31.新产品销售收入占营业收入比重　32.高技术产业劳动生产率　33.知识密集型服务业劳动生产率　34.劳动生产率　35.资本生产率　36.资本生产率
37.综合能耗产出率　38.装备制造业区位熵　39.环境质量指数　40.环境污染治理指数　41.万人移动互联网用户数　42.信息传输、软件和信息技术服务业增加值占GDP比重　43.电子商务销售额与GDP比值

图3-78 贵州三级评价指标与上年水平比较

科技活动产出下降。万人科技论文数位次下降至全国第30位；每万人口高价值发明专利拥有量位次下降至全国第27位；万人输出技术成交额位次下降了1位。

科研物质条件有待改善。科学研究和技术服务业固定资产占比重虽然有所提高，但位次仍然比较靠后，排在全国第27位；十万人累计孵化企业数位次仍排在全国第30位。

国内3种专利申请数比上年下降了15.18%，万名就业人员专利申请数减少了0.57件，位次排在全国第28位。

高技术产业劳动生产率全国最低，排在全国第31位。

经济发展方式转变滞后。劳动生产率虽然有所提高，位次仍然比较靠后，排在全国第28位；资本生产率位次比上年下降了4位；装备制造业营业收入下降了16.22%，装备制造业区位熵下降了10.31个百分点，位次下降了1位。

贵州创新发展主要指标及位次

总人口3852万人；地区生产总值19586.42亿元，居全国第22位；人均生产总值5.08万元，居全国第28位；知识密集型服务业增加值2402.18亿元，居全国第21位；规模以上工业企业营业收入10517.17亿元，居全国第26位；高新技术企业数1800个，居全国第24位；高新技术企业总收入2883.38亿元，居全国第26位。

R&D经费内部支出180.35亿元，居全国第25位，与生产总值比值0.92%，居全国第26位；R&D经费中基础研究经费支出15.87亿元，居全国第23位；企业R&D经费内部支出121.06亿元，居全国第23位；地方财政科技支出88.34亿元，居全国第18位。

大专以上学历人数518.34万人，居全国第23位；R&D人员数4.31万人年，居全国第24位；R&D人员中基础研究人员数0.62万人年，居全国第25位；企业R&D人员数2.67万人年，居全国第22位。

高技术产品出口额26.71亿美元，居全国第22位；技术市场输出技术成交额289.27亿元，居全国第19位；发明专利拥有量1.51万件，居全国第24位；移动互联网用户数3811.02万户，居全国第17位。

科技企业孵化器数48个，居全国第25位；科技企业孵化器在孵企业数1607个，居全国第26位；科技企业孵化器累计毕业企业数1119个，居全国第26位。

表3-24 贵州各级评价指标和位次与上年比较

指标名称	评价值 当年	评价值 上年	位次 当年	位次 上年
科技创新环境	4222	4585	28	28
科技人力资源	5005	5850	29	27
万人研究与试验发展（R&D）人员数	1162	1193	26	23
十万人博士毕业生数	053	038	31	30
万人大专以上学历人数	1474.79	1207.43	26	30
万人高等学校在校学生数	26947	26545	27	25
十万人创新中介从业人员数	158	177	30	30
科研物质条件	3201	3204	28	29
每名R&D人员仪器和设备支出	289	305	19	22
科学研究和技术服务业固定资产占比重	052	045	27	29
十万人累计孵化企业数	302	286	30	30
科技意识	4201	4281	20	21
万名就业人员专利申请数	1991	2048	28	28
科学研究和技术服务业平均工资比较系数	7953	8182	24	25
万人吸纳技术成交额	149681	111852	17	17
有R&D活动的企业占比重	3126	2827	13	15
科技活动投入	4016	5126	24	21
万人R&D研究人员数	4455	8361	26	19
基础研究人员投入强度指数	539	552	28	28
企业R&D研究人员占比重	019	021	19	20
科技活动财力投入	4130	4017	14	15
R&D经费支出与GDP比值	3828	3740	20	20
基础研究经费投入强度指数	092	091	26	26
地方财政科技支出占地方财政支出比重	008	009	20	18
企业R&D经费支出占营业收入比重	158	197	19	14
企业技术获取和技术改造经费支出占企业营业收入比重	115	113	12	14
上市公司R&D经费投入强度指数	088	044	1	9
科技活动产出	001	001	28	28
科技活动产出水平	3441	5181	25	22
万人科技论文数	3138	5177	30	23
	153	151	30	29

指标名称	评价值 当年	评价值 上年	位次 当年	位次 上年
万人有效注册商标数	9785	7200	28	28
万人发明专利拥有量	409	361	25	25
每万人口高价值发明专利拥有量	127	122	27	25
技术成果市场化	3895	5188	19	18
万人输出技术成交额	721.79	501.05	19	18
万元GDP技术国际收入	072	038	19	21
高新技术产业化	6657	5751	16	23
高新技术产业化水平	5549	5353	14	14
高技术产业营业收入占工业营业收入比重	926	1044	17	17
知识密集型服务业增加值占GDP比重	1226	1260	28	27
高技术产品出口额占商品出口额比重	3664	4185	9	9
新产品销售收入占营业收入比重	971	938	22	23
高技术产业劳动生产率	7764	6149	27	30
高技术产业利润率	8970	6102	31	31
知识密集型服务业劳动生产率	790	640	19	21
科技促进经济社会发展	6914	4893	16	26
经济发展方式转变	5886	6055	23	28
劳动生产率	3508	3917	27	31
资本生产率	864	519	28	31
综合要素生产率	021	022	25	21
装备制造业区位熵	1475	954	21	25
环境改善	3512	4543	22	21
环境质量指数	8956	8833	11	11
环境污染治理指数	6920	5947	2	4
社会生活信息化	9465	9555	13	16
万人移动互联网用户数	7967	7917	15	14
信息传输、软件和信息技术服务业增加值占GDP比重	1028257	1034047	15	15
电子商务销售额与GDP比值	295	289	13	14
	009	009	24	22

云南科技创新分析

近年来，云南省委省政府高度重视科技创新工作，坚决贯彻新发展理念，深入实施创新驱动发展战略，创新型云南建设取得显著成效。在今年的报告中，云南综合科技创新水平指数为43.39%，排在全国第28位，比上年上升1位。

一、高技术产业化进一步发展

高新技术产业化水平不断提高。高技术产业营业收入比上年增长了24.18%，占工业营业收入比重提高了0.43个百分点，位次上升了1位；高技术产品出口额增长了66.02%，占商品出口额比重提高了6.26个百分点，位次上升了2位。

高新技术产业化效益全国最高。高技术产业劳动生产率提高了31.10万元/人，位次保持在全国第7位；知识密集型服务业增加值增长了5.94%，知识密集型服务业劳动生产率提高了14.66万元/人，位次上升了8位。

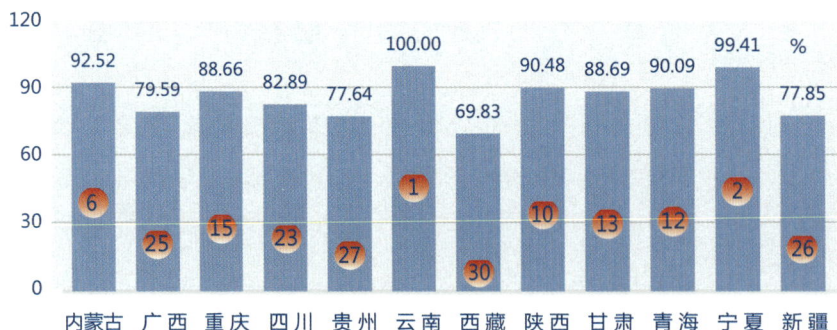

图3-79 西部地区高新技术产业化效益及位次

二、企业财力投入力度加大

企业R&D经费内部支出比上年增长了21.60%，占营业收入比重位次上升了1位；企业引进技术经费支出增长了354.22%，企业购买境内技术经费支出增长了202.74%，企业技术获取和技术改造经费支出占企业营业收入比重位次保持在全国第8位。

三、环境改善成效明显

环境质量指数比上年提高了8.61百分点，位次排在全国第4位；环境污染治理指数位次上升了2位。

科技人力投入下降。R&D人员数比上年下降了2.47%，万人研究与试验发展（R&D）人员数减少了0.52人年，位次下降了3位；万人R&D研究人员数位次下降了1位；企业R&D研究人员数下降了4.06%，占全社会R&D研究人员比重下降了4.26个百分点，位次下降了2位。

高技术产业利润总额比上年下降了1.54%，高技术产业利润率下降了4.04个百分点，位次下降了4位。

技术国际竞争力下降。技术国际收入比上年下降了14.80%，万元GDP技术国际收入减少了0.10美元，位次下降了3位。

（a）一级指标比较　　　　　　　　　（b）二级指标比较

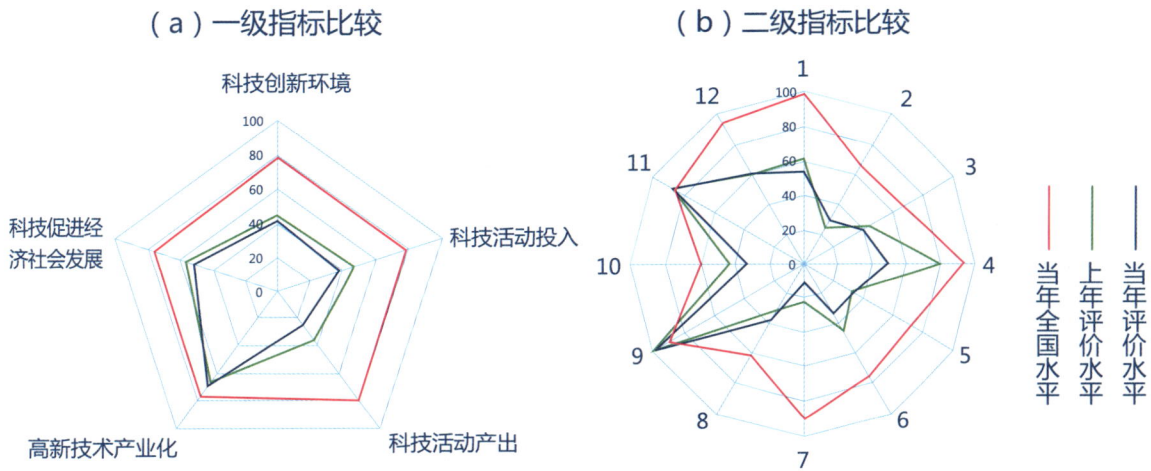

图3-80 云南一、二级评价指标与上年水平和全国水平比较

图例：1．科技人力资源　　　　2．科研物质条件　　　3．科技意识　　　　　　4．科技活动人力投入
　　　5．科技活动财力投入　　6．科技活动产出水平　7．技术成果市场化　　　8．高新技术产业化水平
　　　9．高新技术产业化效益　10．经济发展方式转变　11．环境改善　　　　　12．社会生活信息化

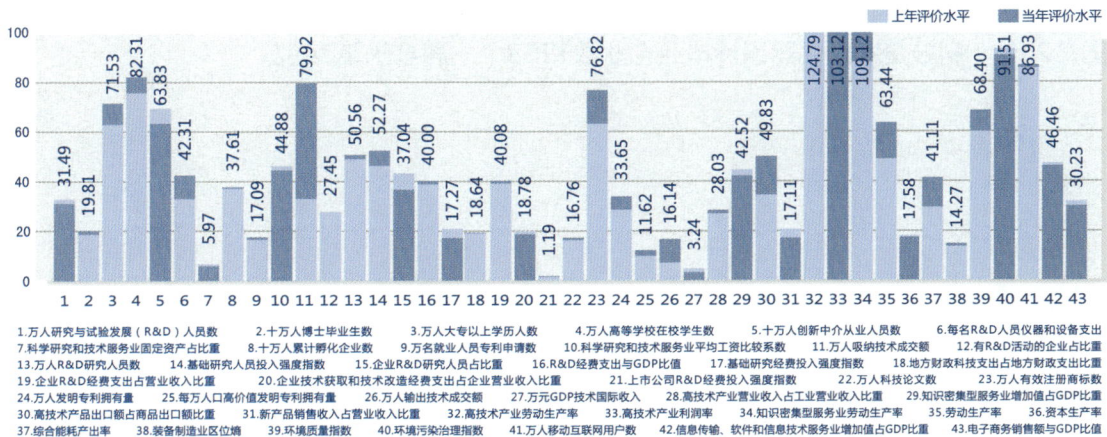

1.万人研究与试验发展（R&D）人员数　2.十万人博士毕业生数　3.万人大专以上学历人数　4.万人高等学校在校学生数　5.十万人创新中介从业人员数　6.每名R&D人员仪器和设备支出
7.科学研究和技术服务业固定资产占比重　8.十万人累计孵化企业数　9.万名就业人员专利申请数　10.科学研究和技术服务业平均工资比较系数　11.万人吸纳技术成交额　12.有R&D活动的企业占比重
13.万人R&D研究人员数　14.基础研究人员占比重　15.企业R&D研究人员占比重　16.R&D经费支出与GDP比重　17.地方财政科技支出占地方财政支出比重　18.地方财政科技支出比重
19.企业R&D经费支出占营业收入比重　20.企业技术获取和技术改造经费支出占企业营业收入比重　21.万人科技论文　22.万人有效注册商标数
24.万人发明专利拥有量　25.每万人口高价值发明专利拥有量　26.万人输出技术成交额　27.万元GDP技术国际收入　28.高技术产业营业收入占工业营业收入比重　29.知识密集型服务业增加值占GDP比重
30.高技术产品出口额占商品出口额比重　31.新产品销售收入占营业收入比重　32.高技术产业劳动生产率　33.高技术产业利润率　34.劳动生产率　35.资本生产率
37.综合能耗产出率　38.装备制造业区位熵　39.环境质量指数　40.环境污染治理指数　41.万人移动互联网用户数　42.信息传输、软件和信息技术服务业增加值占GDP比重　43.电子商务销售额与GDP比值

图3-81 云南三级评价指标与上年水平比较

国内3种专利申请数增长缓慢，万名就业人员专利申请数仍排在全国第30位。

科研物质条件有待改善。科学研究和技术服务业固定资产占比重仍排在全国第31位；十万人累计孵化企业数排在全国第27位。

创新创业人员持续减少。创新中介从业人员数比上年下降了6.67%，十万人创新中介从业人员数位次下降了2位。

劳动生产率较低，下降至全国第30位。

社会生活信息化水平全国最低。信息传输、软件和信息技术服务业增加值占GDP比重位次仍排在全国第31位；万人移动互联网用户数下降至全国第30位；电子商务销售额与GDP比值位次下降了2位。

云南创新发展主要指标及位次

总人口4690万人；地区生产总值27146.76亿元，居全国第18位；人均生产总值5.77万元，居全国第23位；知识密集型服务业增加值3463.16亿元，居全国第19位；规模以上工业企业营业收入17612.94亿元，居全国第22位；高新技术企业数2045个，居全国第23位；高新技术企业总收入6152.26亿元，居全国第23位。

R&D经费内部支出281.94亿元，居全国第19位，与生产总值比值1.04%，居全国第24位；R&D经费中基础研究经费支出29.74亿元，居全国第14位；企业R&D经费内部支出176.50亿元，居全国第20位；地方财政科技支出61.85亿元，居全国第22位。

大专以上学历人数622.59万人，居全国第18位；R&D人员数5.89万人年，居全国第19位；R&D人员中基础研究人员数1.21万人年，居全国第15位；企业R&D人员数2.82万人年，居全国第21位。

高技术产品出口额38.69亿美元，居全国第20位；技术市场输出技术成交额106.10亿元，居全国第25位；发明专利拥有量1.89万件，居全国第23位；移动互联网用户数4063.24万户，居全国第14位。

科技企业孵化器数42个，居全国第26位；科技企业孵化器在孵企业数2367个，居全国第24位；科技企业孵化器累计毕业企业数1758个，居全国第24位。

表3-25　云南各级评价指标和位次与上年比较

指标名称	评价值 当年	评价值 上年	位次 当年	位次 上年
科技创新环境	41.10	43.60	29	29
科技人力资源	52.87	60.06	27	25
万人研究与试验发展（R&D）人员数	12.60	13.12	25	22
十万人博士毕业生数	0.99	0.91	22	22
万人大专以上学历人数	1430.68	1256.51	27	28
万人高等学校在校学生数	288.09	264.85	25	26
十万人创新中介从业人员数	1.91	2.08	27	25
科研物质条件	28.18	22.98	30	31
每名R&D人员仪器和设备支出	2.54	1.96	24	29
科学研究和技术服务业固定资产占比重	0.18	0.19	31	31
十万人累计孵化企业数	3.76	3.69	27	28
科技意识	38.32	42.26	23	23
万名就业人员专利申请数	17.09	16.05	30	30
科学研究和技术服务业平均工资比较系数	89.75	92.26	17	16
万人吸纳技术成交额	1278.74	524.57	24	30
有R&D活动的企业占比重	27.45	27.40	18	17
科技活动投入	37.70	46.00	25	25
科技活动人力投入	48.01	77.79	25	22
万人R&D研究人员数	6.57	6.35	25	24
基础研究人员投入强度指数	0.52	0.46	7	7
企业R&D研究人员占比重	25.93	30.19	24	22
科技活动财力投入	33.28	32.38	25	25
R&D经费支出与GDP比值	1.04	1.00	24	24
基础研究经费投入强度指数	0.17	0.21	8	8
地方财政科技支出占地方财政支出比重	0.93	0.93	25	25
企业R&D经费支出占主营业收入比重	1.00	0.97	17	18
企业技术获取和技术改造经费支出占企业主营业收入比重	0.47	0.49	8	8
上市公司R&D经费投入强度指数	0.01	0.01	22	23
科技活动产出	24.89	35.70	28	30
科技活动产出水平	34.17	44.95	26	28
万人科技论文数	1.68	1.57	26	26
万人有效注册商标数	1152.3	930.8	24	25
万人发明专利拥有量	4.04	3.38	26	26
每万人口高价值发明专利拥有量	1.39	1.12	25	26
技术成果市场化	10.98	21.82	29	29
万人输出技术成交额	193.72	78.84	29	29
万元GDP技术国际收入	0.32	0.42	23	20
高新技术产业化	68.55	65.60	14	16
高新技术产业化水平	37.11	31.19	19	22
高技术产业主营业收入占工业主营业收入比重	8.41	7.98	18	19
知识密集型服务业增加值占GDP比重	12.76	13.33	22	22
高技术产品出口额占商品出口额比重	19.93	13.67	18	20
新产品销售收入占主营业收入比重	6.84	8.14	27	26
高新技术产业化效益	100.00	100.00	1	1
高技术产业劳动生产率	162.23	131.13	7	7
高技术产业利润率	15.47	19.51	7	3
知识密集型服务业劳动生产率	76.38	61.72	11	19
科技促进经济社会发展	50.17	55.28	30	31
经济发展方式转变	32.70	42.95	29	30
劳动生产率	8.25	6.33	30	29
资本生产率	0.18	0.18	27	27
综合能耗产出率	17.26	12.24	18	21
装备制造业占比重	28.54	26.12	23	24
环境改善	86.89	86.75	13	16
环境质量指数	68.40	59.78	4	2
环境污染治理指数	91.51	93.49	18	20
社会生活信息化	59.40	59.42	31	31
万人移动互联网用户数	869333	857397	30	27
信息传输、软件和信息技术服务业增加值占GDP比重	1.63	1.65	31	31
电子商务销售额与GDP比值	0.09	0.09	23	21

西藏科技创新分析

在今年的报告中，西藏的综合科技创新水平指数为31.80％，仍排在全国第31位。西藏在以下3个方面表现较好。

一是技术市场吸纳技术成交额大幅上涨，增速高达145.06％；万人吸纳技术成交额增加了3067.64万元，位次上升至全国第4位。

图3-82 西部地区高技术产业利润率及位次

图3-83 R&D经费支出与GDP比值及位次

图3-84 万人研究与试验发展（R&D）人员数

二是虽然高技术产业规模小，但是高技术产业利润率保持在全国第1位。

三是环境质量全国最好，环境质量指数居全国首位。

存在的问题主要有以下几个方面。

一是科技人力资源少。万人研究与试验发展（R&D）人员数、万人R&D研究人员数、万人大专以上学历人数均排在全国第31位；企业R&D研究人员占比重和万人高等学校在校学生数均排在全国第30位。

二是科技活动财力投入低。R&D经费支出与GDP比值、地方财政科技支出占地方财政支出比重、企业技术获取和技术改造经费支出占企业营业收入比重均排在全国第31位。

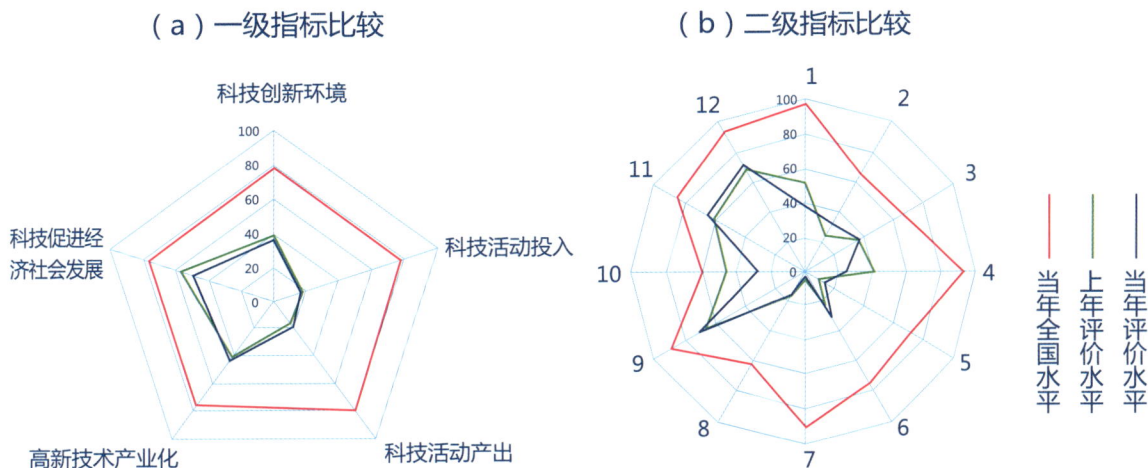

（a）一级指标比较　　　　（b）二级指标比较

图3-85 西藏一、二级评价指标与上年水平和全国水平比较

图例：1.科技人力资源　2.科研物质条件　3.科技意识　4.科技活动人力投入
5.科技活动财力投入　6.科技活动产出水平　7.技术成果市场化　8.高新技术产业化水平
9.高新技术产业化效益　10.经济发展方式转变　11.环境改善　12.社会生活信息化

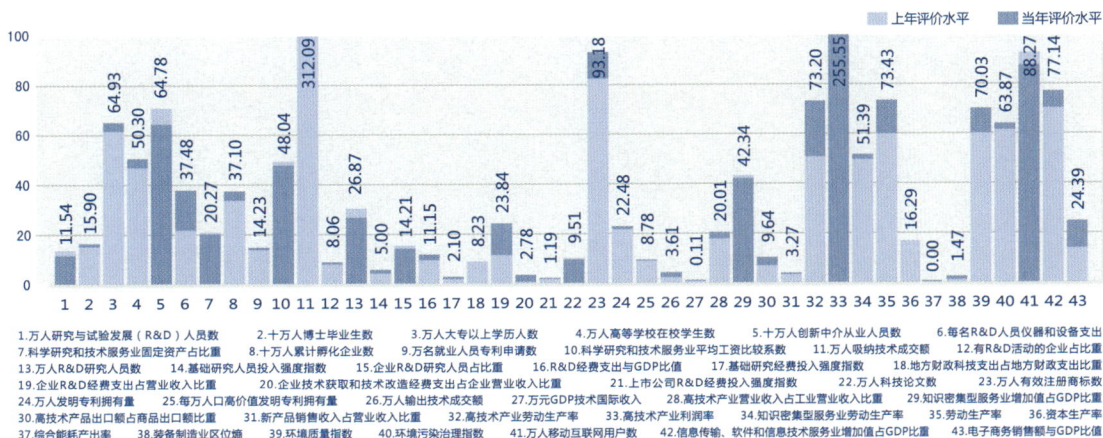

图3-86 西藏三级评价指标与上年水平比较

三是科技活动产出少。万人科技论文数、万人输出技术成交额、万元GDP技术国际收入均排在全国第31位；万人发明专利拥有量排在全国第30位。

四是高新技术产业化水平低。新产品销售收入占营业收入比重、知识密集型服务业劳动生产率均排在全国第31位；高技术产品出口额占商品出口额比重排在全国第30位。

西藏创新发展主要指标及位次

总人口366万人；地区生产总值2080.17亿元，居全国第31位；人均生产总值5.68万元，居全国第24位；知识密集型服务业增加值264.23亿元，居全国第31位；规模以上工业企业营业收入415.73亿元，居全国第31位；高新技术企业数101个，居全国第31位；高新技术企业总收入252.49亿元，居全国第31位。

R&D经费内部支出6.00亿元，居全国第31位，与生产总值比值0.29%，居全国第31位；R&D经费中基础研究经费支出1.51亿元，居全国第31位；企业R&D经费内部支出2.48亿元，居全国第31位；地方财政科技支出8.34亿元，居全国第31位。

大专以上学历人数42.91万人，居全国第31位；R&D人员数0.16万人年，居全国第31位；R&D人员中基础研究人员数0.06万人年，居全国第31位；企业R&D人员数0.03万人年，居全国第31位。

高技术产品出口额0.15亿美元，居全国第30位；技术市场输出技术成交额1.73亿元，居全国第31位；发明专利拥有量0.09万件，居全国第31位；移动互联网用户数299.80万户，居全国第31位。

科技企业孵化器数3个，居全国第31位；科技企业孵化器在孵企业数88个，居全国第31位；科技企业孵化器累计毕业企业数126个，居全国第31位。

表3-26 西藏各级评价指标和位次与上年比较

指标名称	评价值 当年	评价值 上年	位次 当年	位次 上年
科技创新环境	35.38	38.10	31	31
科技人力资源	37.72	50.81	31	31
万人研究与试验发展（R&D）人员数	4.62	5.25	31	31
十万人博士毕业生数	0.79	0.73	24	26
万人大专以上学历人数	1298.63	1226.92	31	29
万人高等学校在校学生数	176.04	162.91	30	30
十万人创新中介从业人员数	1.94	2.13	26	24
科研物质条件	31.34	23.33	29	30
每名R&D人员仪器和设备支出	2.25	1.27	27	31
科学研究和技术服务业固定资产占比重	0.61	0.61	25	24
十万人累计孵化企业数	3.71	3.33	29	29
科技意识	36.30	35.91	26	31
万名就业人员专利申请数	14.23	13.12	31	31
科学研究和技术服务业平均工资比较系数	96.08	98.14	13	12
万人吸纳技术成交额	4993.44	1925.80	4	10
有R&D活动的企业占比重	8.06	7.19	30	30
科技活动投入	16.35	17.78	31	31
科技活动人力投入	24.25	39.66	31	31
万人R&D研究人员数	3.49	3.91	31	31
基础研究人员投入强度指数	0.05	0.03	28	29
企业R&D研究人员占比重	9.95	10.45	30	30
科技活动财力投入	12.96	8.40	31	31
R&D经费支出与GDP比值	0.29	0.23	31	31
基础研究经费投入强度指数	0.02	0.01	28	30
地方财政科技支出占地方财政支出比重	0.41	0.41	31	31
企业R&D经费支出占营业收入比重	0.60	0.027	26	31
企业对技术获取和技术改造经费支出占企业营业收入比值	0.07	0.00	31	31
上市公司R&D经费投入强度指数	0.01	0.01	21	21
科技活动产出	19.31	16.53	31	31
科技活动产出水平	30.71	24.47	31	31
万人科技论文数	0.95	0.96	31	31
万人有效注册商标数	139.77	109.46	18	18
万人发明专利拥有量	2.70	2.55	30	31
每万人口高价值发明专利拥有量	1.05	0.99	29	27
技术成果市场化	2.21	4.63	31	31
万人输出技术成交额	43.36	18.47	31	31
万元GDP技术国际收入	0.01	0.00	31	31
高新技术产业化	43.13	40.62	31	31
高新技术产业化水平	16.42	16.18	30	31
高技术产业营业收入占工业营业收入比重	6.00	5.19	24	24
知识密集型服务业增加值占GDP比重	12.70	12.91	23	25
高技术产品出口额占商品出口额比重	3.85	2.49	30	31
新产品销售收入占营业收入比重	1.31	1.04	31	31
高技术产业化效益	69.83	65.06	30	29
高技术产业劳动生产率	95.15	65.55	28	30
高技术产业利润率	38.33	47.02	1	1
知识密集型服务业劳动生产率	35.97	34.81	31	30
科技促进经济社会发展	48.31	55.53	31	30
经济发展方式转变	27.36	45.29	31	29
劳动生产率	9.55	7.76	27	26
资本生产率	0.16	0.16	29	28
综合能耗产出率	0.00	0.00	31	31
装备制造业区位熵	2.94	0.65	31	31
环境改善	65.10	60.99	31	31
环境质量指数	70.03	59.88	1	1
环境污染综合治理指数	63.87	61.27	31	31
社会生活信息化	71.04	67.81	25	28
万人移动互联网用户数	8827.10	9281.34	27	20
信息传输、软件和信息技术服务业增加值占GDP比重	2.70	2.45	17	20
电子商务销售额与GDP比值	0.07	0.04	27	31

陕西科技创新分析

陕西省上下深入学习贯彻党的二十大精神，深入实施创新驱动发展战略，坚持"四个面向"，以秦创原创新驱动平台建设为牵引，积极探索具有陕西特色优势的创新驱动发展新路径，加快建设科技强省。在今年的报告中，陕西综合科技创新水平指数为71.72%，排在全国第10位，西部地区第2位，得分与上年相比，提高了0.12个百分点。

一、研发投入强度保持西部地区最高

R&D经费内部支出比上年增长了10.80%，与GDP比值位次保持在全国第7位，西部地区第1位。

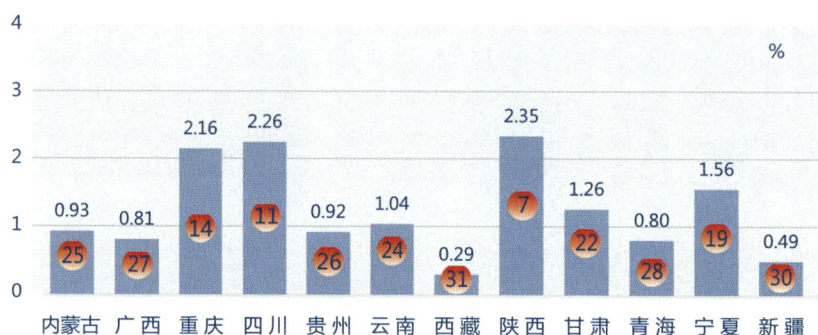

图3-87　西部地区R&D经费支出与GDP比值及位次

二、政府科技投入大幅上涨

地方财政科技支出比上年增长了64.74%，占地方财政支出比重提高了0.58个百分点，位次上升了4位。

三、科技活动产出保持西部地区领先水平

全省国内科技论文数占到西部地区的24.13%，SCI科技论文数占到西部地区的29.31%，万人科技论文数保持在全国第4位，西部地区第1位；技术市场输出技术成交额增长了33.25%，万人输出技术成交额增加了1199.81万元，位次保持在全国第4位，西部地区第1位；技术国际收入增长了18.72%，万元GDP技术国际收入提高了0.08美元。

四、科技人力资源储备进一步增加

高等学校在校学生数比上年增长了3.53%，万人高等学校在校学生数位次保持在全国第3位，西部地区第1位；高等学校博士毕业生数占到西部地区的33.12%，十万人博士毕业生数位次保持在全国第4位，西部地区第1位；大专以上学历人数比上年增长了12.14%，万人大专以上学历人数增加了225.47人，位次排在全国第6位。

基础研究经费投入有所减少，比上年下降了4.45%，基础研究经费投入强度指数下降了0.06个百分点，位次下降了8位。

（a）一级指标比较　　　　　（b）二级指标比较

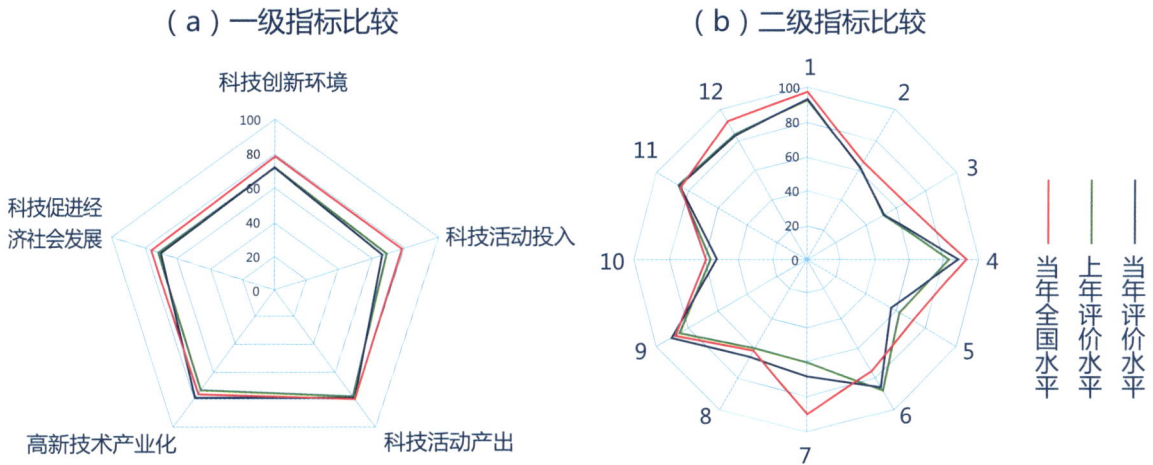

图3-88 陕西一、二级评价指标与上年水平和全国水平比较

图例：1. 科技人力资源　　　2. 科研物质条件　　　3. 科技意识　　　4. 科技活动人力投入
　　　5. 科技活动财力投入　6. 科技活动产出水平　7. 技术成果市场化　8. 高新技术产业化水平
　　　9. 高新技术产业化效益　10. 经济发展方式转变　11. 环境改善　12. 社会生活信息化

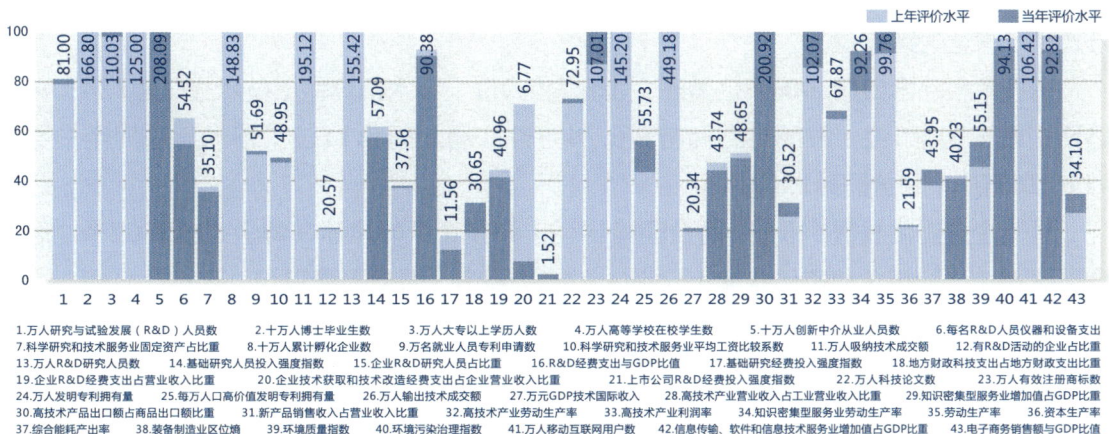

1.万人研究与试验发展（R&D）人员数　2.十万人博士毕业生数　3.万人大专以上学历人数　4.万人高等学校在校学生数　5.十万人创新中介从业人员数　6.每名R&D人员仪器和设备支出
7.科学研究和技术服务业固定资产占比重　8.十万人累计孵化企业数　9.万名就业人员专利申请数　10.科学研究和技术服务业平均工资比较系数　11.万人吸纳技术成交额　12.有R&D活动的企业占比重
13.万人R&D研究人员数　14.基础研究人员占比重　15.企业R&D经费支出占GDP比值　16.R&D经费支出占GDP比值　17.基础研究经费投入强度指数　18.地方财政科技支出占地方财政支出比重
19.企业R&D经费支出占营业收入比重　20.企业技术获取和技术改造经费支出占企业营业收入比重　21.上市公司R&D经费投入强度指数　22.万人科技论文数　23.万人有效注册商标数
24.万人发明专利拥有量　25.每万人口高价值发明专利拥有量　26.万人输出技术成交额　27.万元GDP技术国际收入　28.高技术产业营业收入占工业营业收入比重　29.知识密集型服务业增加值占GDP比重
30.高技术产品出口额占商品出口额比重　31.新产品销售收入占营业收入比重　32.高技术产业劳动生产率　33.高技术产业利润率　34.知识密集型服务业劳动生产率　35.劳动生产率　36.资本生产率
37.综合能耗产出率　38.装备制造业区位熵　39.环境质量指数　40.环境污染治理指数　41.万人移动互联网用户数　42.信息传输、软件和信息技术服务业增加值占GDP比重　43.电子商务销售额与GDP比值

图3-89 陕西三级评价指标与上年水平比较

企业研发投入强度下降。有R&D活动的企业数增长缓慢，占规模以上工业企业比重位次下降至全国第23位；企业R&D经费支出占营业收入比重下降了0.07个百分点，位次排在全国第16位。

企业技术获取和技术改造经费支出大幅减少。其中，企业引进技术经费支出比上年下降了30.53%，企业消化吸收经费支出下降了18.51%，企业购买境内技术经费支出下降了99.44%，企业技术获取和技术改造经费支出下降了87.76%，占企业营业收入比重下降了1.60个百分点，位次由全国第1位下降至第28位。

企业研发人力投入增长缓慢。企业R&D研究人员增长缓慢，占全社会R&D研究人员比重排在全国第22位。

资本生产率较低，位次下降至全国第24位。

环境改善不理想。环境质量指数下降至全国第26位；环境污染治理指数位次比上年下降了4位。

电子商务销售额与GDP比值虽然比上年有所提升，但位次仍然比较靠后，排在全国第21位。

陕西创新发展主要指标及位次

总人口3954万人；地区生产总值29800.98亿元，居全国第14位；人均生产总值7.54万元，居全国第12位；知识密集型服务业增加值4349.72亿元，居全国第15位；规模以上工业企业营业收入31218.05亿元，居全国第16位；高新技术企业数8304个，居全国第16位；高新技术企业总收入13924.42亿元，居全国第14位。

R&D经费内部支出700.62亿元，居全国第14位，与生产总值比值2.35%，居全国第7位；R&D经费中基础研究经费支出38.36亿元，居全国第13位；企业R&D经费内部支出319.69亿元，居全国第16位；地方财政科技支出93.00亿元，居全国第16位。

大专以上学历人数815.50万人，居全国第14位；R&D人员数12.53万人年，居全国第14位；R&D人员中基础研究人员数1.84万人年，居全国第7位；企业R&D人员数5.10万人年，居全国第16位。

高技术产品出口额308.85亿美元，居全国第9位；技术市场输出技术成交额2343.44亿元，居全国第6位；发明专利拥有量6.74万件，居全国第11位；移动互联网用户数4115.16万户，居全国第13位。

科技企业孵化器数145个，居全国第14位；科技企业孵化器在孵企业数5562个，居全国第14位；科技企业孵化器累计毕业企业数5755个，居全国第11位。

表3-27 陕西各级评价指标和位次与上年比较

指标名称	评价值 当年	评价值 上年	位次 当年	位次 上年
科技创新环境	71.19	70.26	10	10
科技人力资源	93.35	91.81	9	10
万人研究与试验发展（R&D）人员数	32.40	31.81	12	12
十万人博士毕业生数	8.34	7.88	4	4
万人大专以上学历人数	2200.57	1975.10	6	5
万人高等学校在校学生数	437.51	413.22	3	3
十万人创新中小从业人员数	6.24	6.43	5	6
科研物质条件	61.37	60.88	15	11
每名R&D人员仪器和设备支出	3.27	3.90	12	15
科学研究和技术服务业固定资产占比重	1.05	1.12	13	12
十万人累计孵化企业数	14.88	14.73	8	8
科技意识	51.47	50.92	12	15
万名就业人员专利申请数	51.69	50.84	11	11
科学研究和技术服务业平均工资比较系数	97.90	95.06	12	14
万人吸纳技术成交额	312191	224226	7	9
有R&D活动的企业占比重	20.57	20.54	23	22
科技活动投入	65.50	67.95	14	13
科技活动人力投入	87.71	83.09	12	20
万人R&D研究人员数	20.20	19.93	7	7
基础研究人员投入强度指数	0.57	0.62	6	5
企业R&D研究人员占比重	26.29	26.01	22	24
科技活动财力投入	55.99	61.47	15	11
R&D经费支出与GDP比值	2.35	2.42	7	7
基础研究经费投入强度指数	0.12	0.17	17	9
地方财政科技支出占当地方财政支出比重	1.53	0.95	20	24
企业R&D经费支出占企业营业收入比重	1.02	1.10	16	16
企业技术获取和技术改造经费支出占企业营业收入比重	0.17	1.77	28	1
上市公司R&D经费投入强度指数	0.02	0.02	19	20
科技活动产出	78.92	77.11	7	4
科技活动论水平	86.10	88.68	4	4
万人科技论文数	7.29	7.17	4	4
万人有效注册商标数	160.52	126.78	12	11
万人发明专利拥有量	17.42	14.63	8	8
每万人口高价值发明专利拥有量	6.69	5.23	7	7
技术成果市场化	68.14	59.75	9	10
万人输出技术成交额	539016	419034	4	4
万元GDP技术国际收入	2.03	1.95	11	10
高新技术产业化	77.95	72.64	7	9
高新技术产业化水平	65.41	59.28	8	10
高新技术产业收入占工业营业收入比重	13.12	14.04	12	9
知识密集型服务业增加值占GDP比重	14.60	15.20	14	12
高技术产品出口额占商品出口额比重	80.37	81.64	2	2
新产品销售收入占营业收入比重	12.21	10.21	18	21
高新技术产业化效益	90.48	86.01	10	15
高技术产业劳动生产率	132.69	111.74	13	12
高技术产业利润率	10.18	9.75	12	13
知识密集型服务业劳动生产率	64.58	53.63	20	23
科技促进经济社会发展	68.76	71.01	12	10
经济发展方式转变	52.87	56.54	16	18
劳动生产率	12.97	11.94	13	13
资本生产率	0.22	0.21	24	22
综合能耗产出率	18.46	16.04	16	18
装备制造业区位熵	80.46	83.11	15	14
环境改善	86.33	87.04	16	15
环境质量指数	55.15	45.67	26	25
环境污染治理指数	94.13	97.38	15	11
社会生活信息化	83.95	84.82	10	8
万人移动互联网用户数	1064200	1037750	9	14
信息传输、软件和信息技术服务业增加值占GDP比重	3.25	3.45	10	10
电子商务销售额与GDP比值	0.10	0.08	21	23

甘肃科技创新分析

全面贯彻落实党的二十大和习近平总书记对甘肃重要讲话重要指示批示精神，以构建西北地区重要的科创中心为目标，以科技创新支撑高质量发展为主题，以深入实施"四大计划"为主线，围绕"五个下功夫""八项重点任务"，着力培育壮大战略科技力量，奋力推动科技创新迈上新台阶。在今年的报告中，甘肃综合科技创新水平指数为48.83%，仍排在全国第23位。

一、企业科技财力投入力度加大

企业购买境内技术经费支出比上年增长了近18倍，企业技术改造经费支出增长了23.24%，企业技术获取和技术改造经费支出占企业营业收入比重位次上升了2位，排在全国第4位；企业R&D经费内部支出增长了23.33%，占营业收入比重位次上升了2位。

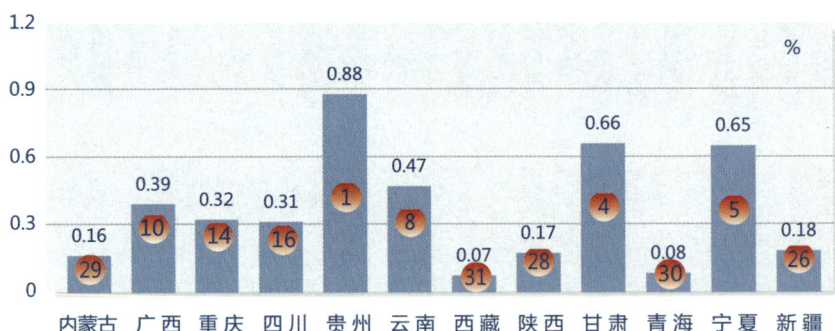

图3-90 西部地区企业技术获取和技术改造经费支出占企业营业收入比重及位次

二、高新技术产业化效益进一步提高

高技术产业营业收入比上年增长了57.36%，高技术产业劳动生产率提高了33.68万元/人，位次上升了9位；高技术产业利润总额增长了96.29%，高技术产业利润率保持在全国第4位。

三、科技人力资源不断增加

R&D人员数比上年增长了24.02%，万人研究与试验发展（R&D）人员数增加了2.70人年，位次上升了2位；R&D研究人员数增长了11.23%，万人R&D研究人员数位次上升了1位；企业R&D研究人员数增长了27.09%，占全社会R&D研究人员比重提高了1.76个百分点，位次上升了1位；高等学校在校生数增长了13.69%，万人高等学校在校学生数增加了33.15人，位次上升了4位；创新中介从业人员数增长了7.19%，十万人创新中介从业人员数位次上升了1位。

技术国际收入大幅减少。技术国际收入比上年下降了56.56%，万元GDP技术国际收入减少了0.21美元，位次下降了5位。

科技活动产出水平较低。万人有效注册商标数全国最少，排在第31位；万人发明专利拥有量和每万人口高价值发明专利拥有量位次虽然有所提升，但仍然比较靠后，分别排在全国第27位和第26位。

科研物质条件有待改善。研发仪器和设备支出增长缓慢，每名R&D人员仪器和设备支出减少了0.81万元，位次下降了2位；科学研究和技术服务业固定资产投资占比重下降了0.14个百分点，位次下降了4位；十万人累计孵化企业数虽然比上年有所增加，但位次比较靠后，仍排在全国第25位。

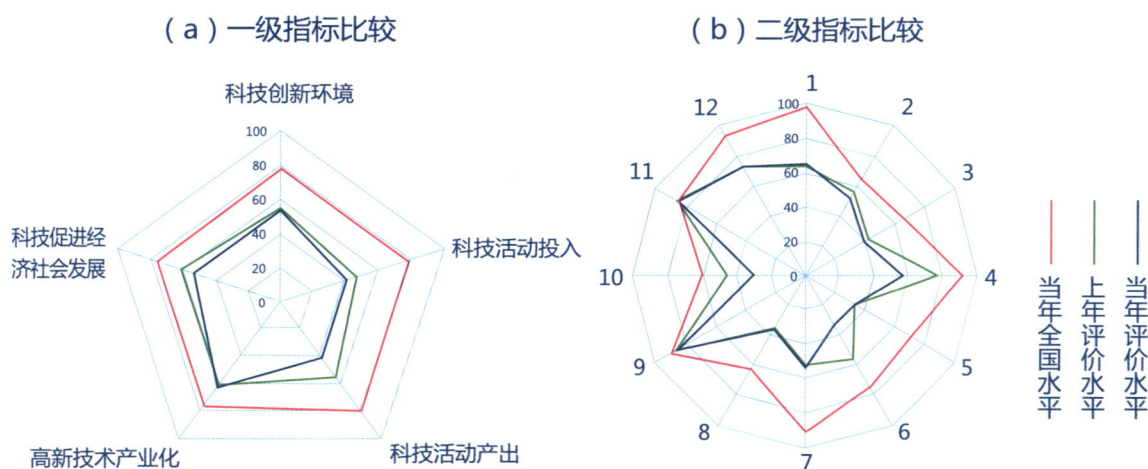

（a）一级指标比较　　　　（b）二级指标比较

图3-91 甘肃一、二级评价指标与上年水平和全国水平比较

图例：1.科技人力资源　2.科研物质条件　3.科技意识　4.科技活动人力投入　5.科技活动财力投入　6.科技活动产出水平　7.技术成果市场化　8.高新技术产业化水平　9.高新技术产业化效益　10.经济发展方式转变　11.环境改善　12.社会生活信息化

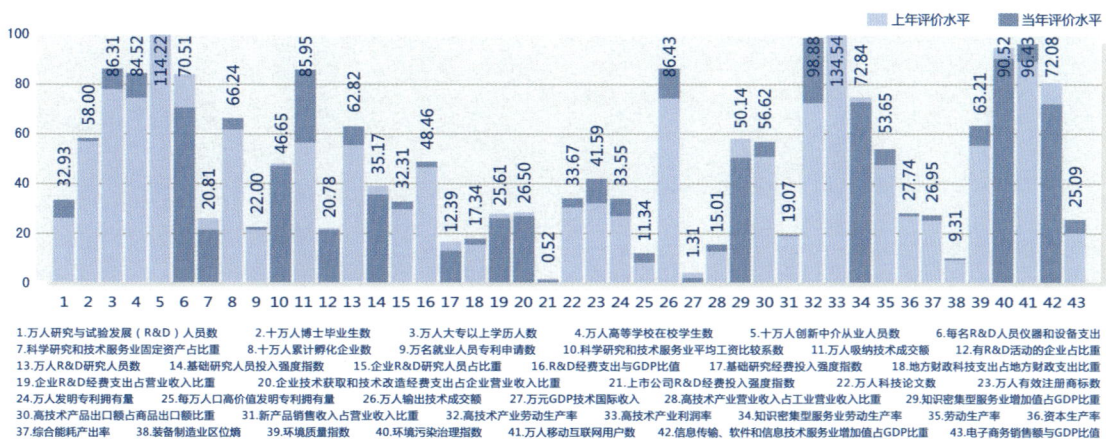

1.万人研究与试验发展（R&D）人员数　2.十万人博士毕业生数　3.万人大专以上学历人数　4.万人高等学校在校学生数　5.十万人创新中介从业人员数　6.每名R&D人员仪器和设备支出　7.科学研究和技术服务业固定资产占比重　8.十万人累计孵化企业数　9.万名就业人员专利申请数　10.科学研究和技术服务业平均工资比较系数　11.万人吸纳技术成交额　12.有R&D活动的企业占比重　13.万人R&D研究人员数　14.基础研究人员投入强度指数　15.企业R&D研究人员占比重　16.R&D经费支出与GDP比值　17.基础研究经费投入强度指数　18.地方财政科技支出地方财政支出比重　19.企业R&D经费支出占营业收入比重　20.企业技术获取和技术改造经费支出占企业营业收入比重　21.上市公司R&D经费强度指数　22.万人科技论文数　23.万人有效注册商标数　24.万人发明专利拥有量　25.每万人口高价值发明专利拥有量　26.万人输出技术成交额　27.万元GDP技术国际收入　28.高技术产业营业收入占工业营业收入比重　29.知识密集型服务业增加值GDP比重　30.高技术产品出口额占商品出口额比重　31.新产品销售收入占营业收入比重　32.高技术产业劳动生产率　33.高技术产业利润率　34.知识密集型服务业劳动生产率　35.劳动生产率　36.资本生产率　37.综合能耗产出率　38.装备制造业区位熵　39.环境质量指数　40.环境污染治理指数　41.万人移动互联网用户数　42.信息传输、软件和信息技术服务业增加值GDP比重　43.电子商务销售额与GDP比值

图3-92 甘肃三级评价指标与上年水平比较

科技意识有待增强。国内3种专利申请数下降1.84%，万名就业人员专利申请数位次排在全国第26位；科学研究和技术服务业平均工资比较系数下降了2.02个百分点，位次下降了2位；有R&D活动的企业占比重低于上年0.79个百分点，位次下降了1位。

劳动生产率位次下降至全国第31位。

环境改善不理想。环境质量指数位次下降了5位；环境污染治理指数低于上年4.43个百分点，位次下降了3位。

甘肃创新发展主要指标及位次

总人口2490万人；地区生产总值10243.31亿元，居全国第27位；人均生产总值4.10万元，居全国第31位；知识密集型服务业增加值1540.93亿元，居全国第27位；规模以上工业企业营业收入10043.63亿元，居全国第27位；高新技术企业数1373个，居全国第25位；高新技术企业总收入2552.65亿元，居全国第27位。

R&D经费内部支出129.47亿元，居全国第26位，与生产总值比值1.26%，居全国第22位；R&D经费中基础研究经费支出17.07亿元，居全国第21位；企业R&D经费内部支出64.29亿元，居全国第26位；地方财政科技支出34.95亿元，居全国第28位。

大专以上学历人数399.05万人，居全国第27位；R&D人员数3.33万人年，居全国第25位；R&D人员中基础研究人员数0.74万人年，居全国第22位；企业R&D人员数1.25万人年，居全国第26位。

高技术产品出口额4.89亿美元，居全国第28位；技术市场输出技术成交额280.39亿元，居全国第20位；发明专利拥有量1.02万件，居全国第25位；移动互联网用户数2434.24万户，居全国第26位。

科技企业孵化器数77个，居全国第22位；科技企业孵化器在孵企业数2749个，居全国第23位；科技企业孵化器累计毕业企业数1672个，居全国第25位。

表3-28 甘肃各级评价指标和位次与上年比较

指标名称	评价值 当年	上年	位次 当年	上年
科技创新环境	53.19	54.76	23	22
科技人力资源	64.59	62.90	21	23
万人研究与试验发展（R&D）人员数	13.17	10.47	24	26
十万人博士毕业生数	2.90	2.86	17	16
万人大专以上学历人数	1726.22	1570.84	19	17
万人高等学校在校学生数	295.83	262.68	23	27
十万人创新中介从业人员数	3.43	3.15	15	16
科研物质条件	51.84	56.23	21	17
每名R&D人员仪器和设备支出	4.23	5.04	8	6
科学研究和技术服务业固定资产占比重	0.62	0.77	24	20
十万人累计孵化企业数	6.62	6.20	25	25
科技意识	39.35	42.44	22	22
万名就业人员专利申请数	22.00	21.46	26	27
科学研究和技术服务业平均工资比较系数	93.31	95.33	15	13
万人吸纳技术成交额	1375.16	907.75	21	23
有R&D活动的企业占比重	20.78	21.57	22	21
科技活动投入	40.48	46.16	23	23
科技活动人力投入	56.75	76.93	23	22
万人R&D研究人员数	8.17	7.24	21	9
基础研究人员投入强度指数	0.35	0.39	11	27
企业R&D研究人员占比重	22.62	20.86	26	24
科技活动财力投入	33.51	32.98	24	22
R&D经费支出与GDP比值	1.26	1.22	22	11
基础研究经费投入强度指数	0.12	0.16	16	27
地方财政科技支出占地方财政支出比重	0.87	0.77	26	25
企业R&D经费支出占企业营业收入比重	0.64	0.69	23	6
企业技术获取和技术改造经费支出占企业营业收入比重	0.66	0.70	4	27
上市公司R&D经费投入强度指数	0.01	0.01	27	27
科技活动产出	40.74	54.19	21	21
科技活动产出水平	32.98	55.85	27	22
万人科技论文数	3.37	3.06	11	12

指标名称	评价值 当年	上年	位次 当年	上年
万人有效注册商标数	62.38	49.05	31	31
万人发明专利拥有量	4.03	3.25	27	28
每万人口高价值发明专利拥有量	1.36	0.96	26	28
技术成果市场化	52.38	51.72	17	20
万人输出技术成交额	1037.14	898.41	17	15
万元GDP技术国际收入	0.13	0.34	27	22
高新技术产业化	62.13	60.50	19	21
高新技术产业化水平	35.58	34.48	20	20
高技术产业营业收入占工业营业收入比重	4.50	3.79	28	28
知识密集型服务业增加值占GDP比重	15.04	17.36	10	7
高技术产品出口额占商品出口额比重	22.65	20.42	16	17
新产品销售收入占营业收入比重	7.63	7.62	26	27
高技术产业产业化效益	88.69	86.52	13	13
高技术产业劳动生产率	128.55	94.86	14	23
高技术产业利润率	20.18	16.18	4	4
知识密集型服务业劳动生产率	50.99	52.34	27	24
科技促进经济社会发展	53.06	60.99	29	27
经济发展方式转变	29.91	45.30	30	28
劳动生产率	6.97	6.21	31	30
资本生产率	0.28	0.27	15	15
综合耗能产出率	11.32	10.61	25	24
装备制造业区位熵	18.63	18.19	27	28
环境改善	85.05	87.09	18	14
环境质量指数	63.21	55.67	15	10
环境污染治理指数	90.52	94.94	21	18
社会生活信息化	72.42	72.22	23	22
万人移动互联网用户数	9643.24	8979.05	20	23
信息传输、软件和信息技术服务业增加值占GDP比重	2.52	2.82	19	15
电子商务销售额与GDP比值	0.08	0.06	26	26

青海科技创新分析

在今年的报告中，青海综合科技创新水平指数为40.70%，排在全国第29位，比上年下降1位。

青海在以下两个方面表现较好。

一是社会生活信息化水平进一步提升。电子商务销售额比上年增长了230.00%，与GDP比值提高了0.13亿元/亿元，位次上升了17位；移动互联网用户数增长了4.81%，万人移动互联网用户数增加了168.81户，位次上升了5位；信息传输、软件和信息技术服务业增加值增长了16.56%，占生产总值比重提高了0.10个百分点，位次上升了4位。

二是创新中介从业人员不断增加。创新中介从业人员数比上年增长了1.67%，十万人创新中介从业人员数位次上升至全国第6位。

图3-93 高技术产品出口额占商品出口额比重及位次

图3-94 资本生产率及位次

青海位次下降的主要原因有以下几个方面。

科技人力资源不足。万人大专以上学历人数位次比上年下降了6位；企业R&D研究人员下降了30.22%，占全社会R&D研究人员比重位次下降了6位；万人高等学校在校学生数仍排在全国第31位。

创新财力投入有待提高。R&D经费内部支出增长缓慢，R&D经费支出与GDP比值仍排在全国第28位；企业R&D经费支出占营业收入比重下降至全国第30位，地方财政科技支出占地方财政支出比重仍排在全国第30位；基础研究经费投入强度指数位次下降至全国第29位；企业引进技术经费支出下降了100%，企业购买境内技术经费支出下降

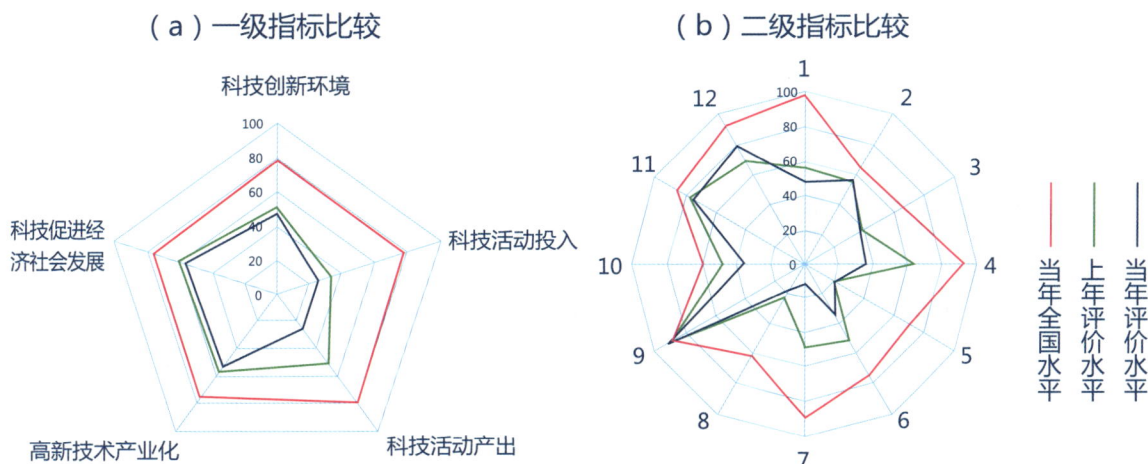

（a）一级指标比较　　　　（b）二级指标比较

图3-95 青海一、二级评价指标与上年水平和全国水平比较

图例：1.科技人力资源　　2.科研物质条件　　3.科技意识　　4.科技活动人力投入
　　　5.科技活动财力投入　6.科技活动产出水平　7.技术成果市场化　8.高新技术产业化水平
　　　9.高新技术产业化效益　10.经济发展方式转变　11.环境改善　12.社会生活信息化

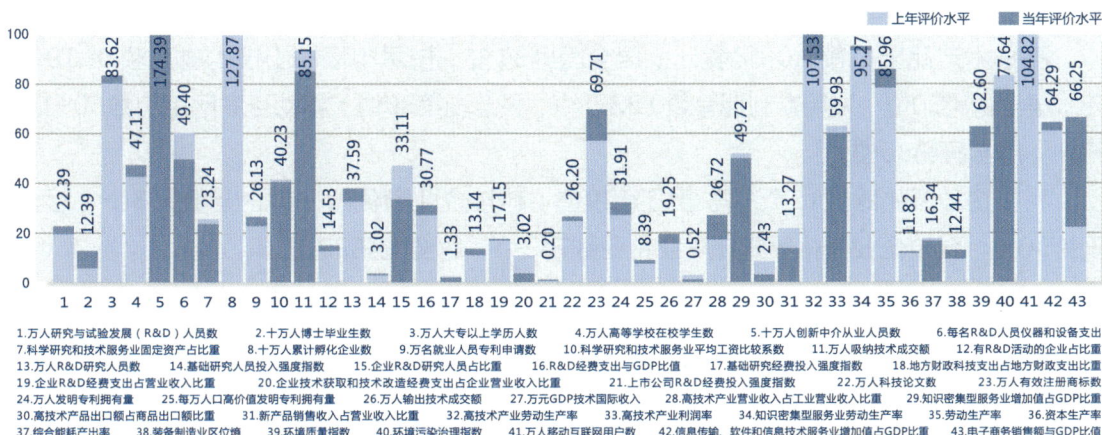

图3-96 青海三级评价指标与上年水平比较

1.万人研究与试验发展（R&D）人员数　2.十万人博士毕业生数　3.万人大专以上学历人数　4.万人高等学校在校学生数　5.十万人创新中介从业人员数　6.每名R&D人员仪器和设备支出
7.科学研究和技术服务业固定资产占比重　8.十万人累计孵化企业数　9.万名就业人员专利申请数　10.科学研究和技术服务业平均工资比较系数　11.万人吸纳技术成交额　12.有R&D活动的企业占比重
13.万人R&D研究人员数　14.基础研究人员占比数　15.企业R&D研究人员占比数　16.R&D经费支出占GDP比值　17.基础研究经费投入强度指数　18.地方财政科技支出占地方财政支出比重
19.企业R&D经费支出占营业收入比重　20.企业技术获取和技术改造经费支出占企业营业收入比重　21.上市公司R&D经费投入强度指数　22.万人科技论文数　23.万人有效注册商标数
24.万人发明专利拥有量　25.万人口值发明专利拥有量　26.万人输出技术成交额　27.万元GDP技术国际收入　28.高技术产业营业收入占工业营业收入比重　29.知识密集型服务业增加值占GDP比重
30.高技术产品出口额占商品出口比重　31.新产品销售收入占营业收入比重　32.高技术产业劳动生产率　33.高技术产业利润率　34.知识密集型服务业劳动生产率　35.劳动生产率　36.资本生产率
37.综合能耗产出率　38.装备制造业区位熵　39.环境质量指数　40.环境污染治理指数　41.万人移动互联网用户数　42.信息传输、软件和信息技术服务业增加值占GDP比重　43.电子商务销售额与GDP比值

了88.76%，企业技术改造经费支出下降了60.46%，企业技术获取和技术改造经费支出下降了61.38%，占企业营业收入比重减少了0.18个百分点，位次下降了7位。

科技成果转移转化减少。技术市场吸纳技术成交额比上年下降了1.25%，万人吸纳技术成交额减少了138.98万元，位次下降了9位；技术市场输出技术成交额增长缓慢，万人输出技术成交额位次下降了2位；技术国际收入下降了75.55%，万元GDP技术国际收入位次下降了5位。

高新技术产业化水平下降。高技术产品出口额比上年下降了47.90%，占商品出口额比重下降了2.20个百分点，位次下降至全国第31位；新产品销售收入下降了18.14%，占营业收入比重下降了3.26个百分点，位次下降了5位。

资本生产率全国最低，排在全国第31位；劳动生产率位次比上年下降了1位；综合能耗产出率减少了0.43元/千克标准煤，位次下降了1位。

环境改善不理想。环境质量指数位次下降了5位；环境污染治理指数下降了5.90个百分点，位次下降了2位。

青海创新发展主要指标及位次

总人口594万人；地区生产总值3346.63亿元，居全国第30位；人均生产总值5.64万元，居全国第25位；知识密集型服务业增加值499.23亿元，居全国第30位；规模以上工业企业营业收入3229.63亿元，居全国第29位；高新技术企业数226个，居全国第30位；高新技术企业总收入755.90亿元，居全国第30位。

R&D经费内部支出26.77亿元，居全国第30位，与生产总值比值0.80%，居全国第28位；R&D经费中基础研究经费支出2.55亿元，居全国第30位；企业R&D经费内部支出13.85亿元，居全国第30位；地方财政科技支出12.19亿元，居全国第30位。

大专以上学历人数91.87万人，居全国第30位；R&D人员数0.52万人年，居全国第30位；R&D人员中基础研究人员数0.09万人年，居全国第30位；企业R&D人员数0.16万人年，居全国第30位。

高技术产品出口额0.03亿美元，居全国第31位；技术市场输出技术成交额14.10亿元，居全国第30位；发明专利拥有量0.22万件，居全国第30位；移动互联网用户数609.07万户，居全国第30位。

科技企业孵化器数15个，居全国第29位；科技企业孵化器在孵企业数643个，居全国第30位；科技企业孵化器累计毕业企业数743个，居全国第29位。

表3-29　青海各级评价指标和位次与上年比较

指标名称	评价值 当年	评价值 上年	位次 当年	位次 上年
科技创新环境	46.97	50.17	26	26
科技人力资源	47.89	55.56	30	30
万人研究与试验发展（R&D）人员数	8.96	7.85	29	29
十万人博士毕业生数	0.62	0.28	29	31
万人大专以上学历人数	1672.40	1617.38	22	16
万人高等学校在校学生数	164.89	149.94	31	31
十万人创新中介从业人员数	5.23	5.31	6	8
科研物质条件	55.42	54.21	19	18
每名R&D人员仪器和设备支出	2.96	3.62	17	18
科学研究和技术服务业固定资产占比重	0.70	0.76	21	21
十万人累计孵化企业数	12.79	11.75	11	10
科技意识	37.28	38.94	25	25
万名就业人员专利申请数	26.13	22.90	23	24
科学研究和技术服务业平均工资比较系数	80.47	82.46	23	24
万人吸纳技术成交额	1362.37	1501.35	22	13
有R&D活动的企业占比重	14.53	12.76	27	26
科技活动投入	25.40	32.39	29	29
科技活动人力投入	36.39	62.82	29	28
万人R&D研究人员数	4.89	4.26	29	30
基础研究人员投入强度指数	0.03	0.03	30	31
企业R&D研究人员占比重	23.17	32.83	25	19
科技活动财力投入	20.68	19.36	29	29
R&D经费支出与GDP比值	0.80	0.71	28	28
基础研究经费投入强度指数	0.01	0.01	29	28
地方财政科技支出占地方财政支出比重	0.66	0.55	30	30
企业R&D经费支出占企业营业收入比重	0.43	0.42	30	29
企业技术获取和技术改造经费支出占企业营业收入比重	0.08	0.26	30	23
上市公司R&D经费投入强度指数	0.00	0.00	30	30
科技活动产出	25.77	50.27	27	24
科技活动产出水平	35.12	51.62	24	24
万人科技论文数	2.62	2.49	19	19
万人有效注册商标数	104.56	83.50	27	27
万人发明专利拥有量	3.83	3.28	28	27
每万人口价值及发明专利拥有量	1.01	0.89	30	30
技术成果市场化	11.76	48.26	27	26
万人输出技术成交额	231.02	188.28	27	25
万元GDP技术国际收入	0.05	0.24	30	25
高新技术产业化	54.03	56.91	26	25
高新技术产业化水平	17.96	22.22	29	28
高技术产业营业收入占工业营业收入比重	8.02	5.19	19	23
知识密集型服务业增加值占GDP比重	14.92	15.53	11	11
高技术产品出口额占商品出口额比重	0.97	3.18	31	30
新产品销售收入占营业收入比重	5.31	8.57	29	24
高技术产业增加值效益	90.09	91.61	12	6
高技术产业劳动生产率	139.78	117.19	10	10
高技术产业利润率	8.99	9.41	15	16
知识密集型服务业劳动生产率	66.69	65.88	17	15
科技促进经济社会发展	56.18	59.48	27	29
经济发展方式转变	34.70	47.32	28	26
劳动生产率	11.17	10.27	21	20
资本生产率	0.12	0.12	31	31
综合能耗产出率	6.86	7.29	29	28
装备制造业区域商	24.88	18.66	26	27
环境改善	74.63	77.74	29	27
环境质量指数	62.60	54.54	17	12
环境污染治理指数	77.64	83.54	29	27
社会生活信息化	78.97	69.03	17	26
万人移动互联网用户数	1082.05	1031.32	11	16
信息传输、软件和信息技术服务业增加值占GDP比重	2.25	2.15	24	28
电子商务销售额与GDP比值	0.20	0.07	8	25

宁夏科技创新分析

在今年的报告中，宁夏综合科技创新水平指数为54.53%，排在全国第19位，比上年下降1位。

一、高新技术产业化效益提升至全国第二

高技术产业营业收入比上年增长了77.47%，高技术产业劳动生产率提高了56.77万元/人，位次上升了7位。

二、科技人力资源不断增加

R&D人员数比上年增长了30.91%，万人研究与试验发展（R&D）人员数增加了4.00人年，位次上升了1位；R&D研究人员数增长了21.30%，万人R&D研究人员数增加了1.04人年；企业R&D研究人员数增长了32.71%，占全社会R&D研究人员比重提高了0.83个百分点，位次上升了2位；高等学校博士毕业生数增长了95.74%，十万人博士毕业生数增加了0.60人，位次上升了5位。

三、科技活动产出水平进一步提升

SCI收录科技论文数比上年增长了30.07%，万人科技论文数增加了0.06篇，位次上升了1位；有效注册商标数增长了25.44%，万人有效注册商标数增加了24.93件，位次上升了2位；高价值发明专利拥有量增长了21.34%，每万人口高价值发明专利拥有量位次上升了1位；技术国际收入增长了108.54%，万元GDP技术国际收入增加了0.15美元，位次上升了5位。

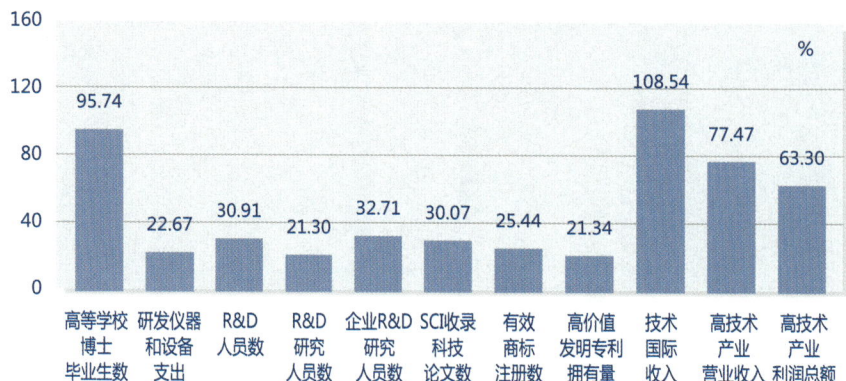

图3-97 部分指标增长速度

四、科技意识有所增强

国内3种专利申请数比上年增长了19.77%，万名就业人员专利申请数增加了5.95件，位次上升至全国第14位；有R&D活动的企业数增长了31.75%，占规模以上工业企业比重提高了6.20个百分点，位次上升至全国第8位。

政府科技投入力度放缓。地方财政科技支出占地方财政支出比重虽然较上年有所提升，但位次下降了1位。

企业研发投入强度下降。企业R&D经费内部支出增长缓慢，占企业营业收入比重下降了0.16个百分点，位次下降了1位；上市公司R&D经费投入强度指数仍排在全国第31位。

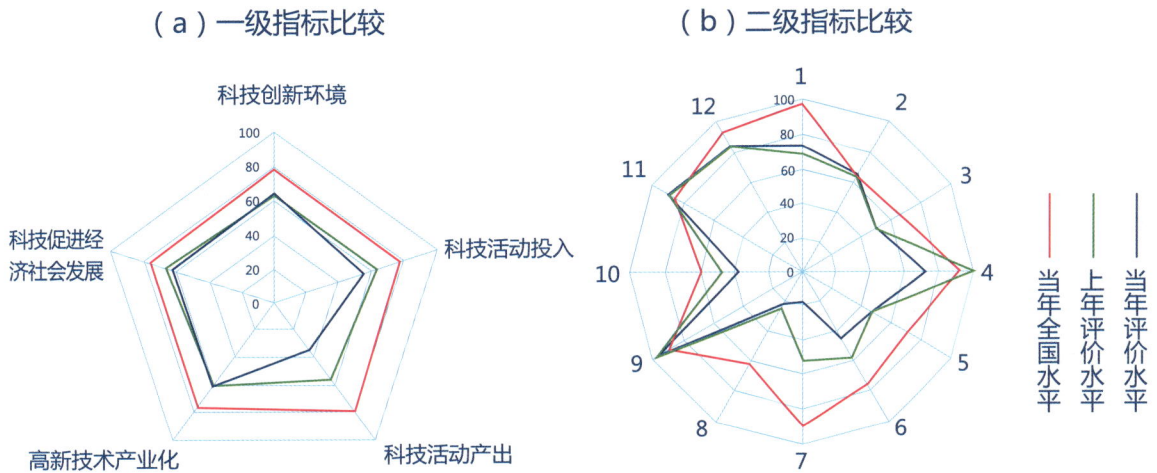

（a）一级指标比较　　　　（b）二级指标比较

图3-98 宁夏一、二级评价指标与上年水平和全国水平比较

图例：1.科技人力资源　2.科研物质条件　3.科技意识　4.科技活动人力投入
5.科技活动财力投入　6.科技活动产出水平　7.技术成果市场化　8.高新技术产业化水平
9.高新技术产业化效益　10.经济发展方式转变　11.环境改善　12.社会生活信息化

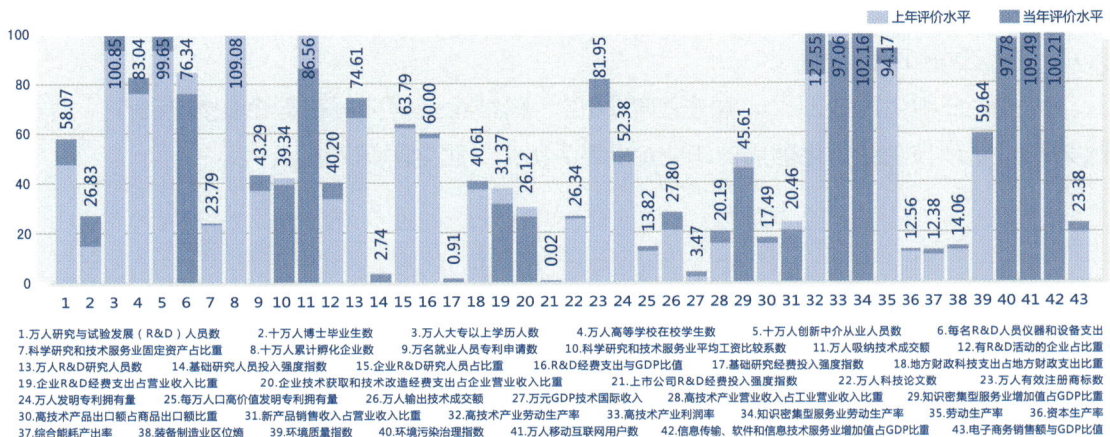

图3-99 宁夏三级评价指标与上年水平比较

基础研究投入较低。基础研究人员投入强度指数和基础研究经费投入强度指数均比上年下降了1位，分别排在全国第31位和第30位。

技术成果转移转化减少。技术市场吸纳技术成交额比上年下降了8.20%，万人吸纳技术成交额减少了321.52万元，位次下降了8位；万人输出技术成交额位次下降了1位。

高新技术产业化水平有待提高。知识密集型服务业增加值增长缓慢，占生产总值比重位次下降了5位；高技术产品出口额占商品出口额比重虽然有所上升，但位次仍然比较靠后，排在全国第27位；新产品销售收入占营业收入比重位次下降至全国第25位。

知识密集型服务业劳动生产率比上年下降了2.44万元/人，位次下降了8位。

经济发展方式转变较为滞后。劳动生产率位次比上年下降1位；资本生产率、综合能耗产出率均排在全国第30位。

电子商务销售额与GDP比值位次下降至全国第28位。

宁夏创新发展主要指标及位次

总人口725万人；地区生产总值4522.31亿元，居全国第29位；人均生产总值6.25万元，居全国第20位；知识密集型服务业增加值618.76亿元，居全国第29位；规模以上工业企业营业收入6599.14亿元，居全国第28位；高新技术企业数355个，居全国第29位；高新技术企业总收入1310.67亿元，居全国第28位。

R&D经费内部支出70.44亿元，居全国第28位，与生产总值比值1.56%，居全国第19位；R&D经费中基础研究经费支出3.41亿元，居全国第29位；企业R&D经费内部支出51.76亿元，居全国第28位；地方财政科技支出29.00亿元，居全国第29位。

大专以上学历人数134.97万人，居全国第29位；R&D人员数1.59万人年，居全国第28位；R&D人员中基础研究人员数0.14万人年，居全国第29位；企业R&D人员数1.09万人年，居全国第27位。

高技术产品出口额2.69亿美元，居全国第29位；技术市场输出技术成交额25.09亿元，居全国第28位；发明专利拥有量0.43万件，居全国第29位；移动互联网用户数750.82万户，居全国第29位。

科技企业孵化器数21个，居全国第28位；科技企业孵化器在孵企业数969个，居全国第28位；科技企业孵化器累计毕业企业数748个，居全国第28位。

表3-30 宁夏各级评价指标和位次与上年比较

指标名称	评价值 当年	评价值 上年	位次 当年	位次 上年
科技创新环境	6397	6172	16	17
科技人力资源	7348	6937	16	19
万人研究与试验发展（R&D）人员数	2323	1923	17	18
十万人博士毕业生数	134	074	20	25
万人大专以上学历人数	201695	188605	11	8
万人高等学校在校学生数	29065	26914	24	23
十万人创新中介从业人员数	299	283	17	17
科研物质条件	6505	6341	10	9
每名R&D人员仪器和设备支出	458	510	4	5
科学研究和技术服务业固定资产占比重	071	070	20	23
十万人累计孵化企业数	1091	1017	15	12
科技意识	5023	4981	13	16
万名就业人员专利申请数	4329	3734	14	15
科学研究和技术服务业平均工资比较系数	7868	8412	25	23
万人吸纳技术成交额	138498	170649	20	12
有R&D活动的企业占比重	4020	3400	8	11
科技活动投入	5398	6235	18	18
科技活动人力投入	7183	10000	18	1
万人R&D研究人员数	970	866	18	18
基础研究人员投入强度指数	003	003	31	30
企业R&D研究人员占比重	4466	4383	12	14
科技活动财力投入	4633	4621	19	18
R&D经费支出与GDP比值	156	152	19	19
基础研究经费投入强度指数	001	001	30	29
地方财政科技支出占地方财政支出比重	203	189	16	15
企业R&D经费支出占企业营业收入比重	078	094	21	20
企业技术获取和技术改造经费支出占企业营业收入比重	065	075	5	4
上市公司R&D经费投入强度指数	000	000	31	31
科技活动产出	3442	5469	24	20
科技活动产出水平	4532	5718	19	20
万人科技论文数	263	257	16	17
万人有效注册商标数	12293	9800	21	23
万人发明专利拥有量	629	583	18	18
每万人口高价值发明专利拥有量	166	148	21	22
技术成果市场化	1807	5096	25	24
万人输出技术成交额	33366	252273	24	23
万元GDP技术国际收入	035	019	22	27
高新技术产业化	6054	6024	21	22
高新技术产业化水平	2168	2413	26	27
高技术产业营业收入占工业营业收入比重	606	469	23	25
知识密集型服务业增加值占GDP比重	1368	1499	18	13
高技术产品出口额占商品出口额比重	700	622	27	27
新产品销售收入占营业收入比重	818	956	25	22
高新技术产业化效益	9941	9635	2	4
高技术产业劳动生产率	16581	10904	6	13
高技术产业利润率	1456	1582	8	5
知识密集型服务业劳动生产率	7151	7395	15	7
科技促进经济社会发展	6190	6635	19	19
经济发展方式转变	3748	4713	26	27
劳动生产率	1224	1145	15	14
资本生产率	013	012	30	30
综合能耗产出率	520	453	30	30
装备制造业区位熵	2812	2540	24	25
环境改善	9015	8919	10	9
环境质量指数	5964	5102	20	20
环境污染治理指数	9778	9873	10	9
社会生活信息化	8468	8401	9	9
万人移动互联网用户数	109490.00	1125995	7	6
信息传输、软件和信息技术服务业增加值占GDP比重	351	371	9	9
电子商务销售额与GDP比值	007	006	28	27

新疆科技创新分析

在今年的报告中，新疆综合科技创新水平指数为36.53%，仍排在全国第30位。

新疆在以下几个方面进步较快。

一是科技人力不断增加。R&D人员数比上年增长了36.39%，其中，基础研究人员数增长了28.69%，基础研究人员投入强度指数提高了0.02个百分点，位次上升了4位；企业R&D人员数增长了89.29%，其中，企业R&D研究人员数增长了47.63%，占全社会R&D研究人员比重提高了4.78个百分点，位次上升了3位。

二是知识密集型服务业劳动生产率有所提高，比上年提高了13.72万元/人，位次上升了3位。

三是上市公司R&D经费大幅增加，比上年增长了55.49%，上市公司R&D经费投入强度指数位次上升了1位。

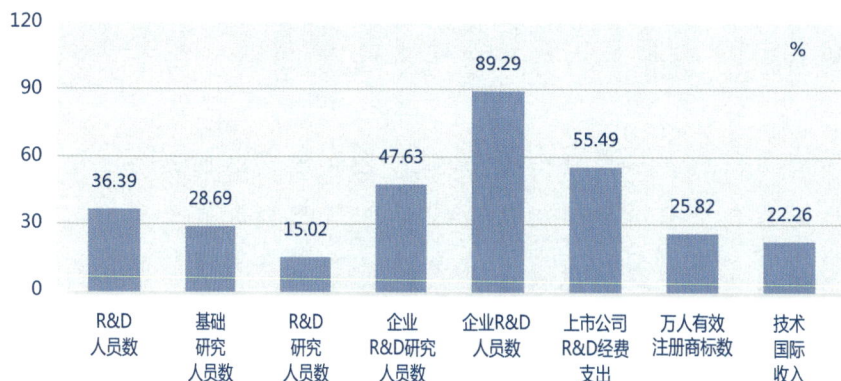

图3-100 部分指标增长速度

新疆存在的问题主要有以下几个方面。

研发经费投入强度较低，R&D经费支出与GDP比值位次排在全国第30位；有R&D活动的企业占比重全国最低，企业R&D经费支出占营业收入比重位次下降至全国第31位。

专利产出水平较低。发明专利拥有量全国增长最慢，万人发明专利拥有量位次下降至全国第31位；每万人口高价值发明专利拥有量位次仍排在全国最后1位。

技术成果转移转化不理想。技术市场吸纳技术成交额比上年下降了3.66%，万人吸纳技术成交额减少了81.47万元，位次下降了10位；技术市场输出技术成交额增长缓慢，万人输出技术成交额位次仍排在全国第30位。

高新技术产业化水平有待提高。高技术产业营业收入占工业营业收入比重全国最低；新产品销售收入增长缓慢，占营业收入比重仍排在全国第30位；高技术产品出口额占商品出口额比重仍排在全国第29位。

科研物质条件有待改善。研发仪器和设备支出比上年下降了16.00％，每名R&D人员仪器和设备支出减少了0.91万元，位次下降了3位；科技企业孵化器累计毕业企业数减少了4.55％，十万人累计孵化企业数位次下降了1位。

高新技术产业化效益下降。高技术产业利润总额比上年下降了40.95％，高技术产业利润率下降了4.02个百分点，位次下降了8位；高技术产业劳动生产率位次下降了6位。

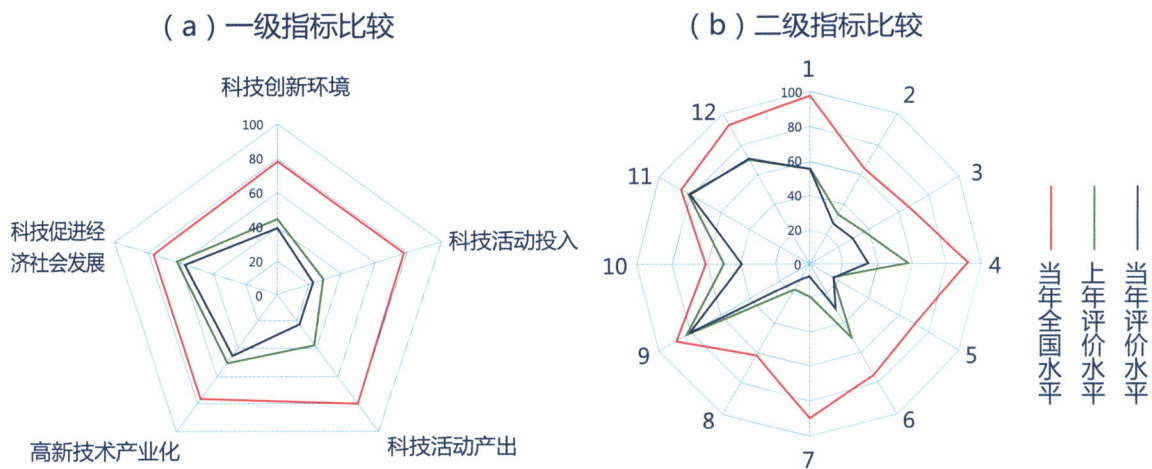

（a）一级指标比较　　　　（b）二级指标比较

图3-101 新疆一、二级评价指标与上年水平和全国水平比较

图例：1．科技人力资源　　　　2．科研物质条件　　　　3．科技意识　　　　4．科技活动人力投入
　　　5．科技活动财力投入　　6．科技活动产出水平　　7．技术成果市场化　　8．高新技术产业化水平
　　　9．高新技术产业化效益　10．经济发展方式转变　　11．环境改善　　　　12．社会生活信息化

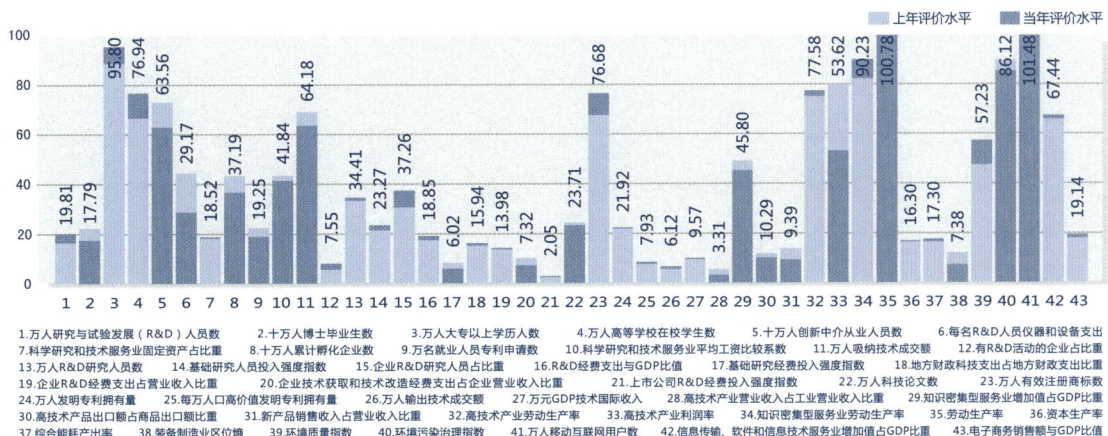

1.万人研究与试验发展（R&D）人员数　2.十万人博士毕业生数　3.万人大专以上学历人数　4.万人高等学校在校学生数　5.十万人创新中介从业人员数　6.每名R&D人员仪器和设备支出
7.科学研究和技术服务业固定资产占比重　8.十万人累计孵化企业数　9.万名就业人员专利申请数　10.科学研究和技术服务业平均工资比较系数　11.万人吸纳技术成交额　12.有R&D活动的企业占比重
13.企业R&D研究人员数　14.基础研究人员投入强度指数　15.企业R&D研究人员占比重　16.R&D经费支出占GDP比值　17.基础研究经费投入强度指数　18.地方财政科技支出占地方财政支出比重
19.企业R&D经费支出占营业收入比重　20.企业技术获取和技术改造经费支出占企业营业收入比重　21.上市公司R&D投入强度指数　22.万人科技论文数　23.万人有效注册商标数
24.万人发明专利拥有量　25.每万人口值高价值专利拥有量　26.万人输出技术成交额　27.万元GDP技术国际收入　28.高技术产业营业收入占工业营业收入比重　29.知识密集型服务业增加值占GDP比重
30.高技术产品出口额占商品出口额比重　31.新产品销售收入占营业收入比重　32.高技术产业劳动生产率　33.高技术产业利润率　34.知识密集型服务业劳动生产率　35.劳动生产率　36.资本生产率
37.综合能耗产出率　38.装备制造业区熵　39.环境质量指数　40.环境污染治理指数　41.万人移动互联网用户数　42.信息传输、软件和信息技术服务业增加值占GDP比重　43.电子商务销售额与GDP比值

图3-102 新疆三级评价指标与上年水平比较

社会生活信息化水平下降。移动互联网用户数增长缓慢，万人移动互联网用户数减少了648.48户，位次下降了8位；电子商务销售额与GDP比值位次下降了1位。

新疆创新发展主要指标及位次

总人口2589万人；地区生产总值15983.65亿元，居全国第23位；人均生产总值6.17万元，居全国第21位；知识密集型服务业增加值2196.15亿元，居全国第24位；规模以上工业企业营业收入15505.04亿元，居全国第23位；高新技术企业数935个，居全国第28位；高新技术企业总收入5016.62亿元，居全国第24位。

R&D经费内部支出78.31亿元，居全国第27位，与生产总值比值0.49%，居全国第30位；R&D经费中基础研究经费支出9.26亿元，居全国第27位；企业R&D经费内部支出54.18亿元，居全国第27位；地方财政科技支出42.86亿元，居全国第24位。

大专以上学历人数469.19万人，居全国第25位；R&D人员数1.92万人年，居全国第27位；R&D人员中基础研究人员数0.46万人年，居全国第26位；企业R&D人员数0.90万人年，居全国第28位。

高技术产品出口额7.37亿美元，居全国第25位；技术市场输出技术成交额18.85亿元，居全国第29位；发明专利拥有量0.64万件，居全国第27位；移动互联网用户数2464.30万户，居全国第24位。

科技企业孵化器数26个，居全国第27位；科技企业孵化器在孵企业数1593个，居全国第27位；科技企业孵化器累计毕业企业数903个，居全国第27位。

表3-31 新疆各级评价指标和位次与上年比较

指标名称	评价值 当年	评价值 上年	位次 当年	位次 上年
科技创新环境	39.06	43.41	30	30
科技人力资源	54.84	55.74	26	29
万人研究与试验发展（R&D）人员数	7.92	6.46	30	30
十万人博士毕业生数	0.89	1.10	23	20
万人大专以上学历人数	191594	177956	14	11
万人高等学校在校学生数	26931	233.09	28	28
十万人创新中介从业人员数	1.91	2.20	28	23
科研物质条件	27.85	33.56	31	28
每名R&D人员仪器和设备支出	1.75	2.66	30	27
科学研究和技术服务业固定资产占比重	0.56	0.54	26	26
十万人累计孵化企业数	3.72	4.33	28	27
科技意识	29.24	36.82	31	29
万名就业人员专利申请数	19.25	22.10	29	26
科学研究和技术服务业平均工资比较系数	83.69	86.60	21	21
万人吸纳技术成交额	102688	110835	28	18
有R&D活动的企业占比重	7.55	5.09	31	31
科技活动投入	21.99	27.93	30	30
科技活动人力投入	34.84	57.67	30	29
万人R&D研究人员数	4.47	4.32	30	19
基础研究人员投入强度指数	0.23	0.21	15	26
企业R&D研究人员占比重	26.08	21.30	23	30
科技活动财力投入	16.49	15.19	30	30
R&D经费支出与GDP比值	0.49	0.45	30	20
基础研究经费投入强度指数	0.06	0.08	22	28
地方财政科技支出占地方财政支出比重	0.80	0.75	28	30
企业R&D经费支出占营业收入比重	0.35	0.34	31	24
企业技术获取和技术改造经费支出占企业营业收入比重	0.18	0.24	26	24
上市公司R&D经费投入强度指数	0.02	0.02	16	17
科技活动产出	22.26	37.09	30	29
科技活动产出水平	32.10	48.58	29	27
万人科技论文数	2.37	2.42	21	20

指标名称	评价值 当年	评价值 上年	位次 当年	位次 上年
万人有效注册商标数	115.03	91.42	25	26
万人发明专利拥有量	2.63	2.60	31	30
每万人口高价值发明专利拥有量	0.95	0.84	31	31
技术成果市场化	7.50	19.85	30	30
万人输出技术成交额	73.48	61.24	30	30
万元GDP技术国际收入	0.96	0.91	16	16
高新技术产业化	44.40	49.54	30	30
高新技术产业化水平	10.96	17.43	31	30
高技术产业营业收入占工业营业收入比重	0.99	1.49	31	31
知识密集型服务业增加值占GDP比重	13.74	14.71	16	16
高技术产品出口额占商品出口额比重	4.11	4.56	29	29
新产品销售收入占营业收入比重	3.75	5.42	30	30
高新技术产业化效益	77.85	81.65	26	21
高技术产业劳动生产率	100.86	97.85	27	21
高技术产业利润率	8.04	12.06	17	9
知识密集型服务业劳动生产率	63.16	49.43	22	25
科技促进经济社会发展	56.25	61.27	26	26
经济发展方式转变	38.83	49.23	25	25
劳动生产率	13.10	14.33	12	9
资本生产率	0.16	0.16	28	29
综合能耗产出率	7.27	6.76	28	29
装备制造业区位熵	14.75	23.47	28	26
环境改善	80.34	81.41	22	22
环境质量指数	57.23	47.34	25	24
环境污染治理指数	86.12	89.93	22	21
社会生活信息化	70.80	69.85	26	25
万人移动互联网用户数	1014810	1079657	17	9
信息传输、软件和信息技术服务业增加值占GDP比重	2.36	2.30	23	24
电子商务销售额与GDP比值	0.06	0.05	29	28

二、区域科技与经济社会协调发展相关性分析

（一）科技活动投入与科技活动产出

图3-103中纵横两条红线分别为"科技活动投入"和"科技活动产出"全国水平线，它们将散点图划分为4个象限：位于第 I 象限的地区为科技活动投入和科技活动产出均高于全国水平的地区；位于第 II 象限的地区为科技活动投入低于全国水平，但科技活动产出高于全国水平的地区；位于第 III 象限的地区为科技活动投入和科技活动产出均低于全国水平的地区；位于第 IV 象限的地区为科技活动投入高于全国水平，但科技活动产出低于全国水平的地区。

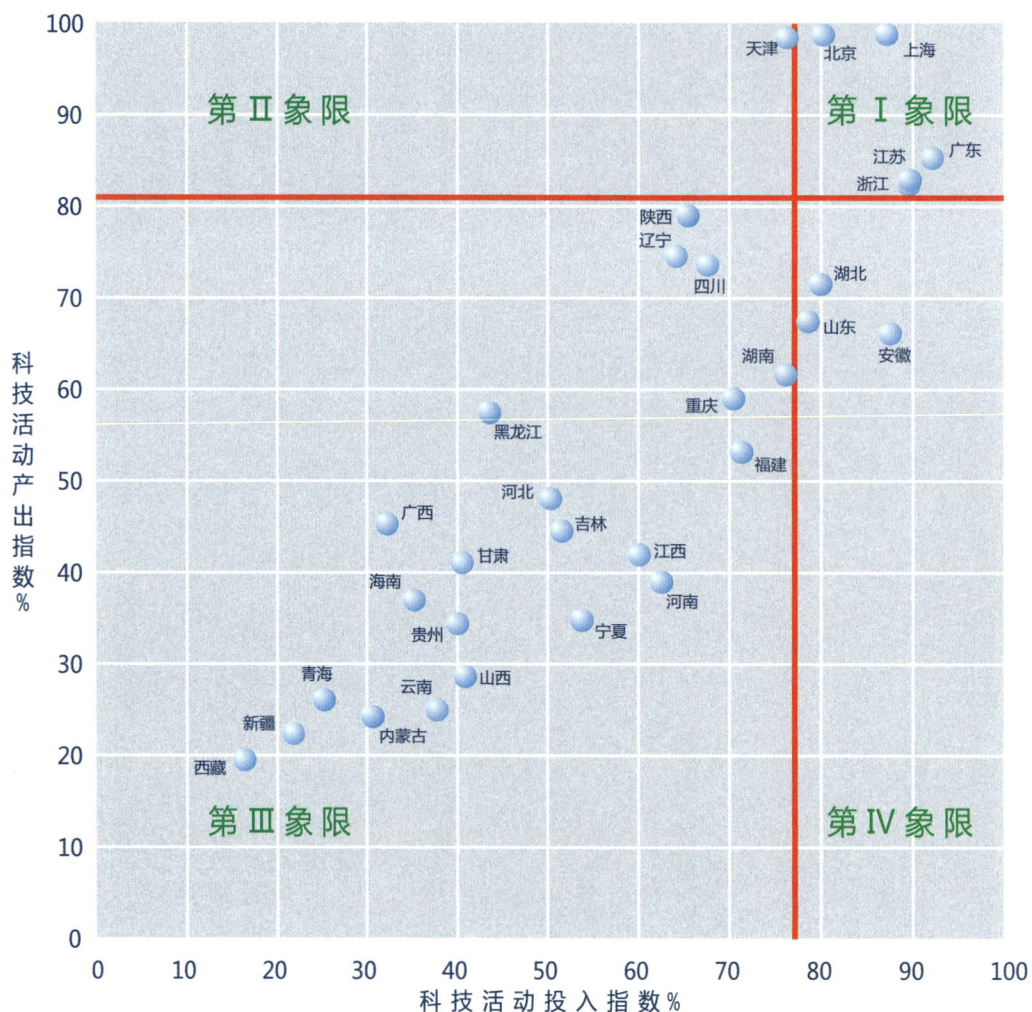

图3-103 科技活动投入与科技活动产出示意

（二）科技活动投入与科技促进经济社会发展

图3-104中纵横两条红线分别为"科技活动投入"和"科技促进经济社会发展"全国水平线，它们将散点图划分为4个象限：位于第Ⅰ象限的地区为科技活动投入和科技促进经济社会发展均高于全国水平的地区；位于第Ⅱ象限的地区为科技活动投入低于全国水平，但科技促进经济社会发展高于全国水平的地区；位于第Ⅲ象限的地区为科技活动投入和科技促进经济社会发展均低于全国水平的地区；位于第Ⅳ象限的地区为科技活动投入高于全国水平，但科技促进经济社会发展低于全国水平的地区。

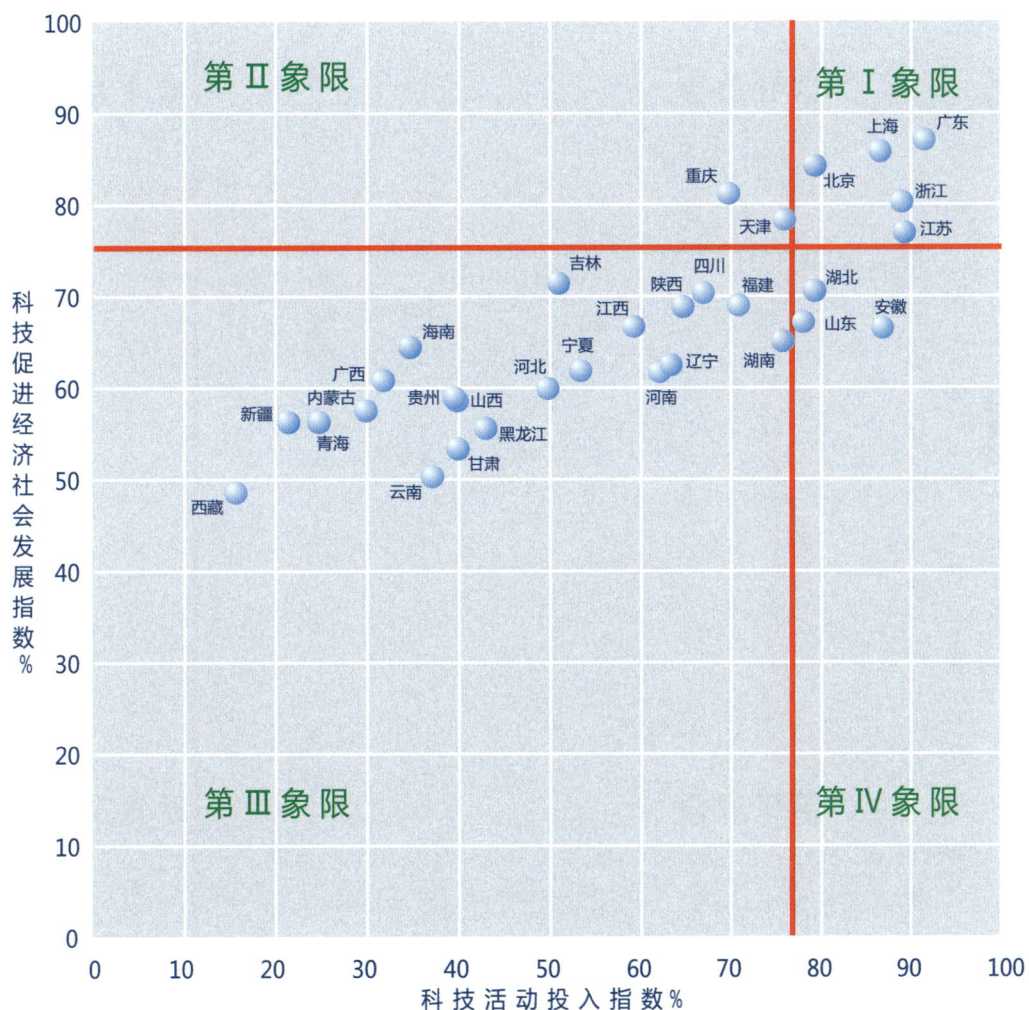

图3-104 科技活动投入与科技促进经济社会发展示意

（三）科技活动产出与科技促进经济社会发展

图3-105中纵横两条红线分别为"科技活动产出"和"科技促进经济社会发展"全国水平线，它们将散点图划分为4个象限：位于第Ⅰ象限的地区为科技活动产出和科技促进经济社会发展均高于全国水平的地区；位于第Ⅱ象限的地区为科技活动产出低于全国水平，但科技促进经济社会发展高于全国水平的地区；位于第Ⅲ象限的地区为科技活动产出和科技促进经济社会发展均低于全国水平的地区；位于第Ⅳ象限的地区为科技活动产出高于全国水平，但科技促进经济社会发展低于全国水平的地区。

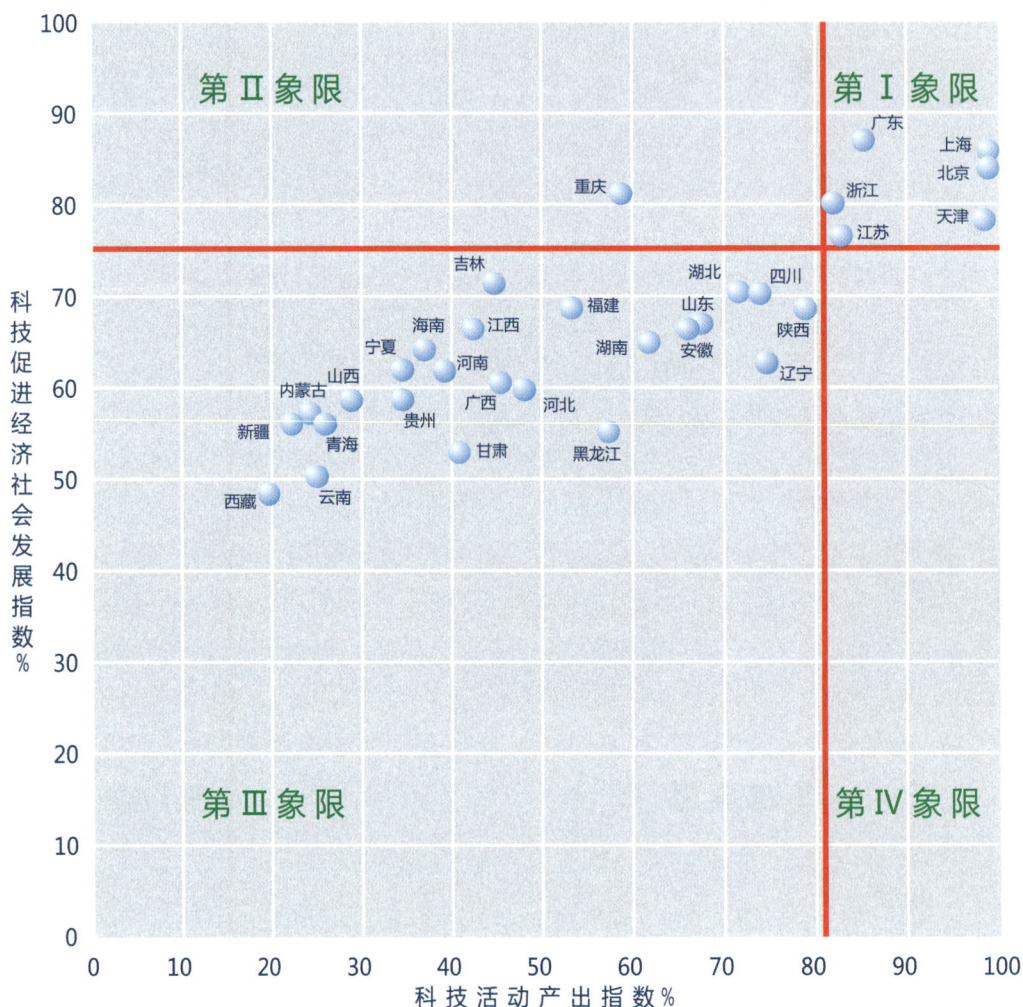

图3-105 科技活动产出与科技促进经济社会发展示意

（四）高新技术产业化水平与高新技术产业化效益

图3-106中纵横两条红线分别为"高新技术产业化水平"和"高新技术产业化效益"全国水平线，它们将散点图划分为4个象限：位于第Ⅰ象限的地区为高新技术产业化水平和高新技术产业化效益均高于全国水平的地区；位于第Ⅱ象限的地区为高新技术产业化水平低于全国水平，但高新技术产业化效益高于全国水平的地区；位于第Ⅲ象限的地区为高新技术产业化水平和高新技术产业化效益均低于全国水平的地区；位于第Ⅳ象限的地区为高新技术产业化水平高于全国水平，但高新技术产业化效益低于全国水平的地区。

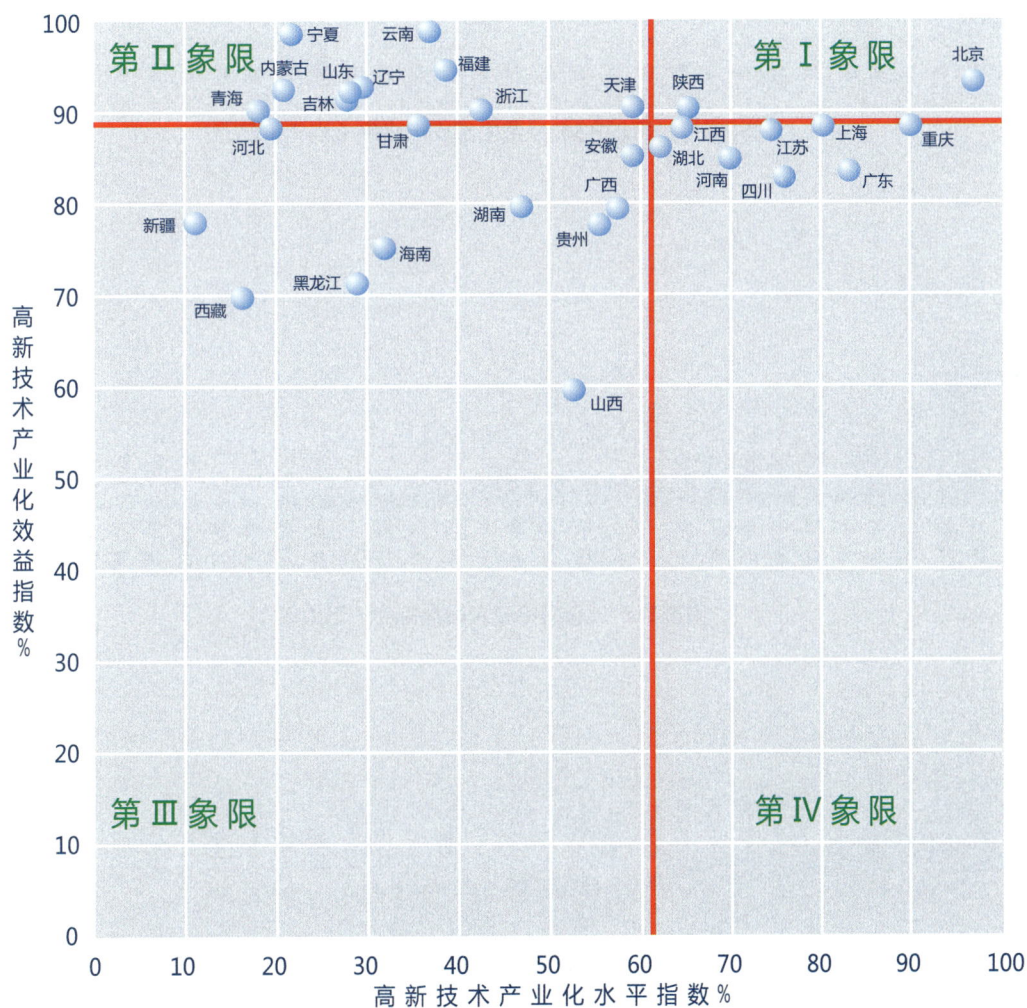

图3-106 高新技术产业化水平与高新技术产业化效益示意

附录1 区域部分规模指标排序

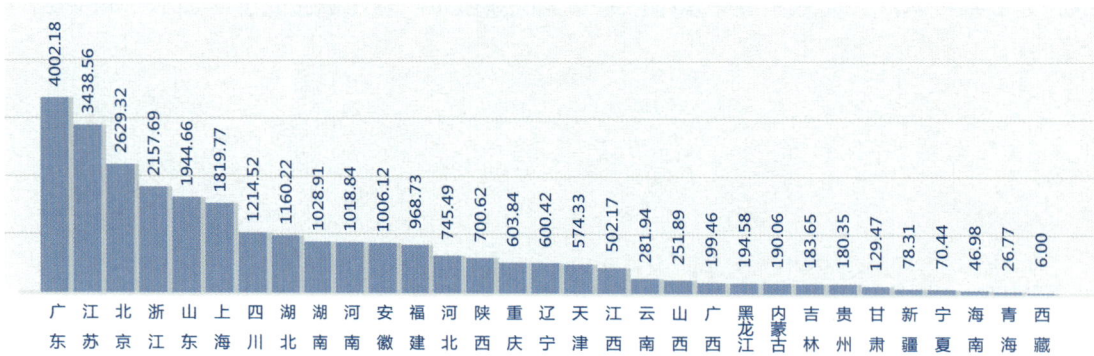

附图1-1 区域R&D经费内部支出排序（当年价亿元）

数据（广东→西藏）：4002.18、3438.56、2629.32、2157.69、1944.66、1819.77、1214.52、1160.22、1028.91、1018.84、1006.12、968.73、745.49、700.62、603.84、600.42、574.33、502.17、281.94、251.89、199.46、194.58、190.06、183.65、180.35、129.47、78.31、70.44、46.98、26.77、6.00

省份（广东→西藏）：广东、江苏、北京、浙江、山东、上海、四川、湖北、湖南、河南、安徽、福建、河北、陕西、重庆、辽宁、天津、江西、云南、山西、广西、黑龙江、内蒙古、吉林、贵州、甘肃、新疆、宁夏、海南、青海、西藏

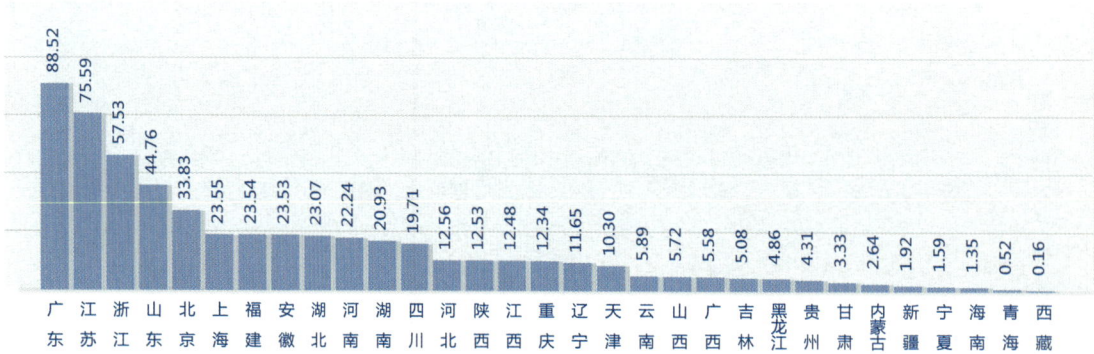

附图1-2 区域R&D人员数排序（万人年）

数据（广东→西藏）：88.52、75.59、57.53、44.76、33.83、23.55、23.54、23.53、23.07、22.24、20.93、19.71、12.56、12.53、12.48、12.34、11.65、10.30、5.89、5.72、5.58、5.08、4.86、4.31、3.33、2.64、1.92、1.59、1.35、0.52、0.16

省份（广东→西藏）：广东、江苏、浙江、山东、北京、上海、福建、安徽、湖北、河南、湖南、四川、河北、陕西、江西、重庆、辽宁、天津、云南、山西、广西、吉林、黑龙江、贵州、甘肃、内蒙古、新疆、宁夏、海南、青海、西藏

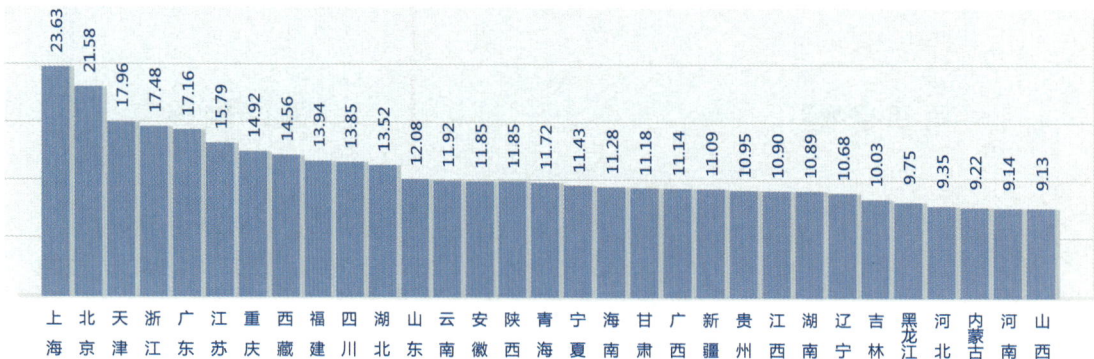

附图1-3 区域科学研究和技术服务业就业人员人均工资排序（万元）

数据（上海→山西）：23.63、21.58、17.96、17.48、17.16、15.79、14.92、14.56、13.94、13.85、13.52、12.08、11.92、11.85、11.85、11.72、11.43、11.28、11.18、11.14、11.09、10.95、10.90、10.89、10.68、10.03、9.75、9.35、9.22、9.14、9.13

省份（上海→山西）：上海、北京、天津、浙江、广东、江苏、重庆、西藏、福建、四川、湖北、山东、云南、安徽、陕西、青海、宁夏、海南、甘肃、广西、新疆、贵州、江西、湖南、辽宁、吉林、黑龙江、河北、内蒙古、河南、山西

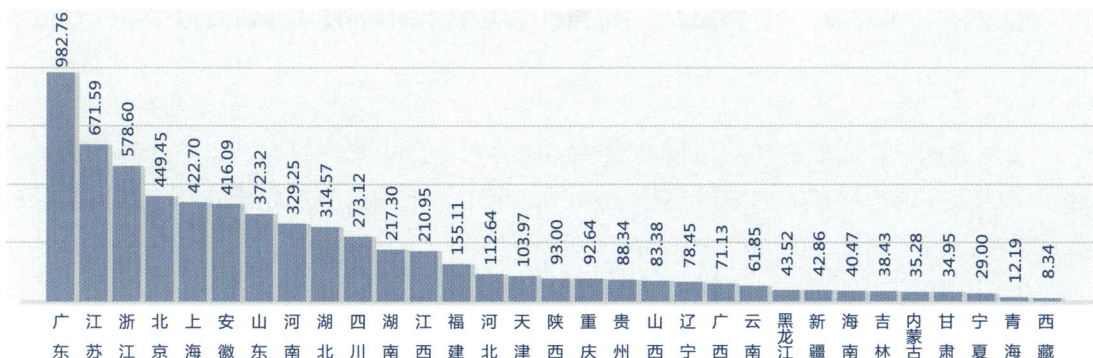

附图1-4 区域地方财政科技支出排序（亿元）

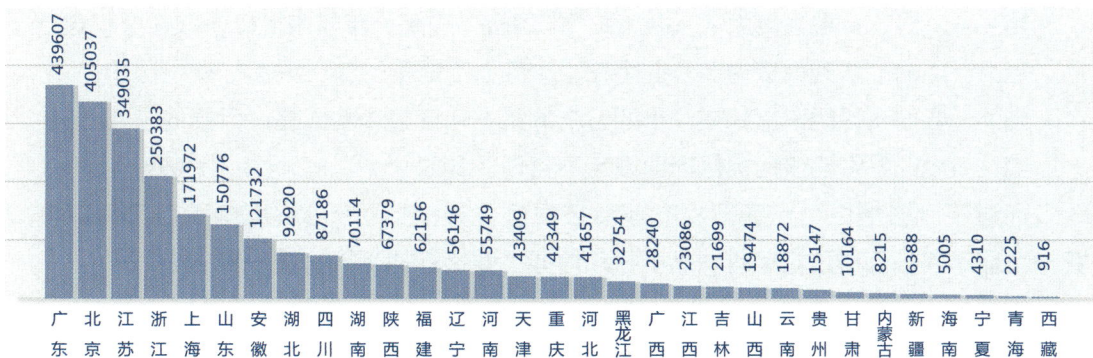

广东 982.76
江苏 671.59
浙江 578.60
北京 449.45
上海 422.70
安徽 416.09
山东 372.32
河南 329.25
湖北 314.57
四川 273.12
湖南 217.30
江西 210.95
福建 155.11
河北 112.64
天津 103.97
陕西 93.00
重庆 92.64
贵州 88.34
山西 83.38
辽宁 78.45
广西 71.13
云南 61.85
黑龙江 43.52
新疆 42.86
海南 40.47
吉林 38.43
内蒙古 35.28
甘肃 34.95
宁夏 29.00
青海 12.19
西藏 8.34

附图1-5 区域发明专利拥有量排序（件）

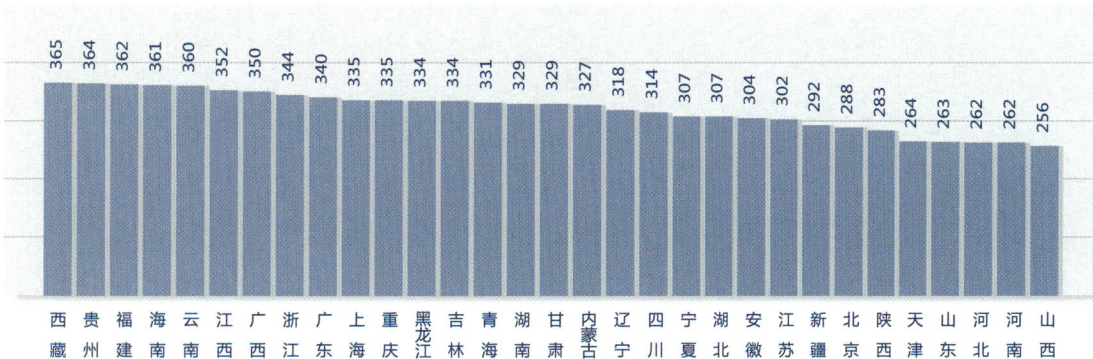

广东 439607
北京 405037
江苏 349035
浙江 250383
上海 171972
山东 150776
安徽 121732
湖北 92920
四川 87186
湖南 70114
陕西 67379
福建 62156
辽宁 56146
河南 55749
天津 43409
重庆 42349
河北 41657
黑龙江 32754
广西 28240
江西 23086
吉林 21699
山西 19474
云南 18872
贵州 15147
甘肃 10164
内蒙古 8215
新疆 6388
海南 5005
宁夏 4310
青海 2225
西藏 916

附图1-6 区域城市空气达到二级以上天数排序（天）

西藏 365
贵州 364
福建 362
海南 361
云南 360
江西 352
广西 350
浙江 344
广东 340
上海 335
重庆 335
黑龙江 334
吉林 334
青海 331
湖南 329
甘肃 329
内蒙古 327
辽宁 318
四川 314
宁夏 307
湖北 307
安徽 304
江苏 302
新疆 292
北京 288
陕西 283
天津 264
山东 263
河南 262
河北 262
山西 256

附录2 区域"十四五"时期科技发展规划主要指标实现程度

定期监测科技发展目标对科技管理科学化具有十分重要的意义。本附录根据部分地区"十四五"时期科技发展主要指标，对2021年（"十四五"规划第一年）这些指标的实现程度进行了测算，仅供各地区科技管理部门参考。

规划目标的测算需要考虑到期初值和期末目标值，因此测算方法为：

$$R.D = \frac{X_t - X_0}{X_d - X_0} \times 100\%$$

其中：$R.D$ 为实现程度；X_d 为目标值；X_0 为上一规划时期期末实际值，在此为2020年实际值；X_t 为本规划时期实际值，在此为2021年实际值。

当 $X_t = X_0$ 时，实现程度为0，说明在"十四五"的第一年，该指标未取得任何进展；

当 $X_t < X_0$ 时，实现程度为负，说明在"十四五"的第一年，该指标有所退步；

当 $X_t \geq X_d$ 时，说明该指标在"十四五"的第一年已经达到或超过目标值；

当 $X_0 \geq X_d$ 时，说明该指标目标值设定不合理，此时 $R.D = X_t / X_d \times 100\%$。

通过下列各地区"十四五"时期科技发展主要指标目标值的确定和实现程度的测算，可显示各地区科技管理科学化水平和这些主要指标的运行状况。

需要指出的是，本附录只对在各地区公布的"十四五"时期科技发展主要指标中指标含义较为明确者进行了测算。

北京

序号	指 标 名 称	目标值	2020年	2021年	实现程度(%)
1	R&D经费投入年均增长率（%）	10.95	10.95	13.01	118.83
2	R&D经费支出与GDP比值（%）	6.00	6.44	6.53	108.83
3	R&D经费中基础研究经费支出占比重（%）	7.00	16.04	16.07	229.56
4	每万人口高价值发明专利拥有量（件）	82.00	78.00	94.20	405.00
5	高技术产业增加值（万亿元）	1.20	0.92	1.09	58.91
6	中关村国家自主创新示范区企业总收入年均增速（%）	8.00	12.11	16.78	209.71
7	技术市场合同成交额（亿元）	>8000.00	6316.16	7005.65	40.95
8	每万家企业中高新技术企业数（家）	>190.00	204.20	192.71	101.43
9	独角兽企业数（家）	>100.00	82.00	92.00	55.56
10	每万名就业人员中R&D人员数（人年）	260.00	288.90	292.14	112.36

天津

序号	指 标 名 称	目标值	2020年	2021年	实现程度(%)
1	R&D经费支出与GDP比值（%）	3.30	3.44	3.66	110.91
2	R&D经费中基础研究经费支出占比重（%）	8.00	7.09	10.24	344.89
3	每万名就业人员中R&D人员数（人年）	110.00	140.09	160.66	146.06
4	每万人口高价值发明专利拥有量（件）	16.00	9.80	12.40	41.93
5	高新技术企业数（家）	11600.00	7350.00	9118.00	41.60
6	技术市场合同成交额（亿元）	1600.00	1089.56	1256.83	32.77
7	企业R&D经费支出占营业收入比重（%）	1.35	1.20	1.09	-77.40

河北

序号	指 标 名 称	目标值	2020年	2021年	实现程度(%)
1	R&D经费投入年均增长率（%）	10.00	12.57	17.52	175.17
2	R&D经费中基础研究经费支出占比重（%）	4.00	2.45	2.27	-11.97
3	每万人口高价值发明专利拥有量（件）	3.50	1.50	1.80	15.00
4	企业R&D经费支出占营业收入比重（%）	1.40	1.12	1.06	-23.79
5	高新技术企业数（家）	15000.00	9230.00	10970.00	30.16
6	高新技术产业增加值占规模以上工业增加值比重（%）	25.00	19.40	21.50	37.50

山西

序号	指 标 名 称	目标值	2020年	2021年	实现程度(%)
1	R&D经费投入年均增长率（%）	20.00	9.75	19.35	96.74
2	国家级重点实验室数（家）	10.00	5.00	6.00	25.00
3	高新技术企业数（家）	5000.00	3162.00	3607.00	31.95
4	每万人口高价值发明专利拥有量（件）	2.60	1.29	1.68	41.93

内蒙古

序号	指 标 名 称	目标值	2020年	2021年	实现程度(%)
1	R&D经费投入年均增长率（%）	>12.00	3.43	18.00	149.98
2	每万名就业人员中R&D人员数（人年）	30.00	22.47	21.70	-10.34
3	技术市场合同成交额（亿元）	100.00	35.95	41.15	8.11
4	每万人口高价值发明专利拥有量（件）	1.80	0.93	1.18	28.16
5	每万家企业中高新技术企业数（家）	50.00	23.87	24.26	1.49
6	企业R&D经费支出占营业收入比重（%）	1.00	0.74	0.62	-44.79

辽宁

序号	指 标 名 称	目标值	2020年	2021年	实现程度(%)
1	R&D经费投入年均增长率（%）	>9.00	8.60	16.61	184.60
2	R&D经费中基础研究经费支出占比重（%）	8.00	6.42	6.85	26.96
3	每万名就业人员中R&D人员数（人年）	70.00	50.17	53.20	15.27
4	有研发机构的企业占比重（%）	25.00	6.64	5.86	-4.26
5	高新技术企业数（家）	>15000.00	6906.00	8721.00	22.42
6	高新技术企业营业收入年均增长率（%）	>10.00	20.59	11.90	119.04
7	每万人口高价值发明专利拥有量（件）	4.95	3.71	4.30	47.93
8	技术市场合同成交额（亿元）	>1000.00	632.81	755.12	33.31

吉林

序号	指 标 名 称	目标值	2020年	2021年	实现程度(%)
1	R&D经费支出与GDP比值（%）	>2.00	1.30	1.39	13.40
2	每万名就业人员中R&D人员数（人）	33.00	35.27	41.38	125.40
3	技术市场合同成交额占GDP比重（%）	>3.80	3.77	0.82	-10129.36
4	高新技术企业数（家）	5000.00	2491.00	2842.00	13.99
5	每万人口高价值发明专利拥有量（件）	3.64	2.26	2.32	4.50

黑龙江

序号	指 标 名 称	目标值	2020年	2021年	实现程度(%)
1	R&D经费投入年均增长率（%）	>20.00	1.89	12.37	61.86
2	R&D经费支出与GDP比值（%）	2.50	1.26	1.31	3.72
3	企业R&D经费支出占营业收入比重（%）	1.00	0.78	0.75	-15.01
4	有R&D活动的企业占比重（%）	>30.00	12.68	14.81	12.29
5	每万名就业人员中R&D人员数（人）	50.00	30.01	34.25	21.22
6	每万人口高价值发明专利拥有量（件）	4.53	2.57	3.02	22.95
7	高新技术企业数（家）	5000.00	1898.00	2782.00	28.50
8	技术市场合同成交额（亿元）	500.00	265.20	350.14	36.18
9	知识密集型服务业增加值占GDP比重（%）	19.00	12.56	12.33	-3.67

上海

序号	指 标 名 称	目标值	2020年	2021年	实现程度(%)
1	R&D经费支出与GDP比值（%）	4.50	4.17	4.21	10.81
2	R&D经费中基础研究经费支出占比重（%）	12.00	7.94	9.77	45.00
3	高新技术企业数（万家）	2.60	1.66	1.92	27.43
4	PCT国际专利申请受理量（件）	5000.00	3558.00	4830.00	88.21
5	每万人口高价值发明专利拥有量（件）	30.00	20.00	34.20	142.00
6	战略性新兴产业增加值占GDP比重（%）	20.00	18.81	20.35	129.38
7	技术市场合同成交额占GDP比重（%）	6.00	4.06	5.89	94.34
8	外资研发中心数（家）	560.00	506.00	531.00	46.30

江苏

序号	指 标 名 称	目标值	2020年	2021年	实现程度(%)
1	R&D经费投入年均增长率（%）	6.50	10.79	14.39	221.42
2	R&D经费支出与GDP比值（%）	3.20	2.93	2.95	8.64
3	R&D经费中基础研究经费支出占比重（%）	5.59	2.79	3.95	41.17
4	高新技术产业产值占规模以上工业总产值比重（%）	50.00	46.50	47.50	28.57
5	技术市场合同成交额（亿元）	3500.00	2087.85	2606.17	36.70
6	每万名就业人员中R&D人员数（人）	200.00	136.74	155.44	29.56
7	每万人口高价值发明专利拥有量（件）	>17.00	12.00	13.99	39.83

浙江

序号	指标名称	目标值	2020年	2021年	实现程度(%)
1	R&D经费支出与GDP比值（%）	3.30	2.88	2.94	14.59
2	R&D经费中基础研究经费支出占比重（%）	8.00	3.24	2.98	-5.47
3	企业R&D经费支出占营业收入比重（%）	2.50	1.78	1.59	-26.02
4	高新技术产业增加值占规模以上工业增加值比重（%）	60.00	59.60	62.60	750.00
5	高新技术企业数（万家）	3.50	2.19	2.83	48.76
6	科技型中小企业数（万家）	10.50	6.90	7.90	27.78
7	每万名就业人员中R&D人员数（人年）	185.00	151.15	147.62	-10.42
8	PCT国际专利申请受理量（件）	6000.00	4307.00	4675.00	21.74
9	数字经济增加值占GDP比重（%）	60.00	46.71	48.56	13.91
10	技术市场合同成交额（亿元）	2200.00	1403.32	1855.78	56.79
11	每万人口高价值发明专利拥有量（件）	17.00	11.10	13.57	41.85

安徽

序号	指标名称	目标值	2020年	2021年	实现程度(%)
1	R&D经费支出与GDP比值（%）	2.80	2.28	2.34	10.98
2	R&D经费中基础研究经费支出占比重（%）	8.00	6.89	7.37	42.68
3	每万名就业人员中R&D人员数（人年）	80.00	60.03	73.19	65.87
4	高新技术企业数（家）	≥17000.00	8444.00	11323.00	33.65
5	企业R&D经费支出占营业收入比重（%）	1.60	1.66	1.62	101.48
6	每万人口高价值发明专利拥有量（件）	全国平均水平	4.00	4.93	65.76

福建

序号	指标名称	目标值	2020年	2021年	实现程度(%)
1	综合科技创新水平位次（位）	12.00	15.00	14.00	—
2	R&D经费投入年均增长率（%）	18.0	12.96	17.40	96.68
3	R&D经费中基础研究经费支出占比重（%）	6.00	2.82	2.88	1.86
4	每万名就业人员中R&D人员数（人年）	71.00	84.14	107.15	150.92
5	每万人口高价值发明专利拥有量（件）	5.30	4.19	5.19	90.09
6	有R&D活动的企业占比重（%）	40.00	31.73	34.36	31.82
7	高新技术企业数（家）	8000.00	6433.00	8886.00	156.54
8	技术市场合同五年累计成交额（亿元）	1000.00	506.33	196.80	19.68

江西

序号	指 标 名 称	目标值	2020年	2021年	实现程度(%)
1	R&D经费支出与GDP比值（%）	2.60	1.68	1.70	2.54
2	R&D经费投入年均增长率（%）	>14.00	19.99	16.59	118.49
3	R&D经费中基础研究经费支出占比重（%）	5.00	3.85	4.18	28.69
4	企业R&D经费支出占营业收入比重（%）	1.50	0.95	0.89	-11.65
5	R&D人员数（万人年）	15.00	12.43	12.48	1.79
6	每万人口高价值发明专利拥有量（件）	3.19	1.28	1.43	8.05
7	万人发明专利拥有量（件）	10.00	3.76	5.11	21.66
8	技术市场合同成交额（亿元）	300.00	233.41	409.38	264.27
9	高新技术企业数（家）	10000.00	7043.00	6513.00	-17.92

山东

序号	指 标 名 称	目标值	2020年	2021年	实现程度(%)
1	R&D经费投入年均增长率（%）	9.30	3.34	15.62	167.99
2	R&D经费支出与GDP比值（%）	2.60	2.30	2.34	13.36
3	R&D经费中基础研究经费支出占比重（%）	8.00	2.99	3.79	15.94
4	企业R&D经费支出占营业收入比重（%）	2.20	1.57	1.51	-9.29
5	每万名就业人员中R&D人员数（人年）	70.00	61.92	81.76	245.49
6	每万人口高价值发明专利拥有量（件）	10.00	4.16	4.89	12.50
7	技术市场合同成交额（亿元）	6000.00	1903.89	2477.79	14.01
8	高新技术产业产值占规模以上工业总产值比重（%）	50.00	45.11	46.80	34.56
9	每万家企业中高新技术企业数（家）	90.00	51.22	62.48	29.03

河南

序号	指 标 名 称	目标值	2020年	2021年	实现程度(%)
1	R&D经费投入年均增长率（%）	17.00	15.68	46.43	273.11
2	R&D人员数（万人年）	26.00	20.31	22.24	34.00
3	企业R&D经费支出占营业收入比重（%）	1.60	1.41	1.33	-40.23
4	每万人口高价值发明专利拥有量（件）	3.00	1.43	1.74	19.74
5	技术市场合同成交额（亿元）	1000.00	379.78	607.33	36.69
6	高新技术企业数（家）	16000.00	6270.00	8316.00	21.03
7	科技型中小企业数（家）	20000.00	11826.00	15148.00	40.64

湖北

序号	指　标　名　称	目标值	2020年	2021年	实现程度(%)
1	R&D经费投入年均增长率（%）	14.00	12.34	15.41	110.09
2	R&D经费支出与GDP比值（%）	3.20	2.31	2.32	0.68
3	R&D经费中基础研究经费支出占比重（%）	8.00	4.53	4.54	0.34
4	每万名就业人员中R&D人员数（人年）	>70.00	58.93	70.20	101.78
5	有研发机构的企业占比重（%）	50.00	17.14	26.98	29.95
6	高新技术企业数（家）	>20000.00	10266.00	14311.00	41.56
7	每万家企业中高新技术企业数（家）	140.00	86.76	106.10	36.33
8	科技型中小企业数（家）	20000.00	7439.00	14135.00	53.31
9	每万人口高价值发明专利拥有量（件）	12.00	4.75	4.80	0.73
10	技术市场合同成交额（亿元）	>3000.00	1665.81	2090.78	31.85

湖南

序号	指　标　名　称	目标值	2020年	2021年	实现程度(%)
1	R&D经费投入年均增长率（%）	>12.00	16.84	14.49	120.74
2	每万人口高价值发明专利拥有量（件）	4.00	2.55	3.56	69.65

广东

序号	指　标　名　称	目标值	2020年	2021年	实现程度(%)
1	R&D经费投入年均增长率（%）	10.00	14.12	15.01	150.09
2	R&D经费支出与GDP比值（%）	3.50	3.14	3.22	21.83
3	R&D经费中基础研究经费支出占比重（%）	10.00	5.87	6.85	23.89
4	企业R&D经费支出占营业收入比重（%）	1.80	1.67	1.67	2.92
5	每万名就业人员中R&D人员数（人年）	90.00	69.10	69.79	3.33
6	每万人口高价值发明专利拥有量（件）	20.00	13.50	16.63	48.11
7	高技术制造业增加值占规模以上工业增加值比重（%）	33.00	31.10	29.90	-63.16
8	技术市场合同成交额（亿元）	5000.00	3267.21	4099.61	48.04

广西

序号	指　标　名　称	目标值	2020年	2021年	实现程度(%)
1	R&D经费投入年均增长率（%）	22.00	10.34	15.14	68.82
2	R&D经费支出与GDP比值（%）	1.60	0.78	0.81	3.44
3	每万家企业法人中高新技术企业数（家）	54.00	36.29	38.62	13.16
4	每万名就业人员中R&D人员数（人年）	25.00	17.91	21.94	56.86
5	每万人口高价值发明专利拥有量（件）	2.50	1.42	1.59	15.74
6	技术市场合同成交额（亿元）	1200.00	91.67	940.58	76.59
7	高新技术企业工业总产值（亿元）	12500.00	6124.05	7326.55	18.86
8	高新区工业总产值（亿元）	12000.00	7994.38	5079.26	-72.78
9	新产品销售收入占营业收入比重（%）	15.40	14.57	13.62	-114.92

海南

序号	指　标　名　称	目标值	2020年	2021年	实现程度(%)
1	R&D经费支出与GDP比值（%）	1.60	0.66	0.73	7.25
2	每万名就业人员中R&D人员数（人年）	50.00	16.56	24.74	24.44
3	高新技术企业数（家）	3000.00	1003.00	1180.00	8.86
4	高新技术企业营业收入（亿元）	2500.00	866.70	1126.34	15.90
5	企业R&D经费支出占营业收入比重（%）	1.00	0.54	0.53	-2.51
6	每万人口高价值发明专利拥有量（件）	6.20	4.22	4.91	34.53
7	PCT国际专利申请受理量（件）	150.00	137.00	396.00	264.00
8	技术市场合同成交额（亿元）	60.00	20.19	28.42	20.66

重庆

序号	指　标　名　称	目标值	2020年	2021年	实现程度(%)
1	R&D经费投入年均增长率（%）	>10.00	16.36	14.63	146.26
2	R&D经费支出与GDP比值（%）	2.60	2.11	2.16	10.76
3	R&D经费中基础研究经费支出占比重（%）	8.00	4.41	4.93	14.26
4	每万名就业人员中R&D人员数（人年）	75.00	63.07	74.01	91.69
5	每万家企业中高新技术企业数（家）	140.00	65.08	69.46	5.85
6	每万人口高价值发明专利拥有量（件）	12.00	3.65	3.97	3.86
7	企业R&D经费支出占营业收入比重（%）	2.00	1.62	1.54	-19.32

四川

序号	指标名称	目标值	2020年	2021年	实现程度(%)
1	R&D经费投入年均增长率（%）	>10.00	15.98	15.09	150.89
2	R&D经费支出与GDP比值（%）	2.40	2.17	2.26	3.69
3	每万人口高价值发明专利拥有量（件）	5.67	2.94	4.04	19.35

贵州

序号	指标名称	目标值	2020年	2021年	实现程度(%)
1	综合科技创新水平位次（位）	20.00	25.00	24.00	—
2	R&D经费投入年均增长率（%）	>12.00	21.01	11.53	96.07
3	R&D经费中基础研究经费支出占比重（%）	11.00	9.10	8.80	-15.93
4	每万人口高价值发明专利拥有量年均增长率（%）	15.00	11.00	10.89	72.60
5	技术市场合同成交额占GDP比重（%）	2.50	1.39	1.48	7.43
6	企业R&D经费支出占营业收入比重（%）	1.80	1.13	1.15	3.46
7	有R&D活动的企业占比重（%）	38.00	28.27	31.26	30.71

云南

序号	指标名称	目标值	2020年	2021年	实现程度(%)
1	R&D经费支出（亿元）	525.00	245.99	281.94	12.89
2	企业R&D经费支出占营业收入比重（%）	1.10	0.97	1.00	23.92
3	每万名就业人员中R&D人员数（人年）	26.00	21.51	21.23	-6.43
4	高新技术企业数（家）	3500.00	1671.00	2045.00	20.45
5	有研发机构的企业占比重（%）	20.00	9.93	9.59	-3.41
6	每万人口高价值发明专利拥有量（件）	1.59	1.09	1.39	60.00
7	高技术产业营业收入占工业营业收入的比重（%）	10.00	7.98	8.41	21.20

西藏

序号	指　标　名　称	目标值	2020年	2021年	实现程度(%)
1	R&D经费支出（亿元）	7.10	4.37	6.00	59.68
2	R&D经费投入年均增长率（%）	>10.00	6.94	37.30	373.01
3	高新技术企业数（家）	160.00	87.00	101.00	19.18
4	科技型中小企业数（家）	500.00	211.00	486.00	95.16
5	R&D人员数（人年）	4200.00	1578.90	1567.80	-0.42
6	技术市场合同成交额（亿元）	1.30	0.78	1.73	181.82
7	万人发明专利拥有量（件）	2.14	2.10	2.50	911.63

陕西

序号	指　标　名　称	目标值	2020年	2021年	实现程度(%)
1	R&D经费投入年均增长率（%）	8.00	9.97	10.80	135.00
2	有R&D活动的企业占比重（%）	25.00	20.54	20.57	0.66
3	技术市场合同成交额（亿元）	2300.00	1758.72	2343.44	108.03
4	每万人口高价值发明专利拥有量（件）	8.00	4.94	6.54	52.29
5	高新技术企业数（家）	12000.00	6126.00	8304.00	37.08

甘肃

序号	指　标　名　称	目标值	2020年	2021年	实现程度(%)
1	R&D经费支出与GDP比值（%）	1.50	1.22	1.26	15.49
2	企业R&D经费支出占营业收入比重（%）	1.00	0.69	0.64	-14.97
3	每万名就业人员中R&D人员数（人年）	20.00	20.15	25.21	126.06
4	每万人口高价值发明专利拥有量（件）	1.32	0.99	1.38	117.94
5	技术市场合同成交额（亿元）	388.00	233.16	280.39	30.51
6	高新技术企业数（家）	1500.00	1215.00	1373.00	55.44
7	新产品销售收入占营业收入比重（%）	15.00	7.62	7.63	0.16
8	高技术产业营业收入占工业营业收入比重（%）	5.00	3.79	4.50	59.01

青海

序号	指 标 名 称	目标值	2020年	2021年	实现程度(%)
1	R&D经费支出与GDP比值（%）	1.00	0.71	0.80	31.24
2	有R&D活动的企业占比重（%）	20.00	12.76	14.53	24.52
3	企业R&D经费支出占R&D经费支出比重（%）	70.00	48.65	51.72	14.40
4	每万名就业人员中R&D人员数（人/万人）	30.00	15.85	18.79	20.74
5	技术市场合同成交额（亿元）	20.00	10.56	14.10	37.53
6	每万人口发明专利拥有量（件）	4.40	3.12	3.75	48.99
7	高新技术企业数（家）	260.00	211.00	226.00	30.61
8	每万家企业中高新技术企业数（家）	17.55	18.82	18.20	103.71

宁夏

序号	指 标 名 称	目标值	2020年	2021年	实现程度(%)
1	R&D经费投入年均增长率（%）	17.00	18.54	18.11	106.53
2	有R&D活动的企业占比重（%）	45.00	34.00	40.20	56.37
3	技术市场合同成交额占GDP比重（%）	0.79	0.42	0.55	35.63
4	高新技术企业数（家）	500.00	288.00	355.00	31.60
5	企业R&D经费支出占营业收入比重（%）	1.20	0.94	0.78	-62.58
6	每万名就业人员中R&D人员数（人年）	36.00	35.37	46.17	1726.13
7	每万人口高价值发明专利拥有量（件）	2.00	1.30	0.98	-45.02
8	国家高新区数（家）	3.00	2.00	2.00	0.00

新疆

序号	指 标 名 称	目标值	2020年	2021年	实现程度(%)
1	R&D经费投入年均增长率（%）	>7.00	3.43	10.67	203.07
2	R&D经费支出与GDP比值（%）	0.45	0.45	0.49	109.81
3	R&D经费中基础研究经费支出占比重（%）	>10.00	13.59	11.82	118.21
4	每万名就业人员中R&D人员数（人年）	11.73	10.40	14.15	282.58
5	有R&D活动的企业占比重（%）	10.00	5.09	7.55	49.98
6	每万家企业中高新技术企业数（家）	39.00	23.34	25.62	14.54
7	每万人口高价值发明专利拥有量（件）	1.50	0.71	1.57	108.64
8	技术市场合同成交额（亿元）	12.00	15.11	18.85	157.11

附录3 区域科技创新评价简介

早在20世纪90年代开始，为了对国内区域科技活动及经济社会领域科技创新状况实施定期评价，科学技术部持续开展了有关区域科技进步和科技创新的监测和评价研究。特别是2014年国家创新调查制度的建立与实施，形成了规范的创新监测和创新评价制度，将《中国区域科技创新评价报告》纳入国家创新调查系列报告中，为区域科技创新评价提供了制度保证。为了适应新时代科技领域改革与管理的需要，并与国家创新发展战略总体目标相结合，每年都会根据国家和区域创新发展重心的变化，以及相应的科技管理重心的变化对评价指标进行一定的修订和完善。

一、区域科技创新评价体系

科技创新指的是全社会研发活动的发展及由此对经济社会发展促进作用的提升。由"科学技术是第一生产力"的性质所决定，对区域科技创新水平进行评价需要与经济社会的大系统相关联。前者以后者为基础、为支撑，后者以前者为动力、为要素。

科技创新应具备良好的外部环境和必要的物质技术条件，包括：①一定规模的能够从事科技创新活动的人力资源；②科技创新物质条件，包括科研仪器设备的规模和水平及与科学研究或技术服务活动物质装备有关的建设与更新；③科技意识，即政府、企业和社会公众参与科技创新活动的积极性、认可程度和支持程度。

科技创新的原动力是科技活动投入，包括：①全社会特别是企业科技活动人力投入强度；②企业、地方政府对科技活动财力支持的力度。

科技创新水平最为直接的体现之一为科技活动产出，包括：①科技活动产出水平，如论文、课题研究和实用技术的产出水平；②技术成果的市场化程度，即技术成果在区域间和国家间的流动状况。

科技创新通过技术成果的转化而形成生产力，最为突出的表现即为高新技术产业化，它包括：①高技术产业和新产品的产出水平；②高新技术产业的劳动效率、附加价值水平及对经济规模和增长的贡献。

科技创新的最终目标是促进经济社会高质量发展，包括：①要素投入效率的提升；②促进环境改善的力度；③以社会生活信息化为标志的新经济发展。

据此建立的区域科技创新评价指标体系由科技创新环境、科技活动投入、科技活动产出、高新技术产业化和科技促进经济社会发展5个一级指标（要素指数）、12个二级指标和43个三级指标组成。由一级指标和二级指标形成的科技创新评价框架如附图3-1所示，科技创新评价指标体系和评价标准参见正文第7页附表2。

附图3-1 区域科技创新评价体系

评价体系中评价指标的确定遵从以下原则。

①公开性。均为政府统计部门发布的统计指标，便于社会各界进行核查和索引。

②标准化。均为以国家标准和部门标准计算的统计指标，不采用地方统计标准计算的统计指标，以保证指标口径的一致性。

③简洁化。使用规范的指标名称和规范的合成方法，不采用修匀方法平滑，以真实反映指标值的变化和波动。

④全面性。在每年度的评价中最大限度地吸收政府统计指标体系改革增设的与科技创新有关的新指标，并删除一些较为陈旧的、已不能很好地反映现实状况的指标。

二、评价方法

采用指数法对各级指标进行综合。各级评价值均可称为"指数"，综合方法如下。

①将各三级指标除以相应的评价标准，得到三级指标的评价值，即三级指标相应的指数，计算方法为：

$$d_{ijk} = \frac{x_{ijk}}{x_{..k}} \times 100\%。$$

其中：x_{ijk} 为第 i 个一级指标下、第 j 个二级指标下的第 k 个三级指标；$x_{..k}$ 为第 k 个三级指标相应的标准值；当 $d_{ijk} \geqslant 100$ 时，取100为其上限值。

②二级指标评价值（二级指数）$d_{ij.}$ 由三级指标评价值加权综合而成，即：

$$d_{ij.} = \sum_{k=1}^{n_j} w_{ijk} d_{ijk}。$$

其中：w_{ijk} 为各三级指标评价值相应的权数；n_j 为第 j 个二级指标下设的三级指标的个数。

③一级指标评价值（一级指数）由二级指标评价值加权综合而成，即：

$$d_{i.} = \sum_{j=1}^{n_i} w_{ij.} d_{ij.}。$$

其中：$w_{ij.}$ 为各二级指标评价值相应的权数；n_i 为第 i 个一级指标下设的二级指标的个数。

④总评价值（总指数）由一级指标加权综合而成，即：

$$d = \sum_{i=1}^{n} w_{i.} d_{i.}。$$

其中：$w_{i.}$ 为各一级指标评价值相应的权数；n 为一级指标个数。

在各级指标评价中，如果多个地区评价值均为100%，应视为并列第1位。

三、评价标准

与国家和区域创新发展战略目标相联系，依据国内科技创新的总体水平和先进地区的发展水平，参考现阶段发达国家科技与经济社会发展状况，以及国家和区域经济社会发展规划目标及科技创新规划目标，经专家研讨最终确定了一套较为系统的"科技创新评价标准"。通过全国及区域科技创新水平与"评价标准"的比较，可反映出全国和各地区达到标准的程度。评价标准参见正文第7页附表2。

四、区域综合科技创新水平差异系数

区域综合科技创新水平差异系数反映了一区域内（不同地区间）或不同区域间科技创新水平的差异程度。采用标准差系数计算，数值越大表明差异越大，反之亦然。计算方法为：

$$V = \frac{\sigma}{\overline{d}} \times 100\% \, 。$$

其中：σ 为标准差。计算方法为：

$$\sigma = \sqrt{\frac{1}{m}\sum_{r=1}^{m}(d^r - \overline{d})^2} \, 。$$

其中：d^r 为一区域内第 r 个地区或第 r 个区域的综合科技创新水平指数，$\overline{d}$ 为平均数，m 为地区或区域个数。计算方法为：

①当计算各地区间综合科技创新水平差异系数时，d^r 为第 r 个地区综合科技创新水平指数，$\overline{d}$ 为全国综合科技创新水平指数，$m = 31$；

②当计算东部、中部、西部、东北综合科技创新水平差异系数时，d^r 为第 r 个地区综合科技创新水平指数，$\overline{d}$ 分别为东部各地区、中部各地区、西部各地区、东北各地区综合科技创新水平指数的简单算术平均数，m 分别为10、6、12、3；

③当计算区域综合科技创新水平差异系数时，d^r 为东部地区、中部地区、西部地区和东北地区的综合科技创新水平指数，计算方法与地区综合科技创新水平指数一致，由区域各级指数综合得到，$\overline{d}$ 为以上4个区域综合科技创新水平指数的简单算术平均数，$m = 4$。

附录4　区域科技创新评价指标解释

● 万人研究与试验发展（R&D）人员数

R&D人员是科技创新最为重要的人力资源之一。万人R&D人员数是反映科技创新人力资源水平的主要指标。R&D人员是指参与R&D项目（课题）研究、管理和辅助工作的人员，包括项目（课题）组人员、科技行政管理人员和直接为项目（课题）活动提供服务的辅助人员。进入21世纪以来，我国万人R&D人员数大致保持在20人年，东部地区和中西部地区差距较大，综合各地区水平，将万人R&D人员数的评价标准确定为40人年。

● 十万人博士毕业生数

"博士"是体现一个人具备较高学术研究能力的学位，是目前最高级别的学位。拥有博士学位意味着一个人有能力由学习阶段进入学术研究阶段，具备产出原创成果的能力或学力是博士学位的核心内涵，也是拥有博士学位的人员的本质特征。拥有博士毕业生的规模和水平是科技创新人力资源充裕与否的重要体现，也是反映一国、一地区或一城市是否具有较好的科技创新人力资源吸引力的重要指标。参考万人R&D研究人员数标准，将每十万人中有5名博士毕业生作为评价标准。

● 万人大专以上学历人数

科技创新人力资源与国民的受教育水平密切相关，万人大专以上学历人数是反映科技创新人力资源水平的重要指标。大专以上学历人数来源于政府统计部门的人口调查。参考国内发达地区水平，将万人大专以上学历人数的评价标准确定为2000人。

● 万人高等学校在校学生数

科技创新与教育是密不可分的。教育是知识和专业技能的直接来源，一定规模的在校生对当地科技创新活动的支持和影响不容忽视。在校生虽然不属于专业技术人员，但从近年来科技论文作者的构成看，在校生，特别是在校博士生和硕士生已逐渐成为科学研究的主力，成为重要的科技活动人力资源。参考万人大专以上学历人数标准，将万人高等学校在校学生数的评价标准确定为350人。

● 十万人创新中介从业人员数

创新中介又称为科技中介、创新中介服务。依据联合国教科文组织《关于科技统计国际标准化建议案》，创新中介应是指与R&D活动相关并有助于科学技术知识的产生、传播和应用的活动，是现代服务业的重要组成部分。结合国内现实情况，本评价报告中创新中介从业人员数采用国家级科技企业孵化器管理机构从业人员数、国家大学科技园管理机构从业人员数和国家备案众创空间服务人员数3项合计数。参考全国总体水平和发达地区水平，将每十万人中有3名创新中介从业人员作为评价标准。

⬤ 每名R&D人员仪器和设备支出

用于R&D活动的仪器和设备是科技创新活动重要的物质技术基础。仪器和设备支出包括为开展R&D活动而进行的仪器和设备的购置、安装、改造和大修理等实际支出的费用，属于资产性支出。参考全国总体水平和发达地区水平，将平均每名R&D人员有6万元的仪器和设备支出作为评价标准。

⬤ 科学研究和技术服务业固定资产占比重

固定资产投资是提高科技创新水平的重要手段。科学研究和技术服务业固定资产占比重指从事科学研究和技术服务业的单位所进行的固定资产投资占全社会单位固定资产投资的比重。参考全国总体水平和发达地区水平，将科学研究和技术服务业固定资产占全社会单位固定资产投资的比重为3%作为评价标准。

⬤ 十万人累计孵化企业数

科技企业孵化器是以促进科技成果转化、培养高新技术企业和企业家为宗旨的科技创业服务载体，其累计孵化企业数是科技创新环境的重要体现。该指标来源于《中国火炬统计年鉴》中科技企业孵化器孵化企业累计毕业数。参考全国总体水平和发达地区水平，将每十万人累计孵化10个企业作为评价标准。

⬤ 万名就业人员专利申请数

注重发明创造、具有较强的专利保护意识是反映国民科技意识的重要方面。参考每万人口高价值发明专利拥有量为12件的评价标准，经测算，我国三种专利申请数是高价值发明专利拥有量的近4倍，而就业人员数约为人口数的1/2，据此将每万名就业人员有100件专利申请数作为评价标准。

⬤ 科学研究和技术服务业平均工资比较系数

科学研究和技术服务业工资水平反映了政府及社会对从事科学研究和技术服务劳动者工作的认可程度。但由于各地区消费水平差异较大，因此，这一指标还需要用地区科学研究和技术服务业工资水平与全国该行业工资水平的比例进行修正。计算方法为：

$$科学研究和技术服务业平均工资比较系数 = \frac{地区科学研究和技术服务业平均工资}{地区全社会平均工资} \times \frac{地区科学研究和技术服务业平均工资}{全国科学研究和技术服务业平均工资} \times 100\%。$$

参考我国京津沪粤等发达地区水平，将这一比例系数的评价标准确定为200%。

⬤ 万人吸纳技术成交额

吸纳技术成交额是指各地区在技术市场上购买技术成果所支出的费用。这一指标可以反映企业或机构对技术成果的需求意识。参考全国总体水平和发达地区水平，将这一指标的评价标准确定为1600万元。

● 有R&D活动的企业占比重

企业是科技创新的主要部门，是新技术应用的主要场所。有R&D活动的企业占比重是反映一个国家、地区科技创新活跃程度的重要指标。企业都应开展科技创新活动，因此将该指标的评价标准确定为100%。

● 万人R&D研究人员数

研究人员是指R&D人员中具备中级以上职称或博士学历（学位）的人员。万人R&D研究人员数是反映科技创新活动人力投入水平的主要指标。与万人科技活动人员数、万人R&D活动人员数比较，这一指标具有较强的综合性，这是因为该指标包含万人科技活动人员数、R&D活动人员占科技活动人员比重、R&D研究人员占R&D活动人员比重3个指标。参考全国总体水平和发达地区水平，将该指标的评价标准确定为13人年。

● 基础研究人员投入强度指数

基础研究是R&D活动的基石，是提升原始创新能力的前提，是攻取智力资本的源泉。基础研究人员投入强度是基础研究人员投入与R&D活动人员投入之比，既可以体现原始创新水平，也可以体现对原始创新的重视程度。考虑到国内各地区的客观差异，采用加权指数方法，即以一地区基础研究人员投入与全国基础研究人员投入之比为权重。计算方法为：

$$\text{基础研究人员投入强度指数} = \frac{\text{地区基础研究人员投入}}{\text{地区R\&D活动人员投入}} \times \frac{\text{地区基础研究人员投入}}{\text{全国基础研究人员投入}} \times 100\%。$$

参考全国总体水平和发达地区水平，将基础研究人员投入强度指数的评价标准确定为1%。

● 企业R&D研究人员占比重

企业R&D研究人员占全社会R&D研究人员的比重是反映R&D活动人力投入结构关系的重要指标。国内外学者公认这一比重至少应达到60%以上，我国许多地区的这一比重已十分接近，因此将评价标准确定为70%。

● R&D经费支出与GDP比值

R&D经费支出与GDP比值是反映国家或地区科技投入强度最为重要、最为综合的指标。参考我国现阶段R&D经费投入快速增长的趋势以及主要发达国家的研发投入强度，将评价标准确定为2.6%。

● 基础研究经费投入强度指数

基础研究经费投入强度是基础研究经费投入与R&D活动经费投入之比。考虑到国内各地区的客观差异，采用加权指数方法，即以一地区基础研究经费投入与全国基础研究经费投入之比为权重。计算方法为：

$$基础研究经费投入强度指数 = \frac{地区基础研究经费投入}{地区R\&D活动经费投入} \times \frac{地区基础研究经费投入}{全国基础研究经费投入} \times 100\% 。$$

参考全国总体水平和发达地区水平，将基础研究经费投入强度指数的评价标准确定为1%。

● 地方财政科技支出占地方财政支出比重

地方财政科技支出占地方财政支出比重是反映地方政府科技投入强度的重要指标。参考我国现阶段科技经费增长趋势以及中央、地方、企业之间投入的比例关系，将评价标准确定为5%。

● 企业R&D经费支出占营业收入比重

企业R&D经费支出占营业收入比重是反映企业科技经费投入的重要指标。发达国家经验表明，若这一比例低于2%，企业创新将难以维持，一些发达国家的高技术产业这一比例高达6%。结合我国现阶段企业投入状况，将评价标准确定为2.5%。

● 企业技术获取和技术改造经费支出占企业营业收入比重

企业技术获取和技术改造经费支出包括引进技术经费支出、消化吸收经费支出、技术改造经费支出和购买境内技术经费支出。企业技术获取和技术改造经费支出占企业营业收入比重也是反映企业创新能力和创新投入水平的重要指标。参考企业R&D经费支出占营业收入比重，也将评价标准确定为2.5%。

● 上市公司R&D经费投入强度指数

市场化程度对于创新发展具有十分重要的意义。上市公司R&D经费投入强度即上市公司R&D经费内部支出占上市公司营业收入比重，可以体现市场化对创新投入的作用。考虑到国内各地区的客观差异，采用加权指数方法，即以一地区上市公司R&D经费内部支出与全国上市公司R&D经费内部支出之比为权重。计算方法为：

$$上市公司R\&D经费投入强度指数 = \frac{地区上市公司R\&D经费内部支出}{地区上市公司营业收入} \times \frac{地区上市公司R\&D经费内部支出}{全国上市公司R\&D经费内部支出} \times 100\% 。$$

上市公司数据来源于上市公司年报，包括上交所和深交所4000多家公司。参考全国总体水平和发达地区水平，将上市公司R&D经费投入强度指数的评价标准确定为1%。

● 万人科技论文数

科技论文数是对国外主要检索工具SCI收录的我国科技论文数和中国科学技术信息研究所从国家期刊管理部门批准正式出版、公开发行的刊物中选作统计源的期刊刊载的学术论文进行统计而得出的加权平均数。参考近年来我国科技论文规模有较大幅度增长的趋势，将评价标准确定为10篇。

●万人有效注册商标数

商标总是与某一商品或服务特有的专利、非专利发明、技术标准或技术诀窍相联系，商标的拥有和使用反映了技术创新的水平和程度。参考全国总体水平和发达地区水平，将该指标的评价标准确定为150件。

●万人发明专利拥有量

专利的数量是反映一国或一地区科技创新质量的重要指标，发明专利的数量又是其中最为重要的指标。测度发明专利水平的指标可分为发明专利授权数和发明专利拥有量。前者反映的是一定时期（通常为一年）发明专利产生的数量；后者反映的是在某一时间点上发明专利的存量。参考全国总体水平和发达地区水平，将该指标的评价标准确定为12件。

●每万人口高价值发明专利拥有量

高价值发明专利是指符合国家重点产业发展方向、专利质量较高、价值较高的有效发明专利，主要包括5种情况：一是战略性新兴产业的发明专利，二是在海外有同族专利权的发明专利，三是维持年限超过10年的发明专利，四是实现较高质押融资金额的发明专利，五是获得国家科学技术奖或中国专利奖的发明专利。国家"十四五"规划和2035年远景目标纲要提出，为更好保护和激励高价值专利，将"每万人口高价值发明专利拥有量"纳入经济社会发展主要指标，明确到2025年达到12件的预期目标。

●万人输出技术成交额

技术市场的发展和技术成果交易的繁荣，对技术成果迅速转化为生产力具有十分重要的作用。参考全国总体水平和发达地区水平，将该指标评价标准确定为1200万元。

●万元GDP技术国际收入

技术国际收入指的是通过向他国转让专利、非专利发明、商标等知识产权，提供R&D服务和其他技术服务而获得的收入。参考全国总体水平和发达地区水平，将该指标的评价标准确定为10美元。

●高技术产业营业收入占工业营业收入比重

高技术产业营业收入占工业营业收入比重反映了科技创新对产业结构的优化程度。高技术产业营业收入按照国家统计局《高技术产业（制造业）分类（2017）》（国统字〔2017〕200号）中规定的方法进行统计。这一指标的评价标准参考了发达国家及我国发达地区水平，确定为30%。

●知识密集型服务业增加值占GDP比重

知识密集型服务业来源于《OECD科学技术和工业记分牌》。通过对OECD测算标准和相关文献进行研究，将知识密集型服务业定义为我国国民经济行业分类（GB/T 4754—2017）中的信息传输、软件和信息技术服务业，金融业，租赁和商务服务业，科学研究和技术服务业。参考全国总体水平和发达地区水平，将该指标的评价标准确定为30%。

● 高技术产品出口额占商品出口额比重

高技术产品出口额是根据海关总署《高技术产品海关统计商品目录》中统计的产品出口额。高技术产品出口额占商品出口额比重可以反映一国或一地区高技术产品的创新能力和国际竞争力。评价标准参考了发达国家及我国发达地区水平，确定为40%。

● 新产品销售收入占营业收入比重

新产品销售收入是规模以上工业企业科技活动统计制度中按新产品定义统计的销售收入，即采用新技术原理、新设计构思研制、生产的全新产品，或在结构、材质、工艺等某一方面比原有产品有明显改进，从而显著提高了产品性能或扩大了使用功能的产品销售收入，与营业收入比较可以反映我国工业企业产品创新水平。参考我国总体水平和发达地区水平，将评价标准确定为40%。

● 高技术产业劳动生产率

高技术产业劳动生产率为高技术产业营业收入与高技术产业就业人员之比，反映了高技术产业劳动投入与产出之间的关系。参考我国近年来高技术产业经济效益状况，以及国民经济总体的劳动投入与产出水平，将评价标准确定为130万元（按不变价计算）。

● 高技术产业利润率

利润率是企业追求的重要目标之一。高技术产业利润率是指高技术产业利润总额与高技术产业营业收入的比率，是反映高技术产业经济效益的重要指标。参考国内发达地区高技术产业利润率水平和区域间差异，将评价标准确定为15%。

● 知识密集型服务业劳动生产率

知识密集型服务业劳动生产率为知识密集型服务业增加值与知识密集型服务业就业人员数之比，可以反映知识密集型服务业劳动投入效率。参考国民经济总体的劳动投入与产出水平之间的数量关系，将评价标准确定为70万元（按不变价计算）。

● 劳动生产率

区别于劳动和资本对经济社会发展的作用，科技创新的作用体现为对高质量经济发展的促进，具体体现为人、财、物的节约和使用效率的提高。因此，科技创新评价体系设计了3个反映经济高质量发展的指标，其中，劳动生产率反映的是就业人员劳动效率的提高，为GDP与就业人员数之比，评价标准为13万元（按不变价计算）。

● 资本生产率

资本生产率反映的是资本投入与经济产出之间的关系，即GDP与资本投入之比，也是反映经济高质量发展的指标之一。资本投入采用固定资本形成存量净额，由各地区基年（1952年）的固定资本形成存量净额、每年的固定资本形成和折旧额，用永续盘存法计算。

通过对主要发达国家资本生产率的测算，虽然普遍存在资本深化的趋势，但依据经验值，资本净存量与经济产出大致保持在3：1的比例，资本生产率基本保持在0.7～1.0（即每1货币单位的固定资本存量可创造0.7～1.0货币单位的GDP），因此，取1作为评价标准。

● 综合能耗产出率

我国是一个能源相对短缺的国家，提高能源使用效率具有十分重要的意义，也是经济高质量发展的重要体现。通过对主要发达国家综合能耗产出率的测算，普遍达到6美元/千克标准煤的水平，换算为人民币，约合42元（按不变价计算）/千克标准煤。因此，以此作为评价标准。

● 装备制造业区位熵

装备制造业是一国、一地区或一城市生产技术装备的支柱产业，是最能体现制造业技术水平的产业。装备制造业营业收入占工业营业收入比重反映的是装备制造业占本地区工业经济规模的份额，而装备制造业区位熵则是反映一地区装备制造业相对竞争优势的指标。计算方法为：

$$装备制造业区位熵 = \frac{地区装备制造业营业收入}{地区工业营业收入} \div \frac{全国装备制造业营业收入}{全国工业营业收入} \times 100\%。$$

区位熵以1（或100%）为临界值，小于1表示装备制造业相对优势有所下降；大于1表示相对优势提升；等于1表示相对优势不变。参考国内先进地区水平，将该指标的评价标准确定为200%。

● 环境质量指数

科技创新的终极目标是不断实现人民对美好生活的向往，这也是高质量发展的目标之一。空气质量、水环境质量等是其中重要的方面。根据国家"十三五"和"十四五"规划纲要中有关废水中化学需氧量排放量、废气中二氧化碳实际排放量、空气达到二级以上天数等规划目标，设计了反映环境状况的指标——环境质量指数。计算方法为：

$$环境质量指数 = 空气达到二级以上天数占比重（100\%）\times 0.6 + 万元GDP二氧化碳排放达标率（100\%）\times 0.1 + 化学需氧量实际排放率（100\%）\times 0.3。$$

环境质量指数的评价标准为100%。

● 环境污染治理指数

环境的改善体现为废水、废气和固体废物的综合治理。根据国家"十三五"规划纲要中有关环境治理的指标，加权综合形成环境污染治理指数，以反映各级政府的环境治理努力程度。计算方法为：

$$环境污染治理指数 = 万元GDP用水达标率（100\%）\times 0.4 + 废水中氨氮排放达标率（100\%）\times 0.2 + 固体废物综合治理率（100\%）\times 0.4。$$

环境污染治理指数的评价标准为100%，即对废水、废气和固体废物均应实现完全治理。

● 万人移动互联网用户数

移动互联网络是科技创新发展直接的成果和体现。移动互联网用户数采用的是工业和信息化部统计并公开的数据。本评价报告将万人移动互联网用户数的评价标准确定为10000人，即达到人人都可以"上网"的水平。

● 信息传输、软件和信息技术服务业增加值占GDP比重

信息传输、软件和信息技术服务业作为信息产业的重要载体，是知识密集型服务业的重要组成部分。根据我国国民经济行业分类（GB/T 4754—2017）标准的界定，该行业包括三部分：①电信、广播电视和卫星传输服务；②互联网和相关服务；③软件和信息技术服务业。参考全国总体水平和发达地区水平，将信息传输、软件和信息技术服务业增加值占GDP比重的评价标准确定为3.5%。

● 电子商务销售额与GDP比值

随着互联网的普及，电子商务得到快速发展。网上购物和网上支付节省了消费者和企业的时间和空间，大大提高了交易效率，体现了社会生活信息化水平的提升。参考全国总体水平和发达地区水平，将该指标的评价标准确定为0.3亿元。